다시 보는
옛 미래

삼원 사고로 푸는 동아시아 개념사

철학박사 **김 봉 진**

목 차

- 책 머리에 ·· 5
- 여는 글 ·· 11

제1부 삼원 사고의 공공과 이원 사고의 공/사 ················ 21
제1장 동아시아 전통과 근대의 '공, 공공' ···················· 23
: 중국과 일본을 중심으로
제2장 정약용의 형법 사상에 나타난 공공/성 ············· 73
제3장 최한기 기학의 '공, 공공'론 ································ 107

제2부 삼원 사고와 이원 사고의 개념 대립 ···················· 149
제1장 홍대용 연행록의 화이관(華夷觀) ························ 151
제2장 '조선=속국(屬國), 속방(屬邦)'의 개념사 ·········· 191
제3장 서양 '권리' 개념의 수용과 변용 ······················· 237
: 유길준과 니시 아마네의 비교 고찰

제3부 삼원 사고를 통한 개념의 재해석 ·························· 279
제1장 근대의 재해석 ·· 281
: 동아시아 '유교적 근대'와 일본의 '병학적 근대'
제2장 사대(事大)의 재해석 ··· 315
제3장 퇴계 사단칠정론의 재해석 ·································· 359

- 찾아보기 ··· 408

책 머리에

세월 빠름을 실감할 때마다 인생은 저만큼 지나가 있다. 살다 보니 가장 무서운 것은 시간이다. 덧없이 흘러가는 시간. 다시 돌아오지 않는 시간. 기억/추억만 남기고 떠나는 시간. 그것마저 망각하게 만드는 시간. '무엇을 위해, 어떻게 살 것인가'라는 물음의 답을 얻기도 전에 그냥 보내야 할 시간. 남은 시간 얼마인지 하염없이 줄고 있다. 시간의 무서움을 느낄 때마다 그 귀중함을 되새긴다. 남은 시간은 더욱 귀중하다.

정년 퇴임하게 된 지금까지 나의 인생은 전반을 한국에서, 후반을 일본에서 보냈다. 단, 후반은 중국에서 합계 2년 남짓, 미국에서 1년 반, 대만에서 약 3개월을 포함한다. 두 개의 반생(半生). 전반은 주로 배움의 생활로, 후반은 배움과 연구 생활로 보냈다. 그 사이에 은혜로운 스승들, 수많은 호학인(好學人)을 만나는 행운을 누렸다. 늘 배우고 연구하는 자세를 지니고자 노력했다. 그리고 좋은 인간 관계와 올바른 삶을 추구했다.

기타큐슈(北九州) 시립대학의 국제 관계 학과에 부임한 해가 1993년. 약 30년 동안 동아시아 (한·중·일 삼국) 관계사/론, 지역 질서론 등을 가르쳤다. 보람이 있었다. 그러나 학생들 대부분이 한국, 중국은 물론 자국 근대사조차 잘 모른다는 사실 앞에 어려움을 겪었다. 이와 함께 일본의 '역사 교육 부재(不在)'가 삼국 간의 '역사 (인식)

문제'보다 더 심각한 문제임을 줄곧 통감했다. 또한 일본/인의 역사/관이 한국/인이나 중국/인의 그것과 매우 다르다는 사실도 통감했다.

　나의 연구 분야는 동아시아 사상사, 비교 사상이다. 연구 과정에서 깨달은 것이 있다. 동아시아 사상사를 보는 시점을 바로잡는 일이 필요하다는 사실이다. 그래서 '아시아로부터 생각한다'는 시점과 문명론적 시점을 제기한 적이 있다.1) 거기에는 '서양중심적 근대주의나 서양형/일본형/자국형 오리엔탈리즘을 극복하자. 그리하여 동아시아 전통/근대의 정(正)과 부(負)를 비판적으로 성찰하면서 재해석하자'는 뜻이 담겨 있다. 이를 통해 동아시아 사상사에 얽힌 '오해, 편견, 왜곡' 등을 검토해 왔다.

　이 과정에서 또 하나 깨달은 것은 개념사 연구의 중요성이다. 동아시아 전통의 개념 역시 '오해, 편견, 왜곡'에 시달리고 있다는 문제의식 때문이다. 그리고 근대 이래 퍼져나간 서양어의 번역어는 필연적으로 '번역의 문제'를 수반함을 인지한 까닭이다. 나아가 개념이 우리의 사고방식에 미치는 영향과 문제점을 인식한 까닭이다. 그래서 10여년 전부터 동아시아 개념사 연구에 몰입했다. 그 성과를 한국, 중국, 대만, 일본 등 학술회의에서 발표해 나가면서 여러 논문으로 엮었다. 이 책의 각 장은 아래 논문들을 수정 보완하여 아홉 편으로 다시 엮은 것이다.

---

1) 金鳳珍,『東アジア「開明」知識人の思惟空間　鄭観応・福沢諭吉・兪吉濬の比較研究』(九州大學出版會, 2004) 5-6.

■ 제1장

"槪念の傳統と近代: 中國と日本における「公共」," 平野健一郎等編, 『國際文化關係史硏究』(東京大學出版會, 2013), 23-49.
"'공공' 개념의 전통," 이동수편, 『정부의 재발견: 공공성과 공동성 사이에서』(서울: 인간 사랑, 2015), 193-223.

■ 제2장

"정약용의 형법 사상에 나타난 공공성," 정순우 외 지음, 『조선 왕조의 공공성 담론』(한국학 중앙연구원 출판부, 2016), 129-159.

■ 제3장

"최한기 기학에 나타난 공공성," 한국정치사상학회, 『정치사상연구』제12집 1호(2016년 봄), 33-55.

■ 제4장

"홍대용 연행록의 화이관," 하영선・이헌미 편저, 『사행의 국제정치: 16~19세기 조천・연행록 분석』(아연출판부, 2016), 125-166.

■ 제5장

"「朝鮮=屬國, 屬邦」論考," 陣瑋芬主編, 『東亞儒學與經典詮釋』(臺北: 中央硏究院中國文哲硏究所, 2022), 133-174.
"'조선=속국(屬國), 속방(屬邦)'의 개념사," 『한국 동양정치 사상사 연구』제18권 1호 (2019년 3월 30일), 95-139.

■ 제6장

"서구 '권리' 관념의 수용과 변용: 유길준과 니시 아마네의 비교," 김비환 등 지음, 『인권의 정치 사상』(이학사, 2010), 375-413.
"서구 '권리' 관념의 수용과 변용: 유길준과 후쿠자와 유키치의 비교 고찰," 『東方學志』 제145집(2009년 3월), 65-104.

■ 제7장

"동아시아 '근세'의 '유교적 근대'와 '병학적 근대'," 퇴계학 부산 연구원, 『退溪學論叢』 제32집(2018년 12월) (45-66).
"아베(安倍) 정권과 일본의 '병학적 근대'," 한국역사연구회, 『역사와 현실』 113(2019년 9월) (3-28).

■ 제8장

"사대의 재해석: 동주의 사대론, 사대주의론을 계기로," 서울대학교 국제문제연구소 엮음, 『한국 국제정치학, 미래 백년의 설계』(사회평론 아카데미, 2018), 제1부 제3장(101-138).

■ 제9장

"삼원 사고와 퇴계의 사단칠정론," 영남 퇴계학 연구원, 『退溪學論集』 제21호(2017년 12월) (7-44).

위의 논문들 곳곳에도 '아시아로부터 생각한다'는 시점과 문명론적 시점이 널려 있다. 이와 함께 '삼원 사고(三元思考, 필자의 조어)'와 그 논리에 입각하여 동아시아의 전통 개념을 해석/고찰할 필요성을 제기하고 있다('여는 글' 참조). 이들 논문을 다시 엮으면서 동아시아 개념사 연구의 중요성을 새삼 깨달았다. 동시에 그 방대한 연구 과제 앞에 너무나 작고 부족한 성과임을 깊이 느꼈다. 그렇긴 하나 개념사 연구의 한 방법을 제시해 보려는 뜻으로 이 책을 내놓는다.

이 책을 내놓으면서 늘 머리속에 맴도는 분들을 소개한다. 대학 시절부터 40년 변함없는 가르침을 주시는 김용구, 하영선 두 은사 님이다. 많은 가르침의 하나가 개념사의 중요성을 일깨워 주신 일이다. 팔순, 칠순을 넘기셨지만 푸른 청년처럼 여전히 배움의 정열을 불태우고 계시니… 가르침은 하염없다. 그 밖에도 가르침과 호의를 베풀어 주신 스승, 선배, 동료, 후배 학자들은 헤아릴 수 없이 많다. 특별히 최재목 교수는 졸고 출판에 힘써 주신 분이다. 감사드린다. 더불어 아내와 두 아이에게 감사드린다. 연구실 밖에 모르는 남편을 불평 없이 뒷바라지해 주신 아내. 두 아이는 내 삶의 보람이요, 내 인생의 스승이다.

여는 글

　모든 사물/인간은 생생화화(生生化化), 생성하고 변화한다. 이때 생생/생성이란 '태어남, 삶'을 뜻함과 함께 '상생, 상극, 상화(相和)'의 과정을 함의한다. 화화/변화란 '변통, 변질, 사멸' 또는 '결합, 변형, 재생' 등 과정을 함의한다. 이런 일련의 과정을 거듭하는 역사/성을 지닌다. 개념 역시 마찬가지다. 모든 개념은 태어난 다음 '변통, 변질, 사멸' 등의 과정을 거친다. 또는 다른 개념과 결합하면서 변형되다가 사라지거나 새롭게 태어난다. 또한 외부로부터 수용된 개념과 이종교배(hybridization)하면서 새로운 형태로 탈바꿈하기도 한다.

　그런 과정을 동아시아 전통의 개념도 거쳤고 또 거치고 있는 중이다. 특히 근대 이래 수용된 서양의 개념과 다투거나 병존하는 과정을 거쳤고, 거치고 있는 중이다. 그 사이에 수많은 개념은 전통 속에 남겨진 채 잊혀지거나 역사의 뒷길로 사라져 갔다. 사라진 자리는 서양의 개념과 지배 담론(dominating discourse)으로 채워졌다. 그렇지만 죽거나 없어진 것은 아니다. '잊혀지거나 사라졌지만' 지금도 살아 있다. 언젠가 새롭게 태어나 역사의 앞길로 되돌아올 날… 누군가 오늘날과 미래에 걸맞게 계발하여 '개념화, 이론화, 제도화'하는 날을 기다리면서 말이다.

1. 동아시아 전통의 개념에 얽힌 문제점

　동아시아 전통의 일부 개념은 근대 이래 서양 개념과 이종교배하여 번역어로 탈바꿈해 왔다. 이때 탈바꿈이란 일종의 '전통의 발명'을 함의한다. 그 '발명'은 때로 '조작, 날조'를 포함한다. 주의를 환기할 것이 있다. 모든 번역어는 크든 작든 '번역의 문제'를 배태한다는 점이다. 번역어와 원어는 각각 역사/성을 지니며, 그 사이에는 언어 코드 등의 '같고 다름'이 개재하는 까닭이다. 이로 인해 '말뜻 혼동, 본뜻 변질' 등 번역의 오류/오차가 발생할 수 있다. 또한 번역어든 원어든 그것을 이해/해석하는 방식이 각 나라/사람마다 달라지는 문제도 생길 수 있다. 문제는 거기에 그치지 않는다.

　주지하듯 근대 일본은 번역어 이른바 화제한어(和製漢語)의 산실이었다. 그런데 화제한어는 (많든 적든) 심각한 문제점을 내포한다. 무엇보다 그 바탕에 일본 전통/근대가 혼합/투영되어 있다는 점이다. 이로부터 동아시아 전통/근대는 일본의 그것으로 표상되거나 사상(捨象)됨과 함께 '변질, 곡해, 격하'될 소지가 생긴다. 거기에 또한 근대주의나 오리엔탈리즘에 의한 '오해, 편견, 왜곡' 등 요소가 끼어들기도 한다. 나아가 이들 요소는 '근대의 주박(呪縛, 홀리고 얽매임; the spell of the modern/modernity)'을 구성한다.

　근대의 주박은 근대주의나 오리엔탈리즘의 주박으로 바꾸어 말할 수 있다. 먼저 근대주의란 서양 근대를 절대화=기준화하는 성향을 가리킨다. 그 바탕에는 '서양 근대=진보, 발전 v. 동양 전통=보수, 퇴보' 또는 '서양 문명=보편, 정(正), 동양 문명=특수, 부(負)'라는 틀이 깔려 있다. 즉 이원 사고, 이항대립(二項對立, dichotomy) 사고가 깔려 있다. 이로써 근대와 전통, 서양과 동양의 상대화를 거부한다. 그 각각의 정/부 양면을 비교해 보는 상대주의적 시각이나 사고를 배제한다. 그래서 동아시아 전통에 대한 '오해, 편견, 왜곡' 등을 키우는 요인이 된다. 또는 그 전통의 진정성(authenticity)을 모르거나 잘 못 보는 '무지, 허상'에 빠지는 요인이 된다.

다음으로 오리엔탈리즘은 '동양에 대한 오해, 편견, 왜곡 등에 입각한 인식이나 태도'를 가리킨다. 이것은 근대주의의 파생물에 다름아니다. 따라서 전술한 각종 폐해를 공유한다. 주의할 것은 오리엔탈리즘이든 근대주의든 서양형에 더하여 비서양 나라들의 자국형이 존재한다는 사실이다. 자국형은 '자기 스스로 모방한 것, 타자에 의해 사육된 것' 두 범주로 나눌 수 있다. 이로써 비서양 나라들은 '타자 자기화, 자기 타자화' 또는 '자기 식민지화'를 경험하고 축적해 왔다. 그런 탓에 의식하든 못하든 '고향 상실'이나 '노예 상태'에 빠져 있으리니… 비판, 성찰, 각성이 필요하다. 한 마디로 '근대의 주박'을 초극(超克)하고 벗겨내는 일이 필요하다.

그 필요성은 동아시아 개념의 전통과 근대를 연구하는 작업에도 해당한다. 전술했듯 동아시아 전통과 그 개념은 근대 이래 '오해, 편견, 왜곡' 등으로 시달려 왔음을 인지하고 문제삼을 필요가 있다. 또한 일본에서 '발명'된 화제한어는 심각한 문제점을 내포하고 있음도 의식할 필요가 있다. 이러한 문제 의식에 입각하여 동아시아 개념의 전통과 근대를 고찰(=비판적 성찰)하고 재해석해 나가야 한다. 그래야 비로소 동아시아 개념사 연구는 풍부한 의의를 갖춤과 함께 새로운 지평을 열어나갈 수 있을 것이다. 그리고 이미 축적되어 온 기존 연구를 더욱 발전시키는 길을 개척해 나갈 수 있을 것이다.

2. 삼원 사고와 그 논리의 간결한 해석

본론에 들어가기 전에 미리 설명해 두고 싶은 것이 있다. '삼원 사고(필자의 조어)'와 그 논리가 그것이다. 그 이유는 동아시아 전통 사상이나 개념을 해석/고찰할 때 반드시 필요하다고 보기 때문이다. 동아시아 전통 사상, 개념은 대체로 삼원 사고와 그 논리에 바탕을 두고 있는 까닭이다. 삼원 사고란 무엇일까? 그 논리는 어떤 특징을 지닐까?

삼원 사고는 일원(론/사고)과 이원(론/사고)을 포함/포용하면서 지양(止揚)하여 아우름(융섭[融攝])하는 사고이다. 이때 아우름이란 '통(通), 횡단매개(橫斷媒介, transversality), 포중(包中, the included middle)'을 함의한다. 그리고 '잇고, 맺고, 삶/살림' 또는 '상통, 상보, 상화(相和)'를 함의한다.[2] 한편 원이란 실체론적 '으뜸, 근원'이 아니라 생성론적 '차원(dimension)'을 표상한다. 덧붙이면 'dimension'은 본뜻인 '헤아림, 잼'이 그 대상인 '넓이, 크기, 범위' 등의 뜻으로 변한 용어이다. 이를 '시공간'으로 확대해 보면 삼원 사고를 'tri-dimensional thinking'이라고 번역할 수 있다.

---

2) 따라서 삼원 사고를 '아우름, 통, 상화'의 사고요, '생(生, 삶), 생생(生生, 살고 [낳고] 살림)'의 사고라고 불러도 좋다.

위의 '일=하나, 이=둘, 삼=셋'은 숫자이자 상징적인 뜻을 지닌 형이상(形而上)의 개념이다. 일=하나란 궁극에서는 '같음, 같아짐'을, 현실에서는 '같이 있음'을 상징한다. 이로부터 일원(론/사고)이 생긴다. 이=둘이란 '다름, 따로 있음' 또는 '나눔, 나뉨'을 상징한다. 이로부터 이원(론/사고)이 생긴다. 삼=셋이란 이들 양쪽을 '아우름'을 상징한다. 그리하여 삼원(론/사고)을 구성한다. 종합하면 '하나/일원, 둘/이원, 셋/삼원'은 삼원 사고 안에서 '서로, 함께, 더불어' 순환하는 구조를 이룬다. 여기에 예컨대 '나, 너, 우리' 또는 '천지인(天地人)'을 대입해 보면 이해하기 쉬울 것이다.

편의상 일=하나를 A나 B로 표기하자. 그러면 이=둘은 하나(A)와 하나(B)의 합(A+B)으로 표기된다. 단, 삼은 '둘에 또 하나를 더한' 셋이라는 숫자가 아니다. '그런' 셋을 넘어선 숫자로서 '하나와 둘을 포함한' 여럿(多)이자 무로부터 무한까지의 모든 수 '0, n, ∞'를 포함한다. 그리고 형이상의 개념으로서 하나(A)-하나(B)의 '사이'를 상징한다.3) 또는 둘(A+B)을 아우르는 '사이'를 상징한다. 그 '사이'란 광대무변(廣大無邊)의 시공간이자 '아우름'이 끊임없이 펼쳐지는 제3 차원을 표상한다. 따라서 삼과 마찬가지로 '아우름'을 상징한다. 유교 용어로는 '중용(中庸), 시중(時中)'을 표상한다고 이해해도 좋다.

전술했듯 삼원 사고는 일원, 이원의 두 사고를 포함/포용하면서 지양한다. 이때 지양이란 두 사고가 지닌 정의 측면은 살리고 부의 측

---

3) 여기서 '사이'라는 용어는 '속/사이(中/間, in-between)'를 줄인 말이다. 거기에는 '겉과 겉을 연결하는 시공간'인 피상적=얕은 상호 관계의 '사이'를 넘어서려는 의도가 담겨 있다. 즉 그것을 넘어서 '속과 속을 연결하는 시공간'인 심오한=깊은 상호 관계의 '사이'를 강조하고 싶은 것이다.

면을 극복함을 함의한다. 먼저 일원 사고는 사·물이나 현상을 어떤 하나의 으뜸/바탕에 수렴/환원시키는 사고이다. 이로부터 얻을 수 있는 정의 측면은 많으리라. 그러나 또한 부의 측면도 많다. 하나로 뭉뚱그리는 무분별, 무논리, 논리 비약… 하나를 초월자, 허(虛), 공(空)으로 비약시킬 경우 생기는 각종 폐해. 하나에만 집착하는 유일론, 유일신론(唯一神論)과 이로 인한 각종 중심주의, 원리주의, 근본주의. 이로써 독선/위선, 편견/차별, 오해/왜곡 등을 조장할 수 있다. 또한 역설적으로 이원(론/사고)이나 이항대립 성향/경향의 원천이 될 수도 있다.

다음으로 이원 사고는 사·물이나 현상을 둘로 나누어 이해/설명하는 사고이다. 또는 대비/대립시켜 분석/해석하는 사고이다. 이는 구조적 체계를 만들거나 '가치 판단, 규범 설정'의 기준/원칙을 세우는데 필요하다. 그렇지만 (일원 사고와 마찬가지로) 독선/위선, 편견/차별, 오해/왜곡을 조장하는 등 부의 측면을 지닌다. 세 가지만 더 들어 보자. ① 사·물, 현상에는 둘로 나눌 수 없거나 나누면 곤란한 경우도 많다. 나누기만 하면 오히려 이해/설명이 안 되는 경우도 많다. 현실은 역설로 가득찬 복잡계인 까닭이다. ② 세운 기준/원칙이 잘못이거나 잘못될 수 있다. 그럼에도 교조화, 물신화에 빠질 수 있다. ③ 나눔은 '생, 생생'의 순환을 끊는다. 즉 죽음/죽임(死/殺)을 이끈다. 따라서 이원 특히 이항대립 사고는 '죽음/죽임의 사고'가 될 수 있다.

삼원 사고는 인간의 기본적이자 필수불가결한 사고이다. 그 이유는 한 마디로 '생, 생생의 사고'이기 때문이다. 그래서 동서양의 각종 종교, 사상에 보편적으로 내재한다. 그렇긴 하나 불교, 도교, 유교나 주자학(=정주학) 등은 삼원 사고가 바탕을 이룬다. 특히 한 사상 등 한국의 각종 전통 사상은 그 전형이다.4) 여기서는 또 하나의 전형인 - 역(易) 사상에 기초한 - 음양(오행)론의 '생생화화(生生化化)' 사고를 통해 삼원 사고와 그 논리를 설명하고자 한다.5)

3. 음양론의 '생생화화' 사고: 삼원 사고로 보기

음양론은 통상 음양 이극으로 풀이되나 거기에 태극을 넣은 삼극으로 풀어야 옳다.6) "역에 태극이 있으니 [태극이] 양의(음양)를 낳는다 (易有太極是生兩儀)"(『주역』 계사전상). 따라서 태극 없이 음양 없다. 음양 사이에 태극이 있다. 태극 안에서 음양의 둘(=다름)은 하나(=같음/같아짐)요, 하나가 된다. 또한 서로 뒤바뀌거나 변통하기도 한다. 그래서 "일음일양지위도(一陰一陽之謂道)"(계사전상) 곧 '한 번씩[=번갈아] 음이 되고 양이 됨을 도'라 한다. 또는 "궁하면[=깊이 다하면] 변하고(窮則變), 변하여 통한다(變而通)"(계사전상, 주[注])라고 한다.

---

4) 한 사상을 삼원 사고와 그 논리로 풀이한 졸문을 소개한다. 김봉진, "글로벌 공공 철학으로서의 한 사상," 김상일 등 공저, 『한류와 한사상: 한류의 세계화를 위한 한 사상의 이론과 실제』(도서출판 모시는 사람들, 2009), 143-180.
5) 『주역(周易)』 계사전상(繫辭傳上)에는 끊임없이 "살고 살림을 역이라 한다(生生之謂易)"는 말이 있다. 한편 '화화'란 생성 변화를 상징한다. '생생화화'는 'generating and/or becom-ing'으로 번역될 수 있다.
6) 한편 오행(火・水・木・金・土)은 통상 상극, 상생의 이원으로 풀이되나 그 사이에 상화를 넣은 삼원으로 풀어야 옳다. '상화 없이 상생 없는' 까닭이다. 따라서 오행은 상극하면서도 상화, 상생하는 관계에 있다. 또는 '상극, 상화, 상생'하는 속성을 지닌다.

따라서 음양론은 삼원(론/사고)으로 풀이함이 옳다. 주의를 환기하면 음양은 대개념(對概念)이다. 이때 대개념이란 '대립/반대 개념(opposite concepts)'이 아니라 상호연관된 '짝개념(das Begriffspaar, a pair of concepts)'을 뜻한다.7) 서로 다르지만 '짝으로 같이 있어야 존재할 수 있는 개념'을 뜻한다. '음이 없으면 양도 없고, 양이 없으면 음도 없다.' 음양은 (오행이 그렇듯) 상극하면서도 상화, 상생하는 관계에 있다. 곧 '상극, 상화, 상생'하는 관계에 있다. 이를 동아시아 전통의 용어로 풀면 다음과 같다.

음양의 관계는 '하나이면서 둘(一而二), 둘이면서 하나(二而一)'요, '불일불이(不一不二), 하나도 둘도 아님'이다. 또는 '불상잡(不相雜) 불상리(不相離)' 곧 '서로 섞이지도 떨어지지도 않음'이요, '불즉불리(不卽不離)'로서 '붙지도 떨어지지도 않음'이다. 이때 하나는 두 갈래의 함의를 지닌다. 첫째로 궁극에선 '같음, 같아짐'을 함의한다. 예컨대 태극 안에서 음양의 둘은 하나로 같거나 같아진다. 둘째로 현상에선 '같이 있음, 움직임'을 함의한다. 한편 둘은 '다름, 달라짐'이나 '따로 있음, 나뉨'을 함의한다. 이에 따르면 (현상의) 음양은 '다르지만 같이 있음, 같이 있지만 다름' 내지 '따로 있으면서 같이 있음, 같이 있지도 따로 있지도 않음'이라는 관계에 있다.

---

7) 음양뿐만 아니라 동아시아 전통의 공사(公私), 이기(理氣), 성정(性情), 화이(華夷) 등 수많은 대개념 모두가 짝개념이다. 실은 동아시아 등 세계 각지의 거의 모든 대개념이 짝개념이라고 보아도 좋다.

4. 삼원 사고의 논리와 필요성

　음양의 관계에는 양면긍정/이중부정과 그 논리가 담겨 있다. 예컨대 '둘이면서 하나, 하나이면서 둘'은 양면긍정의 논리이다. 영어로 표기하면 'both A and B'의 문법에 기초한 논리이다. '하나도 둘도 아님'은 이중부정 즉 'neither A nor B'의 문법에 기초한 논리이다. 이들 양쪽을 포용하는 삼원 사고의 논리는 동일률(A=A), 모순율(A≠ both A and B), 배중률(排中律; A ≠ neither A nor B)과 같은 서양의 고전 논리학의 삼대 원칙에는 맞지 않는다. 그래서 '모순, 비논리'라며 배제한 채 설명하지 못한다. 그 삼대 원칙이 이원 사고에 머물러 있는 탓이다.
　삼원 사고에 입각하면 양면긍정/이중부정은 '모순이 아니라 역설'이요, 그 논리는 '또 다른 논리'일 따름이다. 오히려 현실에 가득한 역설을 모순없이 설명할 수 있는 논리이다. 이로써 천지만물, 사람들 사이의 대립/상극을 '상통, 상보, 상화'하고 '횡단매개/포중'할 수 있는 통(通)논리(trans-logic)이다. 이를 위한 새로운 논리 원칙을 계발할 필요가 있다. 예컨대 '횡단매개율(Law of transversality), 포중률(Law of the included middle)'과 같은 원칙의 계발이 필요하다. 그리하여 삼원 사고와 그 논리를 수립하고 펼쳐 나가야 한다.
　거듭 말하나 삼원 사고와 그 논리는 동아시아 전통의 개념을 해석/고찰할 때 반드시 필요하다. 특히 거기에 얽힌 '오해, 편견, 왜곡' 등을 밝히고 타파하기 위해 필요하다. 그리고 서양의 개념과 지배 담론을 비판적으로 성찰하고 해체하기 위해 필요하다. 또한 근대 일본에서 발명된 이래 지금껏 사용되는 화제한어에 내포된 심각한 문제점을 자각하고 풀어내기 위해서도 필요하다. 나아가 동아시아 개념의 전통과 근대를 연구하는 작업은 물론 '근대의 주박'을 초극해 나가기 위해서도 필요하다. 아울러 독선, 편견, 왜곡 등과 이에 따른 각종 대립, 갈등, 분열 현상/성향을 바로잡기 위해 필요함은 물론이다.

삼원 사고는 선조들의 오래된 지혜와 염원을 담고 있다. 또한 우리의 사고 방식, 생활 양식을 개선할 수 있는 덕(德; virtue, L: virtù)도 힘도 담고 있다. 이를 통해 오늘날과 미래에 걸맞는 세계관, 인간관, 생명관을 계발할 수 있는 유산이다. 동시에 오늘날 위기를 극복하고, 미래에 다가올 위기에 대처하면서 지속가능한 세계를 장래 세대에게 물려 줄 수 있는 자산이다. 이제 우리 전통의 '옛 미래'를 다시 보고 그 속의 지혜/염원, 덕/힘 등을 되살려야 한다. 그리하여 새로운 문명 세계와 올바른 역사 지평을 '함께, 더불어, 서로' 열어 나가야 한다.

제 1 부

삼원 사고의 공공과 이원 사고의 공/사

제1장 동아시아 전통과 근대의 '공, 공공'
  - 중국과 일본을 중심으로 -
제2장 정약용의 형법 사상에 나타난 공공/성
제3장 최한기 기학의 '공, 공공'론

제1장 동아시아 전통과 근대의 '공, 공공'
- 중국과 일본을 중심으로 -

머리말

 공(公)과 사(私)는 대개념=짝개념이요, 상관관계에 있다. 짝으로 '같이 있어야' 존재할 수 있는 개념인 까닭이다. 공이 없으면 사도 없고, 사가 없으면 공도 없다. 또는 상극하면서도 상생 즉 '상통, 상보, 상화'하는 관계에 있다.1) 그런 점에서 공, 사의 관계는 '둘이면서 하나(二而一), 하나이면서 둘(一而二)'이다. 그 사이를 횡단매개하는 개념이 공(共)이다. 이로써 공·사·공 삼원 구조가 성립한다. 거기서 공과 공이 결합하면 공공(公共)이 된다.

공과 사의 본뜻

 공과 사의 전통적인 본뜻은 다음과 같다: '公, 私'에 공통된 'ム'를 『한비자(韓非子)』 오두(五蠹)에서는 '스스로 감싸기(自環),' 『설문해자(說文解字)』는 '간사(姦邪)'라고 해석한다. 私는 '벼(禾)를 자기 것으로 감싼 형상' 곧 '닫힘, 독점'을 뜻한다. 반면 公은 'ム를 버림'(『한비자』) 곧 '자기 것을 엶(開), 공유'를 뜻한다. 따라서 사는 악=나쁨, 공은 선

---

1) 이런 관계는 데리다(Jacques Derrida)의 '차연(差延), 보충 대리'와 상통한다. 그 해설은 김형효(1993), 56-57 참조.

=좋음을 함의한다. 『설문해자』는 공은 '평분(平分)'이라 해석한다. 이때 '평분'이란 사물, 사람 각각/각자의 다른(=불평등한) '분=몫을 고르게(=공평하게) 나눔'을 뜻한다. 평분의 '평'은 '균(均), 제(齊)' 개념과 상통한다.

특기하면 유교는 인간 (천지만물) 세계의 '불평등, 고르지 않음(不均), 가지런하지 않음(不齊)'을 주목한다. '그러함'이 자연이요, 현실임을 직시한다. 그 사이에 위계(hierarchy)가 생김을 인정한다. 그러나 도교의 무위자연(無爲自然)처럼 '그대로 내버려 둠'을 주장하지 않는다. 유교는 또한 자연이 '조화함, 공존함'을 주목하기 때문이다. 이로부터 예(禮), 도, 리(理), 오상(五常, 仁·義·禮·智·信) 등 당위(當爲)의 규범, 원칙을 이끌어낸다. 이와 함께 작위(作爲)를 통해 '고르게, 공평하게' 규율하는 질서를 세워 올바로 다스림/다살림할 것을 주장한다. 그 목표는 공정한 배분에 의한 인간관계의 '상통, 상보, 상화'와 인간 세계의 조화, 공존에 있다. 이를 뒷받침하고 횡단매개하는 개념이 '균, 평'이다.2)

공공, 공, 사는 생생화화(生生化化)하는 역사/성을 지닌다. 이를 염두에 두고 중·일 양국 전통의 공공 개념의 역사와 그 근대적 변질을 고찰하고자 한다.3) 본문에 들어가기 전에 현대어 사전의 공과 사, 그리고 양국 전통의 공과 사의 특징을 간결히 정리한다.4) 아울러 근

---

2) '균, 평' 개념의 관련 사항은 여타의 장에서도 거론한다. 특히 제8장 제3절 참조.
3) 한국 전통의 공공 개념의 역사와 그 근대적 변질을 고찰하는 일은 중요한 과제이다. 그럼에도 관련 연구는 미흡한 실정이다. 특히 조선 왕조의 공공 개념은 풍부한 역사를 가지고 있다. 그 일부는 정순우 외 지음(2016a)의 여러 논문과 가타오카 류(片岡龍), "14세기 말에서 16세기 중반 '공공' 용례의 검토: 『조선왕조 실록』과 『한국문집총간』을 중심으로," 정순우 외 지음(2016b) 참조.

대 일본에서 번역어로 발명된 '공공/성' 개념과 그 번역의 문제를 검토한다.

현대어와 중·일 전통의 공과 사, 번역어의 공/공공

현대어 사전에 의하면 중국어의 공은 '공공을 함의함, 동사로도 사용됨, 국가 차원을 넘음'이라는 특징을 지닌다. 반면 일본어의 공은 그런 특징이 없다. 이러한 차이는 양국 전통의 공개념이 지닌 특징에서 비롯한다. 한편 중국어와 일본어의 사는 공통적으로 '독점, 닫힘'의 나쁜 뜻을 지닌다. 그 이유는 자명하다. '사의 본뜻'을 그대로 답습해 온 양국 역사/전통 때문이다. 단, 중국 역사/전통에서는 '사/인욕'을 좋은 뜻으로 '긍정하는 담론'이 생성되기도 한다(후술).

중국 전통의 공은 ①군주의 공 ②국가의 공, 공권력 ③인인(人人)의 공, 만물의 공 ④ 천하의 공을 뜻한다. 이렇듯 다의성/중층성을 지닌다. 동시에 공동성/윤리성을 표상한다. 특히 ③④는 공동성을 강하게 표상한다. ③은 '사람들이 천지만물과 더불어, 함께 염'을 뜻하는 까닭이다. ④는 '천하위공'(天下爲公, 『禮記』禮運) 즉 '천하는 모든 사람에게 열려 있는 곳'이요, '모든 사람이 천하를 함께 염'을 함의하기 때문이다.[5] 한편 중국 전통의 사는 '사유(私有), 사용(私用), 사욕(私慾)' 등을 뜻한다. 따라서 반공동체적이자 비윤리적이요, 공의 뜻과는

---

[4] 양국 전통의 공과 사에 관해서는 미조구치 유조(溝口雄三)(1995) 제1부의 논문 참조. 그 제1부에는 다와라 시로(田原嗣郎)의 논문「日本の公と私」가 수록되어 있다. 또한 사사키 다케시(佐々木毅)·金泰昌編(2001, 2002)도 참조하기 바란다.
[5] 덧붙이면 후한의 정현(鄭玄, 127~200)은 '천하위공'의 '공은 공(共)'이라는 주석을 부치고 있다.

반대된다.

 반면 일본 전통의 공(오야케, 大宅)은 '천황, 국가, 주군(主君)의 공'을 뜻할 뿐 '인인, 만물, 천하의 공'의 뜻은 없다. 따라서 다의성/중층성도 없고, 공동성/윤리성과도 무관하다. 한편 일본 전통의 사(와다쿠시)는 두 가지 뜻을 지닌다. 하나는 중국 전통의 사와 같은 뜻이다. 다른 하나는 '나 자신'의 뜻이며 일인칭 대명사로 사용된다. 이런 뜻의 사는 윤리성과는 별로 상관없으리라. 하지만 전혀 무관하지는 않을 듯하다. '사를 일인칭 대명사로 사용하게 된 연유는 무엇일까?'라는 의문의 들기 때문이다. 그것은 일본 전통의 병학(兵學)에서 비롯한 무사(사무라이) 윤리인 '멸사봉공(滅私奉公)'과 관련이 있으리라 여겨진다. '공을 받들어' 절대복종하기 위해 자기 자신은 '없애야 할 사'인 까닭이다.

 그런데 근대 일본에서 '공/공공(the public), 공공성(publicness, 독일어 Öffentlichkeit)'이라는 번역어 즉 화제한어(和製漢語)가 발명된다.[6] 그 발명은 동아시아 전통과 서양 근대의 이종교배를 수반한다. 이로써 동아시아 전통의 공, 공공은 근대적 개념으로 변질된다. 그 변질은 공, 공공의 민중화와 국가화라는 두 현상을 포함한다. 단, 후술하듯 근대 일본에서는 국가화 현상이 두드러진다. 일본 전통의 공이 영향을 미쳤기 때문일 것이다.

 먼저 중국 전통의 공공 개념과 그 변용의 역사를 개관한다. 다음으로 도쿠가와(德川) 일본에 수입된 공공 개념의 다양한 용례를 살펴본

---

6) 또한 국가/정부/관(官)에 연관된 '공/공공(the official)'이라는 번역어도 발명한다. 이때 '발명'이란 에릭 홉스봄이 말한 '전통의 발명'을 함의한다. Eric Hobsbawm and Terence Ranger eds. (1983) 참조.

다. 제3절에서는 근대 일본에서 발명된 번역어 '공/공공, 공공성'을 〈민중화〉와 〈국가화〉의 두 현상으로 나누어 고찰한다. 맺음말에서는 동아시아 공공 개념의 전통과 근대를 서양과 일본의 그것과 대비시켜 본 다음 오늘날과 미래를 위한 공공의 새로운 지평을 제시한다.

1. 중국 전통의 공공

공공이란 용어는 사마천(BC145~BC86)의 『사기(史記)』「장석지·풍당열전(張釋之·馮唐列傳)」에 처음 출현한다. 거기에는 다음과 같은 고사가 실려 있다: 한문제(漢文帝, 재위 BC180~BC157)가 탄 수레의 말을 놀라게 한 자가 있었다. 이에 대해 당시 정위(廷尉, 법무장관)였던 장석지는 '해당 형법'에 따라 벌금형에 처할 것을 아뢰었다.[7] 그러자 한문제는 그 이상의 처벌을 요구했다. 이에 장석지는 "법이란 천자가 천하와 더불어 공공하는 것입니다.[8] 금일의 법도 그러하니 이를 더욱 무겁게 [처벌]한다면 백성은 법을 불신할 것입니다"라고 대답했다고 한다.[9] 법이란 천자=군주와 천하=민이 공공하는 것이요, 그래서 '그 이상의 처벌'은 안된다는 말이다.

---

[7] '해당 형법'이란 한초(漢初)의 승상(丞相) 소하(蕭何, ?~BC193)가 지었다는 『율구장(律九章)』(『한서(漢書)』刑法志)을 비롯하여 한문제 이래 증보, 제정된 『한률(漢律)』을 가리킨다고 본다.
[8] 이처럼 공공은 '공공한다 즉 공(公)을 함께 이룬다'는 동사로도 사용된다.
[9] 원문: 法者天子所與天下公共也. 今法如此而更重之, 是法不信於民也.

위 인용문에서 '법을 천하와 더불어 공공함'이란 '군민이 법(=公)을 함께(共) 지킴'을 뜻한다. '법=천하공공은 곧 군민공공'이라는 것이다. 이때 군민이란 수직적 위계성/계층성을 표상한다. 한편 공공이란 수평적 공동성/윤리성, 개방성/공평성(공정성)을 함의한다. 또한 법 적용의 자의성(恣意性), 전제성(專制性)을 부정하는 개념이기도 하다. 나아가 '법=천하공공'은 '천하=천지만물, 자연의 법'을 함의한다. 일종의 자연법 관념을 담고 있는 셈이다. 이러한 일련의 함의를 지닌 공공 개념이 '법을 공공함'이란 용례로 전한(前漢) 시대에 출현해 있었던 것이다.

『사기』의 '천하공공'과 '공, 공공'의 용례

『사기』의 고사는 후한의 반고(班固, 32~92)가 저술한 『한서(漢書)』에도 실려 있다. 한편 '천하공공'에서 파생된 것인지 흥미로운 용례가 나타난다. 한대의 훈고학자 유희(劉熙, 생몰 미상)가 편찬한 『석명(釋名)』 제4권의 "강(江)은 공(公)이다. 작은 물이 흘러들어 공공한다"(「釋水第四」)라는 용례가 그것이다. 이렇듯 공공 개념이 다양하게 사용되었을 것이다. 이후 남북조 시대에도 '법=군민 공공' 의식이 퍼져 있었던 모양이다. 예컨대 『진서(晋書)』 형법지(刑法志)에는 "인군(人君)이 천하와 함께 하는[=지키는] 것이 법"이라는 말이 나온다.10) 이는 『사기』의 표현과 비슷하나 공(公)이 생략된 셈이다.

당대에 이르면 공공의 용례가 산견된다. 예컨대 『전당문(全唐文)』에 실린 육치(陸贄, 754~805)의 글을 두 가지만 들어보자. 첫째, "이것

---

10) 원문: 夫人君所與天下共者法也.

이 성왕(聖王)의 전장(典章)을 선명(宣明)하는 까닭이니 천하와 함께 공공함"(「謝密旨因論所宣事狀」)이란 글이다. 『사기』의 '법을 공공함'이 '전장을 공공함'으로 바뀐 셈이다. 둘째, "국가가 공공하는 마음으로 일을 만들면 사람들은 기꺼이 이에 따를 것"(「奉天請罷瓊林大盈二庫狀」)이란 글이다. 이는 공공의 용례가 또 다른 모습으로 확산되어 있었음을 보여준다. 덧붙이면 "공공으로 해(諧)함"(「晋高祖以宰臣一人知中書印詔」)이라는 글도 있다. 이때 '공공'이란 '어울림(=和合), 조화'를 함의한다.

1) 정주학의 공공

이렇듯 공공의 용례는 다양한 모습으로 확산되어 나갔다. 송대에는 용례가 점차 늘어난다. 예컨대 『건염이래계년요록(建炎以來繫年要錄)』을 보면 "공공으로 숙의(熟議)함"(권123「紹興八年十一月」), "공공으로 상량(商量)함"(권134「紹興十年三月」) 등의 글이 나온다. 여기서 '공공으로'란 '함께, 공동으로' 등의 뜻을 담고 있다. 또한 "공공으로 후사(後嗣)를 이음"(『송사(宋史)』권 125)이란 표현도 나온다. 이는 송대 이래 종법(宗法) 제도의 발달에 따라 그 용례가 사회 일반으로 확산해 갔던 현상을 보여준다.

그러다가 정주학(성리학)의 등장함과 함께 그 용례는 급증한다. 이로써 공공은 '일용 인륜(日用人倫)의 도, 리'와 결합하면서 리학(理學) 성향을 띠게 된다.11) 그 선구자는 북송(北宋)의 이정자(二程子) 정호

---

11) 후술하듯 양명학은 정주학의 공공에 새로운 요소를 가미한다. 따라서 공공은 양명학의 심학(心學) 성향을 띠게 되었을 것이다. 단, 이때 리학과 심학의 구별은 어디까지나 편의

(程顥, 1032~1085; 별칭 明道), 정이(程頤, 1033~1107; 별칭 伊川) 형제이다. 그 계승자인 남송(南宋)의 주자(朱子, 1130~1200)는 공공을 다용하여 이를 '천하공공, 중인(衆人)공공의 도, 리'와 결합시킨다. 이로써 '도, 리'에 입각한 주자학의 '공공론'이 형성된 셈이다.12)

'천하공공, 중인공공의 도, 리'와 공공의 민중화

『이정전서(二程全書)』의 예를 보자. 거기에 실린 여러 저작 중 『하남정씨유서(河南 程氏遺書)』(전25권)의 권2 상에는 두 개의 용례가 나온다. 하나는 "하늘이란 한 가지로 공공무사라는 뜻이 있다(則言天有一個公共無私底意思)"라는 글이다. 그 뒤에는 "천리란 하나의 도리임을 말한다(天理云者這一個道理)"라는 글도 나온다. 이로부터 '천리=공공무사의 도리'라는 명제를 이끌 수 있다. 또 하나는 "만물은 모두 단 하나의 천리(萬物皆只是一個天理)"에 속함을 설명한 다음 이렇게 말한다: "사람은 각자의 몸을 공공으로 놓여져 있는 천지만물 속에 내던질 수 있다(人能放這一個身公共放在天地萬物之中)"라고.

이들 두 용례의 취지를 종합하면 '사람이 일신(一身)의 사(私)를 버리면 천지만물의 공공 또는 하늘의 공공무사를 얻을 수 있다'는 뜻으로 해석된다. 따라서 '사람은 누구나 공공에 참여하는 주체가 될 수 있음'을 함의한다고 볼 수 있다. 또는 '모든 사람은 천리=공공무사의

적인 것이다. 주의를 환기하면 정주학도 양명학도 리학과 심학, 그리고 기학의 요소를 모두 갖추고 있다.
12) 주자학의 각론은 주로 '리기론, 심성론, 성정론' 등이 거론되어 왔다. 이와 더불어 '공공론'에 관심을 가지고 연구해 나갈 필요가 있다고 생각한다. 앞으로 많은 관심과 연구를 기대한다. 덧붙이면 실은 유교 자체가 본디 '공공론'을 담고 있다. 이것을 주자학의 '공공론'은 새롭게 활성화시킨 셈이다.

도리를 지니고 있으며 그 주체가 될 수 있음'을 함의한다고 볼 수도 있다. 실제로 훗날 주자의 공공 개념은 이런 뜻/함의를 뚜렷하게 드러낸다.

정이가 지은 『주역정씨전(周易程氏傳)』(전5권)에는 공과 사, 이(利)를 둘러싼 논의가 많다. 예컨대 그 권1에는 사와 대비되는 "지공대동지도(至公大同之道)"라든지 '천하지도(天下之道), 왕도(王道)'의 "지공불사(至公不私)"라는 글이 나온다. 그리고 권3에는 "리는 천하의 지공이요, 이(利)는 뭇사람이 같이 욕망하는 것이다. 그 마음을 공(公)하여[=열어서] 올바른 리를 잃지 않는다면 뭇사람의 같은 이(利)는 흥성한다"라는 글이 나온다.13) 여기서 '천하의 지공, 공'은 곧 '공공'을 함의한다고 본다. 이로부터 '도, 리는 천하공공, 중인공공(衆人公共)'이라는 명제를 이끌 수 있다.

『주자어류(朱子語類)』에는 '천하공공, 중인공공의 도, 리'라는 표현이 다수 등장한다. 또한 기(氣)와 연관된 "하늘과 땅 사이의 공공의 기(天地間公共之氣)"(권3「鬼神」)이라는 용례도 등장한다. 하지만 '도, 리'와 연관된 용례가 훨씬 많다. 예컨대 "도는 옛날이나 지금이나 [모든 사람이] 함께 따르는 리이다. 아버지의 자애로움, 자식의 효, 군의 인, 신의 충. 이들 하나하나가 공공하는 도리이다."14) (권13「學七力行」) 또는 "도리는 천하공공의 리이다. 사람들 모두에게 똑같으며 처음부터 사물과 나와의 나뉨이 없다"(권18「大學五 或問下傳五章」)고 말한다.15) '천하공공의 리, 도리'라는 명제와 함께 리의 '만인 만물구

---

13) 원문: 理者天下之至公 利者衆帆所同欲 苟公其心不失其正理 則興衆同利.
14) 원문: 道者 古今共由之理. 如父子之慈, 子之孝, 君仁, 臣忠. 是一箇公共底道理.
15) 원문: 道理是天下公共之理. 人人都一般, 初無物我之分.

유성(萬人萬物具有性)'을 설명한 셈이다.

또한 '천하공공의 리, 도리'는 그 상관 개념과 결합하여 다양하게 표현되기도 한다. 그 용례를 권52「孟子二 公孫丑之上」에서 들어보자. 예컨대 "도의는 공공하는 형체도 그림자도 없는 물사(道義是公共無形影底物事)" 또는 "도는 사물과 내가 공공하는 자연의 리(道則是物我公共自然之理)" 등이 있다. 그리고 "도의는 중인(뭇사람)이 공공하는 것(道義是衆人公共底)"이라는 용례가 있다. 이때 '중인공공'은 '천하공공'과 함께 주목할 필요가 있다. 거기에는 공공의 민중화에의 의지와 목표가 담겨 있다고 보기 때문이다.

실제로 그런 의지/목표를 주자는 곳곳에서 표명한다: "도리는 천하의 공공하는 것인데 이것을 나 혼자만 깨닫고, 다른 사람들은 깨닫지 못하니 나는 이를 걱정하고 있다"(권 20「論語二 學而篇上」)고.16) 또는 "도는 천하공공임을 나는 이미 스스로 터득했으니 반드시 다른 사람들에게 보급하려 한다"(권118「朱子十五 訓門人六」)고. 즉 '천하공공의 리, 도리를 뭇사람이 깨닫도록 널리 보급하겠다'는 것이다. 이렇듯 공공의 민중화에의 의지/목표를 주자는 지니고 있었다. 여기서 공공의 민중화의 함의를 언급해 두자. 그것은 중국 등 동아시아 전통의 '공공 영역/공간'이 생성 변화하는 현상을 함의한다.17)

---

16) 원문: 道理天下所公共. 我獨曉之, 而人曉不得 也自悶人. 이와 거의 똑같은 말은 또한 권119 「朱子十六 訓門人七」의 머리말 부분에도 나온다.
17) 이에 관해서는 맺음말에서 설명한다.

2) 양명학의 공공

상기한 주자의 의지, 목표는 계승되고 달성되어 나갔으리라. 원대를 거쳐 명대에 이르러 주자학이 정치 체제의 교학(敎學)이 되어 융성했기에… 특히 명대에는 주자학을 관학(官學), 정학(正學)으로 삼은 과거 제도가 확립되었다. 이로써 사(士)는 물론 농·공·상(農·工·商) 계층도 관료가 될 수 있는 정치 참여의 길이 열렸다. 따라서 공공의 민중화가 진전됨과 함께 '공공 영역/공간'은 확대되었을 것이다. 또한 민중의 정치 주체/권리나 〈개인〉 의식도 높아졌을 것이다.[18) 나아가 민중의 다양한 욕망이 분출했으리라. 그 배경에는 대내외 무역 번성과 상업, 공업 등의 발전이 있다. 이런 일련의 현상은 사회 변동을 촉진시키고 서민 문화를 성행시키는 등 성과로 이어졌다.

그러나 더불어 각종 병폐 현상이 생겨났다. 예컨대 주자학의 교조화(敎條化), 허학화(虛學化), 허리화(虛理化) 등 현상이다.[19) 특히 정치 주체/권리의 과점화(寡占化)는 심각한 병폐 현상이었다. 이것은 명대 초기에 형성된 황제 전제(專制)와 환관(宦官) 기구의 전횡(專橫)에서 기인한다. 이로부터 정치적 대립/알력이 지속적으로 발생했던 것이다. 따라서 공공의 민중화를 저해하는 요인이 되었을 것이다.

이러한 각종 병폐 현상을 극복하고자 했던 사람들이 조야(朝野)에

---

18) 이때 〈개인〉이란 '유교의 인(人)이 표상하는 각 사람(各人, every person)'을 가리킨다. 물론 서양의 '개인 individual' 곧 '나눌 수 없는 개체, 독립된 인간 존재'와는 매우 다르다. 그와 달리 자타의 관계망, 공동체 속·사이에서 '자립하는(independent) 존재이자 함께하는(togethering) 생성자'를 표상한다. 그런 점에서 유교의 〈개인〉은 'inter-human being 임과 동시에 becoming'이라고 이해하면 좋으리라 여겨진다.
19) 이들 현상은 '실학, 실리, 천하/중인공공' 등 주자학의 본래성에 어긋나는 병폐에 다름 아니다.

서 나타났다. 그 한 사람이 왕양명(王陽明, 1472~1528; 본명 王守仁)이다.20) 그는 주자학의 문제점을 인지하고, 이로부터 파생된 교조화 등 병폐를 치유하고자 했다. 그리하여 주자학 일부를 비판하면서 새롭게 구축한 학문이 양명학이다. 주의를 환기하면 양명학은 주자학을 계승하는 한편 그 병폐를 치유하고자 '발명'한 학문이다. 그런 점에서 반주자학(反朱子學)이 아니다. 오히려 주자학의 본래성을 회복하려는 의도를 담고 있는 까닭이다.

학문, 학술의 공공화=민중화와 그 계승

양명학은 '주자학 민중화'의 지평을 열어 주었다.21) 이때 민중화란 공공화를 함의한다. 그 올바른 진전은 주자학의 교조화 등 병폐를 치유하는 길로 이어질 것이다. 이에 더하여 주자학 이외의 다른 학문을 공공화한다면 그 길은 넓어질 것이다. 실제로 양명은 주자학, 상산학(象山學)을 포함한 유학 일반의 '학문, 학술의 공공화=민중화'를 지향한다. 예컨대 그는 주자의 도문학(道問學)과 육상산(陸象山, 1139~1192)의 존덕성(尊德性)을 둘러싼 논쟁을 경계하면서 다음과 같이 말한다(『王陽明全集』「答徐成之一」).22)

---

20) 왕양명은 35세 때에 환관 유근(劉瑾, 1451~1510)의 전횡을 비판했다가 투옥되는 곤경에 처한 적이 있다. 이후 석방되어 당시 벽지(僻地)였던 귀주(貴州)의 용장(龍場)으로 좌천되었다. 37세 때에 용장에 도착한 그는 그곳 소수 민족을 다스리면서 사색하여 이른바 '용장의 큰 깨달음(大悟)'을 얻었다. 이를 계기로 양명학을 구축해 나갔다고 한다.
21) '주자학 민중화'에 관해서는 미조구치 유조, 「儒教道德の民衆化路線」, 溝口雄三・伊東貴之・村田雄二郎(1995), 제2장 참조.
22) 원문: 置心于公平正大之地 無務求勝. 夫論學而無務求勝 豈所謂尊德性乎? 豈所謂道問學乎?

마음을 공평정대한 땅에 두어야지 이기려고 하면 안된다. 학문을 논하면서 이기려고만 하니 어찌 이른바 존덕성이겠는가? 어찌 이른바 도문학이겠는가?"

그 취지는 주자학이든 상산학이든 '공평정대한 마음으로' 논하라는 것이다. 달리 말해 그 각각의 득실을 따지되 '공공하는 학문'으로 삼으라는 것이다. 이에 앞서 그는 존덕성, 도문학의 득실을 이렇게 우회적으로 표명한다: "존덕성은 '선학(禪學)의 허공에 빠진다'고 말할 수 없다. '선학(禪學)의 허공에 빠진다'면 이를 존덕성이라 이를 수 없다[=없기 때문이다]. 도문학은 '속학(俗學)의 지리(支離)에 빠뜨린다'고 말할 수 없다. '속학의 지리에 빠뜨린다'면 이를 도문학이라 이를 수 없다[=없기 때문이다]."23) 이런 사실을 올바로 이해한다면 양쪽 모두 '공공할 가치'가 있으리라는 뜻이다.

양명은 이렇게도 말한다: "학술이란 고금 성현의 학술이요, 천하공공하는 것이다. 우리 세 사람이 사유(私有)하는 것이 아니다. 천하의 학술은 마땅히 이를 천하에 공언(公言)하는 것이다."24) (「答徐成之二」) 그리고 나서 이런 훈계로 매듭한다: "그 마음이 똑같기를 구하지 말고, 그 다른 까닭을 성찰하라. 과실 없음을 성현의 높음으로 삼지 말고, 과실 고침을 성현의 학문으로 삼으라"고.25) 이를 통해 양명이 어떤 마음으로 '고금 성현의 학술'의 공공화내지 민중화를 지향(志向)했던지 엿볼 수 있다.

---

23) 원문: 存德性則不可謂墮于禪學之虛空.' 墮于禪學之虛空'則不可謂之存德性矣. (旣曰)道問學則不可謂失 于俗學之支離. "失于俗學之支離'則不可謂之道問學矣.
24) 원문: 夫學術者 今古聖賢之學術, 天下所公共 非吾三人者所私有也. 天下之學術 當爲天下公言之
25) 원문: 勿求其必同, 而察其所以異. 勿以無過爲聖人之高, 而以改過爲聖人之學.

양명학은 주자학과 마찬가지로 천하/중인이 공공하는 일용인륜의 도리를 추구한 학문이다. 다만 이를 추구하는 방법론에서 일부 차이를 보일 따름이다. 물론 그 일부란 중요한 의의를 담고 있다. 또한 이로부터 상호 대립/마찰이 생겨날 수 있음도 물론이다. 단, 이런 사실을 밝히는 일은 접어 두자. 주목하고 싶은 것은 양명학의 공공론에 담긴 의도이다. '학문, 학술의 공공화'와 함께 〈공공의 민중화〉를 더욱 확대하려는 의도를 담고 있다는 것이다.

이러한 의도는 양명의 여러 명제 속에 투영되어 있다고 본다. 예컨대 그는 주자학의 '성즉리(性卽理)'를 '심즉리(心卽理)'로 대체함과 함께 '치량지(致良知)'를 제창한다. 이에 관한 언설을 『전습록(傳習錄)』에서 살펴보자. "양지 양능이란 어리석은 남자나 여자라 해도 이를 수 있는 것(良知良能愚夫愚婦可與及者)"(「答顧東撟書」)이라고 말한다. 그리고 "온 거리 사람들 모두가 성인(滿街都是聖人)"이라는 제자 왕간(王艮, 1483~1541; 號, 心斎; 字, 汝止)의 말을 듣자, 양명은 "네가 온 거리 사람들이 성인임을 보았다면 그들도 네가 성인임을 보았으리라(你看滿街人都是聖人 滿街人到看你是聖人在)"면서 호응한다.(「語錄 三」) 이렇듯 양명과 그 제자들의 '민중 지향성'은 강력하다.

또한 양명은 『대학』(「經」)의 첫머리에 나오는 "대학의 도는 밝은 덕을 밝힘과 민을 가까이함에 있다(大學之道 在明明德 在親民)"라는 명제의 '친민'을 원문 그대로 새긴다(『古本大學』).26) 이때 '친민'이란 '민을 친부모처럼 섬김'을 함의한다. 나아가 '천지만물 일체의 인(仁)' 즉 정호의 인설(仁說)을 숭배한다.27) 이런 사실만 봐도 그가 얼마나

---

26) 이와 달리 주자는 그 '친민'을 '신민(新民)' 즉 민을 새롭게 함'으로 바꿔 읽는다(『四書集注』).

강한 '민중 지향성'을 지니고 있는지 알 수 있다. 그런 만큼 천하/중인이 공공하는 일용인륜의 도리를 주자보다 강하게 추구한 셈이다. 이로써 공공의 민중화의 새로운 지평을 열어나간 셈이다.

양명이 추구한 '학문의 공공화'와 공공의 민중화는 제자들에게 계승된다. 그중에 이른바 양명학 좌파에 속하는 왕기(王畿, 1498~1583; 號, 龍溪)와 왕간의 언설을 살펴보기로 하자. 먼저 왕기는 "우리의 강학은 이길 마음을 가지고 자기 견해에 집착함을 가장 두려워한다[=멀리한다]. 원래부터 학문은 고금 공공의 것이니 우리의 사(私)로 삼으면 안된다"(『龍溪王先生全集』권 10「再答吳悟斎下」)고 말한다.28) 이처럼 다른 사람과 더불어 공공하는 학문을 추구한 그는 '양지 현성(現成)'론을 내건다.29) '현성 양지'를 발휘하면 공공의 도, 리는 저절로 드러난다. 이에 필요한 것은 주자학의 '격물궁리(格物窮理)'와 같은 엄격한 방법이 아니라 누구나 지닌 양지와 자연스런 의지, 그리고 이를 공공하는 활동/실천이라고 그는 주장한다.

왕간은 '양지 심학'을 제창하고 태주(泰州) 학파를 형성하여 강학운동을 전개했다. 특히 경세 의식이 강했던 그는 '치량지'의 '간이직절(簡易直截)'한 학문을 내세우고 '만물일체의 인'을 펼치고자 했다. 그 역시 왕기처럼 '양지 현성'론을 내걸었다. 특히 그는 앞서 본 '온 거리에 가득 찬 모두가 성인'을 말한 사람이다. 뭇사람이 각자의 양지에 따라 일용인륜의 도, 리를 행하는 모습은 곧 성인과 같다는 것이다. 이처럼 성인과 민중의 양지를 동렬에 두는 '양지 현성'론. 거기

---

27) 정호의 인설에 대해 주자는 자못 비판적이다.
28) 원문: 吾人講學 第一怕有勝心與執己見. 此學原自古今公共之物 非吾人所得而私.
29) '현성'이란 '현재 눈 앞에 있는 그대로 드러남' 또는 '자연스럽게 생겨남'을 뜻한다.

엔 민중은 공공하는 도, 리의 주체라는 의식이 깔려 있다. 이런 의식은 '사, 욕망 긍정'에의 의지로 이어진다고 볼 수 있다.

3) 양명학 발생 이후의 공공

이처럼 양명학은 공공의 민중화의 새 지평을 열었다. 이에 따라 민중의 정치 주체/권리 의식과 함께 〈개인〉의 '사, 욕망 긍정'을 고무하는 풍조가 퍼져 나갔던 모양이다.30) 실제로 양명학 발생 이후 '사, 욕망 긍정'을 주장하는 학자들의 담론이 속출한다. 앞서 본 왕기, 왕간 등 양명학 좌파는 그 일부 사례이다. 한편 이와 다른 사례로서 주자학 계통의 학자들 역시 '사, 욕망 긍정'의 새로운 담론을 '발명'한다. 이제 그들의 담론을 살펴보기로 하자. 이에 앞서 정주학의 '사, 욕망' 관념을 간결하게 검토한다.

공공의 민중화, 천리와 인욕의 새 지평

정주학은 '존천리(存天理), 멸인욕(滅人慾)'이란 명제에서 보듯 인욕(의사)를 부정적으로 본다. 주의할 것은 그 인욕이란 어디까지나 사리사욕, 탐욕 등 '천리자연'에 어긋난 욕망을 가리킨다는 점이다. 따라서 '천리자연'에 합당한 인욕은 긍정된다. 예컨대 주자는 "천리의

---

30) 이런 풍조의 기원은 정주학에 있다고 본다. 먼저 정주학의 '리일분수(理一分殊)'란 모든 사람(+사물)이 리를 갖추고 있음을 뜻한다. 이는 '천리자연(天理自然)'이요, 따라서 모든 사람은 천리의 주체로서 각자 자연의 권리를 지닌다는 관념이 생긴다. 이런 관념을 '천리자연권'(필자의 조어)이라 부를 수 있다. 이것과 서양 권리 개념과의 이종교배의 양상에 관해서는 金鳳珍(2004), 238-250 참조.

공, 인욕의 사"를 분별하여 논하는 가운데 "먹고 마심은 천리요, 좋은 맛을 요구함은 인욕이다(飮食者天理也, 要求美味人欲也)"(『주자어류』권13「學七力行」)라고 설명한다. 이렇듯 '먹고 마심'과 같은 자연적 욕망 곧 자연욕은 천리로서 긍정된다. '좋은 맛을 요구함'이란 (그런 요구를 할만한 권력이나 부를 가진 자의) 탐욕을 함의한다. 이런 탐욕을 부정적으로 볼 따름이다.

자연욕 긍정은 명대로 이어졌다. 그러나 어느덧 그것만으로 만족할 수 없는 상황이 전개되었던 모양이다. 무엇보다 공공의 민중화의 진전에 따른 민중의 주체/권리 의식 향상과 〈개인〉의 다양한 욕망 분출을 충족시킬 수 없었을 것이기 때문이다. 바로 이런 상황이 양명학의 탄생과 번창을 뒷받침하는 밑거름이 되었으리라 여겨진다. 아무튼 전술했듯 양명학 발생 이후 '사, 욕망'을 긍정하는 학자들이 속출한다. 그 욕망의 범주는 자연욕을 넘어서 확대된다. 인욕의 사를 일부 긍정하고 나아가 사적 소유욕 등 욕망을 포용하기에 이른 것이다.31)

그런데 거기에 다음과 같은 문제가 수반된다: 인욕의 사를 어디까지 긍정할 것인가? 이를 천리의 중정(中正)과 어떻게 조화시킬 것인가? 양명학 좌파는 '심즉리, 치량지'에 입각한 '양지 현성'을 내걸고 인욕의 사를 적극 긍정한다. 문제는 이로부터 천리의 중정에 어긋난 인욕(=사리사욕)마저 제마음대로 긍정할 우환(憂患)이 생겼다는 점이다. 이를 자각한듯 왕기는 만년에 "내가 말하는 마음의 중정이란 본디 개개인 마음속에는 저절로/스스로 중정이 있음(我說道心中正 原來 個個心中自中正)"(『王心齋全集』語錄上)을 뜻한다고 해명한다.32) 그럼에

---

31) 그 상세는 溝口雄三(1995), 13-28과 55-67 참조.

도 양명학 좌파의 과격한 담론은 이어졌다. 이지(李贄, 1527~1602; 字, 卓吾)의 「동심설(童心說)」(『焚書』권3)은 그 전형이었다.33)

양명학 좌파와 우파의 담론: 선과 악의 보편-공공적 판단 기준

양명학 좌파의 담론은 다른 학자들의 비판을 받을만한 문제점을 지니고 있었다. 예컨대 유교 도덕, 윤리 규범 경시와 불교, 도교 등 이단(異端)에 대한 관용 등이 그것이다. 또한 유·불·도 삼교 일치설을 따르고 불교의 공, 도교의 허를 '그대로' 허용하기도 한다. 문제는 선악을 분별하는 보편-공공의 판단 기준을 해체할 위험성마저 배태하고 있다는 점이다. 달리 말해 도덕/윤리 규범을 일탈한 행동을 방치할 우려가 있다는 점이다.

양명은 만년에 사언교(四言敎)를 남겼다(『전습록』): '착함도 없고 악함도 없음이 마음의 본체요, 착함이 있고 악함이 있음은 의지의 움직임이다. 착함을 알고 악함을 앎이 양지요, 착함을 위해[=행하고] 악함을 제거함이 격물이다(無善無惡是心之體, 有善有惡是意之動. 知善知惡是良知, 爲善去惡是格物). 의미심장한 가르침이다. 이는 '무선무악인 마음의 본체에 따르라. 이를 위해 각자의 의지가 양지와 격물에 걸맞도록 착하게 행동하라'는 뜻을 담고 있다고 본다.

---

32) 그 바로 앞에는 "내가 말하는 마음의 중화란 본디 개개인이 모두 중화함(我說道心中和, 原來個個都 中和)"을 뜻한다는 해명이 있다.
33) 이지는 「동심설」에서 '도리나 의리는 동심(=어린애의 첫 마음, 꾸밈없는 원초적 마음)을 거스르는 것'이라고 주장한다. 어떤 학문이 가르치는 도리든 이에 얽매이지 말라는 뜻이다. 일리 있는 주장이긴 하나 이는 천리 '중정'과 유교 규범을 일탈한 셈이다. 그는 또한 인욕은 물론 '정욕(情欲)도 성명(性命)'이라며 적극 긍정한다. 나아가 그는 반유교적 기행(奇行)을 벌인 것으로 유명하다.

양명이 죽은 후 제자들 사이에 사언교 해석을 둘러싼 논쟁이 벌어졌다. 쟁점은 무선 무악의 범주 설정이었다. 이른바 우파의 전덕홍(錢德洪, 1496~1574; 號, 緖山)은 '일무삼유설(一無三有說)' 곧 '마음의 본체만 무선무악, 나머지는 유선유악'이라 주장했다. 무선무악의 범주를 좁게 설정한 것이요, 온건한 주장인 셈이다. 반면 좌파의 왕기는 '사무설(四無說)'을 주장했다. 의지·양지·격물과 같은 '마음의 용(用)' 역시 무선무악이라는 것이다. 이는 '마음을 자연스럽게 쓰면' 그대로 착함을 발휘할 수 있음을 함의한다. 거기에는 '심즉리'에 기초한 '심선설(心善說)'이 깔려 있다고 본다. 따라서 정주학의 '성즉리'와 맹자의 '성선설'을 벗어난다. 그런 점에서 과격한 주장인 셈이다.

천리에 입각한 '사, 욕망 긍정'의 담론

사언교의 무선무악은 선악을 분별하는 보편-공공의 기준을 해체할 위험성이 있다. 이를 비롯한 양명학의 폐해를 비판한 일군의 학자가 동림파(東林派)이다.34) 그 한 사람인 풍종오(馮從吾, 1556~1627; 號, 少墟)의 담론을 살펴보자. 그의 저술 곳곳에는 양명학 좌파를 의식한 듯 "자정종욕(恣情縱欲)"이라는 담론이 등장한다(『馮少墟集』권2「辨學錄」).35) '정을 제멋대로 하고 사리사욕을 따름'은 잘못이란 것이다.

---

34) 그 명칭은 쟝쑤성(江蘇省) 우시(無錫)현의 동림 서원에서 유래하며, 창시자는 고헌성(顧憲成, 1550~1612)이다. 동림파는 반환관파 관료로 구성되어 정치 비판의 선봉에 섰다. 그리고 주자학을 존숭하는 한편 양명학 특히 양명학 좌파의 학설을 비판하는 세력이었던 것이다.
35) 이와 관련하여 조선 양명학파의 시조로 일컫는 정제두(鄭齊斗, 1649~1736; 號, 霞谷)는 '임정종욕의 환(任情縱欲之患)'이라는 담론으로 양명학의 문제점을 비판한다: "나는 양명의 문집을 보고 그 도가 간요(簡要)하고 매우 정(精)해서 마음 속 깊이 즐기고 좋아했다.

이처럼 천리의 중정에 어긋나는 '사적 욕망'을 (주자처럼) 부정적으로 본 까닭이다. 단, 그 모두를 부정적으로 보지는 않는다. 그와 제자 사이의 문답을 보자(「辨學錄」).36)

> 제자: 천리와 인욕을 본디 (아무래도) 분별할 수 없어 묻습니다만 '거짓된 인과 의를 천리라 함이 인욕이요, 공화공색(公貨公色)의 인욕은 곧 천리'라는데 그 설이 맞습니까?
> 풍종오: 틀린다. 이미 천리이면 천리요, 인욕이면 인욕이다. 이미 인욕이면 인욕이요, 천리이면 천리이다. 이런 설을 어찌 분별할 수 없단 말인가! (중략) 화색(貨色)은 본디 인 욕이다. [반면] 공화공색은 곧 천리요, 인욕이 아니다.

이처럼 그는 천리와 인욕을 단호하게 분별한다. 그리고 '화색=재물(財物)와 여색(女色)은 본디 인욕'인 반면 '공화공색 즉 공과 결합된 화색은 곧 천리'라고 설명한다. 이때 '인욕'이란 '화색을 혼자만 가지려는 소유욕이나 여색을 제멋대로 탐하는 정욕'을 함의한다. 이런 '범주①의 사적 욕망' 즉 '닫힌 사리사욕'을 부정적으로 보고 그것을 천리와 단호하게 분별한 것이다.

그러나 이어서 '공화공색 즉 공=열림과 결합된 화색은 곧 천리'라고 말한다. 이 말은 '화색을 공공함 또는 공공하는 화색은 곧 천리'임을 함의한다. 거기에는 이러한 취지가 담겨 있다고 이해된다: '화색을

그런데 신해년 6월, 우연히 동호(東湖)에 가서 머물렀을 때 꿈 속에서 돌연히 깨달았다. 왕씨[양명]의 치량지의 학은 매우 정하나 그 폐단으로는 임정종욕의 환이 있다." (『霞谷集』권13「大学説」; 원문 생략)

36) 원문: 問天理人欲原分別不得 '假仁假義天理卽是人欲, 公貨公邑人欲卽是天理' 其說然否? 曰不然. 旣天理卽是, 人欲便是人欲. 旣人欲是, 天理便是天理. (중략) 貨色原是人欲, 公貨公色 便是天理, 便不是人欲.

다른 사람과 나누거나 공유하려는' 마음/의지가 수반되어 있다면 그런 '범주②의 사적 욕망'은 천리로서 긍정된다. '공/공공과 결합된, 열린' 욕망이요, 따라서 '사적이자 공/공공적인' 욕망이기에 그렇다. 즉 '범주②의 사적 욕망'은 천리에 합당한 것이기에 긍정되는 것이다.

풍종오가 살던 당시에는 이미 '범주②의 사적 욕망'을 긍정하는 풍조가 퍼져 있었던 모양이다. 왜냐면 그와 비슷한 견해를 가진 학자가 (동림파 외에도) 적지 않기 때문이다. 양명학을 비판적으로 수용했던 여곤(呂坤, 1536~1618)은 그 한 사람이다.37) 그는 이렇게 말한다 (『呻吟語』卷之五「治道」).38)

> 이 세상의 만물은 모두 욕망하는 것이 있다. 그 욕망은 역시 천리인정이요, 천하만세에 공공하는 마음이다. [하지만] 때로 가엾게 여기지만 만물은 욕망해도 얻지 못함이 적지 않다. (중략) 늘 생각하건대 천지는 허다한 인물[=사람+사물]을 낳고 길러서 자족하도록 해준다. 그럼에도 욕망을 얻지[=채우지] 못함이 있으니 바로 고르지 않은(不均) 탓이다.

여기서 '욕망'이란 '생존욕'을 뜻한다. 그리고 '인욕의 사, 사적 소유욕'을 함의한다. 그것을 여곤은 '천리인정, 천하공공하는 마음'이라 규정한다. 즉 '사적 욕망, 소유욕'을 '천리/공공'으로 긍정한 것이다. 이

---

37) 여곤은 양명이 숭배했던 정호의 '천지만물 일체의 인'을 학문의 기조로 삼았다. 그러나 한편 양명의 '양지설'에 대해서는 '양지가 본성, 천, 도를 벗어남'을 비판한다. 또한 양명 좌파를 의식했듯 "왕법은 이로 천도를 받들고 밑으로 인정에 따름으로써 커다란 중정(中正)에 이르러야 한다(王法上承天道 下順人情 要簡大中至正)"(『呻吟語』卷之五「治道」)라고 말한다.
38) 원문: 世間萬物皆有所欲. 其欲亦是天理人情, 天下萬世公共之心. 每憐萬物有多少不得其欲處. (중략) 常思天地生許多人物 自足以養之. 然而不得其欲者 正緣不均之故耳.

어서 그는 "그 [욕망을] 균평하는 술이 바로 혈구[=욕망을 헤아리는 척도]이다. 혈구의 방도는 오로지 개개인의 좋아함과 싫어함을 함께 함 [=화합함]에 있다"고 말한다.39) '사적 욕망, 소유욕'을 긍정하되 이 것을 '고르고 공평하게 (均平)' 채우도록 해야 함을 주장한 것이다.

이렇듯 여곤, 풍종오 등 학자는 '사적 욕망, 소유욕'을 '천리자연'에 합당한 인욕 또는 '공/공공과 결합된, 열린' 욕망으로 긍정한다. 이런 '자연욕' 긍정은 주자 역시 마찬가지다. 다만 이들 학자의 긍정 범주는 (주자의 자연욕을 넘어서) 확대되어 있다. 동시에 '공/공공'의 범주도 확대되어 있다. 특기할 것은 여곤의 '욕망은 천리인정'이라는 표현이다. 이로써 '천리와 (이에 근거한) 인정'이 욕망 긍정의 준거로 승격된 셈이다. 또는 '천하공공'의 범주가 인정=욕망을 포섭한 셈이다. 그 결과 인정=욕망은 도리에 투사/투영되어 '리 개념의 질적 변화'를 일으키게 된다.40)

'리 개념의 질적 변화'와 '공/공공'의 변용

이런 '리 개념의 질적 변화'와 '공/공공'의 변용을 명말 청초의 두 학자를 통해 엿보기로 하자. 먼저 황종희(黃宗羲, 1610~1695)는 다음과 같이 말한다(『明夷待訪錄』原君):41) "[인류가] 처음 생겨난 때부터 각 사람은 자기의 사사로움과 이익을 누리고 있었다.42) (중략)

---

39) 원문: 其均平之術 只是絜矩. 絜矩之方 只是個同好惡.
40) 이러한 '리 개념의 질적 변화'는 이 시기에 돌연히 발현했던 것은 아니다. 그것은 이미 정주학 발생과 더불어 시작되었다. 그리하여 '정주학 민중화'와 '공공의 민중화'를 거치면서 점차 발현한 것이다. 이러한 사상사적 변화 과정은 溝口雄三(1980) 참조.
41) 원문: 有生之初 人各自私也, 人各自利也. (중략) 有人者出 不以一己之利, 而使天下受其利. 不以一己之害, 而使天下釋其害.

[그런데] 한 사람이 나타나서 자기 이익을 홀로 누리지 않고, 천하 사람이 그 이익을 받도록 했다. 자기 손해를 돌아보지 않고, 천하 사람이 그 손해를 받지 않도록 막았다." 이때 '한 사람'이란 '요(堯), 순(舜), 우(禹)' 임금과 같은 성인(聖人)을 가리킨다. 그들은 '대공무사(大公無私)' 정신을 실천했다는 것이다.

그러나 "후대의 임금은 그러지 않았다(後之爲人君者不然)"면서 이렇게 비판한다: "천하의 모든 이해의 권(權;권세)이 마치 자기로부터 나오는 것처럼 여겼다. 천하의 이익을 모두 자기에게 귀속시킨 채 천하의 손해는 모조리 다른 사람에게 돌렸다. 역으로 천하 사람은 자기의 사사로움도 이익도 누리지 못하게 만들었다. 이로써 임금 자신의 큰 사사로움을 천하의 큰 공으로 삼았다"는 것이다.43) 한 마디로 '공의 독점화'에 대한 비판이다. 이로부터 '모든 이해의 권은 천하공공, 중인공공'이요, 따라서 '천하의 뭇사람이 각자의 사사로움과 이익을 누릴 수 있도록 하라'는 명제를 이끌 수 있다.44)

다음으로 고염무(顧炎武, 1613~1682)도 황종희와 비슷한 말을 한다(『亭林文集』郡縣論): "천하 사람은 각자 자기 집을 그리워하고 자기 자식을 사사롭게[=귀중하게] 여긴다. 이것이 상정(常情)이다. 천자를

---

42) 이런 황종희의 말에는 각 사람의 '사적 욕망, 소유욕'을 긍정하는 뜻이 깔려 있다.
43) 원문: 以爲天下利害之權皆出于我. 我以天下之利盡歸于己 以天下之害盡歸于人. 亦無不可使天下之人不 敢自私 不敢自利. 以我之大私爲天下利, 而使天下之大公.
44) 나아가 '이를 거역하면 천하의 뭇사람은 임금을 없애버릴 수 있다'는 민권, 저항권 사상으로 이어진다. 과연 황종희는 말한다: "옛날에는 천하 사람이 임금을 기꺼이 추대하여 아버지처럼 여기고 하늘처럼 빗대었다. 참된 일이요, 잘못이 아니다. [그런데] 오늘날에는 천하 사람이 임금을 원망하고 싫어하여 도적이나 원수처럼 보면서 독부라고 부른다. 본디 그러함이다." 원문: 古者天下之人愛戴 其君 比之如父 擬之如天. 誠不爲過也. 今也天下之人 怨惡其君 視之如寇讐 名之爲獨夫. 固其所也.

위하고 백성을 위하는 마음은 자기 자신을 위함에는 결코 미치지 못한다."45) 여기에도 '사적 욕망, 소유욕'을 긍정하는 뜻이 깔려 있다. 이어서 말한다: "성인은 천하의 사를 활용하여 한 사람의 공을 이루면서 천하를 다스렸다. (중략) 사사로움을 없앰이 천자가 되는 까닭이다. 그래서 천하의 사는 천자의 공을 이루는 것이다."46) 이는 성인=천자의 '대공무사' 정신을 본받자는 뜻을 담고 있다. 또한 '천하의 뭇사람이 자기의 사사로움과 이익을 누릴 수 있도록 하자'는 뜻도 담고 있다.

청대에 들어서도 '리 개념의 질적 변화'와 '공/공공'의 변용은 지속되었을 것이다. 이러한 중국의 '전통'과 그 유산은 서양 '근대'를 만난 뒤 어떻게 되었을까? 그 개념들의 전통적 의미나 의의는 사라져 없어졌을까? 그렇지 않다. 왜냐면 서양 '근대'의 개념들과 이종교배한 채 살아 있다고 보기 때문이다. 그 이종교배와 살아 있는 모습을 어떻게 밝히고 해석해 내는가라는 문제와 과제가 남아 있을 따름이다.

2. 일본 전통의 공공

일본에서 '공공'의 용례는 도쿠가와 시대의 17세기 이후에 나타난다. 그 계기는 주자학의 수용에 있다. 이 과정에서 공공이라는 용어

---

45) 원문: 天下之人各懷其家 各私其子 其常情也. 爲天子爲百姓之心 必不如其自爲.
46) 원문: 聖人者因而用之用天下之私 以成一人之公而天下治. (중략) 爲莫私所以爲天子也. 故天下之私天子 之公也.

가 사용된 것이다. 단, 그 수용 초기를 예외로 치면 '천하공공, 중인 공공의 도, 리'는 변질되어 나간다. 예컨대 '천하, 중인'은 무시된다. 그리고 '도, 리' 가운데 도는 굴절되고 리는 배제된다. 실은 '리/천리, 리학의 배제'는 일본의 변태된 유학인 고학(古學, 고가쿠), 미토가쿠(水戶學), 그리고 반유학적인 국학(國學, 고쿠가쿠) 등 일련의 학문을 관통하는 특징이다.

일본 사상사의 특징: 리결(理缺), 보편의 특수화, 그리고 병학/병학적 사고

이런 특징을 와타나베 히로시(渡辺浩, 1997)는 "리로부터 동떨어진 태도(理への態度の懸隔)"(72)라고 표현한다. 필자는 '리결(理缺)'이라 표현한다. 리결이란 주자학의 근간인 리를 '빼거나 멀리하거나 뒤바꾸는' 성향 또는 현상을 뜻한다. 이로써 '주자학 비판, 바꿔읽기'를 벌인다. 이때 비판은 '오해, 왜곡'을, 바꿔읽기는 '오독, 곡해'를 수반한다. 그런 탓에 주자학의 본래성은 손상받고 변질된다. 주의를 환기하면 리는 '천리자연'에 입각한 보편-공공의 도리로서 가치 판단 기준, (도덕적) 질서 원리를 함의한다. 그리고 '공평, 공정' 등을 표상한다. 이런 리를 '무, 공, 허'로 만드는 것이 '리결'이다. 이로 인해 일본 학문/사상은 전통적으로 보편-공공의 '이념, 가치, 규범' 결여 현상이 현저하다.

리결은 '보편의 특수화' 현상을 수반한다. 이들 현상은 일본 사상사 전반을 관통하는 양대 특징이다. 또 하나의 특징은 '병학, 병학적 사고'이다.47) 이들 셋은 뒤얽혀 영향을 주고 받으면서 일본의 각종 학문/사상의 원형(prototype)을 구성하는 요소가 된다. 한편 외래 학문/사상이 수입되면 그 본래성을 손상하거나 변질시키는 요소가 된다. 그 과정에서 스스로의 모습을 바꾸거나 각양각색의 변태를 생산하기도 한다.

도쿠가와 일본은 병학을 지배적 통치 원리로 삼은 무치(武治), 무위(武威)의 나라이다. 바쿠한(幕藩) 체제의 중층 권력 구조가 촘촘히 깔린 '병영 국가(garrison state)'이다.[48] 이런 권력 구조 안에서 무사 계급이 병학적 통치/통제 방식으로 농, 공, 상, 천민(賤民) 등 하층 계급을 지배한다. 최고 권력인 바쿠후(幕府)는 '공의(公儀)'라 일컫듯 최상위의 공을 독점한다. 여러 한(藩)은 바쿠후의 공에 대해서는 사로서 멸사봉공의 의무를 지닌다. 동시에 그 하위의 공을 각각 독점적으로 나눠 가진다. 이렇듯 '공의 독점화, 국가화' 현상이 뚜렷하다. 이는 공공의 민중화를 제약하는 요인으로 작용한다.[49]

도쿠가와 일본에 수용된 주자학은 바쿠한 체제의 지배 원리인 병학과 충돌하지 않을 수 없었다. 지배층의 저항, 반발이나 다른 학문의 비난, 거부를 받았음은 물론이다.[50] 이런 현실에서 주자학은 '오해, 오독, 곡해'로 본래성을 상실한 채 변태되기 일쑤였다. 그리하여 '일본화'된 주자학, 고학, 미토가쿠, 국학 등 학문이 생겨난 것이다. 이제

---

47) '병학, 병학적 사고'에 관해서는 제3부 제1장 제3절 참조.
48) 그 상세는 마에다 츠토무(前田勉, 1996) 참조.
49) 따라서 일본에서는 공공의 민중화가 거의 진행되지 않는다. 다만 지방의 일부 집단에게 한정되어 진행되는 경우가 있을 뿐이다. 예컨대 이시다 바이간(石田梅巖, 1685~1744)가 창시하여 교토(京都)를 중심으로 퍼졌던 세키몬(石門) 심학 운동은 그 일례라고 볼 수 있다.
50) 그런 모습은 와타나베 히로시(1985) 제2장 참조.

이들 학문에서 '공공' 개념은 어떻게 변질되어 나갔는지 살펴보자.

1) 일본 주자학의 공공과 그 변질

일본 주자학은 수용된지 머지않아 각종 신도(神道)와 결합한다. 도쿠가와 이에야스(德川家康, 1543~1616)의 초빙을 받아 쇼군(將軍) 집안의 스승 역할로 봉사하던 하야시 라잔(林羅山, 1583~1657)은 대표적 예이다. 그는 주자학자이긴 했으나 주자학을 가르치는 일은 거의 없었다. 환영받지 못한 탓이다. 그 타개책이었는지 그는 주자학의 '일본화'를 시도한다. 그 방식은 '리당심지신도(理當心地神道)'라는 명제이다.51) 이를 내걸고 이른바 유가신도(儒家神道)를 제창한 것이다.

라잔은 "신도와 유도(儒道)는 어떻게 구별되는가?"라는 물음에 대해 양쪽의 "리는 하나인데 그 하는 일(爲)이 다를 뿐"이라고 답한다(『羅山林先生文集』 권66, 「随筆二」). 이어서 "신도는 곧 왕도(王道)"라고 말한다. 이로써 유교의 왕도가 신도 안에 회수된 채 변태된 셈이다. 신도는 애니미즘의 일종으로 일본 고유의 종교이다. 따라서 주자학, 유교의 보편성이 신도의 특수성으로 변화된 셈이다. 이는 일본 사상사를 관통하는 '보편의 특수화'의 한 예라고 볼 수 있다.

이런 모습은 야마자키 안사이(山崎闇斎, 1618~1682)의 스이카(垂加) 신도에도 적용된다. 그는 하급 무사의 집안에서 태어나 어릴 때 승려가 된다. 그 후 주자학을 배우고 25세 때에 환속하여 유학자로 변신한다. 30대 중반에는 기몬(崎門)학 또는 안사이학을 창시한다.

---

51) '리당심지신도'란 문자 그대로 '리는 신도의 마음에 해당한다'는 뜻이다.

40대 후반부터는 신도를 연구하여 '신유융합(神儒融合)'을 통해 스이카 신도를 만든다. 이로써 '국수적' 성격이 강한 사상을 형성한다. 훗날 그의 사상은 미토가쿠(水戶學), 고쿠가쿠와 함께 바쿠마츠(幕末)의 존왕양이(尊王攘夷) 사상에 큰 영향을 미치게 된다.

주목할 것은 그가 "도는 천하의 공공이니 성현(聖賢)이 사(私, 독점)할 수 있는 것이 아니다"(『垂加草』권11「跋朱子訓子帖」)라는 말이다. 이는 주자의 저작에 나오는 말을 인용한 것이라고 말할 수 있다. 실제로 그의 저술인 『대학계발집(大學啓發集)』을 보면 주자의 저작에서 인용된 '공공'의 용례가 적지 않음을 알 수 있다. 예컨대 그 권4에서 그는 (『주자어류』권18을 인용했다면서) "리는 천하공공의 리"라고 말한다. 또는 권5에 서는 (『주자문집』권57을 인용했다면서) "리는 사람이든 사물이든 함께 비롯하는(=공유하는) 것이다. '천지 사이에 공공함을 도'라고 [주자가] 말한 까닭이다"라고 말한다.

이렇듯 안사이는 주자의 '천하공공의 리'를 수용했던 셈이다. 그러나 그의 리는 곧 변질된다. 유교의 도를 신도와 '묘계(妙契)' 즉 '교묘하게 결합'시킨 까닭이다. 그는 이렇게 말한다: "우주는 단 하나의 리이다. 즉 신성(神聖)이 태어나고 해가 뜨는 곳[=일본]과 해가 지는 곳[=중국]이 다를지라도 그 도는 저절로 묘계하는 것이다"(『垂加草』권10「洪範 全書序」)라고. 이때 '묘계'란 주자학의 리이나 유교의 도를 '일본화'하는 수법이라고 볼 수 있다. 이로 인해 '천하공공'은 일본 내부에 갇힌 채 특수화된 셈이다.

2) 고학의 공공과 그 변질

이토 진사이(伊藤仁斎, 1627~1705)는 주자학(정주학)을 습득한 뒤 그 비판으로 돌아섰다. 그리고 공맹(孔孟)의 도의 본뜻 즉 '고의(古義)'을 밝힌다는 고학을 표방했다. 그는 주자학을 "근세 선유(禪儒; 선종적인 유학자)의 설"이라 비판하면서 이렇게 말한다: "높고 [불교나 도교처럼] 공허하며 기대기 어려운 리를 창(唱)함"으로써 "도달할 수 없는 고원(高遠)한 설"이라는 것이다. (『語孟字義』卷上「道」) 또는 "알기도 행하기도 어렵고 고원하여 [공맹의 도에] 도달할 수 없게 만드는 것"(『童子問』상, 5장)이라고도 말한다. 이렇듯 주자학과 리를 비판/배제하는 그의 태도에서 '리결' 현상을 볼 수 있다.

그러나 진사이의 비판은 그가 주자학을 '오해, 곡해'하고 있음을 뜻한다. 왜냐면 주자학은 주자가 말하듯 '불교의 공, 노장의 허'를 반박하면서 구축한 '실학(實學)'이기 때문이다. 더욱이 리는 '고원한 것'이 아닌 까닭이다. 이를 주자학의 '리일분수(理一分殊)'라는 명제로 설명해 보자. 어쩌면 '리일=하나의 리'는 마치 '고원한 것'처럼 여길 수 있을지 모른다. 그렇다 해도 '분수=천지만물, 사람들 각각/각자에게 나뉘어 있는' 리는 결코 '고원한 것'일 수 없다. 그것은 주자의 말대로 '천하공공, 중인공공의 리'인 까닭이다. 그런 점에서 '일상일용(日常日用)의 리'이기 때문이다.

진사이에 따르면 도란 "인륜일용에 마땅히 행하는 길(路)"이요, "귀천존비(貴賤尊卑) [누구나] 통행하는 곳"이다(『語孟字義』卷上「道」). 또는 "알거나 행하기 쉽고 평정친절(平正親切)한 것"이다(『童子問』상, 5장). 이로써 자신의 고학의 도가 주자학의 도와 다름을 주장하고 싶었을 것이다. 그러나 기본적으로는 서로 다름이 없다. 주자 역시 '도는 일용인륜'임을 말하기 때문이다. 더욱이 그것은 '천하공공, 중인공공'의 도인 까닭이다.

실제로 진사이는 주자의 '천하공공의 도'를 받아들이고 활용한다. 예컨대 맹자의 폭군 방벌론을 그는 이렇게 긍정한다: "권(權)은 한 사람이 마음대로 하는 것이며 천하의 공공이 아니다. [그러나] 도는 천하의 공공이며 한 사람의 사정(私情)이 아니다." 폭군을 방벌한 "탕(湯), 무(武)는 자신의 사정을 따르지 않고 천하의 그러함[=공공함]을 따랐다. 그래서 이를 도라고 일컫는다."(『語孟字義』卷下「權」) 또한 "도는 천하의 공공이며 인심 또한 그러하다"면서 "탕, 무의 방벌은 천하가 이를 방벌한 것이다"(『孟子古義』권1 「齊宣王問曰章」)고 말하기도 한다.

진사이는 맹자를 신봉했노라고 한다. 그랬다 해도 맹자의 성선설(性善說)을 수용했다고 볼 수는 없다. 예컨대 그는 "성은 생(生)이다. 사람의 타고난 그대로 가손(加損)할 것이 없다"(『語孟字義』卷上「性」)고 말한다. '성즉리'의 성 곧 '본연지성(本然之性)'을 배제한 셈이다. 그런 탓에 마음을 정(情), 욕(欲)에 한정시킨다. 정이란 "사물을 느껴서 움직이는 성(性)[=생]의 욕망"(『語孟字義』卷上「情」)이라고 말하기 때문이다. 역시 '본연지성'을 배제한 셈이다. 또는 정주학/주자학의 '심통성정(心統性情)'은 물론 양명학의 '심즉리'라는 명제마저 부정한 셈이다.

이어서 진사이는 "선을 좋아하고 악을 싫어함은 천하의 동정(同情)"(『語孟字義』卷上「情」)이라고 말한다. 달리 말하면 '선악을 분별하는 기준은 모든 사람이 똑같이 지닌 정'이라는 것이다. 거기에는 '성즉리'든 '본연지성'이든 끼어들 자리가 없다. 맹자의 성선설이 수용될 자리 역시 없다. '선한 정'의 자리가 있을지언정 '선한 성'의 자리는 없다. 그런 뜻에서 진사이는 성선설이 아니라 정선설(情善說) 내지 심선설(心善說)에 해당하는 사고/논리를 지닌 셈이라고 봄이 옳다. 그런데 정선설은 위험을 배태한다. 정은 곧 선이 아니요, 유선유악인 까닭이다. '자정종욕' 또는 '임정종욕의 환'에 빠질지라도 이를 바로 잡기 위한 방도가 없기 때문이다.

오규 소라이(荻生徂徠, 1666~1728)는 중국 고대의 글을 '고문사(古文辭)'라 칭하고, 이로써 육경(六經)을 (실은 오경을) 해석할 것을 표방했다.52) 그래서 그의 유학을 '고문사학'이라 일컫는다. 또한 그는 당대까지 집성된 오경의 주석 즉 고주(古注)를 중시한다. 반면 송대 이후 고주를 수정한 신주(新注)를 배격한다. 특히 신주의 대표격인 주자의 『사서집주(四書集注)』를 철저하게 비판/배제한다. 주자가 편찬한 『대학』『중용』『논어』『맹자』의 사서(四書) 역시 그렇다.53)

소라이는 진사이와 마찬가지로 주자학을 비판하고 리를 배제한다.54) 그러나 한편 진사이의 고학을 비판한다. '고의'를 밝힌다고 했건만 '고문사'를 몰랐던 탓에 유교 경전을 오독하여 그 참뜻을 얻지 못했다는 것이다.55) 그는 육경(=오경)의 참뜻을 '선왕(先王)의 도'에

---

52) 육경이란 중국 선진(先秦) 시대에 출현한 『詩經』『書經』『易經』『禮記』『春秋』『樂經』의 여섯 경전을 가리킨다. 이 가운데 『樂經』은 일찍이 사라져 전한 시대에는 오경(五經)이 성립한다.
53) 『대학』『중용』은 『예기』의 일부인데 이를 주자가 새롭게 편집한 경전이다.
54) 소라이가 주자학를 비판하고 리를 배제한 이유는 많을 것이다. 하지만 무엇보다 그가 바쿠후의 '공의'와 쇼군에게 봉공하는 입장 때문이었다고 본다.
55) 이런 소라이의 비판은 정당하다고 보기 어렵다. 오히려 그의 주자학 비판에 담긴 '오해, 곡해'는 진사이의 그것보다 심각함을 반증할 뿐이라고 본다.

집약시킨다. '천지자연의 도'가 아니라 '선왕이 만든 도'일 따름이요, 그 핵심은 예악형정(禮樂刑政)에 있다고 주장한다.(『辨道』, 『辨名』「道」) 도는 천리/리와 무관하며 선왕 즉 통치자가 자의적으로 작위(作爲)한 제도라는 것이다.

소라이의 '작위'론과 '공의 독점화, 국가화'

소라이의 '작위'론을 마루야마 마사오(丸山眞男, 1952)는 '규범과 자연의 연속적 구성의 분해 과정'이라며 높게 평가한다. "소라이학에 이르러 규범(도)이 공적 영역=정치적인 것으로 승화되면서 사적=내면적 생활 일체의 리고리즘에서 해방되어 나타났다."(110) 또는 "주자학의 안티테제"로서 "규범과 자연의 연속성은 끊기고 리고리즘은 파기되었다. 치국·평천하는 수신·제가로부터 독립했다. 그리하여 주자학의 연속적 사유는 완전히 분해된 채 각각 독자화했다"(115)라는 것이다. 또한 "공적 영역의 독립"과 "사적인 영역의 해방"은 "근대적인 것의 중요한 표징(標徵)"(107)이라고 평가하기도 한다.[56]

이러한 마루야마의 평가를 두 가지로 반박해 둔다. 먼저 일본 전통의 '주자학 오해'를 계승하고 있다. 다음으로 '주자학=비근대/전근대적인 것 v. 주자학 비판=근대적인 것'이라는 도식의 오류 내지 단순화의 오류를 범하고 있다. 이렇듯 근대의 색안경을 쓴 채 근대주의, 일본형 오리엔탈리즘에 빠져 있다. 그런 점에서 마루야마의 '주자학 오해'는 일본 사상사의 '리결' 전통과 함께 근대 이래로 일본에 퍼진

---

56) 이러한 평가에 대한 비판은 와타나베 히로시(2010) 제9장 "反近代'の思想-荻生徂徠の思想" 참조.

근대주의, 오리엔탈리즘에 기인하는 것이라고 본다. 이를 비판적으로 성찰하고 타파해야 하건만 그 길은 아직도 멀기만 하다고 지적하고 싶다.

각설하고 소라이의 '인위'의 도는 심각한 문제점을 내포하고 있다. 그것이 '人爲→僞'의 '거짓된, 날조된' 도를 낳고 기를 수 있다는 점이다. 게다가 통치자가 '멋대로 구사하는 정치술이나 책략'을 정당화할 수 있다. 따라서 '천리자연의 도'와 같은 당위/규범을 억누른 채 폭주해도 이를 제어할 장치가 없다는 점이다. 특기하면 마에다 츠토무(前田勉, 1996)는 소라이를 "근세 일본의 대표적 병학자"(30)라고 칭한다. 그의 『손자국자해(孫子 國字解)』『검록(鈐錄)』 등 병학서는 '사술(詐術), 위장(僞裝), 음모(陰謀)'와 같은 권모술수를 노골적으로 정당화하는 까닭이라는 것이다. 과연 이들 병학서는 '궤(詭), 위(僞), 기(欺)' 등을 지모/지략이요, 통치술이라며 합리화하고 있다.

소라이는 공과 사의 뜻을 이렇게 풀이한다(『辨名』「公正直」). "공이란 사의 반(反). 무리(衆)와 같이 함께 하는 것을 공이라 일컫는다. 오직 자기에만 몰두하는 것을 사라고 일컫는다"라고. 그리고 "공과 사는 각각의 자리를 갖는다. 군자라 해도 어찌 사가 없겠는가!'라고 말한 다음 "천하 국가를 다스리는 공을 존중함이야말로 사람[=피치자]의 위에 있는 [통치자의] 도"라고 주장한다. 이렇듯 그의 관심은 '천하 국가의 공, 통치자의 도'에 쏠려 있다. 그 어디에도 '천하공공, 중인공공의 도'가 존재할 곳은 없다.

소라이의 저작에는 '천하공공, 중인공공'은 물론 '공공'이란 용어조차 보이지 않는다. 그의 관심은 '공의 정치, 정치의 공'인 까닭이리라.

그에게는 공은 통치자의 것이요, 이에 봉공하도록 만드는 것이 '선왕=통치자의 도'이다. 과연 그는 『정담(政談)』의 곳곳에서 바쿠후의 '공의(公儀), 공변(公邊)'이나 천황/조정의 '공가(公家)'를 언급하면서 이에 멸사봉공할 것을 강조한다. 그의 '공사'론은 '공의 독점화, 국가화'를 정당화하는 논리를 이끌 따름이다.

3) 국학의 공공과 그 변질

소라이의 고학=고문사학은 국학의 형성과 전개에 적지 않은 영향을 미치게 된다. 그처럼 고학자이자 병학자인 야마가 소코(山鹿素行, 1622~1685)의 학문도 마찬가지다. 특히 소코는 국학자와 같은 얼굴을 가지고 있기도 하다. 나아가 유교 덕목을 자신의 병학(=소코 병학)에 꿰맞추어 이른바 무사도(武士道)를 만들어 내기도 한다.[57] 이를테면 '병학의 유학화' 내지 '유학의 병학화'를 벌인 셈이다. 이것은 도쿠가와 일본의 병학 사상사에서 지속적으로 벌어진 현상이다.

소코는 주자학, 양명학을 나름대로 수용하고 있다. 그 관련 용어나 명제는 그의 저술 곳곳에 등장한다. 예컨대 "도는 일용으로 함께 하면서 마땅히 행해야 할 조리(條理)"(『聖教要錄』中, 「道」) 또는 "조리가 있음을 리라고 한다. 사물 간에는 반드시 조리가 있다"(『聖教要錄』中, 「理」)고 말한다. 또한 "도는 그 조리로써 공공함(公共底)"(『山鹿語類』권36 「聖學四」)이라 말하기도 한다. 이와 비슷한 말은 『주자어류』 등 주자의 저술에도 나온다. 주목할 것은 그가 '리는 조리'임을 강조한다

---

[57] 소코는 무사도를 '병도(兵道), 무도(武道), 사도(士道)' 등으로 표현한다.

는 점이다. 이는 양명학과 상통하는 점이라고 볼 수 있다.

소코는 '천하공공, 중인공공의 도/리'라는 명제에는 관심이 없었던 듯하다. 그의 저술에서 찾아볼 수 없기 때문이다. 반면 '분수의 리, 물리(物理)'에 관심이 많았던 모양이다. 예컨대 "리란 그 개개의 공공하는(公共底) 물(物)"(『山鹿語類』 권41 「聖學九」)이라고 말한다. 이것은 그가 '리일'로 상징되는 천리나 '인간 보편=공공의 리, 도리'에는 그다지 관심이 없었음을 뜻한다. 이를테면 '리결' 성향을 드러내고 있는 셈이다.

소코는 그의 저술 곳곳에서 '공공의 도'나 '성인의 도'를 논하고 있다. 그는 '공공의 도'를 '군도(君道), 신도(臣道)'와 '부자도(父子道), 사도(士道)'로 나눈다. 이때 군도란 '옛부터의 신칙(神勅)을 지키는 천황의 신도(神道)'를 뜻한다. 신도란 '상하의 분(分)으로서 자연의 도리'를 뜻한다. 사도란 무사 계급이 '자기 직분에 따라 봉공하는 충(忠)의 도'를 뜻한다. 그 핵심은 이른바 '주군에의 충성, 복종'에 있다.

소코는 '황통(皇統)'의 뛰어남을 찬양한 『중조사실(中朝事實)』이라는 저작을 남겼다. 이때 '중조'란 '본조(本朝)=일본'을 가리킨다. 그 서문에서 그는 "중국[=일본]의 물과 땅은 만방보다 탁월하며, 인물은 팔굉(八紘[=우주])의 정수(精秀)라 할 만하다. 그래서 신명(神明)이 드넓고 성치(聖治)가 이어지니 그 빛나는 문물과 무덕(武德)은 천양(天壤, 하늘과 땅)에 비견할 곳이 없다"(「自敍」)고 주장한다. 강렬한 국수주의 성향이다. 이윽고 그는 기기(記紀)에 나오는 "유칙(遺勅)의 신도"야말로 "정통의 도"라고 주장한다(『謫居童門』 권3). 유교적 보편-공공의 도는 사라지고, 일본 고유의 신도가 자리잡게 된 것이다.

국학의 공공: '공공의 일본화, 천황 국가화'

그리하여 유교를 배척하는 일군의 국학자들이 등장한다. 이들은 국수주의 성향을 마음껏 발휘한다. 그 대표적 학자가 모토오리 노리나가(本居宣長, 1730~1801)이다. 그는 일본의 "도는 아마테라스 오오미카미(天照大御神)의 도로서 천황의 천하를 다스리신 도요, 사해 만국에 펼치신 진정한 도"(『宇比山踏[우히야마부미]』注二)라고 주장한다. 그리고 "천황이 천하를 다스려 주시는 정대공공(正大公共)의 도"(注二)라고 주장한다. 거기에는 '공공의 일본화, 천황 국가화' 성향이 뚜렷하다.

나아가 일본의 "도를 배우려 마음먹은 자들은 먼저 가라고고로(漢義)와 유의(儒意)를 깨끗이 씻어 버리고 야마토 혼을 굳게 할 필요가 있다"(注卜)고 주장한다. 이처럼 중국과 유교를 철저히 배척하는 노리나가의 배외주의는 국수주의 성향의 극치를 보여준다. 또는 '일본 전통에의 회귀' 성향의 전형을 보여준다. 그는 일본 사상사를 관통하는 '보편의 특수화' 현상을 적나라하게 표현한 대표적 학자인 셈이다.

3. 근대 일본의 공공

전술했듯 근대 일본은 '공/공공, 공공성'이라는 번역어를 발명한다. 그리하여 동아시아 전통의 공/공공은 근대적 개념으로 변질된다. 그 변질은 공/공공의 민중화와 국가화라는 두 현상을 포함한다. 단, 국가화 현상이 두드러진다. 거기에는 일본 전통의 공/공공이 지닌 국가화 성향이 이어져 있다고 볼 수 있다. 그 연장선에서 또한 국가/정부/관에 연관된 '공/공공(the official)'이라는 번역어가 발명되었다고 볼 수도 있다.

아무튼 근대 일본에서는 공/공공의 민중화와 국가화 두 갈래의 담론이 발생한다. 예컨대 바쿠마츠(幕末) 시기에 활약한 요코이 쇼난(橫井小楠, 1809~1869)은 전자를, 요시다 쇼인(吉田松陰, 1830~1859)은 후자를 대표한다. 그런데 메이지(明治) 이후 공/공공의 국가화 현상이 두드러진다. 이에 자유 민권 운동을 벌였던 일부 지식인은 그 민중화를 시도한다. 그 대표자는 나카에 쵸민(中江兆民, 1847~1901)이다. 반면 그 국가화에 동조한 지식인도 있다. 후쿠자와 유키치(福沢諭吉, 1835~1901)는 그 전형이다.

1) 공공의 민중화 담론

주자학자 쇼난의 공공 담론

쇼난은 페리(M. Perry) 제독이 바쿠후에 개국 통상을 요구했던 1853년 10월에 「이로 응접대의(夷虜應接大意)」라는 건의서를 저술했다. 거기서 이렇게 주장한다: "우리나라가 외이(外夷)에 대처하는 국시(國是)는 유도(有道)한 나라에겐 통신(通信)을 허용하고, 무도한 나라는 거절한다는 두 가지이다. 유도, 무도를 구분치 않고 일체 거절함은 천지공공의 실리(實理)에 어두워서 마침내 신의를 만국에 대해 잃고 말 것은 필연의 이치이다." 이때 '천지공공의 실리'라는 용어에는 주자학의 영향이 깔려 있다고 본다.

쇼난은 1860년, 후쿠이(福井) 한슈(藩主)였던 마츠다히라 요시나가(松平慶永, 1828~1890)에게 『국시삼론(國是三論)』이라는 개혁 의견서를 제출했다.58) 그 가운데 「부국론」에서 그는 바쿠한 체제의 폐정을 비판한 다음 "천지의 기운을 타고 만국의 사정에 따라 공공의 도로써 천하를 경륜한다면 아무런 장애도 없을 것"이라고 제의한다. 그런 다음 "공공의 도에 있어서는 천하와 나라로 나눌 수 없다. 가령 먼저 한 나라에서 일으키더라도 확충하면 천하에 이를 것"이라고 주장한다. 이때 '천하, 만국, 나라'란 세계의 여러 나라와 일본의 바쿠후와 한(藩)의 양의성을 지닌다. '공공' 역시 마찬가지다. 즉 국제 차원의 보편-공공과 국내 차원의 특수-공공의 양의성을 지닌다고 볼 수 있다.

1862년에 쇼난은 바쿠후의 정사총재(政事總裁)로 부임하는 요시나가를 따라가서 중앙 정치의 개혁에 관여하게 된다. 그 개혁 방향을 제시한 「국시 7조」의 제5조는 "언로를 크게 열어 천하와 더불어 공공하는 정치를 할 것(大開言路 與天下爲公共之政)"을 규정하고 있다. 이때 '천하'란 바쿠후와 한을 포괄한 일본을 가리킨다. 따라서 '공공하는 정치'란 국가의 공공을 창출하기 위한 정치를 뜻한다. 그러나 바쿠후는 그럴 수 있는 능력을 잃었다. 또한 토막파(討幕派) 세력의 존왕양이 운동을 누를 힘도 없었다.

토막파 세력은 1867년 말에 천황 정권을 세웠고 이듬해 1868년에는 메이지 정부가 수립되었다. 그러자 쇼난은 요시나가에게 보낸 「건언(建言)」에서 서양 각국과 맺은 조약을 "공공정대"한 조약으로 개

---

58) 『국시삼론』은 '부국론, 강병론, 사도론(士道論)'의 3부작이다.

정할 것을 제언했다. 이즈음 쇼난은 일본인에게 보편-공공 관념이 필요함을 느꼈던 모양이다. 그런 사실은 (그와의 대화를 기록한) 이노우에 코와시(井上毅, 1843~1895)의 「누마야마 대화(沼山対話)」를 보면 알 수 있다. 이에 의하면 쇼난은 "횡행(橫行; 무사들이 편갈라 다투는 행위)이란 이미 공공의 천리가 아니다. 아무래도 우내(宇內; 세계)를 타고 넘으려면 공공의 천리"가 필요하다고 말했다고 한다.

쵸민의 공공 담론과 유교

그러나 메이지 정부는 공/공공의 국가화를 추진해 나갔다. 이에 저항하여 자유 민권 운동을 벌였던 세력은 공공의 민중화를 시도했다. 그 일단을 쵸민의 저술을 통해 엿보기로 하자. 그는 『민약론(民約論)』(1874) 권2의 「군권(君權)은 양도할 수 없음」에서 "사리(私利)가 어지럽게 교차하는 가운데 공공의 이(利)가 있다면 이를 승약(繩約; 계약)으로 삼아야 한다"거나 "각사(各私)의 의욕은 결코 중공(衆共)의 의욕과 어긋나선 안된다"라고 말한다.59) 이때 '공공은 publique, 중공은 commun'의 번역어이다.60) 주자학에서 따온 용어들로서 민중의 공공을 표상한다.

쵸민은 'république'란 "공공의 사무(事務)라는 뜻"이라면서 "국민

---

59) 『민약론』은 루소(Rousseau)의 Du Contrat Social ou Principes de droit politique (1762)의 번역서이다.
60) 한편 『민약역해(民約譯解)』(1882) 권2에는 "공지(公志)란 중인(衆人)이 다같이 그렇다고 하는 것"(제1장)이요, "중지(衆志)란 늘 바르고 공(公)하게 추이하는 것"(제3장)이란 말이 나온다. 이때 '공' 역시 'publique'의 번역어인 셈이다.

의 뜻에서 나오지 않은 정부는 정부가 아니다"라고 말한다.(『민약론』 권2, 「國法」) 그리고 '레스 퓨브리카 [res publica]'란 "공중(公衆)의 것"으로서 "정권을 전국 인민의 공유물로 삼는" 정체(政體)라면서 이를 군민공치라고 부른다(「君民共治之說」). 그런데 군민공치란 'consti-tutional monarchy(입헌 군주제)'의 번역어이기도 하다. 이것을 쵸민은 '공화제'로 바꾼 셈이다. 아무튼 그의 '군민공치=공화제'란 '정부와 인민이 함께 공공하는 정체'를 뜻한다.

쵸민 사상에는 유교 영향이 뚜렷하다. 그래서 그는 유교적 도의를 중시하는 성향이 강하다. 예컨대 그는 정체론을 전개할 때 공자의 '정명(正名)'(『논어』子路)을 거론한다. 그리고 『동양자유신문』제1호의 사설에서는 자유론을 전개하면서 맹자를 언급한다. 그는 자유를 '리베르테 모랄(liberté moral)'과 "리베르테 포리틱(liberté politique)"으로 나눈 다음 전자를 이렇게 설명한다: "남의 속박을 받지 않는" 자유로서 "의와 도에 안배(按配)된 호연(浩然)의 일기(一氣)가 바로 이것"이다. 그 '호연의 일기'란 '호연지기(浩然之氣)'(『맹자』公孫丑上)에서 비롯된 표현에 다름 아니다.

쵸민의 '도의 중시'는 국제 관계에도 적용된다. 예컨대 『자유신문』의 연재 사설인 「논외교」를 살펴보자. 그 첫 사설(제38호, 1882년 8월 12일자)에서 그는 부국강병의 모순을 지적한 다음 '강병'은 "불인불의(不仁不義)로서 양민(良民)의 근심(患)"이요, "도의의 장애물"이라 비판한다. 또한 약육강식을 이렇게 비판한다: "사람이 도덕을 애호하고 흉포를 싫어함은 상정(常情)"인데 "사욕을 위해 용기를 다툴" 뿐이면"머지않아 스스로 저상(沮喪)함을 면할 수 없다"고. 나아가 "소국이 스스로 의지하여 독립을 유지하려면 다른 방책이 없다. 신의를 굳게 지키면서 도의를 위해선 대국이라도 두려워하지 않고, 소국이라도 모멸하지 않는 일"이라고 말한다.

2) 공공의 국가화 담론

쇼인의 공공 담론: 공공의 국가화, 일본중심주의, 대외팽창주의

쇼인은 '천하는 한 사람의 천하가 아니라 천하의 천하이다(天下非一人之天下 乃天下之 天下也)'라는 명제를 혹평한다(『강맹여화(講孟餘話)』 제14장).61) 이로써 "국체를 망각함에 이르니 두렵기 짝이 없다"는 것이다. 그리고 "천하는 조종(祖宗)의 천하"요, "한 사람의 천하"라고 주장한다. '공천하, 천하공공'을 완전히 부정한 셈이다. 그런 뜻에서 이렇게 말한다(제36장): "오대주(五大洲)에 공공의 도가 있다. 각 주에도 공공의 도가 있다. 황국 [일본], 한토(漢土, 중국)와 여러 속국(屬國)인 조선, 안남, 유구, 타이완 등에도 공공의 도가 있다." 그렇지만 "일국의 도는 이웃나라와 다르다. (중략) 일국에선 국법을 받들고, 황국에선 황국의 체(體)를 우러른다." 그의 국체=천황 존숭, 일본중심주의를 엿볼 수 있다.

이렇듯 보편-공공의 도를 특수-사적인 도에 수렴시킨다. 즉 공공을 국가화한다. 이는 대외팽창주의, 제국주의와 표리 관계에 있다. 쇼인은 이렇게 말한다: "스스로 신주(神州; 일본)를 담임함으로써 사이(四夷)를 정벌코자 한다." "이제 신주를 흥륭시켜 사이를 정벌함은 인도

---

61) 이 명제는 강태공(姜太公)이 주(周) 문왕에게 가르쳐준 말이라 한다. 각종 문헌에 등장하며 병법서인 『육도(六韜)』의 첫편인 「문사(文師)」에도 나온다.

(仁道)이다."(『강맹여화』제18장) 또는 1855(安政2)년, 자신의 형인 스기 우메타로(杉梅太郎, 1828~1910)에게 보낸 편지(4월 24일자)에서 이렇게도 말한다: 서양과의 "신의를 두텁게 하는" 한편 "국력을 길러서 얻기 쉬운 조선, 만주, 지나를 정복한다. 러시아와의 교역에서 잃은 곳을 만주, 조선의 토지로써 보상받아야 한다."[62]

메이지 정부를 이끈 주역의 다수는 쇼인의 제자들이었다. 따라서 국체=천황 존숭, 일본중심주의, 대외팽창주의를 계승했음은 당연하다. 이를 위해 메이지 정부는 대일본 제국 건설과 함께 근대화를 추진해 나갔다. 예컨대 '5개조 서문(誓文)'(1868)은 국가 통합을, '대교(大教) 선포의 조(詔)'(1870)는 천황의 신격화와 신도의 국교화를, '학제'(1872)는 국민 교육의 의무화를, '징병령'(1873)은 근대적 군대 양성을 도모했다. 그리고 '군인 칙유(軍人勅諭)'(1882)로써 유교 덕목을 꿰맞춘 무사도를 근대적으로 개편했다.

'교육칙어(敎育勅語)'(1890)는 국민 도덕과 교육의 기본 이념을 세우기 위한 것이었다. 그 바탕에는 일본 유학이 깔려 있다. 이를 전후로 '대일본 제국 헌법'이 1889년 2월에 공포되어 1890년 11월부터 시행되었다. 이것은 동아시아 최초의 근대적 헌법이다. 단, 그 초점은 제1장 천황의 여러 조항에 있다. 예컨대 제1조 '만세일계(萬世一系)의 천황' 주권을 비롯하여 제4조부터 제14조까지 '통치권, 입법권, 집행권, 통수권, 외교권, 계엄권' 등 천황 대권(大權)을 규정하고 있다. 특

---

62) 이처럼 강자인 서양을 추종하는 반면 약자로 여긴 주변국을 침략하려는 심리. 또는 자기의 피해의식을 타자에 대한 가해 의식으로 바꾸는 심리는 어디에서 기인하는 것일까? 무엇보다 쇼인의 병학적 사고에 기인한다고 본다. 전술했듯 병학적 사고는 일본 사상사를 관통하는 특징의 하나이다.

기하면 제8조에는 '공공의 안전,' 제9조에는 '공공의 안녕 질서'라는 용어가 나온다. 그 주어는 천황이다. 즉 천황이 최고의 공이자 공공의 주체라는 것이다. 이로써 공/공공의 국가화는 완성된 셈이다.

후쿠자와의 공공 담론: 유교적 보편 관념에서 멸사봉공으로

이에 따라 '민중의 공공'은 국가에 의해 압도되거나 포섭되어 나간다. 이 과정에서 대부분의 지식인은 공/공공의 국가화에 동조하고 대외팽창 정책에 봉사하게 된다. 그 전형적인 지식인이 후쿠자와이다.63) 그는 바쿠마츠 시기부터 메이지 10년대까지는 '민중의 공공'을 형성하기 위한 사상적 기반을 제공했다고 볼 수 있다. 예컨대 그는 『서양사정(西洋事情)』(初編 1866년, 外編 1868년, 二編 1870년)에서 -유교의 도, 리 개념을 통해 수용한-서양 사상의 '통의(通義; 권리), 자유, 평등, 독립' 등 개념을 계몽했다.

그의 서양 사상 계몽은 『학문의 권장(学問のすすめ)』(총17편, 1872년~1876년)에도 이어졌다. 거기서 주목하고 싶은 것은 그가 국제 관계의 '도, 공도'를 강조하고 있었다는 점이다. 예컨대 『학문의 권장』 초편에서는 "천리, 인도에 따라 서로 교제를 맺으니 리(理)를 위해선 아프리카의 흑인 노예마저도 황송하게 대하고, 도를 위해선 영국, 미국의 군함조차 두려워하지 않는다"라고 말한다. 또한 제13편에서는 "먼저 세계 중의 공도(公道)를 구하지 않으면 안된다"라고 말하기도 한다. 당시 그는 '천리, 인도, 도, 리'나 '세계의 공도'와 같은 유교적 보편 관념을 내세우고 있었던 셈이다.

---

63) 그 상세는 金鳳珍(2004), 제3장 제1절 참조.

그러나 『문명론의 개략』(총10장, 1875년)을 저술하는 단계에 이르면 유교적 보편 관념을 내버리게 된다. 그 제10장 「자국의 독립을 논함」에서 그는 "외국인에 대하여 그 교제에 천지의 공도를 의존함은 과연 무슨 마음인가. 우활(迂闊)하기 그지없다"라고 말한다. 스스로 '천지=보편의 공도'를 부정한 것이다. 그리고 '사정(私情), 편파심(偏頗心), 보국심(報國心)'을 호소한다. 또한 "전쟁은 독립국의 권의(權義, 권리+의무)를 펼치는 술(術)이요, 무역은 나라의 빛을 발하는 징후"라면서 전쟁과 무역을 국권 확장의 '술수'로 삼을 것을 주장한다. 이를 통해 그의 '근대화된' 병학적 사고를 엿볼 수 있다.

메이지 10년대 이후 그는 국권 확장론을 본격적으로 펼쳐 나간다. 그런 경향은 『통속국권론(通俗國權論)』(1878년), 『통속국권론 이편(二編)』(1879년), 『시사소언(時事小言)』(1881년) 등 저술과 (1882년 3월 1일에 창간한) 『시사신보(時事新報)』의 다수 논설에서 볼 수 있다. 그 가운데 『통속국권론』 제7장 「자국의 독립을 논함」의 한 구절만 인용해 보자: "백권의 만국공법은 몇 문의 대포만도 못하다. 여러 책의 화친 조약은 한 통의 탄약만도 못하다. 대포, 탄약은 있는 도리를 주장하는 장비가 아니라 없는 도리를 만드는 기계(器械)이다." "각국 교제의 도는 두 가지, 멸망시킴과 멸망당함 뿐이다." 한 마디로 '힘은 정의'라는 사고이다.

후쿠자와는 메이지 20년대 즈음부터 『시사신보』의 사설을 통해 '공공'론을 펼친다. 예컨대 「공공 묘지의 제도를 없애고 이를 사원(寺院)에 의탁시킬 것」(메이지 20년 10월 27일자), 「공공의 교육」(메이지 21년 5월 24일-26일자) 등이다. 이를 보면 그의 '공공'이란 '국가/관청의 공, 공공'과 '민간 공공'의 양의성을 지님을 알 수 있다. 단, 전자를 우선시하는 성향이 강하다. 반면「공공성의 남용(濫用)」(메이지 29년 4월 26일자) 에서 보듯 민간의 공공 활동을 경계한다. 거기서 그는 다음과 같은 논리를 전개한다.

"사회에 공적있는 인물을 위해 비(碑)를 세우고 상(像)을 만들고 또는 유익한 기업을 위해 의연금을 모으는 일과 같은 공공심"을 논하면서 그것이 "세간(世間)에서 남용되어 가는 경향이 있다"고 지적한다. 그런 경향은 "가치없는 인물, 실공(實功)없는 허명(虛名), 사리(私利)에 지나지 않는 기업을 위해 공공심을 남용한 결과"라는 것이다. 따라서 "제멋대로 사회의 공공심에 호소함은 사려깊은 국민이 할 일이 못된다"는 결론을 이끈다. 이렇듯 '민간, 사회의 공공심 남용'을 경계한다. 그 뜻이 잘못된 것은 아니다. 다만 그것이 공공심보다 멸사봉공(滅私奉公)을 요구하는 논리를 담고 있음은 잘못인 셈이다.

맺음말

오늘날 공공성의 개념은 '공적인(official) 것, 공통의(common) 것, 열려 있음(open)' 등의 뜻을 가진다.[64] 달리 말해 '국가공공, 중인공공, 공개/개방'의 세 말뜻을 지닌다. 그렇긴 하나 '국가공공'의 뜻이 가장 강한 느낌이다. 서양 근대 이래 지금껏 국가가 공공을 독점하는 경향 또는 공공의 국가화 성향이 강한 탓이다. 거기에 그런 경향/성향이 강한 일본 전통/근대가 혼합된 탓이다. 반면 이미 살펴보

---

64) 사이토 쥰이치(斎藤純一, 2000), viii-ix..

앉듯 중국 내지 동아시아 전통의 '공공'은 '국가공공'과는 오히려 대립하는 개념이다. 즉 '중인공공, 공개/개방'의 뜻이 강하다. 게다가 그 개념 자체가 애초부터 '천하공공'의 뜻을 강하게 띠고 탄생한 것이다.

'국가공공'에 대한 서양 학자의 비판론

서양 근대의 공공/성이 '국가공공'의 뜻이 강하다는 사실은 이에 대한 비판론을 살펴보면 알 수 있다. 예컨대 아렌트(Hannah Arendt, 1906~1975)는 『인간의 조건』에서 근대 이래 '사회권'이 공공을 독점하는 현상을 비판한다.65) 뭇사람의 인간적 생활이 '빼앗긴(deprived) 상태'인 'the private'으로 구성된 사회권이 'the public' 즉 '공공(의 정치) 영역(realm)'을 침탈해 버렸다는 것이다. 이때 '공공 영역'이란 '우리 모두에게 공통되는 세계' 또는 '독자성을 지닌 뭇사람의 구성체'를 뜻한다. 이를 회복하기 위한 기반을 아렌트는 '활동력(activity), 활동적 삶(vita active)'에서 구한다. 이로써 공개/개방된 '중인공공'의 본래성을 되찾고자 한 셈이다.

아렌트는 고대 그리스의 '아고라(agora)'를 '공공 영역'의 모델로 삼는다. 그리고 사회권의 형성과 이에 의한 '공공 영역'의 침탈 과정을 이렇게 논한다: 본디 그리스어의 '집(oikos) 돌보기(nomein)'를 뜻하는 '살림(oikonomos)'은 '사적(the private) 영역'에 갇혀 있었다. 그런데 이것이 근대 이래 '경제(economy)'로 비대화하여 사회권을 형성하면서 인간 본래의 정치 공간인 '공공 영역'을 침탈해 왔다. 이 사회권의 정치적 형태가 바로 근대 국가이다. 그 논점은 서양 근

---

65) Hannah Arendt, The Human Condition, (University of Chicago Press, 1958).

대 이래 진행된 공공의 국가화를 비판함에 있다.

이와 달리 하버머스(Jürgen Habermas)는 『공공성의 구조전환』에서 서양 근대에 형성된 시민 사회의 '시민적 공공성'에 주목한다.66) 그 모델은 시민 혁명 과정에서 등장한 '공론 사롱(salon)'이다. 이를 기반으로 국가와 '사적 영역' 사이에 펼쳐진 개개인(=뭇사람)의 생활세계인 시민 사회와 자유주의 사상이 펴져나갔다. 동시에 '시민적 공공성'이 형성되었다. 그런데 19세기 이후 국가 행정과 자본주의적 시장 경제에 의한 생활세계의 식민지화가 벌어졌다. 이로 인해 '시민적 공공성'은 변형되고 쇠퇴되어 갔다고 지적하고 그 회복을 주장한다. 이렇듯 그 역시 공공의 국가화를 비판함은 아렌트와 마찬가지다.

동아시아 전통의 '중인공공, 천하공공'에 담긴 의의

그렇다면 동아시아 전통에는 '시민적 공공성'에 해당하는 것이 없을까? '없다'고 답한다면 근대주의/오리엔탈리즘이나 근대의 주박에 걸린 셈이다. 또는 전통에 대한 무지나 오해에 빠져 있는 셈이다. 정답은 '있다'이다. '중인공공'이 그것에 해당한다. 물론 '중인'과 '시민'은 다른 개념이다. 하지만 전자는 후자를 포용할 수 있다고 본다. 아무튼 '중인공공'은 '시민적 공공성'과 무엇이 어떻게 다른지, 공통점은 무엇인지 비교 고찰하는 일이 남아 있을 따름이다.

전술했듯 '중인공공'은 공공의 민중화를 향한 의지/목표를 표상한

---

66) Jürgen Habermas, Strukturwandel der Öffentlichkeit: Untersuchungen zu einer Kategorie der bürgerlichen Gesellschaft, (Frankfurt am Main: Suhrkamp Verlag, 1990).

다. 공공의 민중화는 중국 등 동아시아 전통의 공공 공간이 생성되고 진전되는 현상을 뜻한다. 그 진전은 민중의 정치 주체, 〈개인〉 의식이 높아지는 현상을 함의한다. 실제로 이런 현상이 송대 이후 발생한 뒤 명대, 청대를 거쳐 지속적으로 퍼져나갔다.67) 또한 조선의 경우에도 마찬가지였다. 이로부터 동아시아의 '공공론'을 이끌어 살펴보는 일은 우리 몫으로 남겨진 중대한 과제이다.

아울러 동아시아 전통의 공공 개념이 지닌 의의를 세 가지로 간결하게 정리해 보자. 먼저 공과 사를 이항대립이 아니라 '상통, 상보, 상화'로 이끄는 (삼원 사고에 입각한) 개념이다. 둘째로 천지, 보편-공공의 도, 리와 결합된 개념이다. 이로써 개인과 공동체의 조화, 상생을 지향하는 규범적 개념이다. 셋째로 '국가공공, 공공의 국가 독점'을 배제하는 개념이다. 곧 국가/정부/관에 회수될 수 없는 공공 공간을 여는 개념이다.

끝으로 '천하공공'의 의의를 되새겨 보자. 천하란 본디 천지만물과 인간 세계를 관통하는 개념이다. 그 공간은 지방/국가/지역/지구의 글로리내컬(global/regional/national/local)의 다층 차원을 포함한다. 시간적으로는 과거, 현재, 장래를 포함한다. 천하와 공공이 결합되면 이른바 '지구적 공공성'을 뜻하게 된다. 한편 '중인공공'의 범주는 전인류와 과거, 현재, 장래의 전세대에 걸쳐 있다. '천하공공, 중인공공'은 '국가공공'에 갇혀 있는 현상황을 타개하면서 공공의 새 지평을 열어 줄 지혜를 담고 있다. 이를 오늘날과 장래에 걸맞게 계발하

---

67) 이에 관하여 나이토 코난(內藤湖南, 1866~1934)의 중국 '근세'론을 제시한다. 제3부 제1장 제1절 참조.

는 일 역시 우리 몫으로 남겨진 중대한 과제이다.

〈참고문헌〉

김봉진. 2009. "글로벌 공공철학으로서의 한사상," 김상일 등 공저.『한류와 한사상』. 도서 출판 모시는 사람들.
김형효. 1993.『데리다의 해체철학』. 서울: 민음사.
정순우 외 지음. 2016a.『조선 왕조의 공공성 담론』. 한국학 중앙연구원 출판부.
정순우 외 지음. 2016b.『한국과 일본의 공공의식 비교 연구』. 한국학 중앙연구원 출판부.
金鳳珍. 2018.「東アジア世界における『街頭の政治』の伝統―朝鮮の公論政治とその伝統」, 阿部容子等編,『「街頭の政治」をよむ』. 京都: 法律文化社.
金鳳珍. 2004.『東アジア「開明」知識人の思惟空間 鄭観応・福沢諭吉・兪吉濬の比較研究』. 九州大學出版會.
사사키 다케시(佐々木毅)・金泰昌編. 2001.『公共哲学1 公と私の思想史』. 東京大學出版會.
_____. 2002.『公共哲学3 日本における公と私』. 東京大學出版會.
사이토 쥰이치(斎藤純一) 2000.『公共性』. 東京: 岩波書店.
마에다 츠토무(前田勉). 1996.『近世日本の儒學と兵學』. ぺりかん社.
마루야마 마사오(丸山眞男), 1952.『日本政治思想史研究』. 東京大學出版會.
미조구치 유조(溝口雄三). 1996.『公私』. 東京: 三省堂.
_____. 1995.『中国の公と私』. 東京: 研文出版.
_____. 1980.『中国前近代思想の屈折と展開』. 東京大學出版會.
溝口雄三・이토 다카유키(伊東貴之)・무라타 유지로(村田雄二郎). 1995.『中国という視座』. 東京: 平凡社.
히라노 겐이치로(平野健一郎) 等編. 2013.『国際文化關係史研究』. 東京大學出版會.
요시다 고헤이(吉田公平). 1990.『陸象山と王陽明』. 東京: 研文出版.
와타나베 히로시(渡辺浩). 2010.『日本政治思想史』. 東京大學出版會.
_____. 1997.『東アジアの王権と思想』. 東京大學出版會.
_____. 1985.『近世日本社会と宋学』. 東京大學出版會.

Arendt, Hannah. 1958. *The Human Condition*, Chicago: The University of Chicago Press.
Habermas, Jürgen. 1962. *Strukturwandel der Öffentlichkeit － Untersuchung zu einer Kategorie der bürgerlichen Gesellschaft,* Berlin: Neuwied.
Hobsbawm, E. and Ranger, T. eds. 1983. *The Invention of Tradition.* Cambridge, New York: Cambridge University Press.

제2장 정약용의 형법 사상에 나타난 공공/성

머리말

『흠흠신서(欽欽新書)』(30권 10책, 1822년 출판)는 다산 정약용(1762~1836)이 편찬한 형법 원칙의 해설집이자 형사 특히 살인 사건의 판례집이다. 서문, 목차, 「경사요의(經史要義)」(3권), 중국 판례를 다룬 「비상준초(批詳雋抄)」(5권)와 「의율차례(擬律差例)」(4권), 조선 판례를 모은 「상형추의(祥刑追義)」(15권)와 「전발무사(剪跋蕪詞)」(3권)로 구성되어 있다. 그 서문에 밝힌 출판 목적은 형법에 어두운 목민관=지방관을 깨우쳐서 사건 수사, 심의(審擬)=심리(審理)+의율(擬律) 곧 재판과 판결 등 일련의 실무에 도움을 주는 것이다. 따라서 『흠흠신서』는 살인 사건의 실무 지침서이기도 하다.[1]

여기서 『흠흠신서』권1 「경사요의2」에 실린 '옛 상례(故常, 모범 판례)'의 하나인 「새를 쏘려다가 잘못 맞힘(射鳥誤中)」의 '주요한 뜻(要義)'을 살펴보고자 한다.

---

1) 이와 비슷한 성격의 책으로서 정조 연간에 편찬, 증보된 『추관지(秋官志)』(10권 10책)와 『심리록(審理錄)』(32권 16책)이 있다. 특히 『심리록』은 정조가 심의했던 살인 사건 1,300여 건을 망라하여 다룬 판례집이다. 『심리록』의 연구서는 심재우(2009) 참조. 또 정조는 『상형고(祥刑考)』(28권)라는 판례집도 편찬했으나 그 서문만 남아 있을 뿐이다(『弘齋全書』群書標記6, 命撰2 참조). 이 책은 추측컨대 『심리록』으로 개명 또는 편입되었던 듯하다. 한편 다산은 정조가 심의했던 사건 중 142건을 골라 22종으로 분류, 편찬하게 된다. 『흠흠신서』의 「상형추의」가 그것이다.

[중국 남조(南朝)의] 송(宋) 나라 사람 하승천(何承天)이 유의(劉毅)의 참군(參軍)이었을 적 일이다.2) 예전에 유의가 행차할 때 고을 아전(縣吏)이던 진만(陳滿)이 새를 잡고자 쏜 화살에 직사(直師)가 잘못 맞았다. 비록 부상 당하지는 않았으나 법에 따르면 기시(棄市)[=공개 처형]이다.

위 인용문의 끝 문장에는 죄형법정 내지 법치 사상이 담겨 있다. 당시 법은 진무제(晉武帝) 3년(267)에 완성하여 이듬해부터 시행된 『진률(晉律)』(20편 620조)을 가리킬 것이다.3) 해당 조문을 확인한 듯 다산은 다음과 같은 안(案; 해설)을 부치고 있다. "직사는 수레를 호위하는 관원이다. 우두머리 장군(主將)의 근처에서 호위하는 [그를 향해] 화살을 날려 맞힌 자는 법에 따라 기시하도록 되어 있다." 가령 이 법대로 기시를 적용했다면 이는 법가(法家)의 죄형법정주의나 법치주의에 입각한 셈이리라. 그러나 법 그대로 적용하지 않았다. 다산이 말하듯 "이번 사건을 특별히 과오로 처리하여 너그럽게 봐주었다(今特以過誤故宥之)"는 것이다. 하승천의 다음과 같은 건의에 유의가 따랐기 때문이다.

하승천은 먼저 "옥사[獄事, 형사 사건]는 정[情狀/人情]에 맞춰 판단함과 의심스럽다면 가벼운 형벌을 따름을 귀하게 여깁니다(獄貴情斷, 疑則從輕)"라고 말한다. '정상(情狀) 참작과 남형(濫刑) 금지, 감형'을 건의한 셈이다. 거기에는 유교의 형법 원칙이 담겨있다. 『서경(書經)』

---

2) 하승천(370~447)은 남북조 시대의 사상가, 수학자, 천문학자. 남조의 동진(東晉)과 이를 계승한 송을 섬겼다. 송의 첫 황제는 동진의 장군이었던 유유(劉裕). 유의는 유유와 같은 동진의 장군으로서 동지였으나 후일 숙청되었다.
3) 본고에서 법이란 주로 협의의 형법(율)을 가리킨다. 광의의 법은 군주/국가가 제정한 각종 법규범, 국가 제도(國制)를 포함한다.

대우모(大禹謨)의 '죄의유경(罪疑惟輕), 호생지덕(好生之德)'이 그것이다.4) 법 속에 (도)덕이 스며든 원칙이다. 이러한 '법의 덕화, 덕의 법화'를 통해 유교의 형법은 형성되어간 것이다.

다음으로 하승천은 사마천(司馬遷)의 『사기(史記)』 장석지(張釋之)·풍당(馮唐) 열전에 나오는 장석지의 고사를 이끈다: "옛날 한 문제(文帝)가 탄 수레의 말을 놀라게 한 자가 있었는데 [정위(廷尉, 법무장관)] 장석지는 천자의 수레를 범한 죄로 탄핵하면서도 벌금형에 그치게 했다. 무심코 [모르고] 말을 놀라게 했음이 명백했기 때문이다." 그리고 나서 이렇게 건의한다.

"천자가 탄 수레를 둘러싼 중대 사건에서도 다른 제재[중벌]를 가하지 않았습니다. 이번에 진만의 뜻은 새 쏘기에 있었지 애초 사람을 맞힐 마음이 없었습니다. [진]율에서 '과오에 의한 상해는 감형할 수 있다'고 하거늘 하물며 상해를 입히지도 않았음에랴! 가벼운 [형]벌이 마땅합니다." 유의도 그의 건의가 옳다고 했다.

여기에는 유교 형법의 또 다른 원칙이 담겨 있다. 『주례(周禮)』 추관사구(秋官司寇)의 사자(司刺, 검찰관)에 나오는 '불식(不識), 과실(過失), 유망(遺忘)'의 3유(宥), 즉 고의가 아니라 '모르고, 실수로' 저지른

---

4) 고요(皐陶)는 순(舜) 임금을 이렇게 칭송한다: "제의 덕은 허물이 없습니다. […] <u>과실에 의한 죄를 너그럽게 봐줄 때는 죄의 크기를 문제 삼지 않으시고, 고의에 의한 죄를 벌할 때는 죄의 작기를 문제 삼지 않으십니다. **죄에서 의심스러운 곳이 있으면 그 벌을 가볍게 하시고**, 공적에서 불분명한 곳이 있으면 그 상을 두텁게 하십니다. […] **살리기 좋아하는 덕이** 백성의 마음을 흠뻑 적시니, 이로써 담당관을 거스르는 일이 없습니다." (帝德罔愆 […] 宥過無大, 刑故無小. **罪疑惟輕**, 功疑惟重 […] **好生之德**, 洽于民心, 玆用不犯于有司.) 밑줄, 굵은 자는 인용자. 이하 같음.

죄는 '너그럽게 봐줌'의 원칙이다. 『서경』대우모의 '유과무대(宥過無大)' 역시 비슷한 원칙이다(주4 인용문 참조).

유교의 형법/원칙: 법=천하공공과 법의 공공/성

유교의 형법과 그 원칙들은 물론 '죄형법정, 법치' 사상에 입각해 있다. 따라서 실정법을 지키고 적용한다. 그렇지만 '차갑게=엄격하게'가 아니라 '따뜻하게=너그럽게' 해석, 적용한다.5) 이런 뜻에서 유교 형법/원칙은 '따뜻한' 죄형법정, 법치 사상에 입각해 있다. 또는 『서경』 요전(堯典)의 흠휼(欽恤, 조심하고 근심함) 정신이 관통하고 있다. 그리고 덕치(德治)와 예치(禮治) 사상이 깔려 있다. 따라서 유교가 그렇듯 그 형법/원칙 안에도 '법치, 덕치, 예치' 셋이 상보(相補)하면서 공존한다.6) 이로써 '법의 덕화=덕의 법화, 법의 예화=예의 법화, 덕의 예화=예의 덕화' 등 현상이 생긴다. 한편 '법치, 덕치, 예치' 사이에는 긴장, 갈등, 충돌도 생긴다. 그래서 각각의 경중을 분별하여 위치를 조정하고 조화와 질서를 꾀해야 한다.

이쯤에서 위의 '장석지 고사'에서 생략된 부분을 살펴보자. 애초 장석지가 해당 형법에 따라 벌금형으로 당(當, 처벌)할 것을 아뢰었을 때 한 문제는 그 이상의 처벌을 요구했었다.7) 그러자 장석지는 이렇

---

5) 주의할 것은 '따뜻하게=너그럽게'가 차이나 예외는 물론 불공평, 불평등/차등도 허용한다는 점이다. 역으로 '차갑게=엄격하게'는 공평, 평등과 가깝기 쉬우나 차이나 예외를 용납하기 어렵다.
6) 유교의 '법치, 덕치, 예치'에 관해서는 한국학중앙연구원 편(2007), 제5장 최진덕의 논문 참조.
7) '해당 형법'이란 한나라 초의 승상(丞相) 소하(蕭何)가 지었다는 『율구장(律九章)』(『漢書』刑法志)을 비롯하여 한 문제 이래 증보, 제정된 『한률(漢律)』을 가리킨다고 보면 된다.

게 대답했다고 한다: "법이란 천자가 천하와 더불어 공공하는(天下公共) 것입니다. 금일의 법도 그러하니 이를 더욱 무겁게 [처벌]한다면 백성이 법을 불신할 것입니다." 이 인용문에 담긴 뜻은 이미 (제1장 제1절에서) 설명한 적이 있다. 여기서 주목하고 싶은 것은 '법=천하공공'이라는 명제이다. 이로부터 '법의 공공/성'이란 관념/개념이 생겨난 것이다.

법의 공공/성은 본디 '공=평분(平分)'과 불가분 관계에 있다. 즉 군과 민, 뭇사람에게 '법을 고르게=공평하게 나눔, 시행함'이 마땅하다는 것이다. 다만 법의 해석, 적용이나 사건의 심의 방식에 따라 그 공공/성의 성향이 달라질 것이다. 또는 법치, 덕치, 예치의 어느 쪽을 얼마나 중시하는가에 따라 그 공공/성은 다양한 성향을 보일 것이다. 이것은 유교의 형법과 그 공공/성에도 마찬가지로 적용된다.

먼저 『흠흠신서』권1 「경사요의1」에 나오는 형법 원칙들을 살펴본다. 이때 법치, 덕치, 예치의 관계를 함께 본다. 다음으로 「상형추의」의 복수(復讐), 의살(義殺)에 관련된 사건, 판례를 검토한다. 이와 대비하여 제3절에서는 도쿠가와(德川) 일본의 형법을 언급하고 '무사 윤리'와 '법치 논리'의 관계를 살펴본다. 그 구체상을 밝히기 위해 1703년에 발생한 아코(赤穗) 사건의 심의와 이를 둘러싼 논의를 검토한다. 맺음말에서는 다산의 형법 사상을 정조(正祖)의 그것과 비교한다. 그리고 조선 전통의 법 문화를 통해 법과 그 공공/성의 새로운 지평을 여는 길을 생각해 본다.

1. 흠휼 정신과 형법 원칙

『흠흠신서』의 서문 끝에서 다산은 '흠흠'을 이렇게 해설한다: "조심하고 조심함은 본디 형벌을 다스리는 기본이다(欽欽固理刑之本也)." 이토록 '조심'해야 하는 이유가 서문 첫머리에 보인다: "오직 하늘만이 사람을 살리기도 죽이기도 하니 사람의 목숨은 하늘에 달려 있다. 그런데 목민관은 그 중간에서 선량한 사람을 편안히 살게 해주고, 죄지은 사람을 잡아다 죽인다. 이는 하늘의 권한(天權)을 드러내 보이는 것이다. 사람이 하늘의 권한을 대신 쥐고도 삼가고(兢) 두려워할(畏) 줄 모르면 (중략) 살릴 사람을 죽이거나 죽일 사람을 살리기도 한다."

다산은 「경사요의1」(卷一)의 머리말에서 "단옥(斷獄, 단죄)의 기본은 흠휼에 있다. 흠휼이란 '그 사건을 조심스레 다루고(敬) 그 사람을 가련하게 여기라(哀)'는 뜻이다"라고 말한다. '흠=경(敬), 휼=애(哀)'라고 풀이한 것이다. 이처럼 '조심하고 가련하게 여김'이라는 흠휼 정신이 다산의 형법 사상을 관통하고 있다. 「경사요의1」는 13가지 원칙을 내건다. 원칙1은 '흠휼'이고 원칙2가 '애경'이다. 이들 내용을 살펴보자.

「경사요의1」의 13가지 형법 원칙

원칙1은 『서경』의 세 문장과 그 주석들, 그리고 다산의 해설로 구성된다. 문장①은 요전(堯典)의 "과실, 재난에 의한 죄는 넓게 용서하고 고의범, 상습범은 극형으로 처벌하되 '조심하고 조심하라. 오직 근심하며 형벌하라'"는 가르침이다.[8] 문장②는 강고(康誥)의 "형벌을 조심하여 밝히라(敬明乃罰). 사람이 작은 죄를 범했어도 그것이 과실(眚)이 아닌 상습(終)이면 (중략) 죽이지 않을 수 없다. 그러나 큰 죄라도 상습이 아닌 과실, 재난에 의한 죄라면 (중략) 죽이면 안된다"는 가르침이다.

문장③은 여형(呂刑)의 "상형(上刑, 중범)이라도 가벼운 벌이 마땅하면 낮게[가볍게] 처벌하고, 하형(下刑, 경범)이라도 무거운 벌이 마땅하면 높게[무겁게] 처벌하라. 모든 형벌에는 가볍게 하거나 무겁게 하는 권[=정상 참작]이 있다"는 가르침이다.9) 다산의 해설은 이렇다: "무릇 투살(鬪殺, 폭행치사) 사건의 처리는 마땅히 생(眚), 종(終) 두 글자를 깊이 생각해야 한다. 과오에 의한 것이면 사형에 해당되어도 반드시 사면하여 의심스러움을 없앤다. 고의에 의한 범죄라면 (중략) 끝까지 캐내어 죽여야 한다." 즉 '생재사사, 고종 적형은 옥사 다루기의 대원칙(眚災肆赦, 怙終賊刑 按獄之大經)"이라는 것이다.

원칙2는 『서경』여형과 『주례』추관사구·소사구(小司寇)의 문장과 그 주석들, 다산의 해설로 구성된다. 예컨대 『서경』여형의 "멋대로 처결하지 않고, 옳게 처결해야 비로소 적중함을 얻을 것이다."10) 그리고 "말(辭, 진술)에 어긋남이 있는지, 따를지 말지를 살펴야 한다. 처결함을 가련히 여기고, 형서(刑書)를 명확히 열어서 널리 검토해야 비로소 올바름(中正)을 얻을 것이다"라는 문장이다. 한편 『주례』추관사구·소사구는 "다섯 소리로 옥송을 듣고 민정을 찾아낸다.11) 첫째

---

8) 원문: 眚災肆赦, 怙終賊刑, 欽哉欽哉, 唯刑之恤哉.
9) 원문: 上刑適輕下服, 下刑適重上服. 輕重諸罰有權.
10) 원문: 非佞折獄, 惟良折獄, 罔非在中.
11) 원문: 以五聲聽獄訟求民情.

사청(辭聽, 말로 듣기), 둘째 색청(色聽, 색으로 듣기), 셋째 기청(氣聽, 기로 듣기), 넷째 이청(耳聽, 귀로 듣기), 다섯째 목청(目聽, 눈으로 듣기)"이라는 문장을 내걸고 있다.

원칙3은 '명신불유(明愼不留, 밝히고 삼가하며 [사건 처리를] 늦추지 않음)'이다. 다산의 해설을 보자. "옥사 다루는 자는 천하의 저울(天下之平, 천하의 공평을 담당하는 자)이다. 죄수를 죽이려고[만] 함은 공평이 아니다. 죄수를 살리려고[만] 함도 공평이 아니다. 그러나 죽이기보다 살리려 함은 죽은 자는 다시 살아날 수 없기 때문이다. 살려놓고 죽일 때를 찾아도 아직 늦지 않다. 어찌 죽여놓고 살릴 때를 찾을 수 있겠는가. 그러니 옥사를 다루는 자는 죄수를 살리려고 노력해야 한다." 이를 보면 다산은 '법, 형벌의 공평'을 좇는 '차가움=엄격함'과 함께 '호생지덕'을 바라는 '따뜻함=너그러움'을 겸비하고 있음을 알 수 있다. 이렇듯 법치, 덕치가 공존한다.

원칙4는 앞서 본 『주례』사자의 '3유'와 '3사(赦)' 즉 '유약(幼弱, 아녀자), 노모(老旄, 늙은이), 준우(惷愚, 바보)가 저지른 죄는 감형하는 방식으로 사면함'이다. 이들 원칙은 각종 법전에 조문화된다. 그 가운데 다산은 『대명률』(홍무30, 1397년), 『대전통편』(정조9, 1785년)에 실린 3사의 해당 조문을 예시한다. 그런 다음 "주법(周法; 주례), 한법(漢法; 한률), 『대명률』, 『대전통편』이 각각 다르나 오늘날 옥사 다루는 자는 마땅히 『대전통편』을 주로 삼고(爲主), 고의(古義)를 참고로 인용하라"고 주장한다. 여기에는 『대명률』에 대한 조선 법전=국전(國典)과 신법의 우선 원칙이 담겨 있다.12)

---

12) 조선의 기본 법전인 『경국대전』(성종16, 1485년)의 형전(刑典)·용률(用律)에는 '『대명

원칙5는 『주례』지관사도하(地官司徒下)·조인(調人)의 '과살해화(過殺諧和, 과오에 의한 살인은 [너그럽게] 화해시킴)'이다.13) 원칙6은 '구수천살(仇讐擅殺, 원수는 제멋대로 죽일 수 있음)' 곧 사적(私的) 복수 허용의 원칙이다. 원칙7은 '의살물수(義殺勿讐, 의로운 살인은 복수하지 못함)'14) 곧 의살 허용의 원칙이다. 원칙8은 '수주불복(受誅不復, 형벌로 죽었다면 복수하지 못함)'이다. 이들 복수, 의살에 관련된 원칙은 다음 절에서 다룬다. 원칙9는 『주례』 추관사구·소사구에 나오는 8의(議, 감형)의 벽(辟, 법).15) 예컨대 의친(議親)은 종실(宗室)의 감형, 의귀(議貴)는 귀족의 감형을 뜻한다.

8의는 '동죄이벌(同罪異罰)' 즉 '법 적용의 불평등' 원칙이다. 주대(周代)의 관습이던 종법의례(宗法儀禮), 존비차등(尊卑差等)의 계층 질

률』을 [조선 형법으로] 쓴다(用大明律)'고 규정되어 있다. 단, 양쪽 조문이 다를 경우 어느 쪽을 우선해야 하는지 규정되어 있지 않았다. 그러다가 『속대전』(영조22, 1746년)부터 국전 우선 원칙이 확립된다. 『속대전』형전·용률은 "『경국대전』에 의거하여 『대명률』을 사용하되 『경국대전』『속대전』에 해당 조문이 있으면 이들 두 대전에 따른다(依原典用大明律而原典·續典有當律者從二典)"라고 규정한 까닭이다. 조지만(2007), 237-238 참조.
13) 이 원칙을 해설하면서 다산은 살인을 세 등급으로 나누고 있다. 첫째 고의살(故意殺, 고의에 의한 살인), 둘째 투구살(鬪毆殺, 싸움에 의한 살인), 셋째 과오살(過誤殺, 과오에 의한 살인). 이 가운데 고의살은 물론 엄형에 처하나, 과오살은 3유를 적용한다. 특히 투구살에 관하여 "위로는 고의[살]에 속할 수 있고, 아래로는 과오[살]에 해당할 수 있다. 터럭같은 차이로 생사(生死)가 갈릴 수 있으니 조사관은 이것을 가장 신중히 처리해야 할 것이다"라고 다산은 강조한다.
14) 의살이란 '의로운 살인, 의분(義憤)에 의한 살인'을 뜻한다. 『주례』지관사도하·조인에는 "사람을 죽였으나 의로운 경우에는 나라를 다르게 하여 복수하지 못하게 하고, 복수하면 죽인다(凡殺人而義者, 不同國 令勿讐, 讐之則死)"라는 말이 나온다. 의살 허용의 원칙인 셈이다.
15) 그 나머지 원칙들은 제목만 소개한다. 원칙10은 '난륜무사(亂倫無赦, 윤리를 범한 죄는 용서 못함).' 원칙11은 '시역절친(弑逆絶親, 부모/임금 죽인 자는 가족 관계를 끊음). 원칙12는 '도적천살(盜賊擅殺, 도적은 마음대로 죽일 수 있음).' 원칙13은 '옥화강앙(獄貨降殃, 옥사의 뇌물은 재앙을 내림).'

서에 따라 다름을 허용한 것이다. 앞서 본 3사 또한 불평등 원칙이다. 유교의 억강부약(抑强扶弱) 정신에 따라 약자 감형을 허용한 것이다. 전자를 위로부터의 불평등, 후자를 아래로부터의 불평등이라고 부를 수 있다. 이렇듯 흠휼 정신을 비롯한 유교 형법/원칙은 불평등을 허용한다.16) 왜 허용할까? 한 마디로 '유교적 현실주의' 때문이라고 본다. 단, 허용하되 내버려 두지 않는다. 그 불평등의 현실을 '균평(均平)'할 것을 추구한다.

법 적용의 '불평등'과 '평등': 현실과 허상

유교의 '법 적용 불평등'은 법가의 죄형법정, 법치와 대조된다. 법가는 '법 적용 평등'을 주장하기 때문이다. 예컨대 "진실로 공적이 있으면 멀고 천한 사람이라도 반드시 상을 준다. 진실로 잘못이 있으면 가깝고 사랑하는 사람도 반드시 벌을 준다."17) 또는 "형벌은 대신(大臣)도 피하지 못하고, 포상은 필부(匹夫)도 빠트리지 않는다."18) 또한 『상자(商子)』 상형(賞刑)은 '일형(壹刑)' 곧 '똑같은 형벌'을 주장하기도 한다.

유교의 '법 적용 불평등'은 서양 근대의 발명인 '법 앞의 평등' 원칙과도 대조된다. 단, 주의할 것은 '법 앞의 평등' 역시 '법 적용 불평등'을 피할 수 없다는 점이다. 평등을 원칙으로 내걸고도 때로 불평등을 허용하는 것이 현실(reality)이기 때문이다. 그런 점에서 '법 앞

---

16) 이런 사실을 오로지 '평등의 원칙=이상'의 입장에만 서서 '후진, 야만'이라 비평한다면 그것은 '근대의 주박'이나 서양중심적 근대주의, 오리엔탈리즘에 빠져 있는 셈이다.
17) 원문: 誠有功則雖疏賤必賞. 誠有過則雖近愛必誅. (『韓非子』主道)
18) 원문: 刑過不避大臣, 賞善不遺匹夫. (『韓非子』有度)

의 평등'은 원칙이긴 하나 허상(virtuality)이다. 거듭 말하나 현실에는 평등과 불평등이 같이 있다. 이때 평등과 불평등은 대립 개념이자 짝개념이다. '평등 없이 불평등 없고, 불평등 없이 평등 없다.' 이렇듯 상관되어 있음이 현실이다.

이쯤에서 앞서 본 『서경』 여형의 문장③에 이어진 문장을 인용해 보자. "형벌은 때로 가볍고 때로 무겁다. [법 적용은] **가지런하거나(=같거나) 가지런하지(=같지) 않게 하는데** [그 사이에] 윤리가 있고 요령이 있다."19) 이는 법 적용의 '유제비제(惟齊非齊)' 즉 '평등 (=가지런함)과 불평등(=가지런하지 않음)'의 동거성을 뜻한다. 따라서 법은 평등과 불평등 사이에 있다. 윤리 역시 그렇다. 덧붙이면 윤리는 도/덕과 예(禮)의 바탕이다. 법은 도/덕과 예의 사이에 있다. 이는 법, 도/덕, 예 모두가 평등, 불평등이 동거하는 현실에 입각하고 있다는 뜻이다. 다만 '어느 쪽에 더 쏠려 있는가'의 차이가 생길 따름이다.

앞서 보았듯 법은 평등에 쏠려 있다. 한편 도/덕은 평등, 불평등을 포용한 채 양쪽을 초월해 있다. 『도덕경』51장의 "도는 만물을 낳고, 덕은 만물을 기르고(道生之, 德畜之)"에서 보듯 도/덕은 원래 무위자연의 산물인 까닭이다. 이에 비해 예는 현실적 위계질서를 규율하려는 것이기에 불평등에 쏠려 있다.20) 예의 역할은 인/물의 '상하, 등

---

19) 원문: 刑罰世輕世重, 惟齊非齊, 有倫有要.
20) '예(의)'란 원래 친족 집단이나 향촌 사회의 인간 관계의 계층 질서를 정하는 규범이었으나 점차 군신 관계나 국가간 외교 관계의 질서 원리/관념으로 확대되어 갔다. 이러한 예의 원리화/관념화를 촉진한 것이 유가였다. 한대에 이르면 예의 근간을 '삼강오상(三綱五常)'(약칭 綱常)에서 구하게 된다. 인간 관계의 기본을 군신, 부자, 부부의 삼강으로 삼고 - 장유(長幼), 붕우(朋友)를 더하면 오륜(五倫) - 이것을 지키는 덕목으로서 인의예지신(仁義禮智信)을 오상으로 삼은 것이다.

급'을 분별(分別)하는 일이다. 순자(荀子)는 이렇게 말한다.21)

나눔이 고르면 모이지 않고, 권세가 가지런하다면 하나 될 수 없고, 무리가 가지런하다면 부릴 수 없다. 하늘이 있고 땅이 있으니 상하의 차이가 있다. […] 물자가 넉넉하지 못하면 반드시 다툼이 일어나고, 다툼이 일어나면 어지러워지고 어지러워지면 궁핍해진다. 선왕이 어지러워짐을 싫어한 까닭에 예의를 제작함으로써 분을 정하니 빈부귀천의 등급이 있게 되었고, 그래서 서로 갖추어 임할 수 있게 했다. 이것이 천하를 기르는 근본이다. 『서경』의 '유제비제'란 바로 이런 말[뜻]이다.

가령 '만인 평등'을 내걸고 사람들 모두에게 물자를 고르게(=같게) 나눈다면 물자는 모이지(=축적되지) 않는다. 오히려 나눌 수조차 없게 된다. 이렇게 되면 다툼이 일어나고 세상은 혼란과 궁핍에 빠지게 된다. 이는 '권세나 무리를 가지런하게 한다면'이라는 가정에도 적용된다. 그래서 '빈부귀천의 분, 등급을 정하여' 위계질서를 규율하기 위해 제작한 것이 예의이다. 이것이 『서경』 여형의 '유제비제'에 담긴 뜻이다. 이렇게 주장하는 순자는 '비제'에 쏠려 있는 셈이다. 그래서 "귀천에 등급이 있고, 장유에 차이가 있고, 빈부경중에 모두 호칭이 있다"(『순자』禮論)고 말한다.22)

순자는 공자, 맹자와 같은 유가로서 덕(치)에 입각한다. 덕(치)란 유가의 최고 목표인 까닭이다. 하지만 덕(치)를 이루고 그 제도를 유지하고자 순자는 예(치)를 중시한다.23) 그런데 예를 어기면 어떻게

---

21) 원문: 分均則不偏, 勢齊則不壹, 衆齊則不使. 有天有地, 而上下有差. […] 物不能澹則必爭, 爭則亂, 亂則窮矣. 先王惡其亂也, 故制禮義以分之, 使有貧富貴賤之等, 足以相兼臨者. 是養天下之本也. 書曰 惟齊非齊, 此之謂也. (『순자』왕제[王制]).
22) 원문: 貴賤有等, 長幼有差, 貧富輕重 皆有稱者也.

할까? 순자는 법(치)=형벌을 인정한다. "착함에 이르는 자는 예로 대하고, 착하지 않음에 이르는 자는 형으로 대한다."24) "정치의 길(經)은 예와 형, 군자는 이를 닦아서 백성을 편안하게 한다."25) 그렇긴 하나 "예야말로 다스려 분별함의 극치이며, 굳건한 강역의 근본이다"라고 순자는 주장한다.26)

다산의 정치관: 법치, 덕치, 예치의 균형과 조화

다산의 정치관은 법치, 덕치, 예치 어느 쪽을 중시했을까? 단순화의 오류를 무릅쓰고 답해 보면 이렇다. 그는 셋 모두의 균형과 조화를 중시한다. 단, 덕치보다 법치와 예치를 강조할 때가 있다. 덕치 성향이 지나쳐 법 질서와 사회 기강의 느슨해짐을 우려할 때이다. 예컨대 그는 『흠흠신서』에서 수시로 법 조문의 엄밀한 해석, 엄격한 적용을 주장한다. 이로써 법치의 공공성을 높이고자 했던 까닭이리라. 하지만 법치를 예치보다 앞세우진 않는다.27) 그는 『방례초본(邦禮草本)』(『경세유표(經世遺表)』[1822년]의 초본)의 '인(引)'에서 이렇게 말한다.28)

---

23) 공자와 맹자는 덕(치)와 예(치) 양쪽 모두 중시하나 덕(치)에 쏠려 있다. 특히 맹자는 덕(치) 성향이 강하다. "덕으로 인을 행하는 것이 왕(以德行仁者王)"(『맹자』公孫丑上)의 덕치, 인정(仁政)을 강조한 까닭이다.
24) 원문: 以善至者 待之以禮, 以不善至者 待之以刑. (『순자』王制).
25) 원문: 治之經 禮與刑, 君子以修 百姓寧. (『순자』成相).
26) 원문: 禮者 治辨之極也, 彊固之本也. (『순자』議兵).
27) 다산은 남구만(南九萬)의 엄형주의를 비판한다. 김호(2011) 논문 참조.
28) 원문: 先王以禮而爲國, 以禮而道民. 至禮之衰而法之名起焉. 法非所以爲國, 非所以道民也. 揆諸天理而 合, 錯諸人情而協者, 謂之禮, 威之以所恐, 迫之以所悲, 使斯民兢兢然莫之敢干者, 謂之法. 先王以禮而 爲法, 後王以法而爲法, 斯其所不同也.

선왕은 예로 나라를 다스렸고 백성을 이끌었다. 예가 쇠해지자 법이라는 명칭이 생겼다. 법은 나라를 다스리는 것도 백성을 지도하는 것도 아니다. 천리에 맞춰도 합당하고 인정에 섞어도 협화하는 것을 예라 하며, 위엄으로 겁나게 하고 협박으로 슬프게 하여 백성이 벌벌 떨며 감히 범하지 못하게 하는 것을 법이라 이른다. 선왕은 예로써 법을 삼았고, 후왕은 법으로써 법을 삼았으니 이것이 같지 않음이다.

이를 보면 다산은 법치보다 예치를 중시하는 성향이 강했음을 알 수 있다. 다만 후술하듯 그보다도 덕치를 중시하는 성향이 더욱 강했다고 봄이 옳다(맺음말 참조).

2. 조선의 복수와 의살-「상형추의」의 사건과 판례

『주례』, 『예기』, 『공양전(公羊傳)』에는 원수에 대한 사적(私的) 복수(復讐)를 허용하는 말이 다양하게 나온다. 그 허용 범위도 부모, 형제는 물론 군(君), 스승, 친구 등 매우 넓다. 예컨대 『예기』 곡례상(曲禮上)에는 "아버지의 원수와는 같은 하늘 아래 살지 않고, 형제의 원수는 [복수하기 위한] 무기를 지니고 대하며, 친구의 원수와는 같은 나라에 살지 않는다"라는 말이 나온다.29) 또한 『예기』 단궁상(檀弓上)에는 공자도 이와 비슷한 말을 했노라고 기록되어 있다.

---

29) 원문: 父之讐不與共戴天, 兄弟之讐不反兵, 交遊之讐不同國.

사적 복수와 의살(義殺)의 허용 범주

그렇다고 복수가 권장된 것은 아니다. 오히려 화해가 권장된다. 그래서 『주례』 지관사도하·조인에는 "조인(調人)은 만백성의 원수[의 사례]를 관장하여 이를[=당사자를] 화해시킨다"는 말이 나온다. '과살해화' 즉 '과오에 의한 살인은 너그럽게 봐주어 화해시킴'이 그 원칙이다(「경사요의」원칙5). 또한 '구수천살'(「경사요의」원칙6)이라도 '제멋대로 죽임' 즉 사적 복수는 금한다. "무릇 원수를 갚고자 하는 자는 조사(朝士, 담당관)에게 통지하고 나서 죽인다면 무죄"(『주례』 추관사구·조사)라는 제한 조건이 붙는다. 거기에는 사적 복수의 만연을 막으려는 뜻이 담겨 있다.

다산은 '구수천살'을 해설하면서 『대명률』과 『속대전』의 '사전 통지 없는 사적 복수'에 관한 해당 조문을 이끈다: 예컨대 『대명률』의 "조부모나 부모가 남에게 죽음을 당한 자손이라도 [원수를] 제멋대로 죽이는 흉행을 저지른 자는 장(杖) 60대에 처한다. 단, 그 즉시 [현장에서] 죽인 자는 죄를 묻지 않는다."30) 또는 『속대전』의 "아버지가 피살되어 생긴 옥사를 조사해 밝히기 전에 그 원수를 제멋대로 죽인 자는 사형시키거나 유배시킨다. 자손이 제멋대로 죽이는 흉행을 저지른 자는 장 60대에 처한다."31)

이렇듯 처벌 조문이 있기는 하나 사적 복수는 허용되었다. 그 폐단

---

30) 『대명률』 형률, 투구(鬪毆)·부조피구(父祖被毆)에 나온다. 원문: 若祖父母父母爲人所殺而子孫擅殺行兇人者, 杖六十. 其卽時殺死者勿論.
31) 이는 『속대전』 형률, 살옥(殺獄)에 나오는 다음의 두 개 조문을 합하여 약간 바꾼 것이다. 하나는 "其父被殺成獄不待究覈擅殺其讐人者, 減死定配", 또 하나는 "妻復夫讐, 母復子讐, 擅殺其讐人者, 依子孫擅殺行兇人律, 杖六十"이다.

을 다산은 다음과 같이 우려한다.

근세[근년]에 이르러 복수 사건은 벌어진 일 자체(本事)를 묻지도 않고 오직 절의의 열렬함[節烈] 만으로 허용한다. 그래서 사건으로 성립조차 되지 않으니 이는 큰 폐단이다. 심지어 피살인지 [아닌지] 밝혀지지 않았음에도 사사로이 원수라고 지목하여 공공연히 복수하는 자도 있으니 어찌 작은 걱정이겠는가!

이를 보면 당시 사적 복수가 만연했음을 알 수 있다. 이런 현상은 법보다 예를 중시했던 '예치의 나라 조선'에서는 피할 수 없었으리라. 사적 복수는 삼강의 하나인 '부위자강(父爲子綱)'이나 오륜의 하나인 '부자유친(父子有親)'에 입각한 예를 표상하기 때문이다. 사적 복수의 만연은 예치의 민간 침투 내지 '민중의 정치(예치) 주체화' 현상을 함의하는 까닭이다.

누구에게나 허용되는 복수도 있다.32) 의살복수(義殺復讎)가 그것이다. 그 허용 근거는 정리(情理), 예의(禮義)에 있다. 또한 법적 근거도 있다. 앞서 언급한 '의살물수'(「경사요의」원칙 7)가 그것이다. 이로써 의살은 복수이든 살인이든 허용된다. 과연 『흠흠신서』 등 판례집에는 의살 사건이 적지 않다. 당시 조선에서 의살 또한 만연했음을 알 수 있다. 이런 현상도 '민중의 정치(예치) 주체화'의 표출인 셈이다. 그렇다 해도 의살을 빙자한 복수, 살인마저 허용해선 안된다. 그래서 다산은 의살의 허용 범주를 '큰 악, 불효, 패역, 음란' 등 '정리로 보아

---

32) 이때 '허용'이란 '무처벌'만 뜻하지 않는다. 그 범주에는 사면, 감형 등 '너그러운' 처벌이 포함된다.

용서할 수 없는 행위'에 한정시킨다.

반면 허용되지 않는 복수도 있다. '수주불복'(「경사요의」원칙8) 즉 형벌로 죽은 경우 복수는 허용되지 않는다. 예컨대『공양전』정공(定公) 4년에는 "아버지가 유죄로 사형을 당했는데 아들이 복수한다면 죽(이)는 길이 있을 뿐이다"라는 말이 나온다.33) 다른 한편 "아버지가 무죄임에도 사형을 당했다면 아들은 복수할 수 있다(父不受誅 子復讐可也)"라는 말도 나온다. 따라서 유죄임에도 불복하거나 무죄를 주장하는 복수가 벌어질 여지가 있었다. 이런 복수를 어떻게 심의/판결할지 논란이 벌어질 여지도 있었다.

「상형추의」의 복수, 의살에 관련된 판례

이제 「상형추의」의 복수, 의살에 관련된 여러 판례 가운데 세 개만 검토해 보자. 당시 조선에서 복수, 의살을 어떻게 심의/판결했는지, 다산은 어떤 견해를 표명했는지, 그리고 정조(正祖, 1752~1800, 재위 1776~1800)는 어떻게 반응했는지 등을 알기 위함이다. 「상형추의10」에는 '복설지원(復雪之原, 복수의 원인)'의 1~5 다섯 판례가 실려 있다. 「상형추의11」에는 '정리지서(情理之恕, 인정과 도리에 의한 용서)'의 1~8과 '의기지사(義氣之赦, 의로운 기개에 대한 사면)'의 1~2안에 의살에 관련된 여러 판례가 실려 있다. 그 밖에도 '복수, 의살' 판례는 「상형추의」 곳곳에서 많이 찾아볼 수 있다.34)

먼저 '복설지원1'은 정조 12(1788)년 정월에 전라도 강진에서 일어

---

33) 원문: 父受誅, 子復讐, 推刃之道也.
34) 그 상세는 김호(2012) 논문 참조.

난 윤항의 복수 사건이다. 윤항의 아버지 윤덕규는 집안의 서족(庶族) 윤태서, 윤언서 형제에게 구타된 뒤 38일만에 죽었다. 그러나 관청에서는 이를 살인 사건으로 보지 않았고 윤태서, 윤언서를 처벌하지도 않았다. 그러자 윤항의 할아버지는 분통을 이기지 못해 죽었고, 이어서 어머니도 억울함이 맺혀 죽었다. 사건 발생에서 거의 1년이 지난 후 윤항은 형 윤침 등과 함께 윤언서를 죽인 다음 그의 창자를 몸에 두르고 관문(官門) 밖에 꿇어앉았다.

윤항은 관청에 '사전 통지'를 하지 않았으니 『대명률』, 『속대전』 - 또는 『대전통편』35) - 해당 조문의 '제멋대로 죽이는 흉행을 저지른 자'로서 적어도 '장(杖) 60대'에 처해질 수 있었다. 또한 관청은 살인 사건으로 보지 않았으니 윤항은 죄없는 윤언서를 멋대로 죽인 셈이다. 그렇다면 유배에 처해지거나 또는 관청의 판결을 거스른 죄로 사형에 처해질 수도 있었다. 이런 처벌을 내렸다면 그것은 '죄형법정, 법치'를 차갑게=엄격하게 적용한 셈이 될 것이다.

초검 수사를 담당한 강진 현감은 윤항의 처벌을 바랐다. 실제로 재검 수사를 담당한 장흥 부사는 『대전통편』의 해당 조문을 들어 '유배'로 판결했다. 더욱이 삼검 수사를 담당한 전라도 관찰사는 '상명(償命)=사형'으로 판결했다. 그 이유는 이렇다: '(조사 결과) 윤언서는 윤덕규를 죽인 사람이 아니었다. 그럼에도 불구하고 윤항은 윤언서를 죽였다. 따라서 조금도 용서할 단서가 없다는 것이다. 달리 말해 윤항의 행위는 '의살 복수'가 아니라 '죄없는 사람을 제멋대로 죽인 살인'이니 사형에 처해야 한다는 것이다. 이로써 사건의 판결은 '차가운

---

35) 당시 『대전통편』(정조9년, 1785년 편찬)이 이미 나와 있었다. 단, 해당 조항은 그대로였다.

=엄격한' 처벌 쪽으로 기우는 듯했다.

그런데 윤항의 여동생 윤임헌이 격쟁(擊錚)으로 탄원했다.36) "법은 법대로, 원수에게는 복수를. 윤언서는 물론 윤태서 역시 아버지를 죽인 원수입니다. 그러니까 윤태서마저 죽인 다음 두 오빠에게도 처분을 내려 주옵소서"라는 탄원이다. 이에 정조는 형조의 세 당상관(판서, 참판, 참의)에게 의견을 묻는다. 그러나 그들은 명료하게 답하지 못하고, 결국 "감히 함부로 판결을 내릴 수 없습니다"라고 아뢴다. 정조의 판부(判付, 왕의 판결)에 맡긴다는 뜻이다.

정조의 판부는 관계 지방관들이 내린 판결을 완전히 뒤집는 것이었다. 그 요지는 이렇다: '윤항의 행위는 의살 복수로 허용된다. 따라서 너그럽게 봐주고 그의 원수 윤태서를 엄벌하라. 또한 관계 지방관들도 잘못 판결한 죄(誤決獄之罪)를 적용하여 엄벌하라'는 것이다. 이를 통해 '관보다 민을 아끼는' 정조의 애민, 휼민(恤民) 정신을 엿볼 수 있다. 또는 법치보다 예치, 덕치를 중시했음을 엿볼 수 있다.

이러한 정조의 판부에 다산은 불만을 느꼈던 모양이다. 그래서 다음과 같은 '의(議)'를 부치고 있다: '윤항 사건을 단옥=단죄하려면 먼저 윤태서 사건부터 논의해야 했다. 윤항 형제는 법에 맞게 고발해야 했다. 그랬다면 윤태서의 살인 사건이 성립되어 법의 공정한 심판을 받을 수 있었을 것이다. 그러지 않았던 윤항의 복수는 불법이요, 게다가 흉참(凶慘)하니 이는 징계가 없을 수 없다(斯不可無懲也)'라는 것이다. 이를 보면 다산은 '복수의 만연을 막아야 한다. 이를 위해 차가운

---

36) 정조는 격쟁을 크게 활성화시켰다. 조선 시대의 격쟁 등 소원(訴願) 제도는 한상권(1996) 참조.

=엄격한 법 적용이 필요하다'는 견해를 지니고 있었음을 알 수 있다.

다음으로 '의기지사1'의 신여척 사건을 보자. 정조13(1789)년 7월 전라도 장흥에서 김창순이 보리 두 되를 훔쳤다고 그의 동생 김순남을 구타하여 거의 죽게 만들었다. 한 동네에 살던 신여척은 이 소식을 듣고 김순창을 찾아가 형제간의 우애가 없음을 꾸짖었으나 소용없자 걷어차서 다음날 죽게 했다. 당시 형조는 사형 처벌을 아뢰었다. 그러나 정조의 판부는 달랐다. 정조는 신여척을 처벌하는 대신 오히려 의기(義氣)를 지닌 사람이라 표창하여 사면한다. 그의 살인을 의살로 여긴 셈이다.

다산 역시 『주례』 지관사도하・조인의 '의살 허용' 원칙을 인용하면서 신여척의 살인을 의살로 판정한다. 그리고 정조의 처분은 『주례』와 서로 합치하니 '앞선 성인과 뒤의 성인[=정조]의 헤아림이 하나로 같다(前聖後聖其揆一也)'고 칭송한다. 그렇지만 다산은 전술했듯 의살의 허용 범주를 '큰 악, 불효, 패역, 음란' 등 '정리로 용서할 수 없는 일'에 한정시킨다. 의살은 그런 '일'과 이를 응징할 신여척과 같은 '의인(義人)'이 결합할 때 비로소 성립한다고 본 것이다.

마지막으로 '정리지서8'의 정조 13년 윤 5월 전라도 강진에서 일어난 김은애 사건의 처리 과정을 보자. 당시 김은애는 갓 시집간 때였는데 한동네 안 노파가 그녀를 '결혼 전에 최정련과 사간(私奸, 간통)한 여자'라고 무고하자 참다못해 노파를 찔러 죽였다. 그녀는 사형죄수로 수감되었으나, 이듬해 정조는 오히려 그녀가 신여척처럼 '윤상(倫常, 윤리와 오상)과 기절(氣節, 기개와 정절)'을 잘지켰노라며 표창하여 사면(석방)한다. 나아가 김은애 사건과 신여척 사건이 '풍교

(風敎)'에 도움이 되리라 판단하고, 두 사건 내용과 판부를 등사하여 반포하도록 지시했다.

정조의 김은애 표창은 한 걸음 더 나아간다. 같은 해 정조14년 김은애의 일화를 주제로 삼은 '전(傳)'을 지으라고 이덕무(李德懋)에게 지시했던 것이다. 그리하여 국문학적으로도 가치가 높은 『은애전(銀愛傳)』이 탄생한다.37) 이로부터 10여년 후인 1801년 강진에 유배 중이던 다산은 김은애 사건의 후문을 듣게 된다. 그리고 이에 대해 '안(案, 비평)'을 부치고 있다.

> 1801년 겨울 신[臣]이 강진현에 유배되어 민간에서 가난하게 살고 있었는데 읍내 사람들의 말을 들어보니 '은애가 시집가기 전 이미 최정련과 사통했고, 안 노파가 매파가 되어 그 집에서 간음했는데 그 후에 이익이 줄자 안 노파가 그 소문을 퍼뜨렸다. 이에 은애가 안 노파를 살해했다'라는 것이다. 그러나 안방의 일을 누가 알겠는가? 대개 간음을 둘러싼 송사는 한번 지목되면 많은 사람들이 이를 사실로 여긴다.

그 '읍내 사람들의 말'의 내용은 자못 의미심장하다. 마치 '예치의 허위, 위선'을 비웃는 듯한 느낌도 들기 때문이다. 이에 대한 다산의 비평은 이렇다: "만약 실제로 간음을 범했다면 [안 노파를 죽일 때] 주저하는 게 당연하지 그렇게 통쾌하게 죽일 리가 없었을 것이다." 이렇듯 다산은 김은애를 변호한다. 이는 곧 정조의 사면을 정당화한 셈이다. 그리고 정조와 마찬가지로 김은애의 '윤상과 기절'이 '풍교'에 도움이 될 수 있기를 바란 셈이다

---

37) 『청장관전서(靑莊館全書)』권20, 雅亭遺稿12, 應旨各體「銀愛傳」. 여기에는 신여척에 관한 내용도 담겨 있다.

3. 일본의 복수와 의살의 부제: 아코 사건과 판례

도쿠가와 일본은 막부(幕府, 바쿠후)가 1603년에 성립된 후에도 약 150년 동안 국가의 기본 법전이나 형법(율) 법전을 구비하지 못하고 있었다. 상하 2권의 기본 법전인 『오사다메가키(御定書)』가 완성된 것은 8대 쇼군(將軍) 요시무네(吉宗) 치하의 끝무렵인 18세기 중반의 일이었다.38) 다만 이 법전은 평정소(評定所)의 로주(老中)와 3인의 부교(奉行)만 열람이 허용된 일종의 비법(祕法)이었다.39) 그리고 본래 막부의 직할지에서만 효력이 있는 법령 즉 막부법이었다.40) '법=천하공공, 군민공공'이라는 법의 공공성과는 무관했던 셈이다. 다만 평정소에서는 사본이 작성되었고, 각 번(藩)에서도 사본이 유포되어 번법(藩法) 제정에 참조되기도 했다.

막번(幕藩, 바쿠한) 체제는 막부의 쇼군과 번의 다이묘(大名) 간의 봉건적 주종 관계에 입각한 정치 체제였다. 막부가 최고 통치 기구였으나, 각 다이묘는 자기 영지를 가지고 어느 정도 독립된 통치 기구를 형성하고 있었다. 쇼군과 다이묘는 부케(武家)의 권력 계급 즉 영

---

38) 정식 명칭은 『구지가타오사다메가키(公事方御定書)』로서 특히 범죄와 재판에 관한 법전이다. 상권은 기본 법령, 하권은 그동안의 판례에 기초한 약 100개조의 형률을 수록하고 있다. 그 일부에는 중국 형률의 영향이 보이기도 한다.
39) 로주는 도쿠가와 막부의 최고 가신(家臣) 집단을 가리킨다. 보통 네다섯 명으로 이루어져 있었다. 부교는 헤이안(平安) 시대부터 에도(江戶) 시대에 걸쳐 부케(武家)의 행정·사법을 담당하던 관직이다. 위의 3인의 부교란 에도 시대의 '간죠(勘定), 지샤(寺社), 마치(町)'의 세 부교를 가리킨다.
40) 따라서 이를 기본 법전이라 보기는 어렵다. 일본이 기본 법전, 형법(률) 법전을 구비한 것은 메이지(明治) 이후의 일이다. 메이지 정부는 1871년에 형법전인 『신률강령(新律綱領)』을, 1889년에는 『대일본제국헌법』을 제정했다.

주나 주군으로서 각각의 가신을 거느렸다.41) 이때 주군과 가신, 무사들 간의 주종 관계는 각자 독립된 사적(私的) 관계였다.42) 한편 천황의 조정도 어느 정도 독립된 통치 기구였다. 이에 속한 권력 계급은 구게(公家)라고 불렀다. 조정은 명목상 최상위 공/권력이었으나, 실제로는 고기(公儀)라고 불렀던 막부가 최고 공/권력이었다. 이러한 분권 구조가 기본 법전, 형법(율)을 구비하기 어렵게 했던 것이다.

도쿠가와 일본은 각종 법망이 겹겹이 에워싼 병영 국가였다. 법은 군법처럼 엄격했고, 형벌도 가혹했다. 법가의 '차가운' 법치 국가이자 병가(兵家)의 무치(武治) 국가였던 셈이다. 쇼군과 다이묘는 영지를 병영처럼 관리하고, 법치와 규율로 서민을 지배했다. 따라서 유교의 예치나 흠휼 정신 등 형법 원칙은 거의 소용없었다. 달리 말해 법, 도리의 공공/성과 무관했다. 유학이나 성리학이 막번 체제의 통치 이념은 아니었던 까닭이다.

도쿠가와 일본의 막부법과 번법: 법치, 무치의 법령

막번 양측에서 발포된 법령 곧 막부법과 번법은 종류도 다양했고 숫자도 많았다. 그리고 민간에는 잡다한 '민중법'이 있었다.43) 그리하

---

41) '부케'란 원래 '무를 전업으로 삼은 무사(武士, 사무라이) 집안'을 뜻한다. 그러나 무사 계급이 등장한 이후 특히 권력 계급을 이룬 집안을 가리키게 되었다. 단, 무사 일반을 가리키는 경우도 있다.
42) 따라서 '주군의 주군은 주군이 아니다'라는 말이 성립한다.
43) 민중법은 단체법과 협의의 민중법으로 나뉜다. 단체법은 다시 지역 단체의 법인 촌법(村法), 정법(町 法)과 종교/직업 단체의 법인 사법(寺法), 사법(社法), 종법(宗法) 또는 나카마(仲間)법, 좌법(座法) 등으로 나뉜다. 협의의 민중법이란 상거래나 혼인, 상속 등 가족 생활에 관계된 법을 가리킨다.

여 촘촘한 법망을 이루었던 것이다. 여기서는 막부법 세 종류만 살펴보자. 먼저 권력 계급을 규율하기 위한 대법(大法, 기본법)으로 다이묘의 의무를 정한 『부케쇼핫도(武家諸法度)』를 비롯하여 천황·구게에 대한 『긴추나라비쿠게쇼핫도(禁中幷公家諸法度)』(17개조, 1615), 사가(寺家)에 대한 『지인쇼핫도(寺院諸法度)』가 있다. 다음으로 쇼군의 가신인 하타모토(旗本), 고케닌(御家人)의 규율을 정한 『쇼시핫도(諸士法度)』(23개조, 1635, 1664). 끝으로 농민 통제를 위한 각종 『오후레가키(御觸書)』가 있다.44)

여기서 초대 쇼군인 이에야스(家康)가 1615년에 발포한 겐와레(元和令) 즉 『부케쇼핫도』 13 개조의 제1조를 살펴보자: "문무(文武)와 궁마(弓馬)의 도(道=術)는 반드시 둘 다 힘써야 한다." 그 해설에는 "'왼편에 문, 오른편에 무(左文右武)'는 옛법이다. 겸비하지 않으면 안된다. 궁마란 부케의 요추(要樞)이다. 병(兵)은 흉기라고 해도 부득이 쓰지 않을 수 없다. 치세에도 난세를 잊으면 안되니 어찌 수련에 힘쓰지 않겠는가!"라고 되어 있다. 제3조인 "핫도를 어기는 무리는 어떤 나라(國=藩)든 감추어주면 안된다"에 관한 해설은 이렇다: "법은 예절의 근본이다. 법으로는 리를 깨어도, 리로 법을 깨지는 못한다 (以法破理, 以理不破法)."45) 이는 '리 경시, 법 우위'의 성향을 엿보게 하는

---

44) 예컨대 게이안(慶安) 2년에 발포된 『게이안오후레가키』(32개조, 1649년)가 유명하다. 이것이 어디에서 얼마만큼의 법적 효력을 지녔었는가의 문제에 대해서는 여러 설이 있다. 그 조문의 일부를 이끌어 보자. '술이나 차를 사먹지 말 것(처자식도 같음). 밤, 피(稗) 등 잡곡을 먹고, 쌀을 너무 많이 먹지 말 것. 베옷, 목면 외에는 입지 말 것. 일찍 일어나 아침에는 풀을 베고, 낮에는 논밭을 갈고, 밤에는 새끼줄을 꼬고 가마를 짤 것.' 이것만 보아도 당시 농민이 얼마나 '차가운' 법치와 규율 밑에서 생활하고 있었는지 짐작할 수 있다. 또한 '남색(男色) 금지, 예쁜 부인의 의무와 그 위반에 대한 처벌' 등 재미있는 조문도 있다.

대목이다.

무사 계급에게도 나름의 윤리가 있었다.46) 무사 개개인의 내면적 윤리를 비롯하여 주군과 가신, 무사들 간의 주종 관계를 규율하는 윤리가 그것이다. '주군이나 윗사람(お上)을 위해서는 목숨이든 무엇이든 기꺼이 바친다'는 식의 충의(忠義)는 그 전형이었다. 이런 무사 윤리와 유교의 덕목이 결합한 '무사도'도 있었다. 하지만 무사 특유의 윤리일 뿐이었다. 도리의 공공/성과는 무관한 사적 도덕이었던 것이다.

무사 윤리와 법치 논리의 충돌: 아코 사건과 그 판결

그런데 무사 윤리와 법치 논리가 충돌한다면 어떤 판결이 내려질까? 이런 의문을 풀기 위해 아코(赤穗) 사건과 그 판결을 검토해 보자.47) 사건의 발단과 경위는 다음과 같다. 먼저 겐로쿠(元祿) 14(1701)년 3월 14日, 아코의 번주(藩主) 아사노 나가노리(淺野長矩)가 막부의 의례 담당관이던 기라 요시나카(吉良義央)를 쇼군의 거처에서 칼로 찔러 중상을 입혔다.48) 당시 쇼군은 제5대 쓰나요시(綱吉)였다. 그 결과 나가노리는 당일 셋푸쿠(切腹)에 처해졌으나, 요시나카는 아무런 문책도 받지 않았다.

---

45) 그 해설은 제3부 제1장 제3절 참조.
46) 서민의 윤리도 있었다. 그래서 일상 의례화된 것이 일본인 특유의 예의작법(禮儀作法)이다.
47) 아코 사건은 『추신구라(忠臣藏)』(1748년 극화)라는 가부키(歌舞伎)로 더 유명하다. 그 분석은 김영수(2004, 2005)의 두 논문 참조.
48) 2월 4일, 나가노리는 천황의 칙사를 접대하는 의식의 책임자로 임명되었다. 이 접대 책임자는 요시나카의 지도를 받는 것이 통례였다. 그 대가로 요시나카는 뇌물을 탐하여 큰 재산을 쌓았다고 한다. 그러나 나가노리는 요시나카에게 뇌물을 주지 않았던 탓에 지도를 거절당했다. 이로써 의식 진행이 늦거나 예의를 잃는 일이 많았다. 다이묘로서의 위신, 명예가 실추된 것이다.

사건 발생의 근본 요인은 요시나카의 수뢰(受賂), 횡령 등 불의(不義)에 있었다. 그래서 나가노리는 '그동안의 유한(遺恨)을 알고 있는가'라고 외치면서 요시나카를 칼로 찌른 것이다. 일종의 의분(義憤)인 셈이다. 더욱이 요시나카는 중상을 입었으나 죽지는 않았다. 이런 사건이 가령 조선에서 벌어졌다면 앞서 본 『주례』지관사도하·조인의 말이나 '의살물수'를 토대로 감형 또는 사면 판결을 내렸을 가능성이 있다. 반면 요시나카의 불의는 문책을 받고 처벌되었을 것이다.

그런데 나가노리만 셋푸쿠에 처해졌다. 게다가 아사노 가(家)의 단절과 영지 몰수마저 당했다. 쇼군 쓰나요시가 '천황/조정에 대한 막부 위신의 실추'에 격노했기 때문이다. 단, 쓰나요시의 판결은 충분한 수사도 심의도 없는 '자의적, 전제적' 속단이었다.49) 무엇보다 그런 가혹한 처분의 법적 근거는 미흡했다. 먼저 쓰나요시가 1683년에 『부케쇼핫도』 15개조와 『쇼시핫도』 23개조를 통합해서 제정한 법령 즉 텐와레(天和令)가 법적 근거일 수 있다. 그 『부케쇼핫도』의 제7조는 "싸움/말다툼(喧嘩/口論)을 삼갈 것. 사사로운 쟁론을 금제할 것"이란 조문이다. 단, 그 위반에 대한 형벌 규정은 없었다.

또는 '겐카료세이바이호(喧嘩両成敗法)'라는 관습법이 법적 근거일 수 있다.50) 싸움을 하면 '리비(理非) 즉 옳고 그름' 불문하고 양쪽 다

---

49) 쓰나요시는 무치를 누르고자 문치를 추진했고, 유학을 좋아했다는 쇼군임에도 그러했다. 이와 관련하여 츠나요시의 '자의성, 전제성'을 보여주는 예를 들어 보자. 그는 1687년의 '살생 금지의 법령'을 비롯하여 '쇼루이아와레미노레이(生類憐みの令)'라 불리는 일련의 법령(후레가키)을 발표했다. 동물, 곤충 등 '생명체를 죽이지 말라'는 이 법령은 자의성, 전제성에서 기인한 것이었다. 이는 당시에도 악법으로 여겨졌던 탓에 제6대 쇼군이 취임하자 곧 폐지되었다.
50) 이 법은 무로마치(室町) 시대의 중기(15세기 중엽)에 막부 결정으로 생겨났다. 그러자 지방 다이묘들은 이 법을 규칙/관습(決まり)으로 채택하기 시작했다. 이어서 전국(戰國)

처벌한다는 법이다. 단, 싸움에 응하지 않은 쪽은 처벌되지 않는다. 이때 '옳고 그름'은 불문이기에 다음과 같은 사태가 발생할 수도 있다. 가령 A가 B의 불의에 의분해서 B에게 폭력을 행사했을 경우라 해도 B가 응하지 않는 한 A만 처벌된다. 바로 A=나가노리, B=요시나카의 경우이다.

주군 나가노리를 잃은 가신들은 온건파와 강경파로 나뉘었다. 온건파의 가로(家老, 다이묘의 重臣)였던 오노 구로베(大野九郞兵衛)와 다수는 성을 떠났다. 한편 강경파의 가로였던 오이시 요시다카(大石良雄)는 가신 70여 명과 함께 요시나카의 처벌과 아사노 가의 존속을 탄원했으나 거부되었다. 그러자 강경파 가운데 복수(가다키우치, 敵討ち)를 주장하는 호리베 다케츠네(堀部武庸) 등 급진파가 득세했다. 그리하여 이듬해(1702년) 7월 28일 오이시, 호리베 등 약 50인의 아코 무사는 복수의 맹약을 맺었다. 이들 중 47인이 12월 15일에 기라의 집을 습격(討ち入り)하여 요시나카를 살해했다. 거사 뒤 1인을 제외한 46인은 막부에 자수했으나 결국 다음 해(1703년)에 모두 셋푸쿠에 처해졌다.

이러한 처벌의 법적 근거 역시 미흡했다.51) 텐와레 가운데 『쇼시

시대에는 분국법(分國法; 다이묘가 영지를 지배하기 위해 제정한 법령)에 편입되기도 한다. 에도 시대에는 군령(軍令)에 사용되거나 관습상의 규정/법규(定め)였을 뿐 법령화되지는 않았다.
51) 그 법적 근거로서 『도쿠가와세이켄핫가조(德川成憲百個條)』라는 법전의 제33조를 들 수도 있다. 거기에 "죽임을 당한 자의 자식이 복수(敵討ち)를 하려면 장부에 써서 원하는 바를 아뢰야 한다"는 규정이 있다. 이에 따르면 '아뢰지 않고 복수했으니 불법이고 그래서 처벌한다'고 판결할 수 있다. 그래도 '셋푸쿠 처벌'의 법적 근거가 되기에는 미흡하다. 더욱이 이 법전은 위서(僞書)라는 것이 통설이다. 한편 『오사다메가키』 속에는 복수에 관한 조문이나 판례가 포함되어 있긴 하다. 단, 그 출판은 전술했듯 18세기 중반의 일이다.

핫도』가 적용되었을 가능성이 있다. 그 제9조는 '싸움 금지'의 조문이다. 제19조는 "도당 결성(結徒黨)"을 금하는 조문이다. 단, 이들 조문을 적용할지라도 그 '위반에 대한 처벌은 셋푸쿠'라는 법 조문은 없었다. 한편 『쇼시핫도』의 제1조는 "충효를 장려하고, 예법을 바로잡고, 늘 문도무예(文道武藝)에 마음 쓰고, 오직 의리를 지키고, 풍속을 어지럽히지 말 것"이라는 조문이다. 즉 충효, 의리 등 무사 윤리의 규정이다. 따라서 막부법은 '법과 무사 윤리의 충돌'을 일으킬 수 있는 모순을 안고 있는 셈이다.

46인의 무사는 그러한 '막부법 모순'의 희생자인 셈이다. 그들이 셋푸쿠에 처해졌음은 무사 윤리가 막부법 앞에 무력했음을 뜻한다. 도쿠가와 일본은 '윤리보다 법 우위'의 법치 국가였던 까닭이다. 이미 보았듯 겐와레 제3조의 "법은 예절의 근본이다. 법으로 리를 깨어도, 리로 법을 깨지는 못한다"는 규정은 그 전형적인 표상이다. 아무튼 아코 사건은 유학자들의 논란을 일으켰다. 그들 무사의 행위에 대한 찬반 두 평가로 갈렸던 것이다.

아코 무사의 행위를 둘러싼 유학자들의 논란

예컨대 안사이(闇齋) 학파의 아사미 게사이(淺見絅齋, 1652~1712), 미토(水戶)학자인 미야케 간란(三宅觀瀾, 1674~1718)은 '충신의사, 열사'로 평가했다. 고학자(古學者) 이토 도가이(伊藤東涯, 1670~ 1736)는 '의사행(義士行)'이란 시를 썼다. 무로 규소(室鳩巢, 1658~1734)는 『아코기진로쿠(赤穗義人錄)』(1703)를 썼다. 그 서문에서 "충선(忠善)의 복(祚) 받지 못함을 슬퍼하고, 천도(天道)의 알지 못함을 한탄했다"면서

이렇게 말한다:52) "아코 무사들을 법으로 해치웠다. 그러나 나는 (중략) 그 행위를 드높이고, 또 의인으로 칭했다." 그럼에도 "나는 집에서 헛된 담론만 하여, 무사들이 법가(法家)의 논의를 면하지 못하게 했다. 운명이로다."

그 반대 평가도 만만치 않았다. 안사이 학파의 사토 나오가타(佐藤直方, 1650~1719)는 그의 저술(『四十六人之筆記』)에서 막부의 "명령이야말로 명백한 의리"인 만큼 그들 무사는 "대법(大法, 막부법)을 어기고 위(上)를 범한 죄인"이라고 혹평한다.53) 주목할 것은 아코 사건 당시 막부의 하문(下問)을 받았던 오규 소라이(荻生徂徠, 1666~1728)의 답변서 『소라이기리츠쇼(徂徠擬律書)』(1702)이다. 그의 답변은 다음과 같다.

> 의(義)는 자기를 깨끗이 하는 길(道)인 반면 법은 천하의 잣대(規矩)이다. 예(禮)로써 마음을 억제하고, 의로써 일을 제어한다. 이제 46사(士)가 주군을 위해 복수함은 사무라이(侍)로서의 부끄러움(恥)을 아는 것이다. (중략) [그렇긴 하나] 그 무리(黨)에 한정된 일이라면 필경 사론(私論)일 뿐이다.

그들 무사의 예/의는 '사론'인 반면 막부의 법은 '천하의 잣대'라는 것이다. 막부의 '공적 법률'은 무사의 '사적 윤리'에 앞선다는 뜻이다. 이어서 '법치적' 논리를 편다.

> 그 이유는 아사노는 전중(殿中, 쇼군의 거처)을 꺼리지 않고 일을 일으켜 처벌된 것인데, 요시라 씨를 원수로 삼아 공의(公儀, 막부)의 허락

---

52) 이시이 시로(石井紫郞) 편(1974), 272.
53) 위의 책, 378-379.

도 없이 소동을 기도한 일은 법으로 허용할 수 없는 것이기 때문이다. (중략) 만약 사론으로 공론을 해친다면 이후 천하의 법은 서지 않을 것이다.

아사노의 처벌은 막부의 공론이다. 이에 무조건 복종해야 '천하의 법'이 바로 선다는 것이다. 이러한 소라이의 논리에는 막번 체제의 정치 구조가 깔려 있다고 볼 수 있다.

전술했듯 막부=공의는 최고의 공(公)이다. 그 밑에서 번은 사(私)가 된다. 번의 다이묘는 가신에 대해 공이 되고, 가신은 사가 된다. 가신은 부하에 대해 공이 되고, 부하는 사가 된다. 이렇듯 공과 사가 겹쳐진 피라미드식 분권 구조, 이것이 막번 체제의 정치 구조였다. 이를 통해 무사 계급이 농, 공, 상, 천민 등 백성을 (군)법으로 지배하는 사회. 거기에는 '천하공공, 중인공공'이 들어설 자리가 없었다.[54] 법, 도리의 공공/성도 마찬가지였다. 그래서 역설적으로 후일 서양 근대법을 수용할 자리는 넓었던 셈이다.

맺음말

『다산시문집(茶山詩文集)』제14권의 「상형고 초본에 발함(跋祥刑攷艸本)」에서 다산은 다음과 같은 에피소드를 적고 있다.[55]

---

[54] 도쿠가와 일본에도 17세기 이후 성리학의 수용에 따라 '천하공공, 중인공공'이라는 개념이 수용된다. 그러나 이 개념을 정착시킬 수 있는 현실 상황과 사상 기반은 결핍되어 있었다. 이에 따라 '공공의 민중화'나 '민중의 윤리화, 정치화' 현상은 거의 발생하지 못했다. 그리고 에도 후기와 메이지 이래 '공공의 특수화'나 '공공의 국가화' 현상이 널리 퍼져 나갔다. 제1부 제1장 제2~3절 참조.

내가 이전에 추관(秋官, 형조) 관직을 맡아서 상(上, 정조)을 모시고 살인 사건을 논의했던 적이 있다. 내가 한 죄수를 사형으로 처벌하려 하자, 상도 그렇다고는 했건만 오히려 살려주고 싶어서 "그 정(情)이 용서할 만하다" 하시고는 나에게 이렇게 이르셨다: "싸움하다가 살인한 자(鬪毆殺人者)의 십중 칠팔은 애초 죽일 의도가 없었으나 불행으로 죽게 만든 자이다. 칼로 곧 찌른 자는 반드시 그 정에 절실한 원한이 있어서 죽어도 참지 못할 경우일 것이다. 그래서 나는 그때마다 '고의 없이 살인한 자'인지 '고의로 살인한 자'인지 두 가지로 살펴본다. 이는 나의 호생(好生)이 아니라 마땅히 법에 있는 그대로 할 뿐이다. 또 내가 옥사를 신원(伸寃)할 때마다 조신(朝臣)들은 문득 '호생지덕'이라 하는데 (중략) 나는 그보다 듣기 싫어하는 말이 없다.

다산과 정조는 어떤 투구살 사건을 둘러싸고 의견이 갈렸던 모양이다. 이때 다산은 해당 죄수를 사형으로 처벌하려 했다. 이에 정조역시 동의했음에도 '죄수를 살려주고 싶어서' 용서하고자 했다. 이를 통해 정조의 애민·휼민과 덕치 성향이 얼마나 강했던가를 엿볼 수있다. 그래서 조신들간에 '호생지덕'이란 말이 퍼진 것이다. 이 말에는 칭송뿐만 아니라 비아냥 섞인 비판이 담겼을 것이다. 다음과 같은의문 섞인 우려마저 담겼을 것이다: 정조의 성향은 '덕치 과잉, 법치과소'의 경향을 만들어 사회 기강과 질서가 무너지지 않을까? 그러나정조는 반론하듯 이렇게 말한다.56)

대저 '착함을 좋아하고 악함을 싫어하는 것(善善惡惡)'은 의(義)이고 지(智)이다. 큰 악이 있어 꼭 죽여야 할 사람을 보고도 끝없이 호생만

---

55) 민족문화추진회 편(1984), 『다산시문집』Ⅵ, 191. 한글 번역은 개역했다.
56) 위의 책, 191-192.

하면 이는 사덕[仁義禮智]에서 둘[義智]을 빠뜨린 것이다. 그런데 어찌 덕이 되겠는가. 나는 죄없는 자를 하나라도 죽이지 않으려는 것이지 살리기만 좋아하는 것이 아니다. 조신들이 몇 해를 두고 나를 섬기면서도 내 뜻을 모르고 나를 호생이라 일컬으니, 이는 내가 듣기 싫어하는 말이다.

정조는 사덕 가운데 인과 예를 '호생'의 바탕으로 본다. 인은 덕치, 예는 예치를 상징한다. 그리고 의와 지를 '선악' 판단의 바탕으로 본다. 의와 지는 형법(율)의 요소로서 법치를 상징한다. 즉 정조는 의와 지를 빠뜨린 채 인과 예로써 "호생만 하면" 안된다고 주장한 것이다.

정조는 사덕의 조화에 의한 유교적 이상 정치를 구현하고자 했다. 덕치, 예치, 법치의 삼위일체를 실현하려는 뜻(意/志)을 지니고 있었던 것이다. 그러나 덕치를 중시하는 성향이 가장 강했음을 감지할 수 있다. 이런 정조의 뜻/성향을 누구보다 잘 알았던 다산이기에, 그는 정조의 말(위 인용문)을 "아, 성대하도다. 성인의 말이여!"라고 극찬한다. 그리고 "인산(因山, 정조의 장례)의 시기가 다가왔다. 옥음(玉音, 임금의 말소리)을 생각하니 감격하여 눈물이 줄줄 흐른다"라며 감읍한다. 이를 보면 다산도 정조와 같은 뜻/성향을 지니고 있었음을 알 수 있다. 때로 의견 차이를 보였을지라도 말이다.

조선 전통의 법 문화: 그 의의와 새로운 지평

조선 전통의 법 문화는 서양 근대 이래 세계로 확산된 법치 국가의 그것과는 사뭇 다름을 알 수 있다. 법치와 함께 덕치, 예치가 동거하고 있었기 때문이다. 법과 도리의 공공/성이 함께 작동하고 있었던 까닭이다. 그런 만큼 '차가운=엄격한' 죄형법정 또는 '법 앞의 평등, 법 적용의 평등'과는 일정한 거리가 있다. 물론 '법과 도리의 동거'에 의한 '법 적용의 불평등, 따뜻함=너그러움' 등은 문제점을 수반한다. 그러나 이런 사실을 '후진, 야만'이라 비평한다면 그것은 서양 중심적 근대주의나 오리엔탈리즘에 빠져 있는 셈이다.57)

　오늘날 현대 국가는 법치 과잉, 법 만능 등으로 빚어지는 문제점을 안고 있다. 예컨대 날뛰는 욕망과 경쟁 때문에 법 없이는 살 수가 없는 세상. 뭐든지 법에 따지고, 맡기는 세상. 보편-공공의 도덕/가치가 무력해진 세상. 도덕도 예의도 잃어가는 인간. 사리사욕, 무관심, 무배려… 더 늦기 전에 법치만이 아니라 현대판 덕치, 예치를 계발할 필요가 있지 않을까? 법치, 덕치, 예치의 조화를 이룰 수 있는 새 질서를 세울 필요가 있지 않을까? 법 문화의 새로운 지평을 열 필요가 있지 않을까? 그렇다면 조선 전통의 법 문화를 재해석하여 오늘날에 걸맞게 계발해 나갈 필요도 있을 것이다.

---

57) 또는 형벌의 잔인성, 감옥의 미비성 등을 이유로 '후진, 야만'이라 비평한다면 역시 서양중심적 근대주의와 오리엔탈리즘에 빠져 있는 셈이다. 형벌의 잔인성, 감옥의 미비성은 19세기 이전의 서양도 마찬가지였다. 근대 이전의 일본도 마찬가지였다. 아니, 조선의 그것보다 더 심했다. 조선의 형벌에 관해서는 심재우(2011) 참조.

〈참고문헌〉

『추관지』, 『심리록』, 『상형고』, 『弘齋全書』, 『서경』, 『사기』, 『주례』, 『예기』, 『공양전』, 『율구장』, 『한서』, 『한률』, 『한비자』, 『설문해자』, 『경국대전』, 『대명률』, 『속대전』, 『대전통편』, 『도덕경』, 『상자』, 『순자』, 『맹자』,
정약용, 『흠흠신서』『방례초본』『경세유표』『다산시문집』
이덕무, 『청장관전서』
『公事方御定書』, 『新律綱領』, 『武家諸法度』, 『禁中幷公家諸法度』, 『寺院諸法度』, 『諸士法度』, 『御觸書』, 『德川成憲百個條』
室鳩巢, 『赤穗義人錄』
佐藤直方, 『四十六人之筆記』
荻生徂徠, 『徂徠擬律書』
이시이 시로(石井紫郎) 編. 1974. 『近世武家思想』일본사상대계27(岩波書店).

김영수. 2004. "근세 도쿠가와 일본의 정치와 윤리: '赤穗事件'에 나타난 武士道의 '정치-윤리'의 갈등을 중심으로," 『정치사상연구』10-1.
＿＿＿. 2005. "근세 도쿠가와 일본의 정치적 아이덴티티: '赤穗事件'에 나타난 武士-庶民의 정치적 아이덴티티와 주체성을 중심으로." 『한국정치학회보』38-5.
김형효. 2002. 『하이데거와 화엄의 사유』 서울: 청계.
김호. 2010. "『欽欽新書』의 一考察: 茶山의 過誤殺 해석을 중심으로," 『조선시대사학보』 54.
＿＿＿. 2011. "약천 남구만의 형정론에 대한 다산 정약용의 비판," 『국학연구』19.
＿＿＿. 2012. "'義殺'의 조건과 한계-茶山의 『欽欽新書』를 중심으로." 『역사와 현실』84.
민족문화추진회 편. 1984. 『다산시문집』VI, 서울: 삼성인쇄주식회사.
심재우. 2009. 『조선후기 국가 권력과 범죄 통제』 서울: 태학사.
＿＿＿. 2011. 『네 죄를 고하라: 법률과 형벌로 읽는 조선』 서울: 산처럼.
조지만. 2007. 『조선시대의 형사법 -대명률과 국전-』 서울: 경인문화사.
한국학중앙연구원 편. 2007. 『유교의 예치 이념과 조선』 서울: 청계.
한상권. 1996. 『朝鮮後期 社會와 訴寃制度-上言・擊錚 硏究-』 서울: 일조각.

히라노 젠이치로(平野健一郎) 等編. 2013. 『國際文化關係史硏究』 東京大學出版会.
와타나베 히로시(渡辺浩). 1997. 『東アジアの王權と思想』 東京大學出版會.

제3장 최한기 기학의 '공, 공공'론

머리말

　혜강 최한기(惠岡 崔漢綺, 1803~1877)의 기학(氣學)에 관해서는 이미 여러 연구자의 많은 연구가 축적되었다.[1] 또한 혜강의 정치론을 다룬 연구도 많다. 그 일부는 혜강의 '공론(公論), 공의(公議), 공선(公選), 공거(公擧), 공치(共治)' 등을 다루기도 했다.[2] 그러나 혜강의 '공(公), 공(共), 사(私)'와 그 관련 개념을 다루면서 그 개념사적 내지 사상사적 함의를 밝힌 연구는 거의 없다. 더욱이 구미 정치 사상사나 공공 철학에서 논의되어 온 공공성(publicness), 공(the public), 사(the private) 등 개념을 한국 전통 사상사 안으로 끌어들여 혜강의 기학, 정치론을 검토한 연구는 거의 없다.

　예외로 박희병(2003)은 혜강의 '공, 사' 개념/론에 주목하고 그 함의를 밝히고자 했다. 그는 혜강이 "정치 행위의 공과 사를 가르는 기준을 기본적으로 민의(民意)"(79)에 두고 있음에 주목해야 한다고 말한다. 실제로 혜강은 '민의 공'은 물론 '인인(人人), 중인(衆人)의 공'이나 그 관련 개념을 자주 사용한다. 이렇듯 혜강의 공은 '민, 인'과 결합되어 있다. '민, 인'의 '각 사람'이 '함께(共) 열어 가는 공' 즉 '공

---

[1] 김용헌 편저(2005)에 실린 「혜강 최한기 관련 연구물 목록」 참조.
[2] 예컨대 권오영(1999), 191-194, 209-221, 박희병(2003), 79-81, 114-116, 122-123 참조. 그 밖에 박기태, 안외순, 정구선, 최익재 등의 연구가 있다(〈참고문헌〉 참조).

공'(=공공성)을 함의한다.3) 그런 뜻에서 '민, 인'은 '사'이자 동시에 '공/공공'의 주체인 셈이다. 이는 정주학(程朱學)=주자학 전통의 '공공' 개념과 상통한다.4) 그것을 계승하고 발전시킨 것이다. 이와 함께 '조선 왕조의 공공성 담론'의 역사를 이은 것임은 물론이다.

혜강의 '공, 사' 개념/론에 관한 박희병의 이해와 그 문제점

박희병은 이렇게 파악한다: 혜강은 "천리(天理)와 이욕(利欲)을 대립항으로 설정하지 않고, **운화기에 승순하는 한** 이욕은 정당한 것이며 악이 아니라고 했다. (중략) 이욕은 공의(公議), 즉 천하의 공공에 따를 때 선이 되며 사욕(私欲)만을 추구할 때는 악이 된다[.] (중략) 단지 '사'하고만 결부될 경우 정당하지 못하다고 본 것이다."(114-115; 굵은 자는 원문. 이하 같음) 그렇긴 하나 '사욕을 사하고만 결부된 이욕'이라 함은 일종의 동어반복이다. 더구나 '사에 대한 부정적 가치판단'을 담고 있다. 사 개념을 부정적인 뜻에 회수함으로써 그 다의성을 무시한 셈이다. 이처럼 어느 한 뜻만으로 해석하거나 논의하면 오류 또는 논리 비약에 빠질 수 있다.

이어서 박희병은 혜강의 '공, 사' 개념의 문제점을 지적한다. 혜강은 "사욕을 공 쪽으로 악을 선 쪽으로 인도할 수 있는 길을 활짝 열어 두고 있다. 그렇기는 하지만 **공과 사**에 대한 대립적·가치적 이해 자체가 폐기된 것은 아니며, 의연히 '공'은 선과 관련되고 '사'는 악과 관련된 것으로 파악된다"(115)는 것이다. 이때 '가치적 이해'란 사실

---

3) 유교의 '인, 각 사람'에 관한 사견은 제1부 제1장 제1절 참조.
4) 정주학=주자학 전통의 '공공' 개념은 제1장 제1절 참조.

에 가깝다. 혜강은 가치론 입장에서 공을 사보다 우선시킴과 함께 '공=선, 좋음 v. 사=악, 나쁨'의 전통적 함의를 일정 정도 계승하고 있기 때문이다.5) 단, '대립적 이해'란 사실과 다르다. 혜강의 대립적 이해는 '공 v. 사'가 아니라 '공 v. 사욕'인 까닭이다. 이때 '사욕'이란 '이기, 탐욕과 결부된' 사의 사리사욕을 뜻한다.6)

그런데 박희병은 혜강이 "공/사를 선/악에 대응시켜 대립적으로 파악하는 시각을 완전히 극복하지는 못함으로써 '사'에 대한 새로운 사유에로 나아갈 수 없었다"(115)고 지적한다. 이를 두 가지로 반박해 보자. 먼저 "공/사를 선/악에 대응"시켰다는 지적은 단순화의 오류이다. 당연하나 '민, 인'의 사 전체를 악에 대응시킬 리 없다. 사 자체를 나쁨=악이라 볼 리 없다. 단지 '이기, 탐욕과 결부된 사를 악에 대응' 시켰을 뿐이다. 혜강은 '민, 인'의 '사를 살리면서 함께 열어가는 공' 이른바 '활사개공(活私開公)'에 대응시킨다.7) 이로써 공공선(公共善)을 추구한다. 굳이 말하면 사에는 '선악, 좋음과 나쁨'이 있다. 이런 사를 '어떻게 살려 나가는가'에 따라 공 역시 '선악'이 될 수 있다. 바로 그러함이 혜강의 '공, 사' 개념/론에 담긴 뜻이다.

다음으로 "새로운 사유에로 나아갈 수 없었다"라는 지적은 논리 비약에 다름 아니다. 이런 지적이 "근대적 자아, 근대적 의미에서의 개

---

5) '공=선, 좋음 v. 사=악, 나쁨'의 전통적 함의는 제1부 제1장 머리말 참조.
6) 이는 주자(1130~1200)의 '멸인욕존천리(滅人欲存天理)'라는 명제에도 적용된다. 이 명제의 '인욕' 역시 '이기, 탐욕과 결부된' 사의 사리사욕을 뜻하기 때문이다. 주자는 '천리, 성명(性命)'에 따르는 인욕을 '자연스러운 욕망=자연욕'으로 긍정한다. 『朱子語類』卷六二 「中庸章句序」 등 참조.
7) '활사개공'은 김태창(金泰昌)이 조어이다. 그는 이를 표어로 내걸고 동아시아발 공공 철학을 만들어 퍼뜨리는 운동을 전개해 온 학자이다.

인에 대한 성찰에까지는 이르지 못했음"(116)을 뜻한다면 이를 반박할 도리는 없다. 혜강이 '그런 성찰'을 못했음은 당연한 사실인 까닭이다. 하지만 '그런 성찰'은 (근대를 경험 못한) 혜강의 몫이 아니리라! 오히려 박희병 자신의 몫이다. 그는 "최한기 연구는 '근대확인적' 관점이 아니라 '근대성찰적' 관점에서 전개될 필요가 있다"(6)고 말한다. 과연 '근대성찰'이든 '근대적 자아, 개인에 대한 성찰'이든 (혜강이 아니라) 그의 몫이요, 오늘날 우리의 몫이다. 이를 회피한다면 스스로 '근대확인'을 추인하고 만다는 비판을 면할 수 없을 것이다.

혜강의 '공, 사, 공공'론: 삼원 사고에 입각한 이해

거듭 말하나 혜강은 공과 사를 대립시키지 않는다. '이기, 탐욕과 결부된' 사의 사욕을 대립시킬 뿐이다. 그런 사욕을 나쁨=악으로 볼 따름이다. 그밖의 사욕 즉 '천리자연에 입각한 인욕'은 – 주자가 그렇듯 – 혜강 역시 '자연욕'으로 긍정한다. 그런 '인욕/자연욕'은 좋음=선이요, 좋은 〈사욕〉인 셈이다. 실제로 혜강의 '공, 사' 개념/론은 나쁜 사욕을 억제하면서 좋은 〈사욕〉을 살려 나가기 위한 논리를 담고 있다. 후술하나 혜강은 '하늘의 활동운화(活動運化)하는 기(氣)의 리(理)를 받들어 따름(承順)'으로써 인인의 기를 살려 나가기를 추구한다. 이때 '인인의 기'란 인욕 특히 '좋은 〈사욕〉'을 상징한다. 그리고 '살려 나가기'란 '함께 열기=공공하기'를 표상한다.

혜강의 리기는 (주자학의 그것처럼) 삼원론/사고에 입각한 짝개념이다. '둘이면서 하나, 하나이면서 둘'로서 '상통, 상보, 상화' 관계에 있다. 그의 공사 역시 그렇다. 비록 현실에서 공사가 상극, 대립하기 일쑤라 해도 말이다. 바로 그러한 현실을 시정, 개선하고자 혜강은 '공, 공공'론을 전개했다고 볼 수 있다. 어떻게 전개했을까? 또 어떤 함의를 지닐까? 본 장의 목적은 그 해답을 찾는 데 있다. 단, 이에 앞서 제1절에서는 혜강 기학의 특성, 논리와 구성 요소를 살펴본다.

1. 기학의 특성, 논리와 구성 요소

미리 주의를 환기한다. 정주학=주자학은 '리학/성리학, 기학/물학(物學), 심학/성정학(性情學)' 삼위일체로 구성된 학문이라는 사실이다. 육왕학(陸王學)=양명학도 마찬가지다. 다만 각각 성향의 강약은 다르다. 주자학은 '성즉리(性卽理)'의 리학 성향이 강하다. 그런 만큼 '주리(主理)' 성향이 강한 편이다. 양명학은 '심즉리(心卽理)'의 심학 성향이 강하다. 그리고 '리는 기의 조리, 기는 리의 운용(理者氣之條理, 氣者理之運用)'(『傳習錄』中, 「答陸原靜書」)라는 명제처럼 '주기(主氣)' 성향이 강한 편이다.

혜강 기학의 주기 성향과 그 바탕의 리학

혜강 기학은 주기 성향이 강하다. 굳이 말하면 '경험론적' 성향이 강한 셈이다. 그렇긴 하나 주자학과 양명학의 기학은 물론 리학을 계승한 - 계승하되 '비판 수정'한 - 학문이다. 따라서 주의할 것은 그 바탕에는 리학이 깔려 있다는 점이다.

혜강 기학의 범주는 정치론을 비롯한 사회·경제·교육론 등 사회 과학과 윤리학·철학 등 인문 과학을 포함한다. 특히 조선과 중국의 '주기론'을 재해석하는 한편 중국의 한역서를 통해 서양의 자연 과학을 수용하면서 구성한 것이다.8) 다만 혜강의 자연 과학은 윤리·도덕과 결합된 만큼 기계론적 유물론 성향의 서양 과학과는 성격이 다르다.9) 혜강은 『기측체의(氣測体義)』(九卷, 1836; 『叢書一』), 『기학(氣學)』(二卷, 1857; 『叢書五』), 『인정(人政)』(二十五卷, 1860; 『叢書三』) 등 일련의 저술을 남겼다.10)

거듭 말하나 혜강 기학의 바탕에는 리학이 깔려 있다. 또 하나 주의할 것이 있다. 주리, 주기란 리기와 연관된 사상(事象)을 알기 쉽게 설명하기 위한 수단/도구(means/tool)로서 가치중립적 개념이라는 사실이다.11) 그리고 리기와 같은 짝개념이라는 사실이다. 그 본뜻은 '리, 기를 주(=축, 준거)로 함/삼음(爲主)'이다. 또는 '리상간(理上看), 기상간(氣上看)' 즉 '리, 기에 초점을 두고 봄'을 뜻한다. 이를 도외시한 채 리기의 어느 한 쪽만 '존중, 중시'라는 식으로 (가치함축적으로) 이해하면 안된다. 그런 식의 이해는 주자학의 이기론에 대한 오해이

---

8) 혜강의 '주기론'에 관해서는 권오영(1999), 64-79; 김용헌 편저(2005)에 실린 금장태, 손병욱의 논문 참조. 한편 서양의 자연 과학 수용은 권오영(1999), V장; 이현구(2000) 참조.
9) 그런데 최진덕(2000)은 혜강 기학을 기계론과 유기론의 이중적 세계관을 지닌 "어중간한 신크레티즘"이라 비평한다(141). 동의하기 어렵다. 혜강 기학은 기계론과 유기론의 두 세계관을 '조화, 공생'시킨 것이라 보기 때문이다.
10) 『氣測体義』는 같은 해 저작인 『推測錄』(六卷)과 『神氣通』(三卷)의 합본이다. 이를 전기 저작이라 한다면 『氣學』『人政』은 후기 저작에 해당한다. 이들 저작은 大東文化硏究院編, 『增補 明南樓叢書』一~五(成均館大學校出版部, 2002)에 실려 있다. 이를 인용할 때 『叢書一』, 『氣學』卷一은 『氣學一』이라는 식으로 약기하고 페이지는 숫자만 표기한다.
11) 그 상세한 설명은 제3부 제3장 머리말 참조.

다. 주리는 존리(尊理) 아니요, 주기는 존기(尊氣) 아닌 까닭이다.

주자학이든 양명학이든 리의 도덕적 가치를 기의 그것보다 우위에 둔다. 도덕-가치론 입장에서는 리를 존중하는 셈이다.12) 그래도 리만 존중할 뿐 기를 존중하지 않는다고 볼 수는 없다. 도덕-가치론 입장에서만 리를 존중할 뿐이기 때문이다. 더욱이 리의 도덕적 가치는 기의 현실-현상을 통해야 드러난다. '기 없이는 리도, 그 가치도' 드러날 수 없다. 리기는 불상리(不相離)인 까닭이다. 따라서 '리 존중은 기 존중을 함의한다'라는 명제를 이끌 수 있다. 굳이 말하면 혜강은 주기 성향이 강한 만큼 (기의) 현실-현상론 입장에서 기를 존중한 셈이라고 볼 수 있다(후술).

혜강 기학에 대한 전우의 비평: 과불급의 폐

혜강 기학이 독특했기에 전우(田愚, 1841~1922; 艮齋)는 다음과 같이 비평했다.13) ① 혜강은 육왕 즉 육구연(陸九淵, 1139~1192; 象山), 왕양명(1472~1528)을 '추종(追踵)'했다. 그리고 정주 즉 정이(程頤, 1033~1107; 伊川), 정호(程顥, 1032~1085; 明道)와 주자를 배척한 이토 진사이(伊藤仁齋, 1627~1705)의 학설을 칭송했다는 것이다. 후자는 ② '정주 배척'과 ③ '진사이 칭송'의 두 가지로 나눌 수 있다. 이들 세 가지의 비평을 비판적으로 검토해 나가면서 혜강 기학

---

12) 이를 도덕-가치론에 한정된 뜻의 〈주리〉라고 부를 수 있을지 모른다. 그럴지라도 이런 뜻의 〈주리〉는 이미 주리의 본뜻을 벗어난 셈이다.
13) 「艮齋私稿拾遺」卷四의 '曉崔進士漢綺'라는 시(三首, 癸亥[1863] 年作)와 「艮齋先生年譜 卷一」癸亥十月十日의 기사를 참조. 각각 『田愚全集』八 (서울: 亞細亞文化社, 1984), 305과 410에 실려 있다.

의 논리와 구성 요소를 살펴보고자 한다.

(1) '육왕 추종'이라는 비평

이런 비평은 과불급(過不及)의 폐(弊)가 있다. 추종이란 과한(=잘못된) 표현이기 때문이다. 단 육왕학이 혜강 기학에 상당한 영향을 주었음은 의심할 바 없다.14) 실제로 그의 저술에는 육왕학의 용어/명제가 곳곳에 등장한다. 예컨대 육왕의 '양지(良知), 지행합일(知行合一), 실천궁행(實踐躬行)' 등을 기학의 논리 구성에 활용하고 있다. 또한 육왕의 '천지만물일체의인(天地萬物一体之仁)'이란 명제는 그의 '사해일가(四海一家), 만성일체(萬姓一體), 대동(大同)' 등 논의와 깊은 관계를 맺고 있다고 본다.

혜강은 육왕을 추종하지 않는다. 전술했듯 '비판 수정'한다. 예컨대 혜강은 왕양명의 '리는 기의 조리, 기는 리의 운용'이란 명제를 이렇게 수정한다. "리는 기의 조리이다. 즉 기가 있어야 리도 있고 기가 없으면 리도 없다"(『推測錄二』「流行理推測理」, 123)라고.15) '기는 리의 운용' 대신에 "기가 있어야 리도 있고…"라는 '리기 불상리(不相離)' 명제를 삽입한 것이다. 그 이유는 '기는 리의 운용'이란 표현이 '리체기용(理體氣用)'의 주리 성향을 이끌 수도 있다고 판단했기 때문이라고 본다. 실제로 혜강은 훗날 '기체리용(氣體理用)'을 표명할 정도로 주기 성향을 드러내는 까닭이다(『氣學二』, 44: 후술).

---

14) 어떤 영향을 주었는지에 관해서는 권오영(1999), 72-75 참조. 육왕학에 관해서는 吉田公平(1990); 岡田武彦(1984)의 第七章 등 참조.
15) 원문: 理是氣之條理. 則有氣必有理也. 心在物氣爲理者 指其測量之理也.

그런데 '리기 불상리' 명제는 주자학에서 비롯된 것이다. 예컨대 주자는 "품부(稟賦)를 논한다면 기가 있은 뒤 리가 따라 붙는다(隨具). 기가 있어야 리도 있고 기가 없으면 리도 없다"(『朱子文集』卷五九, 「答趙致道」)고 말한다. 앞 문장은 품부론=생성론 입장에서 '기선리후(氣先理後)'의 주기를 표명한 셈이다. 뒷 문장은 '리기 불상리'를 뜻한다. 이어서 주자는 "본원(本原)을 논한다면 리가 있은 후에 기가 있다"고 말한다. 이것은 본원론의 입장에서 '리선기후(理先氣後)'의 주리를 표명한 셈이다. 주목할 것은 '기선리후'의 주기든 '리선기후'의 주리든 '둘이면서 하나'로 결합되어 있다는 점이다. 이런 섬에서도 주리와 주기는 짝개념임을 알 수 있다.

이에 대해 혜강은 주자의 '기선리후'와 '리선기후'를 배제하면서 '리기 불상리' 명제만 취한다. 그리고 이를 강조하듯 이렇게 말한다(『推測錄二』「流行理推測理」, 123).16)

　　기가 없으면 반드시 리도 없다. 기가 움직이면(動) 리 역시 움직이고, 리가 고요하면(靜) 기 역시 고요하다. (중략) 리는 기에 앞선 적도 없고, 기에 뒤쳐진 적도 없다. 이것이 바로 천지 유행의 리이다.

이렇듯 '리기 불상리'에 입각한 리가 곧 '천지 유행의 리(약칭, 유행의 리)'이다. 따라서 '기에 어긋남이 없는 리'이다(후술). 또는 그가 『기학』에서 궁구하게 되는 '운화기의 리, 운화기에 승순하는 리'이다. 문제는 '유행의 리'를 무슨 능력으로 궁구할 것인가이다. 혜강은 그것

---

16) 원문: 無氣必無理. 氣動而理亦動, 氣靜而理亦靜. … 理未嘗先於氣, 亦未嘗後於氣. 是乃天地流行之理也.

을 '추측의 능력'이라 부르면서 이렇게 말한다(위의 책, 123).17)

> 사람의 마음은 추측[미루어 헤아림]의 능력을 스스로 가지고 있다. 이로써 그 이연[이미 그렇게 됨 곧 유행의 리가 움직임]을 측량할 수 있고, 또 그 미연[아직 그렇게 되지 않음, 곧 유행의 리가 고요함]을 측량할 수도 있다. 이것이 곧 인심 추측의 리이다.

인용문을 차례로 풀어 보자. ①'추측의 능력'은 사람마다 (마음 속에) 갖춰져 있다. ②그 능력으로 '유행의 리'의 동정(動靜)을 측량할 수 있다. ③ 그렇게 측량한 리가 '인심 추측의 리(약칭, 추측의 리)'이다. 덧붙이면 혜강의 '추측'이란 개념은 '지각, 경험' 등과 함께 기학의 '인식론, 경험론'을 구성하는 핵심어이다.18)

이어서 혜강은 "기의 조리가 리라 함은 그 유행의 리를 가리킨다. 마음이 사물에 있어 리라는 것은 그 측량[추측]의 리를 가리킨다"(위의 책, 123)고 말한다.19) 이는 주자 리학과 왕양명 심학에 대한 비판 의식을 담고 있다고 본다. 이처럼 리를 '유행, 추측' 두 가지로 나눔은 혜강의 독창적 발상이요, (전통의) 새로운 발명이다. 그 바탕에는 주자학의 '리일분수(理一分殊)' 명제가 깔려 있다. '유행의 리'는 '하나(리일)와 나뉨(분수)' 전체를 관통하는 리를 표상한다. 반면 '추측의 리'는 사람마다 나뉜 리이다.

혜강은 말한다: "유행의 리는 기에 어긋남이 없으나 추측의 리는 기에 어긋남이 많다"(『推測錄二』「推測與氣有先後」, 123)라고.20) '유

---

17) 원문: 人心自有推測之能. 而測量其已然, 又能測量其未然. 是乃人心推測之理也.
18) 이들 용어의 설명은 권오영(1999), 130-153; 이종란(2000) 등 참조.
19) 원문: 氣之條理爲理者 指其流行之理也. 心在物氣爲理者 指其測量[推測]之理也.

행의 리'는 '기에 어긋남이 없는' 천리(天理)요, 실리(實理)로 통한다. 한편 '추측의 리'는 '사람마다 나뉜' 인리(人理)이다. 따라서 '기에 어긋남이 많은' 만큼 허리(虛理)에 빠질 수 있다. 그 어긋남을 피하고, 실리를 궁구하려면 어떻게 해야 할까? 그 답은 "그러니까 기를 미루어 리를 헤아려야 천인[=천리와 인리]이 일치한다(故推氣而測理天人一致)"(앞의 책, 123)라는 것이다. 이처럼 혜강의 주기 성향은 강하기만 하다.

(2) '정주 배척'이라는 비평

이 역시 과불급의 폐가 있다. 배척보다 '비판 수정'이 옳다. 다만 배척이라 해도 좋을 만한 대상이 있다. 정주의 주리 성향이 그것이다. 혜강은 주리를 이처럼 비판하고 있는 까닭이다(『推測錄 二』「主理主氣」, 130).[21]

> 주리는 추측의 리를 유행의 리에 혼잡시킨다. 그러면 유행의 천리가 추측의 심리인 줄로 알게 만든다. 또는 추측의 심리가 유행의 천리인 것처럼 보게 한다. 단지 천리의 순(純)을 얻지 못할 뿐만 아니라 또한 추측의 참(眞)을 잃고만다 그래서 궁구하는 근원은 곧 추측의 허영일 뿐이다.

즉 주리는 '추측의 리(심리)를 허영(=허리)으로 이끌어 유행의 리(=천리, 실리)를 알아보지 못하게 한다'는 것이다. 다만 이런 비판의 화

---

20) 원문: 流行之理與氣無違 推測之理與氣多違.
21) 원문: 主理者 以推測之理渾雜於流行之理. 或以流行之天理 認作推測之心理. 或以推測之心理 視同流行天理. 非特天理之不得其純 幷與推測而失其眞. 然究其原 則乃是推測之虛影耳.

살은 주리라는 (수단/도구) 개념 자체가 아니라 그 오용을 향한 것이라 봄이 옳다. 이때 그 오용이란 '기를 미루어 리를 헤아리지 않을 경우'를 가리킨다고 보면 좋을 것이다.

반면 혜강은 주기를 이렇게 평가한다(위의 책, 130):22) "주기는 기를 미루어 리를 헤아린다. 미루는바 유행의 리요, 헤아리는바 추측의 리이다. 유행을 준거로 삼으니 추측과 어긋날 수 없다. 추측을 방법으로 삼으니 유행과 자연히 합치한다. 이것이 바로 추측의 실천이다. (중략) 그 기를 따르고 그 리를 궁구하니 스스로 실천할 수 있는 조리를 갖춘다." 이를테면 주기란 '유행을 준거로, 추측을 방법으로 삼아 실리를 얻을 수 있는' 적절한 수단/도구라고 본 셈이다. 또는 주리의 오용에 의한 '리의 허영화=허리화'를 피할 수 있는 올바른 수단/도구라고 본 셈이다.

혜강이 주리(의 오용)를 비판한 이유는 상상하기 어렵지 않다. 주리 성향에 쏠려 '무형의 리=허리'를 존숭하는 잘못을 우려했기 때문이다. 과연 그는 『기학』의 첫머리에서 다음과 같이 지적한다(「氣學序」, 3).23)

> 중고(中古)의 학문은 무형의 리나 무형의 신을 존숭함(宗)을 위로 올라 높이 이르는 것이라 여기는 일이 많다. 한편 유형의 물이나 유증(有證)의 사를 존숭함은 아래로 내려가는 낮은 물건이라 일컫는다. 그런 탓에 유형의 사물을 무형의 신리(神理)에 비유하거나 또는 무형의 신리

---

22) 원문: 主氣者 推氣以測理. 所推者流行之理, 所測者推測之理也. 以流行爲準而推測要不違焉. 以推測爲法而流行自有合焉. 是乃推測之實踐也. … 其氣究其理自有可踐之條理.
23) 원문: 中古之學多宗無形之理無形之神 以爲上乘高致. 若宗有形之物有證之事 以謂下乘庸品. 自玆以降或將有形之事物而譬喩無形之神理 又或以無形之神理而牽合有形之事物.

를 유형의 사물에 억지로 합치시킨다.

이때 '중고의 학문'이란 정주학, 육왕학을 가리킨다고 본다. 따라서 정주든 육왕이든 위와 같은 잘못을 범할 경우 '비판 수정'의 대상이 된다. 그리하여 '유형(有形)의 리, 운화기(運化氣)의 리=실리'를 '경험론적'으로 궁구하고자 혜강은 기학을 내세운 것이다. 한편 『인정』에서는 '운화의 가르침'을 내세운다(『人政十二』「理氣學」, 243-244).24)

> 가르치기 쉽고 알기 쉬운 것이 운화의 가르침이다. 가르치기 어렵고 알기 어려운 것이 허리의 가르침이다. 운화는 형질성취(形質聲臭)가 있어 그 자취를 따라갈 수 있다. … 기를 버리고 리를 궁구하면 허리가 된다. 기에 인하여 리를 궁구하면 실리가 된다.

'운화의 가르침'이란 '기에 인하여 리를 궁구하는, 인기구리(因氣究理)의 학문' 즉 '실리의 학문, 실학'을 뜻한다. 혜강 기학의 다른 명칭인 셈이다. 여기서 특기할 것이 두 가지 있다. 첫째, 혜강의 '인기구리'는 주자의 '즉물궁리(卽物窮理)'와 상통한다는 사실이다. '즉물'은 '즉기'요, '즉기'는 '인기'를 함의하기 때문이다.

둘째, 주자 역시 '실리의 학문, 실학'을 추구한다는 사실이다. 그 증거는 많지만 다음과 같은 예를 보자: "유교와 불교의 분별은 다만 허, 실의 다툼에 있을 따름이다(儒釋之分只爭虛實而已). (중략) 유학자가 말하는 성, 인의예지는 모두 실사이다(儒者之言性止是仁義禮智 皆是實事).

---

24) 원문: 易教易知者 運化教也. 難教難知者 虛理教也. 運化有形質聲臭可追迹而隨. … 捨氣究理則爲虛理.因氣究理則爲實理.

(중략) 우리 유교의 만리는 모두 실이요, 불교의 만리는 모두 공이다(吾儒萬理皆實, 釋氏萬理皆空)"(『朱子語類』卷一二四「陸氏」). 그렇다면 주자와 혜강의 차이는 없을까? 중요한 차이점이 있다. 혜강은 늘 기를 앞세우면서 리가 '기의 리, 조리'임을 강조한다는 점이다. 주자의 '리일분수'에 대비하면 '기일분수(氣一分殊)' 입장인 셈이다.

물론 혜강의 주기는 '기 존중, 리 경시'가 아니다. 전술했듯 그의 주기는 '무형의 리=허리'를 비판하고 (마땅히 존중해야 할) '유형의 리=실리'를 궁구하기 위한 수단/도구일 따름이다. 그의 기학은 리학 자체를 비판하는 학문이 아니요, 오히려 리학을 토대로 하는 학문이다. 예컨대 그는 "리학이 먼저 일어나 기학을 이끈 것은 진실로 사세가 본디 그렇게 만든 것(理學先起導氣學之眞的事勢之固然)"(「理氣學」, 244)이라 말한다. 리학은 그의 기학을 이루는 기반임을 표명한 셈이다. 실제로 리학을 계승하되 그 잘못을 '비판 수정'함으로써 구성된 학문에 다름 아니다.

③ '진사이 칭송'이라는 비평

진사이는 시(諡)를 '고학선생(古學先生)'이라 한다.25) 그의 '고학'은 공맹(孔孟) 유교의 본뜻을 해석하려는 주석학의 범주에 속한다. 그 특색은 정주학 특히 리학, 성정론을 배척하고 '성=생(生)'에 입각하여

---

25) 진사이는 『論語古義』『孟子古義』『語孟字義』 등 저술을 남겼다. 그래서 그의 유학을 고의학(古義學)이라고 부른다. 거기에 야마가 소코(山鹿素行, 1622~1685)의 소코가쿠(素行學)와 오규 소라이(荻生徂徠, 1666~1728)의 고문사학(古文辭學)을 더하여 고학(古學)이라 일컫기도 한다. 진사이의 학문과 경력은 이시다 이치로(石田一良, 1960); 와타나베 히로시(渡辺浩, 1985)의「伊藤仁斎・東涯-宋学批判と『古義学』」; 구로즈미 마코토(黒住真, 2003)의「伊藤仁斎」 등 참조.

정, 인욕을 긍정했다는 점이다. 이런 특색은 혜강 기학과 상통한다. 전술했듯 혜강은 '천리자연에 입각한 인욕=자연욕'을 긍정하기 때문이다. 단, 서로 다른 점이 있다. 진사이의 인욕은 혜강과 달리 천리자연에 입각한 것이 아니요, 따라서 '나쁜 사욕'을 제어할 노리/기준이 없다는 점이다.

진사이는 "도란 인륜일용(人倫日用)에서 마땅히 행해야 할 길(路)"(『語孟字義』卷上「道」, 27)이라며 '인륜일용의 도'를 추구할 것을 주장한다. 한편 "불씨(佛氏)는 공(空)을 도로 삼고 노자(老子)는 허(虛)를 도로 삼는다"(29)라고 비판한다.26) 이러한 진사이의 견해는 실은 주자의 그것과 다름 없다. 주자 역시 "근래의 학자들은 성문실학(聖門實學)의 근본을 모르고 모두 불노(佛老)의 설에 빠진 채 (중략) 천지만물, 인륜일용의 밖에서 헤아려 알 수도 없는 공허현묘(空虛玄妙)를 찾아 헤맨다"(『朱子文集』卷四六「答汪太初」)고 말하기 때문이다. 이렇듯 '인륜일용의 도'를 추구할 것을 주장함은 혜강 또한 마찬가지다.

그런데 주자는 "천지만물 본연(本然)의 리와 인륜일용 당연(當然)의 일"(「答汪太初」)을 궁구해야 한다고 말한다. 즉 주자의 도는 '본연의 리(=성)'에 입각한 것이다. 이와 달리 진사이는 이렇게 말한다(『語孟字義』卷上「道」, 29): 주자는 "소리도 없고 냄새도 없는 소이연(所以然)의 리를 도의 체"로 삼으나 "성인의 책에는 본디 리라는 용어가 없다." 리는 "노장(老莊)의 허무(虛無)설에서 연원한 것"이다. 이렇듯 리를 배제한다. 또한 '성즉리(性卽理)' 명제를 반박함으로써 성 역시 배제한다.27)

---

26) 페이지는 요시카와 코지로(吉川幸次郞)・시미즈 시게루(淸水茂)편(1971)의 것이다.

이런 진사이를 혜강은 '칭송'했을 리가 없다. 오히려 '반박'했으리니 혜강은 리도 성도 전혀 배제하지 않기 때문이다. 다만 혜강과 진사이의 공통점이 있긴 하다. 예컨대 요순(堯舜) 등 고대의 성인과 공맹을 존중하고 그 가르침에서 도를 찾는다는 점이다.

혜강의 '인륜일용의 도'는 주자처럼 '본연의 리'에 입각한다. 혜강 기학은 '유형의 리=실리'를 궁구하는 학문이다. 후술하듯 혜강의 도나 공도(公道)는 '운화기의 리'에 다름 아니다. '운화기'는 리와 불상리요, 상관되어 있다. 거듭 말하나 혜강은 리학의 주리 성향과 그 오용을 비판할 뿐이다. 그리하여 기를 살리면서 동시에 리의 본래성을 밝히고자 한 것이다. 이런 점에서 혜강과 진사이의 입장은 정반대인 셈이다.

덧붙이면 '리의 배제' 성향은 진사이를 비롯한 소코, 소라이의 유학 즉 고학의 공통적 특징이다. 또한 유학 계통의 미토가쿠(水戶學)나 반(反)유학의 국학 등 학문도 마찬가지다. 특히 에도(江戶) 시대의 유학은 유교/주자학을 (일본화하는 과정에서) 오해/오독/왜곡 등으로 변태시킨 학문이다. 그런 탓에 유교/주자학의 본래성, 보편성(=공공성)은 손상받고 형해화된다.28) 이런 현상을 와타나베 히로시는 "리로부터 동떨어진 태도(理への態度の懸隔)"라고 표현한다.29) 한편 필자는 '리결(理缺)'이라 부른다. 이때 '리결'이란 리를 '빼거나 멀리하거나 뒤바꾸는' 성향 또는 현상을 뜻한다.

---

27) 『語孟字義』卷上「仁義禮智」, 38-46 참조.
28) 그 본래성, 보편성을 지키려 했던 일본 유학자/주자학자들도 있었다. 그러나 소수였고 위상은 낮았다. 그들의 정치적, 사회적 영향력은 작았고 일부 지방에 국한되어 있었다.
29) 와타나베 히로시(渡辺浩, 1997), 72. '리로부터 동떨어진 태도'에 대한 검토는 金鳳珍(2004), 279-280.

리는 유교의 천(天), 도(道), 덕(德) 등을 표상한다. 또는 오상(五常) 즉 인·의·예·지·신(仁·義·禮·智·信)을 표상한다. 주자학에 의하면 리는 모든 물(物), 사(事), 인간 마음속에 내재한다. 특히 마음속의 리를 성(性)이라고 부른다. 즉 '성즉리'라는 것이다. 따라서 '천리, 도리, 물리'나 '사리, 윤리, 인성' 등으로 통한다. 리는 순선(純善)이요, 맹자의 성선설(性善說)과 결합한다.30) 그리하여 사람의 '성품, 인격, 도덕' 등을 구성한다. 또는 '인간애, 인도주의, 공동체주의' 등의 바탕이 된다.

달리 말하면 리는 '천리자연'에 입각한 보편-공공의 도리, 공명정대(公明正大)한 규범을 표상한다. 따라서 '보편(uni-/trans-versality), 공공(publicness), 공정(fairness)' 등을 함의한다. 그리고 '이념/이상(idea/ideal), 이성(reason), 논리(logic)' 등을 표상한다. 이를 바탕으로 가치 판단의 기준이나 (도덕적) 질서 원리(principle)를 구성한다. 이러한 리를 '무(無), 공(空), 허(虛)'로 만드는 성향/현상이 '리결'이다. 따라서 일본 유학 등 각종 학문에는 '보편-공공의 도리'나 '이념, 이성, 논리'의 결여 현상이 곳곳에서 드러난다. '가치 판단의 기준, 질서 원리'의 결여 현상 역시 마찬가지다.

'리결'은 에도 시대의 학문에만 국한되지 않는다. 어느 시대 학문이

---

30) 일본에는 성선설이 수용되기 어려웠다. 주된 이유는 일본인 사이에 퍼져 있던 '리결' 성향 때문이다. 덧붙이면 진사이는 맹자의 "측은(惻隱)·수오(羞惡)·사양(辭讓)·시비(是非)의 마음" 즉 사단(四端)을 "사람의 성으로서 선한 것"이라 설명한다(『語孟字義』卷上「仁義禮智」, 40). 더불어 여러 성리학자의 성선설을 나열하면서 설명한다(『語孟字義』卷上「性」, 48-53). 그러나 전술했듯 그 역시 '리결' 성향을 지님과 함께 '성'을 배제한다. 따라서 성선설을 설명할 뿐 수용한 것이 아니다. 굳이 말하면 진사이는 정선설(情善說) 내지 심선설(心善說)에 해당하는 사고/논리를 지닌 셈이다(제1부 제1장 제2절 참조).

든 형태가 다를 뿐 공유되어 있다. 또한 '리결'은 필연적으로 보편-공공을 특이하게 변형시키는 '보편(-공공)의 특수화' 성향/현상을 수반한다. 따라서 일본에 수용된 학문이나 사상은 그 보편성(-공공성)을 손상받고 형해화되기 일쑤이다.31) 그리하여 '리결'과 '보편의 특수화'는 일본 사상사 전반을 관통하는 양대 요소/특징을 구성한다. 또 하나의 요소/특징은 '병학, 병학적 사고'이다.32) 이들 셋은 상호연관되어 있다.

2. 기의 운화와 '공, 공공'론

혜강 기학의 핵심어는 많지만 그 중심에는 '운화(運化)'가 있다. 이는 '기의 운화, 운화의 기' 또는 '운화기=운화하는 기'를 함의한다. 혜강은 '기'를 두 가지로 풀이한다: "기에는 형질의 기와 운화의 기가 있다. 지월일성(地月日星) 만물구각(萬物軀殼)이 형질의 기라면 우양풍운(雨暘風雲) 한서조습(寒暑燥濕)은 운화의 기이다. 형질의 기는 운화의 기가 모여 이루어진 것이다."33) (『氣學一』, 6) 이로써 혜강은 주기 성향과 함께 (기의) 현실-현상론 입장을 강하게 표명한 셈이다.

---

31) '유교/주자학이 변태된' 일본 유학은 그러한 예의 하나이다.
32) '병학, 병학적 사고'에 관해서는 제3부 제1장 제3절 참조.
33) 원문 생략. 앞으로 인용문으로 충분하리라 판단되면 원문은 생략한다.

'기의 운화, 운화의 기'와 활동 운화

혜강은 이렇게 말한다(『氣學一』, 9): "기의 조리가 리이니 조리는 곧 기이다. [리는] 항상 기 안에 있고 기를 따라 운행한다."34) 이때 리는 '기 안에 있음'이란 ('리기 불상리'의 다른 표현으로서) 오래된 명제이다. 반면 '기를 따라 운행함'이란 혜강이 새롭게 '발명'한 명제이다. 거기에는 '기발리수(氣發理隨), 기주리종(氣主理從)'의 뜻이 담겨 있다. 이렇게도 말한다(『氣學二』, 44): "예전의 [리학] 논설은 리를 주로 삼고 기를 용으로 삼는다. 기학의 논설은 기를 체로 삼고 리를 용으로 삼아 천인을 일치시키고 리기를 결합시킨다."35) 이처럼 그는 마침내 '기체리용'을 표명하기에 이른다.

혜강은 "운화의 기는 만물만사(萬物萬事)의 근원"(『氣學一』, 23)이라며 이를 다시 대소로 나눈다. "크게는 우주[=천지] 운화의 기", "다음은 인민(人民) 운화의 기," "작게는 기용(器用) 운화의 기"(28) 등이다. 이와 함께 운화 역시 대소로 나눈다. "크게는 천인 운화, 작게는 사물 운화, 그 사이의 인심 운화"(『氣學二』, 39)가 그것이다. 종합하면 운화(기)는 '천, 인, 물'의 세 범주로 나뉜다.36) 이들 범주는 주어형 즉 '천, 인, 물의 기'가 운화한다는 식으로 해독된다. 한편 술어형 수식어를 부치는 운화가 있다. '활동(活動) 운화와 통민(統民) 운화'가 그것이다.37)

---

34) 원문: 氣之條理爲理 條理卽氣也. 常在氣中 常隨氣運而行.
35) 원문: 古之論說理爲主而氣爲用. 氣學論說氣爲體而理爲用 天人一致理氣合.
36) '천'은 '宇宙, 天地萬物, 天氣, 大氣, 神氣' 등 범주를 포함한다. '인'은 '人氣, 身氣, 萬民, 萬姓, 庶民, 一身, 人身' 등 범주를 포함한다. 이 가운데 특히 '大氣'와 '身氣'의 운화/기를 혜강은 즐겨 사용한다.
37) 그 밖에 '승순(承順) 천인 운화'도 있다(『氣學二』, 34). 이는 '천인 운화에 승순한다'는 뜻이다.

먼저 활동 운화는 '활동하고 운화한다'는 동사형의 뜻을 가진다. 이는 운화의 별칭이거나 그 활동성을 강조하는 용어이다. 예컨대 "대기(大氣)는 활동 운화의 성(性)을 지닌다. 곧 천지의 성이다. 인물의 기는 각각 활동 운화의 성을 지닌다. 곧 기질(氣質)의 성이다"(『氣學二』, 32)라는 식으로 사용된다. 활동 운화는 '천지 인물의 기이자 그 기의 성'이란 것이다.38) 혜강은 "활은 존양추측(存養推測), 동은 건순일신(健順日新), 운은 도량주선(度量周旋), 화는 변통화융(變通和融)"(『氣學二』, 42)이 그 각각의 "조리"라고 설명한다.39) 그리고 이렇게 주장한다(42): "이 활동 운화를 공부해야만 일신 고유의 활동 운화에 인하여 대기의 활동 운화를 받들어 천인을 일치시키고 사물을 일관시킬 수 있다."40) 이때 '천인 일치, 사물 일관'이란 혜강 기학의 궁극 목표라고 볼 수 있다.

통민 운화와 '사, 사욕' 긍정

다음으로 통민 운화는 '민을 통치, 통합하기 위한 운화'로 해독된다.41) 이는 '천의 운화에 승순하기 위한 통민'이라는 목적형의 뜻을 담고 있다. 또한 '만민, 전민(全民), 인민' 운화 등으로 표현되기도 한

---

38) 이것은 혜강이 '성즉기' 명제를 내걸고 있음을 뜻한다. 따라서 정주학의 '성즉리'를 보완한 셈이다.
39) '존양, 일신, 변통'은 각각 『孟子』「盡心」, 『大學』「傳第二章」, 『易経』「繋辞傳下」에 나온다.
40) 원문: 惟此功夫之活動運化 因一身固有之活動運化承大氣之活動運化 天人一致事物一貫.
41) 통민 운화는 '일신 운화나 교접(交接) 운화'와 함께 '인(人)의 운화'의 범주에 속한다. '교접 운화'는 『人政』에 나온다. 예컨대 혜강은 "교접 운화는 대기의 시세(時勢)에 따라 인과 물이 서로 만나고 순환하는" 곳에 존재하는 것으로 설명한다(『人政二十一』「用人有能不能」, 455).

다. 이때 '민'이란 '천하=세계 인민, 인류'을 함의한다. 혜강은 "통민 운화를 기학의 추뉴[=중심축]로 삼는다"면서 다음과 같이 말한다(『氣學二』, 50).42)

일신 운화가 통민 운화에 준거하여 진퇴하면 대기 운화는 통민 운화에 달하니 어긋나서 벗어남이 없다. 만약 일신 운화가 통민 운화에 준거하지 않으면 인도를 세워 정교를 행할 수 없고, 대기 운화는 통민 운화에 달하지 못하니 표준을 세워 범위를 정할 수 없다.

이렇듯 '통민, 대기, 일신' 운화는 삼위일체로 연관되어 있다.43) 서로 준거가 되어야 '인도, 정교'와 '표준, 범위'를 실행하고 바로잡을 수 있다는 것이다. 이는 기학이 '통민 운화를 주축으로 삼는' 이유이자 목표에 다름 아니다. 이어서 혜강은 정교(政敎)에 관하여 이렇게 논한다(『氣學二』, 50).

정교를 요약하면 통민 운화가 대기 운화에 승순하면서 신기 운화에 미루어 확대하는 것이다. 이로써 정교의 범위를 정하여 강령을 세우고, 바탕(體)을 밝혀 조례로 나누어 치용(致用)함이니 이 모두가 기화 속에 구비되어 있다. 모든 백성의 운화가 나뉘면 각자 사욕을 따르지만 통합하면 저절로 공명(公明)이 생긴다. 고르지 못한 사(私)는 통합의 도로써 절제된다. 각자 좇는 욕망은 통합의 의로써 제어된다. 각자의 사욕을 안정시키고 정교의 공명을 이룬다면 대소(大小)에 통용할 수 있다. 통민 운화의 도로써 수신제가 한다면 모든 사람이 올바름을 얻어 천하에 도달하리니 올바르지 않은 곳이 없어진다.

---

42) 원문: 統民運化爲氣學樞紐. 一身運化準於統民運化有所進退大氣運化達於統民運化. 若一身運化不準乎統民運化 則無以立人道行政教, 大氣運化不達乎統民運化 則無以達標準定範圍.
43) 이들 사이의 관계에 관한 설명은 김용옥(2004a), 40-44 참조.

여기서 주목하고 싶은 것은 '공과 사, 사욕과 공명'에 관한 혜강의 견해이다. 무엇보다 '사, 사욕 부정'은 전혀 없다. 오히려 적극 긍정한다. 다만 '도, 의로 통합'함으로써 '사를 고르게 하고 사욕을 안정시켜 (정교의) 공명을 이루고자' 할 따름이다. 이를 위해 혜강은 '통민 운화의 도'를 내걸고 있다. 이때 특기할 것은 그가 '도, 의'를 내거는 반면 '리'라는 용어를 피하고 있다는 점이다.

'무형의 리' 배제와 '천하공공'의 도의(道義)

이미 보았듯 혜강은 '리'를 함부로 사용하지 않는다. '리'를 사용할 경우는 거의 어김없이 '기'와 연관시킨다. '유행의 리, 유형의 리, 운화기의 리' 등이 그것이다. 예컨대 "리의 유형과 무형은 학문의 허와 실이나 사업의 이익과 손해를 이룬다. 천인 운화의 리가 곧 유형의 리요, 마음 속 의지나 생각의 리는 무형의 리이다"(『氣學二』, 43)라고 말한다.44) 그런 다음 마음속의 리는 기의 운화와 감응하고 증험하면서 축적해야 비로소 '운화기의 리'가 될 수 있노라고 논한다. 이제 혜강이 '리'라는 용어를 피하고 있는 듯한 예문을 살펴보면서 그의 '공, 공공'론을 엿보기로 하자.

예컨대 혜강은 "도의는 천하의 공공(道義者天下之共公)"(『推測錄四』「克己」, 154)이라고 표현한다. 이와 비슷한 표현은 『주자어류』에도 곳곳에 등장한다. "도리는 천하가 공공하는 일(道理天下所公共)"(『朱子語類』卷第二十, 論語二「學而篇上」)은 그 일례이다. 흥미로운 것은 서

---

44) 원문: 理之有形無形爲學問之虛失, 事業之利鈍. 天人運化之理卽有形理也. 心中意思之理卽無形理也.

로 대비되는 두 용어이다. 하나는 주자의 '도리'와 혜강의 '도의'이다. 이런 식으로 혜강은 '리'를 피하고 있다. 주자의 리 역시 '무형의 리=허리에 빠질 수 있다'는 비판 의식을 지녔던 까닭이리라. 또 하나는 '公共'의 앞뒤를 바꾼 '共公'이라는 용어를 쓰고 있다는 점이다. 이를 테면 '共先公後'인 셈이다. 그 이유는 분명치 않다. 다만 '共히 열어 가는 公'을 강조하고자 했기 때문이 아닌가 짐작될 뿐이다.

또는 "노씨[도교]의 공과 불씨[불교]의 무는 모두 무형을 도나 학으로 삼는다. 심지어 심학도 리학도 모두 무형의 리로써 마음에 물들어 있는 [리를] 궁구함에 빠진다"(『氣學一』, 6)라고 비판한다.45) 도교, 불교는 물론 심학도 리학도 '무형의 리를 궁구한다'면 비판 대상인 것이다. 이어서 "유형의 리를 유형의 물에 베풀어야만 참으로 사람들이 함께 좇는 도가 명백해진다(以有形之理措施有形之物乃明白誠實人人共由之道)"(6)고 주장한다. 이때 '사람들이 함께 좇는 도'란 "도는 예나 지금이나 함께 좇는 리 (중략) 공공하는 도리(道者古今共由之理…公共底道理)"(『朱子語類』卷十三, 學七「力行」)와 유사한 듯하다. 그러나 혜강은 '리'를 피하고 있음이 다르다.

사정(私情)과 공도(公道)의 조화: '욕망 긍정'

나아가 "일신의 사정(私情)을 미루어 천하인의 공도를 통찰하고, 천하인의 공도를 미루어 천인기(天人氣)의 운화를 체인한다. 그래야 뿌리와 가지, 본원과 흐름을 완비한 공도가 된다"(『氣學一』, 14)고 말한다.46) 여기서 특기할 것은 '공도와 사정' 내지 '공과 사'를 전혀 대립

---

45) 원문: 老氏之空佛氏之無皆以無形爲道爲學. 至於心學理學俱以無形之理 潛究在心之習染.

시키지 않는다는 사실이다. 이어서 다음과 같이 말한다(14).47)

    공은 운화기의 공만큼 큰 것이 없다. 제왕은 이것을 얻어 천하 민의 사정을 안정시키고, 스승과 어른은 이것을 얻어 천하 인의 사정을 조화시키고, 일반 서민은 이것을 얻어 가정과 동네 사람들의 사정을 헤아리고 통제한다. 이 어찌 혼자 마음대로 얻은 것을 서민에게 강제로 베풀 수 있겠는가!

이와 같이 혜강의 '공도'는 '운화기의 공에 기초한 도'이다. 즉 '민/서민의 사정을 [살려 나감과 함께] 안정시키는 도이자 운화기의 공과 조화시키는 도'이다. 그리하여 뭇사람이 '서로, 함께, 더불어 조절하고 통제하는 도'이다.

혜강은 "운화 공도를 좇지 않으면 이른바 공심·공사·공론·공거란 인습을 공으로 삼거나 공을 빌어 사를 밀쳐내는 것이 되고 만다"(『氣學一』, 14)고 지적한다.48) 거기에는 '활동운화하는 공도에 승순하라. 인습이 아니라 인인의 공을 따르라. 서민의 사를 살려 나가기 위한 공심·공사·공론·공거를 베풀라'는 뜻이 담겨 있다. '운화 공도'는 국가나 그 누구의 독점물도 아니요, 서민에게 강요할 것도 아니라는 뜻이다. 제왕부터 서민에 이르기까지 모든 사람이 참여하여 산출하는 것이라는 뜻이다. 이처럼 혜강은 '사, 사정'을 살려 나가면서 '공, 공도'를 구현하고자 할 따름이다.

---

46) 원문: 推一身之私情而統察天下人之公道, 而體認天人氣之運化. 是爲根枝源流完備之公道.
47) 원문: 公莫大於運化氣之公. 帝王得之以安天下民之私情, 師長得之調和天下人之私情, 衆庶得之裁制家鄕人之私情. 是豈以獨心所得强施於民!
48) 원문: 若不由運化公道 所謂公心·公事·公論·公擧者 或因習爲公或借公濟私.

'사정'이란 칠정=희노애락애오욕(喜怒愛樂哀惡慾)을 함의한다. '사(=각 사람)의 자연적 감정이나 자연욕'을 함의한다고 봐도 좋다. 그렇다면 앞서 본 '사정과 천하인의 공도를 미루어 천인기의 운화를 체인함'이란 '사정을 살려 나가기 위해 공도에 따라 운화기를 실천궁행함'을 뜻한다. 또는 '각자의 감정, 욕망을 긍정하고 서로 살려 나가면서 인인의 공을 함께 열기(=공공하기)'를 뜻한다. 이처럼 혜강의 '공도와 사정' 내지 '공과 사'는 대립은 커녕 '상보, 상통, 상화' 관계에 있다.

특기하고 싶은 것이 있다. 혜강의 '욕망 긍정'은 조선에서 오랫동안 전개되던 '공·사 원리의 구조적 변화'를 표상하고 있다는 점이다.49) 그 변화란 '사(=각 사람)의 자연욕을 긍정함과 민이 국가의 공=정치의 주체로 부상함'을 뜻한다. 간결히 말하면 '사 긍정과 민=정치 주체 의식이 퍼져 나갔음'을 뜻한다. 실제로 이런 변화는 조선의 정치, 경제, 사회, 문화 등 분야의 다양한 변동으로 표출된다. 그리고 조선 유학자들의 - 특히 실학파, 북학파에 속하는 유학자들의 - 여러 저술 속에 표명되어 있다. 혜강은 그 한 사람이요, 누구보다 뚜렷하게 표명한 유학자인 셈이다.

---

49) 미조구치 유조(溝口雄三, 1995)는 중국에서 전개된 '공·사 원리의 구조적 변화'를 명말(明末)과 청말(淸末) 두 시기로 나누어 설명한다. 그 요점은 다음과 같다(55-56). 먼저 명말에는 '민의 소유욕, 생존욕이 인욕자연(人欲自然)의 사로 긍정되면서 사의 조화태(調和態)로서 공이 민의 입장으로부터 주장되었다'는 것이다. 다음으로 청말에는 '민의 자연권=민권이 천하의 공의 실질을 차지했다. 따라서 조정·관료의 정치 권력은 사로 전락된 반면 민의 공이 곧 천하의 공이 되었다'는 것이다.

3. 정치론에서의 '공, 공공'론

혜강 정치론의 목표: '운화기의 공도 정치'와 '민, 인인의 공치'

혜강은 '운화/기의 공도'를 크게 '천도'와 '인도'로 나누어 설명한다: "천도란 기화(氣化)로써 만물을 재어(裁御)함"이요, "인도란 교화(敎化)로써 만민을 도솔(導率)함"이다(『気學一』, 8). 그리고 '공'을 이렇게 풀이한다(『人政五』「公是順氣」, 93).50)

> 승순 기화는 공이 나오는 곳이요, 행하는 곳이다. 오직 기화에 따라 어긋남이 없음이 곧 공이다. 만약 준칙에 의거하지 않는다면 어찌 공을 드러낼 수 있으며 또 무엇으로 변통하리오. 이른바 공도, 공심은 모두 운화기에 승순함을 가리킨다. 천도, 천리 역시 운화기에 승순함을 가리킨다. 이들 넷을 헤아림은 오직 공의 한 글자로 총괄된다.

미리 말하면 혜강 정치론의 목표는 '천도의 운화/기(의 리)에 승순하는 인도를 공평/공정하게 행하는 공도를 제시함'에 있다고 본다. 이를 위해 '민, 인인'이 '사 긍정'과 '공심'을 상화(=활사개공)하면서 정치 주체로서 '함께 참여하는 정치 즉 공치'를 구상한 것이다. 요약하면 '운화기의 공도 정치'와 '민, 인인의 공치'가 목표이다. 그 총괄 개념이 '공'이다. 이제부터 그 구체적 논의를 살펴보자. 혜강은 다음과 같이 말한다.(『気學二』, 37).51)

---

50) 원문: 承順氣化爲公之所由出所由行. 一遵氣化而無違卽是公也. 若無依據準則公何見得又何以變通. 凡所謂公道公心皆指運化氣之承順也. 又所謂天道天理亦指運化氣之承順也. 惟一公字總括四者之測.
51) 원문: 運化二字貫澈萬善. 大則承順天旋地轉之氣 小則儘合應事接物之義. 以運化正心・修身

운과 화의 두 글자는 모든 선을 관철한다. 크게는 천지의 돌고 도는 기에 승순하고 작게는 사물에 응접하는 의(義)를 지닌다. 운화를 따라 정심·수신하면 천지인물의 운전변화의 기는 모두 몸과 마음에 응한다. 운화를 따라 치국·평천하하면 천지인물의 운전변화의 기는 모두 나라와 천하에 구비된다.

즉 천지인물의 운화기에 승순하여 '정심·수신·치국·평천하'(『大學』經52))를 달성하자는 것이다. 여기에는 '명덕(明德)을 밝혀 친민(親民)하여 지극한 선(至善)에 머묾'이라는 '대학의 도'를 이루자는 뜻도 담겨 있다.

통민 운화의 공도: '만국함화'와 '조민유화'의 함의

혜강의 정치론에서 여러 운화의 중심은 통민 운화이다. 그래서 통민 운화를 "치체(治體)의 대두뇌(大頭腦)" 즉 '정치의 큰 요체'라고 말한다(『氣學二』, 37). 이를 '기학의 추뉴(=중심축)'라고 함은 앞서 보았다. 또는 "정교(政敎)의 요략(要略)"이라며 이렇게 말한다. "통민 운화의 도에 따라 수신·제가하면 모두 그 올바름을 얻어 천하에 달성시키면 올바르지 못한 곳이 없어진다"(『氣學二』, 50)라고.53)

혜강의 정치론을 집대성한 『인정』에서는 "일신 운화가 통민 운화에 승순하고 통민 운화가 천지 운화에 승순하면 이는 곧 선의 도이다"(『人政十』「人心義理」, 194)라고 말한다. 곧 통민 운화의 도란 '천지

則天地人物運轉變化之氣 皆應於身心. 以運化治國·平天下則天地人物運轉變化之氣 咸備於國天下.
52) 이는 『大學』의 팔조목(八條目) 가운데 '格物·致知·誠意·齊家'를 생략한 것이다.
53) 원문: 以統民運化之道 修之於身·齊之於家 咸得其宜達之于天下無處不宜.

운화에 승순함과 함께 일신 운화를 승순시키는 - 양쪽 운화를 횡단 매개하는 - 선한(좋은) 도'를 가리킨다.

통민 운화의 도를 혜강은 공맹의 가르침에서 찾는다. 예컨대 '중니(仲尼, 공자)는 요순을 조술(祖述)하고 문무(주 왕조의 문왕과 무왕)를 헌장(憲章)하여 위로는 천시(天時)를 본뜨고 밑으로 수토(水土)에 따랐다'라는 『중용』 제30장의 첫머리를 인용한다. 이때 그 앞뒤 두 구절을 각각 "통민 운화의 도"와 "천지운화의 도"로 재해석한다(『人政十』 「古今道無異」, 194). 또한 "유술(儒術)은 통민 운화의 도"이며 이는 곧 "사도(斯道)"(『人政十一』「儒術」, 227)라고도 말한다. '사도'란 '공자가 말한 유교의 도'를 가리킨다. 특기하면 혜강은 통민 운화의 도에 맹자의 오륜을 포함시킨 다음 자신의 명제 두 가지를 덧붙인다(『人政十八』「畎畝教法兆民有和」, 390).

> 오륜의 가르침은 지극하기 그지없다. 이를 천하에 미루어 넓히면 스스로 '만국함화(萬国咸和)'를 이룰 것이다. 부자유친·군신유의·부부유별·장유유서·붕우유신 밑에 또 하나 '조민유화(兆民有和)'를 덧붙이면 오륜은 조민에 통행하여 화합의 실효가 현저해질 것이다.

먼저 '만국함화'란 '세계 모든 나라의 공생=상생과 평화'를 함의한다. 다음으로 '조민유화'란 '인류의 조화와 화합'을 함의한다. 이들 명제는 그가 살아간 당시의 시대 흐름을 감지하고 다가올 근대에 적응하기 위한 '현실적이자 도덕적인' 변통의 방도를 제시한 셈이다. 그리고 '오륜, 유학의 도'와 함께 '운화기의 공도'를 세계로 펼치고 싶다는 원대한 포부와 개방성, 진취성을 표출한 셈이다. 또는 '통행, 화합'에

의한 인류 공생의 이념, 이상을 표명한 셈이다. 그의 '이상주의적 현실주의, 현실주의적 이상주의'를 엿볼 수 있다.

위의 '현실적'이란 '근대 추종적 내지 근대주의적 현실주의'와는 거리가 멀다. 오히려 '근대 비판적, 반근대적 현실주의'에 가깝다. 적응하되 '근대/현실'의 부(負)를 비판/반대할 수 있는 '도덕적' 변통의 방도를 제시하기 때문이다. 그런 만큼 고매한 이상주의인 셈이다. 이를 두고 당시 현실에 어긋난 지나친 이상주의, 근대 국가와 국제 정치의 성격에 대한 몰이해라고 비평할 수 있다. 다만 이런 비평은 당시 현실이든 근대 국가든 국제 정치든 그에 대한 비판 성찰을 동반할 때 비로소 설득력을 가질 것이다.

활동운화의 기: '화, 통, 합'과 동서양의 통합/변통

혜강은 말한다: "활동운화의 기는 물아를 화하고, 천인을 통하고, 내외를 하나로 합친다(活動運化之氣和物我, 通天人, 合內外一)."(『氣學 二』「氣之大體學者功夫」, 51) 활동운화의 기의 속성을 '물아, 천인, 내외(=자기/타자, 자국/타국)' 사이의 '화, 통, 합' 셋으로 풀이한 것이다. 이를테면 천지인물이 안팎으로 '화, 통, 합'함으로써 '서로 보완/보충하고, 함께 살려 나감'이 활동운화의 기의 속성인 셈이다. 특히 '화'는 활동운화의 기의 중심 속성이요, 혜강 기학의 도의 근본 요소인 셈이다.

혜강은 주장한다: "오로지 운화에 승순하여 치안(治安[=治民+安民])을 조제(調劑)할 따름"(『人政二十五』「萬人治一人治」, 575)이니, 운화에 승순하면 "[사람들은] 형제가 되어 통하고, 사대주(四大州)의 여러 나

라는 일가가 되어 통하고, 모든(萬億) 생령(生靈)은 일체가 된다. 그래야만 일통치안(一統治安)을 이룰 수가 있다."(「一有虛實誠僞」, 575) 또는 '세간(世間)의 인의(仁義)와 천하의 오륜을 지견(知見)함'과 함께 "신기(身氣) 운화의 국량(局量)을 견문으로 옮겨(遷移) 지식을 넓히고(廣博) 마음에 존양(存養)함으로써 사해일가와 만성일체에 이르도록 해야 한다."(『人政十六』「爲民選擧在於心」, 323)

이렇듯 혜강은 인의와 오륜을 '세간=일상 생활로부터 천하=세계에 이르기까지 누구나 행해야 할 일용의 도'라고 표현한다. 이는 또한 혜강에게는 '동서양 (문명) 화합의 지평을 열기 위한 도'이기도 하다. 이른바 '동도(東道)'를 표상하는 인의와 오륜. 이를 토대로 서양 문명의 '선악'을 분별=참작하고 취사선택=변통할 것을 제안한다. 예컨대 "중국과 서양은 각각의 좋은 법(善法)을 서로 취해야 한다. 서양의 선법을 중국에서 행하면 그에 따른 손익도 있으리라. 중국의 선법을 서양에서 행하면 그에 따른 변통도 있으리라. 이것이 사해의 승순사무(承順事務)를 통일하는 길이다"(『承順事務』「中西通用氣數理」, 『叢書五』 343).[54] 즉 중국(=동양)과 서양의 '좋은 법'을 변통할 방도를 생각한 것이다.

혜강이 말하는 운화기의 공도는 물론 통민 운화의 도 역시 동서양을 나누지도 대립시키지도 않는다. 그런 뜻에서 뭇사람의 생활 세계로부터 '지방, 국가, 지역, 세계에 이르는 글로리내컬(global/regiona

---

[54] 또는 "두 나라 사람이 만나면 서로 참호(參互)하고 기(機)를 따라 응변(應變)해야 한다"(『承順事務』「對遠國人以承順」, 341)고 제안하기도 한다. 이로써 '참호'론과 '임기응변'론을 제기한 셈이다. 이런 혜강의 입장을 동도서기론(東道西器論)이라는 용어에 빗대면 '동도서기 참호론'이나 '동도서기 취사론'으로 표현될 수 있을 것이다. 박희병(2003), 154 참조.

l/national/local)' 차원의 시공간에서 실천할 수 있는 '보편적이자 공공적인' 도이다. 이를 위한 '공=보편-공공성'을 그려낸 셈이다. 이처럼 그의 '공'은 '다차원적이자 중층적인' 구조를 지닌 개념이다. 더욱이 '만국함화, 조민유화'라는 자신의 명제와 함께 '사해일가, 만성일체'와 같은 유교의 이념을 담고 있다.

'만국함화, 조민유화'는 혜강의 독창적 발상이다. 그렇긴 하나 그의 공 개념과 이념은 유학 전통에서 비롯한다. 예컨대 『예기(禮記)』예운편(禮運篇)의 '대도(大道)가 행해질 때 천하는 공(天下爲公)'이라는 말로 시작되는 대동(大同)론을 들 수 있다. 혜강은 이를 계승하여 거기에 '만국함화, 조민유화'를 담은 셈이다. 그리고 자신의 대동론을 전개한다. "우주 만국에서는 풍토 물산이 소이할 뿐 신기(神氣) 운화는 대동이다. … 세행습속(細行習俗)이 소이할 뿐 윤강정교(倫綱政敎)는 대동이다"(『氣學一』, 22)라고.

혜강의 대동론: '운화의 대동'

혜강의 대동론은 '운화의 대동'을 논하고 있다는 특징을 지닌다. 이런 특징은 그의 기학을 떠받치고 있는 '기일분수'론에서 비롯된 것으로 이해될 수 있다. 즉 기의 '분수'라는 현상에도 불구하고 천지인물의 본질은 '기일'에 있으니 기의 상통이 세계를 대동으로 인도하리라고 생각했던 것이다. 또 하나의 특징은 '윤강정교의 대동'을 논한다는 점이다. 운화기와 통민 운화의 공도에 승순함을 추구하는 자신의 정치론(=기학과 인정)이 세계를 대동으로 이끄는 '윤강정교'가 되리라는 포부와 이상을 지녔던 것이다.

혜강은 말한다. "사람의 신기로 기의 운화를 배우게 하면 우주 생령으로 통할 수 있다. 이를 크게 사용하여 기학을 천하에 전파함으로써 만세태평(萬世太平)을 연다"(『人政十』「神氣學運化」, 198)라고. 이처럼 거대한 포부, 고매한 이상과 개방성, 진취성을 표명한 것이다. 거기에는 통민 운화의 공도로써 동서양을 대동으로 이끔과 동시에 기학을 세계에 펼쳐서 '세계의 영구 평화'를 추구하고 싶다는 희망과 욕구가 담겨 있다. 이를 통해 그의 '유교적 평화주의/평화론' 구상을 엿볼 수 있다.

이미 보았듯 혜강은 '화'를 중시한다. 그리고 '공(公)'과 함께 '공(共)'을 중시한다. 이를 바탕으로 '공생, 공치(共治)'론을 다각도로 전개한다. 먼저 '공생'론을 살펴보자. 예컨대 그는 "진정한 가르침의 요(要)는 공생의 의(義)에 유익함에 있다"(『人政十三』「氣不明有害」, 263)고 논한다. 또한 "공생의 의를 섬기기(事)"란 "인민이 가장 귀함"에 있음을 논하기도 한다(『人政二十三』「爲財擇人爲民用人」, 507). 그의 기학이나 통민 운화의 공도에 비추어 보면 '공생'이란 곧 '인민의 기를 함께 살려 나감'을 뜻한다.

혜강의 '공치'론: 공론 정치 구상

혜강의 '공치'론은 다음과 같은 말에 요약되어 있다(『人政十六』「國心選人」, 326): "한 나라의 일(一國之事)은 마땅히 그 나라의 [모든] 사람(一國之人)이 공치해야 한다. 한 두 명의 사인(私人)이 욕심에 따라 다스리면 안된다. 한 나라의 공론을 취하여 [여러 사람이] 지목하는 명망있는 사람을 관리에 임명하고 책임을 지우는 것이 곧 나라 사람(國人)과 함께 하는 공치이다. 공론이란 나라 사람이 공추(共推)하는 론이다."55) 이렇듯 '나라 사람, 뭇사람=민이 함께 참여하는 공론 정치'를 구상한 것이다. 여기서 주의를 환기할 것이 있다. 공론 정치는 유교의 민본 이념에 바탕을 두고 그 실천=제도화 과정에서 파생하여 전개되어 왔다는 역사적 사실이다. 조선은 그 제도화에 힘썼던 왕조였다.56)

혜강은 '공추'를 다음과 같은 천거(薦擧) 제도에 적용한다: '동네(閭里) 자제를 가르치고 성정(=誠意正心, 『대학』팔조목의 두 가지)으로 지도하는' 과정에서 "향당(鄕党)은 그 풍속을 바로잡고 기강을 세우기 위한 사람을 공추함으로써 향민(一鄕之民)을 가르친다.57) (중략) 가르침의 모범(敎範)을 지닌 층을 가(家)에서 밀고(推) 향(鄕)에서 밀어서 각자 지닌 인품[=재능]의 가불가(可不可)를 가르친다. 그리하여 군현(郡縣), 성(省)의 모든 민(民)으로부터 그들 [유능한] 무리(衆)를 조정이 선임한다."(『人政八』「擇用敎人之才」, 167) 지방 자치로부터 중앙 정치에 이르는 천거 제도의 구상이다. 이를 보면 그가 과거 제도의 병폐, 한계를 느끼고 있었음을 알 수 있다. 그래서 과거 제도를 보수(補修)할 수 있는 천거 제도를 구상했던 것이리라.

나아가 혜강은 "사람의 태어남에 본디 사·농·공·상의 정한(定限)이 있을 리 없다. 조정은 오직 인품의 귀천[=재능의 유무]에 따라

---

55) 혜강은 "뭇사람(衆人)이 공추하는 공론"을 논하면서 "만성(萬姓) 중에서 선거하여 만성의 사무를 제(濟[=구제, 처리])하는 것이 바로 통민운화의 도"(『人政十四』「選統人道之人」, 282)라고도 말한다.
56) 조선의 '공론 정치'와 그 변용에 관해서는 金鳳珍(2018), 71-89; 설석규(2002) 참조.
57) 이러한 향당의 '공추' 구상을 혜강은 『鄕約抽人』(一冊, 1870년, 『叢書五』)에서 상론하고 있다. 흥미로운 내용이 많지만 그 검토는 생략한다.

취사할 따름이다"(『人政二十五』「工商通運化」, 572)라고 말한다. 이는 사·농·공·상 사민(四民)의 '직능 구분'과 상관없이 누구든 유능한 자라면 관리로 선발해야 한다는 구상을 담고 있다.

혜강의 '공치' 구상에 대한 오해: 그 오류의 비판적 성찰

이에 관해 박희병(2003)은 "이런 구상은 그간의 신분적 차별을 완화시키고 사농공상 신분 즉 서민의 입신(立身)을 허용한다는 점에서 일단 획기적인 것이기는 하나, 그럼에도 그것은 사민의 평등을 전제한 것이거나 사민의 평등을 염두에 둔 것이라고 말하기는 어렵다"(120-121)고 비평한다. 그러나 이런 비평은 두 가지 문제점을 지닌다. 먼저 사민이란 본디 '직능 구분'을 가리킨다. 비록 그것이 '신분'으로 변질되거나 현실적 '차별'을 초래했을지라도 말이다. 따라서 '사민=신분적 차별'은 단순화 오류에 속한다.

다음으로 박희병의 주장대로 이런 점에서 어쩌면 '허구적' 평등보다 '구체적이자 현실적' 개념일지도 모른다. 또한 평등을 새로운 형태로 융섭할 여지가 있는 개념일지도 모른다. 이란 근대적 개념을 사용함으로써 스스로 '근대확인적' 관점에 빠져 있다는 지적을 피할 수 없다. 당연하나 혜강이 '평등을 전제하거나 염두에 두었을 까닭은 없다.'

다만 혜강이 사민의 '평분'을 염두에 두었을 가능성은 있다. 그가 추구한 운화기의 공도의 '공'은 '평분'(『說文解字』)을 함의하는 까닭이다. 유교의 '평분' 개념은 인간, 사/물의 분(分, lot)이 '고르지 않음(不均), 가지런하지 않음(不齊)'이 자연이자 현실임을 직시한다. 그 사이에 불평등, 위계가 생김을 인정한다. 그러나 '올바로 규율할 것'을 추구한다. 그 목표는 공평/공정한 배분과 이를 통한 인간 세계의 조화, 공존에 있다. 이런 목표와 실천을 뒷받침하거나 매개하는 개념이 '평분'이다.58) '공=평분'이란 '허구적' 평등을 아우르고 넘어설 수 있는 '구체적이자 현실적' 개념인 셈이다.

혜강의 공치 구상은 박희병도 주장하듯 '신분적 차별의 완화와 서민의 입신(정치 참여)을 허용하려는' 의향을 담고 있다고 볼 수 있다. 또한 '정치의 담당자를 관리뿐만 아니라 사민으로 확대 개편하려는' 의도를 담고 있다고 볼 수도 있다. 한 마디로 '민의 정치 주체화' 현상을 표상한다고 말해도 좋을 것이다. 그렇다면 혜강은 '정치 주체로서의 민'의 등장을 추구하고 있었다고 평가될 수 있다. 나아가 그의 공치 구상은 유교 전통의 '민본'을 바탕으로 서양 근대의 '민주'를 아우른 것이라고 이해할 수 있다. 또는 '민주'를 아우를 수 있는 가능성을 지닌 것이라고 이해해도 좋으리라.

그런데 박희병(2003)은 "최한기가 민을 지도와 교화와 통치의 대상으로 본 것은 평생을 통해 바뀌지 않았다"(123)면서 이를 '공치의 한계'라고 비평한다. 이런 비평은 논리 비약을 담고 있다. 왜냐면 '민을 통치 대상으로 본 것'은 한계가 아니요, 이것과 혜강의 공치 구상에서 '민을 정치 주체로 의식한 것'과는 모순/대립이 아닌 까닭이다. 당연하나 민주 국가에서도 국민은 '정치 주체이자 통치 대상'이기도 하다. 혜강의 민 역시 그럴 따름이다. 박희병의 비평은 민주를 기준으로 삼는 것이겠지만… 그렇다면 '근대확인적' 관점에 빠져 있다는 지적을 피할 수 없다.

---

58) '평분'과 그 관련 개념에 관해서는 여타의 장에서도 거론한다. 특히 제3부 제2장 제3절 참조.

어쩌면 혜강은 서양 근대의 의회제나 지방 자치로부터 어느 정도의 시사를 받아 공치를 구상했을지도 모른다. 그랬다면 거기엔 '근대 지향'이 일정 정도 담겨 있다고 볼 수 있으리라. 다만 그의 공치 구상은 어디까지나 '민본 전통'이 바탕이라 보아야 옳다. 그렇다고 민주를 기준으로 그 한계만 볼 이유는 없다. 민주가 '절대적' 기준일 수 없기 때문이다. 또한 민주의 한계를 보는 상대주의적 시각도 필요하다. 이와 관련하여 김용옥은 민본을 'pletharchia'(=다중[多衆]의 지배)로 번역하면서 "민주보다는 민본이 오히려 현실적이고 구체적이며 정직한 개념"이라고 주장한다.[59] 시비가 나뉘겠지만 경청할 가치가 있다. 민주도 민본도 각기 의의와 한계를 가지고 있을 것이기에 말이다.

맺음말

거듭 말하나 혜강 정치론의 목표는 '운화기의 공도 정치'와 '민, 인인의 공치'이다. 그 목표는 한 마디로 "인정(仁政)"(『人政十五』「以選人知公與仁」, 314)의 실천/실현에 있다. 이때 '인정'이란 그가 저술하여 논한 '인정(人政)'에 다름 아니다. 이를테면 '사람을 위한, 사람에 의한, 사람의 정치'를 내포하는 개념인 셈이다. 특기하면 그 목표는 한 나라의 정치 범주에 그치지 않는다. '만국함화, 조민유화'가 표상하듯 글로리내컬 차원의 시공간에서 실천할 도덕 정치를 구상한 까닭이다. 더욱이 천지인물을 관통하는 즉 자연과 인간 세계를 잇는 보편-공공의 도, 도덕성을 궁구하고 있기 때문이다.

---

59) 崔済愚著・金容沃訳注(2004), 43.

혜강 정치론의 의의

거기에는 '올바른' 지구화 즉 인간과 자연만물의 상생 세계를 구축하는 일에 필요한 지혜가 가득하다. 지속가능한 지구 생태와 더불어 살아갈 지평, 바람직한 삶의 길을 여는 방법 역시 가득하다. 이를 되살려 오늘날에 걸맞게 계발하기(개념화, 이론화, 제도화)는 우리의 몫이요, 남겨진 과제이다. 그럼에도 혜강의 '인정'을 '민주, 근대'라는 기준으로 재단(裁斷)하는 탓에 그 의의를 폄하한다면 근대주의에 빠져 있는 셈이다.[60] 또는 '근대의 주박(呪縛, 홀리고 얽매임)'에 걸려 있는 셈이다.[61]

혜강 정치론 속의 '근대지향'을 확인하는 일은 필요하다. 단, '근대확인적' 관점에 쏠려서는 안된다. 아울러 근대주의, 근대의 주박을 초극해야 한다. 그리하여 '반근대의 근대, 초근대=근대 극복(overcoming modernity)'의 요소를 살펴야 한다. 또 '전통과 근대'의 이종교배(hybridization) 현상도 살펴야 한다.[62] 나아가 양쪽의 정부(正負)를 비판적으로 성찰해야 한다. 이로써 새로운 정치/론의 지평을 열기 위한 소재로 삼을 필요가 있다.

혜강의 인정, 공치 구상은 조선 유교의 정치 사상을 토대로 나온 것이다. 다만 그것은 그가 살던 당시에도 실현되지 못했고 이후에도 실현된 적이 없다. 그렇다고 실현될 수 없는 이상이요, 실현될 가치 없는 허상이라고 볼 수는 없다. 실현될 수도, 가치도 있건만 지금껏 '미

---

[60] 이에 대한 비판은 김용옥(2004, 1990); 임형택의 논문(2001년 6월) 참조.
[61] '근대의 주박'과 그 초극(超克)에 관해서는 金鳳珍의 논문(2009년 4월) 참조.
[62] '전통과 근대'의 이종교배에 관해서는 金鳳珍(2004), 5 참조.

완의 계기'로 남아 있노라고 봄이 옳다.63) 이런 시각은 또한 조선 유교의 정치사상에도 유교 전통과 유산에도 적용될 수 있다. 이를 되살려 오늘날에 걸맞게 계발하기는 우리의 몫이요, 남겨진 과제이리라.

혜강 정치론: '민본과 민주'의 새로운 지평

혜강은 '민, 인인의 공치'를 구상하면서 '민은 정치 주체'라는 의식을 표명한다. 이는 유교 전통의 '민본'을 새롭게 발명한 것이라고 볼 수 있다. 또한 서양 근대의 '민주'와 상통하는 점이 있노라고 볼 수도 있다. 따라서 혜강의 정치론은 민본과 민주를 상보/상화할 가능성을 지닌다. 따라서 '민본과 민주'의 이종교배에 의한 새로운 정치/론의 지평을 열 가능성과 잠재력을 지닌다.64) 즉 오늘날에 걸맞게 계발할 만한 가치가 가득한 것이다.

혜강의 정치론은 전술했듯 '근대의 부'를 비판적으로 성찰할 수 있는 '반근대의 근대, 초근대=근대 극복'의 요소를 담고 있다. 동시에 오늘날 글로리내컬 차원의 각종 문제를 해결하기에 필요한 통찰도 담고 있다. 나아가 새로운 정치/론의 지평을 열어 나가기 위한 소재

---

63) 혜강의 공치 구상과 머지않아 출현한 개화파의 '군민(君民) 공치'론 사이에 무슨 연관이 있을지는 분명치 않다. 그렇긴 하나 19세기 당시 조선에서는 유교 정치와 민본 전통에 입각한 '공치에의 의지'가 시대 사조로 퍼져 있었으리라. 거기에 서양 근대의 정치 사상이 수용되면서 개화파의 '군민 공치'론이 출현했으리라. 아무튼 조선형 공치는 실현되지 못한 채 '미완의 계기'가 되고 말았다. 단, 그 전통과 유산은 오늘날 한국 정치 속에 살아남아 있다고 본다.

64) 실제로 한국 민주주의는 '민본과 민주'의 이종교배와 그 과정의 산물이라 봄이 옳다. 그것이 서양으로부터 수입한 복제품일 수만은 없는 까닭이다. 그 바탕에는 유교 사상을 비롯한 한국 고유의 여러 사상이 깔려 있다. 이들 전통과 유산이 '미완의 계기'로 남아 있다가 되살아난 것이다. 그리하여 한국 정치의 발전=민주화 과정에서 새롭고 다양한 형태로 계발되어 구현되고 있는 중이다.

도 담고 있다. 특히 주목하고 싶은 것은 '운화기 공도' 정치이다. 거기에 담긴 보편-공공의 도, 도덕성이다. 오늘날 글로리내컬 차원의 각종 문제의 대부분은 한 마디로 '도덕 불감증'에 기인한다고 보기 때문이다.

⟨참고문헌⟩

大東文化硏究院編. 2002.『增補 明南樓叢書』一 ~ 五. 成均館大學校出版部.
亞細亞文化社 영인본. 1984.『田愚全集』八.
『孟子』『大學』『易経』『韓非子』『說文解字』『朱子語類』『朱子文集』『傳習錄』『語孟字義』

가타오카 류(片岡龍). 2016. "14세기 말에서 16세기 중반 '공공' 용례의 검토:『조선왕조실 록』과『한국문집총간』을 중심으로," 정순우 외 지음,『한국과 일본의 공공의식 비교 연구』. 한국학 중앙연구원 출판부.
권오영. 1999.『崔漢綺의 學問과 思想硏究』. 서울: 집문당.
김봉진. 2017, "삼원 사고와 퇴계의 사단칠정론," 영남 퇴계학 연구원,『退溪學論集』제21호.
＿＿＿. 2015. "'공공' 개념의 전통: 중국과 일본을 중심으로," 이동수편,『정부의 재발견: 공공성과 공동성 사이에서』. 서울: 인간사랑.
＿＿＿. 2019, "아베(安倍) 정권과 일본의 '병학적 근대'," 한국 역사연구회,『역사와 현실』113호.
＿＿＿. 2018. "동아시아 '근세'의 '유교적 근대'와 '병학적 근대'," 퇴계학 부산연구원,『退溪學論叢』제32집.
김용옥. 2004a.『惠岡 崔漢綺와 儒教「気學」과「人政」을 다시 말한다』. 서울: 통나무.
＿＿＿. 2004b.『혜강 최한기와 유교』. 통나무.
＿＿＿. 1990.『讚氣學說』. 통나무.
김용헌 편저. 2005.『혜강 최한기』. 예문서원.
김형찬. 2002. "理氣 존재와 규범의 기본 개념," 한국사상사연구회,『조선 유학의 개념들』. 서울: 예문서원.
김형효. 1993.『데리다의 해체철학』. 서울: 민음사.
박기태. 1993. "惠岡 崔漢綺의 政治思想에 관한 硏究 ― 明南樓隨錄을 중심으로," 성균관대학 교 석사학위논문.
박희병. 2003.『운화와 근대 최한기 사상에 대한 음미』. 서울: 돌베개.
설석규. 2002.『朝鮮 時代 儒生上疏와 公論政治』. 서울: 도서출판 선인.
안외순. 1999. "조선유학자의 민주주의에 대한 인식: 최한기의 정치사상을 중심으로," 한국정치 외교사학회, 1999년 5월 학술발표회 논문집.
예문동양사상연구원・김용헌 편저. 2005.『혜강 최한기』. 서울: 예문서원.
이종란. 2000. "최한기의 인식이론," 최영진 외저,『조선말 실학자 최한기의 철학과 사상』. 서울: 철학과 현실사.
이현구. 2000.『崔漢綺의 氣哲學과 西洋科學』. 成均館大學校大東文化硏究院.

임형택. 2001년 6월. "개항기 유교지식인의 '근대' 대응논리,"『大東文化硏究』38.
정구선. 1993. "崔漢綺의 官吏登用制度 改革案 — 薦擧制論을 중심으로,"『東國史學』27.
정순우 외 지음. 2016.『조선 왕조의 공공성 담론』. 한국학 중앙연구원 출판부.
최익재. 1991. "崔漢綺의 政治思想에 관한 硏究," 중앙대학교 석사학위논문.
최진덕. 2000. "혜강 기학의 이중성에 대한 비판적 성찰," 권오영・손병욱・신원봉・최진덕・한형조,『혜강 최한기 동양과 서양을 통합하는 학문적 실험』. 서울: 청계.
崔済愚著・金容沃訳注. 2004.『東経大全 1 플레타르키아의 新世界』. 서울: 통나무.

이시다 이치로(石田一良). 1960.『伊藤仁斎』. 東京: 吉川弘文館.
오카다 다케히코(岡田武彦). 1984.『宋明哲学の本質』. 東京: 木耳社.
金鳳珍. 2018. "東アジア世界における「街頭の政治」の傳統-朝鮮の公論政治とその變容," 阿部容子等編,『「街頭の政治」をよむ』. 法律文化社.
_____. 2013. "槪念の傳統と近代: 中國と日本における「公共」," 平野健一郎等編,『國際文化關係史硏究』. 東京大學出版會.
_____. 2009년 4월. "韓日共通の思想課題,"『翰林日本学』14. 한림대학교 일본학연구소.
_____. 2004.『東アジア「開明」知識人の思惟空間 鄭觀応・福沢諭吉・兪吉濬の比較研究』. 九州大学出版會.
구로즈미 마코토(黒住真). 2003.『近世日本社会と儒教』. 東京: ぺりかん社.
미조구치 유조(溝口雄三). 1995.『中国の公と私』. 東京: 研文出版.
와타나베 히로시(渡辺浩). 1997.『東アジアの王權と思想』. 東京大學出版會.
_____. 1985. "補論 伊藤仁斎・東涯 - 宋学批判と『古義学』,"『近世日本社会と宋学』. 東京大學出版會.
요시카와 고지로(吉川幸次郎)・시미즈 시게루(清水茂)편. 1971.『伊藤仁斎・伊藤東涯』. 日本思想体系33. 岩波書店.
요시다 고헤이(吉田公平). 1990.『陸象山と王陽明』. 東京: 研文出版.

제 2 부

삼원 사고와 이원 사고의 개념 대립

제1장 홍대용 연행록의 화이관(華夷觀)

제2장 '조선=속국(屬國), 속방(屬邦)'의 개념사

제3장 서양 '권리' 개념의 수용과 변용
: 유길준과 니시 아마네의 비교 고찰

제1장 홍대용 연행록의 화이관(華夷觀)

머리말

담헌 홍대용(湛軒 洪大容, 1731~1783)의 화이관은 '화이일야(華夷 一也)'와 '역외춘추(域外春秋)'로 집약된다. 그 특징은 한 마디로 '열린' 화이관이다. 이러한 화이관은 을유(乙酉, 1765)년 11월부터 병술(丙 戌, 1766)년 4월까지 연행(燕行)을 통한 변용을 거쳐 형성된 것이 다.1) 그 구체적 모습은 『을병연행록(乙丙燕行錄)』(한글), 『연기(燕記)』, 『항전척독(杭傳尺牘)』, 『의산문답(毉山問答)』 등 저작을 통해 볼 수 있다.2) 이들 저작은 담헌의 화이관을 비롯한 대외관, 학문관의 의미 심장한 변화를 보여준다.3)

나아가 연행 이후에도 지속된 중국의 한인(漢人) 문인들과의 서신 교류를 통해 담헌의 대외관과 학문관은 지속적으로 변화해 나갔다.4)

---

1) 담헌의 연행에 관해서는 김태준(1982, 1987a, 1987b)의 해당 부분 참조.
2) 『을병연행록』은 숭실대학교 기독교 박물관본(10권 10책)과 한국학 중앙연구원 장서각본 (20권 20책)의 두 종류가 있다. 소재영 외(1997)는 전자를 옛 한글 그대로 재간한 것이 다. 후자는 김태준·박성순 옮김(2001)라는 새 한글 해독본으로 출판되어 있다. 단, 후자 는 생략이 많아서 전자를 인용한다. 그밖의 한문 저작은 『국역 담헌서』I-V의 IV권에 『연 기』, II권에 『항전척독』, I권에 『의산문답』이 실려 있다. 이들 저작을 인용할 때는 일부 개역하며 페이지의 숫자만 표기한다.
3) 담헌의 대외관은 김봉진(2009)의 논문 참조. 이 논문은 본장과 서로 겹치는 부분이 적지 않다.
4) 그들과의 서신은 『항전척독』에 실려 있다. 『항전척독』 후반에는 연행 중 북경에서 만난 세 한인 문인과의 필담인 『건정동필담(乾淨衕筆談)』과 그 속편이 첨부되어 있다. 또한 『항 전척독』 첫머리에는 박지원(朴趾源, 1737~1805)과 민백순(閔百順, 1711~1774)의 서문

이런 변화가 그의 인물관, 우주관과 결합하여 표출된 화이관이 『의산문답』의 '화이일야'론, 그리고 '역외춘추'론이다. 그 특징은 한 마디로 '열린' 화이관이다. 특기하면 담헌의 '열린' 화이관은 그의 독창이 아니라 일종의 '전통의 발명'이다. 그 '발명'에는 연행 중에 경험한 청국의 '열린' 화이관과 함께 한인 문인들과의 서신 교류가 큰 영향을 주었다.

열림과 닫힘 두 범주의 화이관

여기서 동아시아 전통의 화이관 내지 화이 개념에 대한 '잘못된' 통념을 지적해 둔다. 그 '잘못된' 통념이란 화이를 '지리/종족(나라/민족)을 근거로 구분하는' 편견을 가리킨다.5) 그 바탕에는 동아시아 전통에 대한 오해나 무지가 자리잡고 있다. 이를 바로잡으려면 화이관의 전통에는 '열림과 닫힘' 두 범주의 흐름이 있었다는 사실을 인지할 필요가 있다.

이때 열림이란 화이를 - 주로 유교 - 문화(문명)를 근거로 구분함을 뜻한다. 따라서 화이 변동(화⇌이)을 긍정하는 '보편 성향'의 화이관을 표상한다.6) 거기에는 '자국은 또는 자국도 중화'라는 '보편적'

으로 구성된 『회우록서(會友錄序)』도 실려 있다. 단, 그 본문인 『건정동 회우록』은 실리지 않았다. 『국역 담헌서』를 편찬할 당시 그 존재가 알려지지 않았던 까닭이다. 『건정동 회우록』(전3책)의 1책은 숭실대학교 기독교 박물관에 소장되어 있다. 이를 발견한 후마 스스무(夫馬進)는 『건정동 회우록』이 그 축소판인 『건정동필담』과 개정판인 『건정필담(乾淨筆譚)』의 원본임을 밝혀냈다. 또한 담헌의 학문관에는 연행과 한인 문인들과의 서신 교류가 큰 영향을 미쳤음도 밝히고 있다. 夫馬進(2015)의 제13장, 제14장 참조.
5) 이른바 '중화주의'라는 용어로 표상되는 편견이 그 전형이다.
6) 그 바탕에는 유교의 '보편 성향'이 깔려 있다. 그것이 '열린' 화이관을 키우는 거름이자 온상인 셈이다. 그 사상사적 전개는 장치송(張啓雄, 2009년 7월) 참조.

자국 중심주의나 자존의식이 담겨 있다. 동시에 화이 공존, 그리고 '이 안에 화, 화 안에 이'의 요소를 인정하는 상대화 성향이 담겨 있다. 나아가 화든 이든 각각의 문화는 나름대로 가치를 지니고 있다는 상대주의적 사고도 담겨 있다. 이런 '상대주의적이자 열린' 사고는 삼원 사고와 그 논리에 바탕을 두고 있다고 본다.7)

한편 닫힘은 화이를 지리/종족 또는 자국 문화를 근거로 구분함을 뜻한다. 그리하여 화이를 고정시키는 '특수 편향'의 화이관을 표상한다. 이는 '자국/자종족 중심'과 '자국만 중화'라는 '자국 문화 중심'의 두 갈래로 나누어 볼 수 있다.8) 이들 두 갈래의 '닫힌' 화이관에는 특수한 자국 중심주의, 편협한 자존의식이 담겨 있다. 그리고 '잊지 못할 타자'에 대한 적대감, 이로 인한 배외의식과 함께 화이 불변의 절대화 성향이 담겨 있다. 그 바탕에는 '화 v. 이'의 이원(二元) 사고 내지 이항대립(二項對立) 사고가 깔려 있다.

조선의 소중화관: 닫힘과 열림의 두 성향

이렇듯 화이관은 열림과 닫힘 두 범주로 나뉜다. 조선의 소중화관도 마찬가지다. 본디 소중화관은 '조선도 명(明)에 버금가는 중화'라는 자존의식에 기인한다. 그 바탕은 조선이 이→화로 변화했듯 화이 변동을 긍정하는 열림 성향에 다름 아니다. 이것이 소중화관의 뿌리요,

---

7) 삼원 사고와 그 논리에 관해서는 '여는 글' 참조.
8) '자국 문화 중심'의 화이관은 다시 두 가지로 세분할 수 있다. 하나는 유교라는 '보편 문화'를 자국만이 독점하고 있다는 자존의식에 바탕을 둔 화이관. 조선의 '닫힌' 소중화관이 이에 속한다. 또 하나는 '자국 특유의 전통 문화'를 '자국만 중화'의 근거로 삼는 화이관. 이는 매우 편협한 자국중심적 자존의식에 바탕을 둔다. 에도(江戶) 일본의 유학자 일부나 국학자(國學者)의 화이관이 그랬다.

본래성(authenticity)인 셈이다. 그럼에도 조선의 소중화관 내지 화이관이 마치 닫힘만 지녔던 양 여기는 '잘못된' 통념=편견이 근대 이래 퍼져 나갔던 것이다.

그런데 조선 중기에 들어 임진·정유 왜란(1592~1598), 정묘·병자 호란(1627~1636) 양란과 명청(明淸) 교체라는 대변동을 겪으면서 닫힘 성향에 빠져들었다. 이로써 소중화관의 본래성에 어긋나는 현상이 발생했고 퍼져 나갔다.9) 닫힘이 열림을 구축하고 우위를 차지한 것이다. 이는 유교나 소중화 전통에 입각하면 부자연스러운 현상이라고 말할 수 있다. 유교라는 보편 사상/문화를 자국만 독점하고 있다는 것은 무리가 따르기 때문이다. 소중화 전통은 '자국만 중화'라는 닫힘 성향에 바탕을 둔 것이 아닌 까닭이다.

하지만 조선 중기 이래 그런 '부자연, 닫힘'이 정계, 학계를 주박(呪縛, 홀리고 얽매임) 하고 있었다. 특히 '잊지 못할 타자'에 대한 적대감, 배외의식은 그 주박을 옥죄는 요인이었다. 그런 탓에 변화하는 현실에 올바로 적응 못하는 조선의 현실… 이에 대해 담헌은 현상 타파를 위한 비판 의식을 지니고 있었다. 그 비판의 화살 하나는 '닫힌' 화이관을 향해 있었다. 그리하여 '열린' 화이관을 새롭게 발명했던 것이다. 그의 발명은 '부자 연, 닫힘'을 '자연, 열림'으로 되돌림을 뜻한다. 또는 유교나 소중화 전통의 화이관으로 되돌아감을 뜻한다. 그런 뜻에서 담헌은 '열린' 화이관은 '새롭고도 오래된' 것이다.

이 글은 동아시아 전통의 화이관에 대한 '잘못된' 통념=편견을 바

---

9) 그럼에도 '자국/자종족 중심'과는 거리를 두고 있었다는 점에 주목할 필요가 있다. 조선의 '강인한' 유교 전통과 그 보편 성향이 '자국/자종족 중심'의 화이관을 배제한 셈이다.

로잡고, 그 실상을 밝히기 위해 담헌 연행록의 화이관을 고찰한다. 먼저 당시 조선 정계, 학계의 주박과 이에 대한 담헌의 비판 의식을 간결하게 살펴본다. 제2절에서는 담헌 연행록에 보이는 화이관의 변용을 고찰한다. 이어서 '화이일야'론과 '역외춘추'론을 분석한다(제3절). 제4절에서는 『논어』 팔일(八佾)의 '이적지유군, 불여제하지망야(夷狄之有君, 不如諸夏之亡也)'에 관한 두 갈래 주석 곧 고주(古注), 신주(新注)를 검토한다. 그리고 옹정제(雍正帝; 재위 1722~1735)의 『대의각미록(大義覺迷錄)』의 요지를 밝힌다.[10] 마지막으로 담헌의 화이관이 남긴 영향과 의미를 생각해 본다.

1. 담헌의 비판의식

영·정조 대의 조선은 양란과 명청 교체에 기인한 감정의 기억과 함께 북벌론, 존주론, 주자학 존숭 등 유산을 이어받고 있었다. 이들 유산은 북벌론의 형해화, 존주론의 물신화, 주자학의 교조화, 그리고 붕당의 화(禍) 등 퇴화된 모습을 드러내기도 했다. 또한 대·내외 폐색(閉塞) 상황을 초래하기도 했다. 특히 북벌론과 존주론은 소중화관을 닫힘 성향에 빠트리는 요인이 되었다. 그럼에도 일종의 국시로 여겨졌고, 그 정면 비판은 금기에 가까왔다. 그래서 붕당 간의 이해관계와 얽힌 채 중앙 정계를 주박하고 있었다.

주의할 것은 주박이란 개념이 북벌론, 존주론, 주자학, 붕당 자체가

---

10) 그 저작이 담헌 화이관의 변용에 영향을 주었으리라 여겨지기 때문이다.

아니라 각각의 형해화, 물신화, 교조화와 같은 부(負)의 측면을 가리킨 다는 점이다. 달리 말해 북벌론, 존주론 등에는 정(正)의 측면도 있었 음을 뜻한다. 이로써 중앙 정계는 왕조 정통성과 체제를 재정비했다. 그 결과 북벌론, 존주론 등은 정통성과 체제를 유지하는데 불가결한 요소가 된 것이다. 이를 토대로 정치, 경제 등을 개혁해 나갔고 문화, 사상과 서민 생활에 활기를 불어넣었다. 그리하여 영조·정조대는 '문 예 부흥 시대' 또는 '실학의 전성기'가 될 수 있었던 것이다.

문제는 상기한 부의 측면이었다. 이에 대한 비판의식은 물론 담헌만 이 지녔던 것은 아니다. 실은 왕을 비롯한 관료, 지식인 대부분이 크 든 작든 공유하고 있었다. 담헌의 비판의식은 그 하나였을 따름이다. 단, 그 비판 내용이나 표출 양상에는 각자의 특성이 담겨 있었다. 그 렇다면 담헌의 비판의식은 무슨 내용이며 어떻게 표출되었을까? 그 일단을 그가 21세때 스승이자 노론계열 학자인 김원행(金元行, 호는 渼湖, 1702~1772)에게 표출한 비판의식에서 엿보기로 하자.11)

나는 신미년(1751년)에 영읍(嶺邑)에서 우연히 윤증(尹拯)의 문고를 얻었다. 그 문사(文詞)가 창통(暢通)하고 사기(辭氣)가 완순(婉順)함을 좋 아하여 밤낮 탐독하면서 그 학설에 빠져들었다. 그리고 '우옹(尤翁, 우 암 송시열)에게 의심스러운 곳이 있고 오히려 윤증은 용서할 바가 있 다'고 생각했다. 또한 신임(辛壬)의 일을 듣고 '저쪽이 본디 역(逆)이나 이쪽도 죄가 없지 않다'고도 생각했다. (「미상기문(渼上記聞)」, 『국역 담 헌서』I, 166-167)

---

11) 원문: 余於辛未在嶺邑偶得尹拯文稿. 喜其文詞暢通辭氣婉順 早晚耽看頗入其說. 意謂尤翁眞 固可疑 尹拯容有可恕. 又略聞辛壬事且疑彼固逆矣此亦不能無罪.

이렇듯 담헌은 노론 창시자인 우암, 그리고 노론-소론의 붕당 싸움에 대한 비판의식을 지니고 있었다.12) 위 인용문에 언급된 윤증(1629~1714)은 그의 스승이던 우암 송시열(宋時烈, 1607~1689)과 대립하여 소론의 거두가 된 학자다. 그 대립에는 아버지 윤선거(尹宣擧, 1610~1669)와 우암의 불화와 같은 개인적 이유도 있었으나 주된 이유는 정치관, 대외관, 학문관 등 사상 대립이었다. 윤증은 우암의 북벌론, 존주론을 견제하면서 대청 실리 외교를 주장했다. 그리고 우암의 주자학 존숭과 달리 양명학을 수용했고 경세학, 실학을 중시했다. 예컨대 양명학자 정제두(鄭齊斗, 1649~1736)와 친밀했다.13) 또 우암의 정적이던 남인의 윤휴(1617~1680)와 교유하면서 그의 학설을 변호하기도 했다. 이런 윤증을 청년 담헌은 '좋아했고 그 학설에 빠져들었던' 것이다.

'신임의 일'이란 신축(辛丑, 1721)과 임인(壬寅, 1722) 즉 경종(景宗, 재위 1720~1724) 1, 2년에 일어난 신임옥사를 가리킨다. 이때 벌어진 노론-소론 싸움의 원인은 왕통을 둘러싼 충역(忠逆)과 의리(義理) 시비였다. 위 인용문에서 담헌이 "본디 역"이라 말한 "저쪽"은 소론을 뜻한다. 1724년 영조(英祖, 재위 1724~1776) 즉위 후 신임옥사의 충역이 뒤집혀 소론이 '역'으로 바뀐 때문이다. 이로써 노론은 '충'이 된 셈이다. 그러나 담헌은 "이쪽" 노론에도 "죄가 없지 않다"고 여긴 것이다. 그 연유를 묻는 스승에게 담헌은 우암과 윤휴의 관계와 윤증의 행적을 들어 답했고, 신임옥사에 관해서는 노론의 행실을 비

---

12) 노론-소론의 싸움은 정옥자(1998), 52-66 참조.
13) 윤증과 정제두의 학문 즉 육왕학(陸王學)에 관해서는 김길락(2004) 참조.

판했다(『국역 담헌서』I, 167-168). 이에 노한 스승은 엄한 훈계를 내렸다. 그러자 담헌은 "의심을 품고도 입다물기보다는 캐물어 분변(分辨)함이 낫고 구합(苟合)하기보다는 차라리 할말 다하고 돌아감이 낫습니다"(『국역 담헌서』I, 169)라고 항변했다.14)

담헌은 노론계 학풍을 계승하긴 했으나 우암, 노론의 학문이나 정치 행태에 대한 강한 비판의식을 지니고 있었다. 거기에는 소론 윤증이나 남인 윤휴의 학설과 그들의 비판의식도 투영되었을 것이다. 그리하여 신임 옥사에서 보듯 '충역, 의리' 시비는 붕당의 화를 남길 뿐 무익하다는 비판의식으로 이어진 것이다. 이런 비판의식은 그가 후일 붕당뿐만 아니라 북벌론, 존주론 등에 의한 중앙 정계의 주박을 비판, 성찰하게 되는 전조였다고 본다. 나아가 그의 화이관을 비롯한 대외관 형성에도 큰 영향을 주게 되었을 것이다.

2. 연행록의 화이관과 청조 긍정

담헌은 을유년 11월 2일 한성을 떠날 때의 감회를 다음과 같이 피력한다.

장주(莊周)가 말하기를 "여름 벌레와 더불어 얼음을 말할 수 없고 오곡(迕曲)한[바르지 못한] 선비와 더불어 큰 도를 의논하지 못한다"[『장자』외편]고 했으니 동국(東國; 조선)의 예악문물이 비록 작은 중화라 일

---

14) 원문: 無大疑者無大覺. 與其蓄疑而含糊 何如審問而求辨. 與其面從而苟合無寧盡言而同歸.

컬으나 (중략) 중국의 한 고을에도 못 미칠 것이다. (중략) 그리하여 자족한 기상과 악착같은 언론으로 바깥 세상에 큰일 있으며 천하에 큰 땅 있는 줄 모르니 어찌 가련치 않으리오. (『주해 을병연행록』, 17; 이하 책명 생략)

이처럼 담헌은 조선의 '오곡한 선비'들이 '닫힌' 화이관에 빠진 채 편협한 시야에 빠져 있음을 비판한다. 한편 "중국은 천하의 종국(宗國), 교화의 근본"이자 "의관 제도와 시서 문헌이 사방(四方)의 준칙(準則)이 되는 곳"이다(20). 그러나 이런 중국도 "삼대(三代)[夏・殷・周] 이래" 여러 차례 '화⇌이' 변동을 거쳐 청대 이후 "건노(建虜)[여진족]의 기물(器物)"이 되었다고 말한다(18). 이렇듯 담헌은 중국이 중화임을 인정하면서도 동시에 화이 변동을 긍정한다. 닫힘과 열림이 복합된 화이관인 셈이다. 이어서 말한다(19; ①, ②는 인용자).

① 문물이 비록 변하나 인물은 고금이 없으니 어찌 한번 몸을 일으켜 천하의 큼을 보고 천하 선비를 만나 천하 일을 의논할 뜻이 없으리오. ② 또 비록 더러운 오랑캐라도 중국에 웅거하여 백여년의 태평을 누리니 그 규모와 기상이 어찌 한번 볼 만하지 않으리오. 만일 "이적(夷狄)의 땅은 군자가 밟을 바 아니요, 호복(胡服) 입은 인물과는 더불어 말을 못하리라" 하면 이는 고체(固滯)한 소견이요 인자(仁者)의 마음이 아니다.

먼저 ①은 (중화의) 문물이 변하여 이적의 요소가 끼어들었다 해도 인물은 변함없는 중국인이며 그 안에 중화 학문을 계승한 자도 있으리라는 뜻이다. '이 안에 화'를 긍정하려는 상대주의적 사고가 엿보인다. ②는 청국에 '볼 만한' 곧 '화'로 평가할 만한 '규모, 기상'이 있으리라는 뜻이다. 청국의 중화화 즉 '용하변이(用夏變夷)'를 인정하려는 '열린' 화이관과 '청국 안의 화를 배우자'는 북학론의 싹이 엿보인다. 이런 상대주의적 사고와 열림 성향은 연행을 거치면서 담헌의 화이관에 의미심장한 변화를 일으키게 된다.

화이관의 변화 과정

압록강을 건너 11월 27일 구련성(九連城)에 가는 도중 담헌은 "간밤에 꿈을 꾸니 요동 벌판을 날아들어 산해관(山海關) 잠긴 문을 한 손으로 밀치도다"(36)라는 내용의 노래를 지어 읊었다고 한다. 거기에는 담헌의 '북벌의 꿈'이 담겨 있다고 본다. 그는 요동을 지나 심양(瀋陽)을 구경한 후 산해관을 거쳐 12월 27일 북경에 도착했다. 이 동안 실지(實地)의 각종 실사(實事)를 견문하는 한편 수시로 현지인과 대화를 나누고 있다.15)

병술년 새해 첫날 담헌은 사절단을 따라 '조참(朝參)[황제 알현식]'에 참가했다.16) 조참이 끝난 후 담헌은 조선인 의관(衣冠)에 관심을 보이며 다가온 오상(吳湘), 팽관(彭冠)이라는 한림원(翰林院)의 두 한인과 말을 나누고 재회를 약속했다(206). 그리하여 6일 그들의 관직과 주소를 알아낸 담헌은 20일, 23일 두 차례 만났다. 주목할 것은 담헌이 그들을 만날 때마다 여유량(呂留良, 호 晩村, 1627~1683)에 관한 질

---

15) 청나라 문인들과 나눈 서한의 하나인 「답주랑재문조서(答朱朗齋文藻書)」에서 담헌은 "우리 유(儒)의 실학"을 말하면서 "실심실사(實心實事)로써 날마다 실지를 밟고 먼저 그 진실한 본령을 가진 뒤에야 주경치지(主敬致知), 수기치인(修己治人)의 술(術)을 조치할 수 있게 된다"(『항전척독』, 『국역 담헌서』 II, 108)고 주장한다.
16) 당시 황제는 건륭제(乾隆帝, 재위 1735~1795)였고 병술년은 건륭 32년에 해당된다.

문을 던지고 있다는 점이다. 여유량은 그와 연관된 옹정 6(1727)년의 증정(曾靜, 1679~1736) 역모 사건과 이에 비롯된 옹정 8년의 『대의각미록』 출판 등으로 청대 정치 사상사에 중대한 의의를 남긴 인물이다.17)

정월 20일 담헌은 오상, 팽관과 만나 많은 대화를 나누었다. 그 가운데 담헌은 "여만촌은 무슨 죄로 죽었느냐"라고 묻는다. 이에 "두 사람은 얼굴빛이 변하고 대답하지 않더니 이윽고 팽관이 '죄로 죽은 게 아니라 죽은 후 죄를 입은 사람이오. 그 자손과 문생(門生)이 다 변방으로 귀향(歸鄕)[유배] 당했습니다'"라고 답한다(377). 담헌의 질문을 바로잡아 정확히 대답해 준 셈이다. 팽관, 오상 같은 한인 관료에게 여유량은 거론하기 껄끄러운 금기의 인물이었을 것이다. 그럼에도 담헌이 거론한 이유는 이들이 여유량과 같은 '기절(氣節)'이 있는지 없는지를 떠보고 싶었기 때문이리라.

아무튼 담헌은 여유량과 연관된 '역모 사건'의 시말과 이에 얽힌 조선 연행사절의 일화를 소개하고 있다(377-378). 그 검토는 생략하나, 주목할 것은 담헌이 그 '역모 사건'을 계기로 출판된 『대의각미록』을 언급하지 않고 있다는 점이다. 그렇다면 그 책의 존재를 몰랐을까? 아니면 알았으나 읽은 적이 없었던 것일까? 그도 아니면 이미 읽었으나 언급을 회피한 것일까? 이들 물음을 풀어낼 자료는 없다. 단, 추측컨대 담헌은 『대의각미록』을 읽었거나 아니면 읽진 않았어도 그 요지를 알고 있었을 가능성이 있다.

---

17) 『대의각미록』은 조선에 유입되어 읽혀지고 있었다. 그 일단은 김홍백(2011년 12월) 논문 참조.

23일에는 담헌이 '여유량 문집의 유무'를 묻는다. 이에 "팽관이 손을 저어 없다 하고 또 이르기를 '연전(年前)에는 개간한 판본이 있더니 근년에 없어졌다'"고 답한다(397). 그도 그럴 것이 '역모 사건'을 계기로 여유량과 그의 자손은 정죄되거나 처형되었고, 문집은 금서가 되었기 때문이다[옹정제의 문자옥(文字獄)]. 이를 계기로 옹정제는 『대의각미록』을 저술하여 널리 배포했던 것이다. 그 요지는 후술하듯 한인들의 '닫힌' 화이관 비판이었다. 특히 옹정제는 청조가 '화이, 중외(中外)'를 통합하여 '천하일통(天下一統), 천하일가, 만물일체(萬物一體)'라는 유교 이상을 실현했노라고 주장한다.

이런 옹정제의 주장은 청국 관료, 지식인 사이에는 상식이요, 따라서 '천하일통' 등과 같은 표현은 유행처럼 퍼져 있었을 것이다. 실제로 담헌은 한인들이 그런 표현을 거침없이 쓰고 있는 사실에 접했다. 예컨대 정월 26일에 담헌은 북경의 유리창(琉璃廠)에 가서 팽관이 추천해 준 주응문(周應文)과 만난 적이 있다. 그 후 재회를 못한 채 2월 6일 담헌은 주응문의 편지를 받는다. 거기에는 "금천하중외일가(今天下中外一家)"(『연기』외집 권7, 『국역 담헌서』Ⅳ, 五)이니 언젠가 만날 수 있으리라는 표현이 나온다.

열린 화이관과 청조 긍정

주목할 것은 2월 3일, 북경에 체류하던 항조우(杭州) 출신의 한인 선비 엄성(嚴誠), 반정균(潘庭筠)을 만난 첫날에 나눈 다음과 같은 대화이다(469-470; 굵은 자는 인용자).

제1장 홍대용 연행록의 화이관(華夷觀) 163

담헌: 우리가 우연히 만나 한 번 보아도 오랜 친구와 다름이 없습니다. 이후 다시 만나기를 기약함이 어떠합니까?
반생(潘生, 반정균): 옛 사람이 '신하는 밖으로 사귐이 없다.'['人臣無外交'(『禮記』郊特牲)]하였으니 다시 만남을 도모하기 어렵습니다".
담헌: **이 말은 적국 사람을 이르는 것입니다. 아국이 비록 중국과 다르나 해마다 조공을 통하니 어찌 피차의 혐의(嫌疑)를 의논하겠소.**
반생: (크게 기뻐하며) 황제가 천하로써 한 집을 삼는데 어찌 중외(中外)에 간격이 있으며 하물며 조선은 예의지방(禮義之邦)이어서 모든 나라의 으뜸이 되니 시속(時俗)과 사람의 의사로 어찌 고념(顧念)하리오.

위 인용문의 굵은 자는 그 원문에 해당하는 『항전척독』을 보면 "此戰國時語也. 今天下一統, 豈有彼此之嫌"(『국역 담헌서』II, 三〇)임을 알 수 있다. 이는 '인신무외교란 전국 시대의 말입니다. 지금은 천하일통인데 어찌 서로 (사귐을) 꺼릴 필요가 있겠소'라는 뜻이다. 이렇듯 담헌은 '천하일통'이라는 표현을 사용한다. 그러자 반정균은 "희색(喜色)"을 보이며 "천자가 천하로 일가를 삼음(天子以天下爲一家)"(같은 책, 三〇)이라는 말로 화답한다. 여기에는 담헌의 열린 화이관과 깊은 배려에 대한 고마움이 담겨 있다고 본다.

앞서 보았듯 연행 길에 올랐던 당시 담헌은 반청 감정, 북벌론 등으로부터 자유롭지 않았다. 그랬던 그가 이제 청조 긍정을 뜻하는 '천하일통'을 사용하게끔 변화된 것이다. 이런 변화는 한인 문인들과의 교유에 기인한다. '천하일통'은 '천하일가, 중외일가'와 더불어 이들과의 교유를 이끄는 이념이자 현실이었던 것이다. 담헌은 다음과 같은 자기비판적 성찰에 들어갔을지 모른다: 이들에게 청조 긍정은 청국에 태어나 사는 한 엄연한 현실이다. 조선(인)은 그런 현실을 외면하고 당위에만 집착한 채 청조 부정의 '닫힌' 화이관이나 형해화된 북벌론에 주박되어 있다.

2월 12일 네 번째 만남에선 1644년에 명이 망한 뒤 일부 잔존 세력이 남경에 세웠던 남명(南明)의 홍광제(弘光帝, 재위 1645~1646)가 화제가 되었다. 이때 담헌은 "홍광 년간에 중국을 잃고 남방 한 조각의 땅에 왕업을 부쳐 조석으로 병화(兵火)를 염려하는데 어느 겨를에 이런 곳에 힘이 미치겠소. 마침내 중흥 사업을 이루지 못함이 마땅하지요. 강희 황제는 동방[조선]이 또한 영웅의 임금으로 일컫는데 이 일을 보아도 역대에 비할 임금이 적으리라"(560)는 견해를 피력한다.[18] 이는 대명 비판과 청조 긍정을 담고 있다. 이를 기회삼은 듯 엄성은 "본조가 나라를 얻음은 가장 정대(正大)합니다. 도적을 멸하고 대의를 펴서 명조의 수치를 씻고 중국에 주인이 없음을 당하여 자연 천위(天位)를 얻음이지, 천하를 리(利)[=私利]로 여김이 아니었소"(561)라며 청조를 변호한다.

같은 날 화제가 각 왕조의 형벌에 이르자 엄성은 명조 형법이 가혹했음을 비판한 뒤 "본조에 이르러 조정에서 형장(刑杖)하는 법을 덜었으니 가장 관후(寬厚)한 정사(政事)"라면서 청조를 칭송한다. 이에 담헌은 "천하가 한 집이니 집 안에서 사사(私事)를 수작함이 무슨 해

---

18) 이날의 만남에 앞서, 그 전날 담헌은 북경 교외의 서산(西山)에 갔다가 돌아오는 길에 강희제가 머물던 창춘원(暢春園)을 구경했다. 그 검소한 모양을 본 담헌은 "천자의 위엄과 천하의 재력으로 이같이 검덕(儉德)을 숭상하여 행락(幸樂)을 일삼지 아니하니 육십년 태평을 누리고 지금 성군으로 일컬음"(545)이라며 강희제를 칭송하고 있다.

로움이 있으리오"라고 전제한 뒤 "동방에 있을 때 중국 소식을 들으니 해마다 재변(災變)이 많고 민심이 소동하여 천하가 평안치 못하다 하니 실상은 어떠합니까?"라고 묻는다. 이렇듯 담헌은 '천하가 한 집[天下一家]'이란 표현을 썼던 것이다.

위 담헌의 질문에 대한 엄성의 답은 "실로 없다"(575)였다. 또한 반정균은 "수년 전에 회자국(回子國)이 변방을 어지럽혀 삼년을 넘었으나 즉시 평정하고 지금은 사방이 평안하여 이런 일이 없다"(576)고 답했다. 건륭제가 1758~1759년에 벌인 회부(回部)[新疆] 평정을 칭송한 것이다. 이로써 담헌은 '청조 불안정'이 거짓임을 확인한 셈이다. 나아가 엄성은 "황상(皇上)의 은혜를 생각하지 않을 사람이 없고 조금도 소동하는 말이 없으니 특히 절강(浙江) 근방은 자주 구실[세금]을 덜어 은혜를 더하니 인심이 더욱 감복합니다"(576)라면서 건륭제 치세를 칭찬하고 있다.

이들과의 마지막 만남이 된 2월 26일에는 "일찍 밥을 먹고 [숙사(宿舍; 會同館)의] 문 열기를 기다려"(683) 찾아갈 만큼 담헌은 만남을 고대하고 있었다. 이날 화제가 의관, 복식에 이르자 담헌은 "삼대와 한당(漢唐)이 큰 옷과 너른 소매로 각각 수백천 년을 누렸으니 다만 덕의 후박(厚薄)은 있었을 것이오. [그러나] 어찌 의복 제도로 말미암겠는가"(691)라고 말한다. 의관, 복식은 상관할 것이 아니며 '덕의 후박'이 중요할 따름이라는 뜻이다. 이로써 담헌은 청조의 의관, 복식 비판을 철회한 셈이다. 그럼에도 반정균은 "말을 들으니 진실로 마음이 슬프다"(691)고 말한다. 이에 담헌은 이렇게 위로한다(691).

순(舜)은 동이(東夷) 사람이오, 문왕(文王)은 서이(西夷) 사람이니 왕후(王侯)와 장상(將相)이 어찌 종류가 있으리오. 진실로 하늘의 때를 받들어 백성을 평안히 할진대 천하의 참 임금이라 일컬을 것이오. 본조(本朝)[청조]가 산해관을 들어온 후 육적(六賊)을 삭평(削平)하고 천하를 진정(鎭定)하여 이즈음에 이르러 백여년 사이의 병혁(兵革)이 끊어지고 백성이 생업(生業)을 보전하니 치도(治道)의 성함이 가히 한당(漢唐)에 비길 만합니다.

여기서 담헌은 청조를 '본조'라고 부르고 - 후술하나 옹정제가 『대의각미록』에서 '순은 동이지인, 문왕은 서이지인'(『맹자』離婁章句下)이라며 그랬던 것처럼 - 청국의 중화화를 인정해 버린다. 이로써 '열린' 화이관을 명백히 표명한 셈이다.

3. 『의산문답』 안의 화이관

연행 전부터 이미 담헌은 '상대주의적이자 열린' 사고의 성향을 지니고 있었다. 그리고 연행 중 '천하일통, 천하일가'를 긍정하게 되었고 청조를 칭찬하기도 했다. 나아가 청국의 중화화를 인정함으로써 '열린' 화이관을 새롭게 발명하기에 이르렀던 것이다. 이러한 변화가 전술했듯 그의 인물관, 우주관 등과 결합하여 총괄적으로 표출된 대외관이 바로 『의산문답』 안의 '화이일야'론과 '역외춘추'론이다. 이들 '론'을 앞뒤 맥락에 비추어 고찰해 보자(『국역 담헌서』I, 490-491; ①~③은 인용자).

① 하늘에서 보면 어찌 내외지분(內外之分)이 있겠는가. 그러므로 각각 제 나라 사람과 친하고, 제 나라 임금을 높이고, 제 나라를 지키고, 제 풍속에 안주함은 화나 이나 한 가지다(是以各親其人, 各尊其君, 各守其國, 各安其俗, 華夷一也).
② 그런데 천지가 변하면서 인물이 많아지자 물아(物我)가 형성되고, 내외가 나뉘었다. 장부(腸腑)와 지절(肢節)은 일신(一身)의 내외, (중략) 인리(隣里)와 사경(四境)은 일국의 내외, 동궤(同軌)와 화외(化外)는 천지의 내외가 된 것이다. 대저 남의 것 빼앗음을 도(盜), 죄없이 죽임을 적(賊)이라 한다. 그리고 사이(四夷)가 중국에 침강(侵疆)함을 구(寇), 중국이 사이를 독무(瀆武)[무력을 남용]함도 적(賊)이라 한다. 그러나 서로 구, 적이라 하니 그 뜻은 한가지다.
③ 공자는 주나라 사람이다. 왕실이 날로 낮아지고 제후들도 쇠약해지자 오(吳), 초(楚)가 하(夏; 주왕조)를 어지럽혀 도적질을 마다하지 않았다. 『춘추』란 주나라의 책인 바 내외를 엄히 [구분]함이 또한 마땅하지 않은가. 그러나 만약 공자가 바다 넘어 구이(九夷)에 살았다면 용하변이(用夏變夷)하여 주도(周道)[주나라의 도]를 역외에 일으켰을 것이다. 그렇다면 내외지분(內外之分)과 존양지의(尊攘之義)에 스스로 합당한 역외춘추가 있었을 것이다.

위 인용문 ①의 요지는 '하늘'에서 보면 내외 구분이 없듯 화이 구분도 없다는 것이다. 화든 이든 '친기인(親其人), 존기군(尊其君), 수기국(守其國), 안기속(安其俗)'함이 같다는 점에서 '화이일야'라는 것이다. 이때 '존기군, 수기국'은 각각의 존재 이유나 권리가 모든 나라에 동등(평등)하게 부여되어 있음을 함의한다. 이는 '천부자연권적 국가 권리론과 평등관'을 담고 있다고 볼 수 있다.19)

---

19) 따라서 '국가 권리론, 평등관'은 오로지 '서양 근대만의 산물'이라고 볼 수 없다.

'화이일야'의 함의와 의의

담헌의 '화이일야'는 화이 불변의 부정을 함의한다. 화이를 지리/종족에 고정시키는 자국/자종족 중심과 자국만 중화라는 자국 문화 중심에 바탕을 둔 두 갈래의 '닫힌' 화이관을 부정한 것이다. 역으로 화이 변동의 긍정을 함의한다. 또한 '화 안에 이, 이 안에 화'라는 상대화도 함의한다. 화/이란 문화(문명)의 유무로 결정될 뿐이며 따라서 그 유무에 따라 '화⇌이'를 긍정한다는 말이다. 이로써 보편 문화 중심의 '열린, 상대화된' 화이관을 이끈 것이다.

거듭 말하나 '열린' 화이관이나 화이 상대화는 담헌의 독창이 아니라 '전통의 발명'이다. 동아시아 화이관의 닫힘과 열림 두 전통 가운데 담헌은 열림을 선택함과 함께 화이를 상대화했다고 볼 수 있기 때문이다. 더욱이 당시 청국에서는 '열린' 화이관이 상식처럼 퍼져 있었다. 이를 체험한 담헌은 '화이일야'론에 입각한 '열린' 화이관을 새롭게 발명한 것이다. 특기하면 그의 '화이일야'론은 전통의 '열림과 화이 상대화'를 동서양, 지구 전체로 넓혔다는 의의를 지닌다.

> 중국은 서양과 경도(經度)의 차가 180도에 이르는데, 중국 사람은 중국을 정계(正界)로 삼고 서양을 도계(倒界)로 삼으며, 서양 사람은 서양을 정계로 삼고 중국을 도계로 삼는다. 그러나 실로 하늘을 이고 땅을 밟으며 각자의 계를 따름은 모두 자연스러운 것이니 횡계(橫界)도 없고 도계도 없고 한결같이(均) 정계인 것이다.(460)

또한 우주로도 넓혔다. 즉 "별들의 세계에서 보면 지계(地界)[지구]역시 한 개의 별이다. 헤아릴 수 없이 많은 계가 공계(空界)[우주]에

흩어져 있는데 단지 이 지계만 공교롭게도 정중(正中)에 있다고 할 이치는 없다. 그런 까닭에 각 나름의 계가 아닌 것이 없고 돌지 않는 것이 없다. 뭇(衆)계에서 보는 것도 이 땅에서 보는 것과 같아, 제각기 스스로가 각 별들과 뭇계의 중심에 있다고 여긴다"(452-453)는 것이다.[20] 이로써 지리/나라, 종족은 물론 지구와 우주의 별을 포함한 그 어떤 중심주의도 거부한 채 철저하게 상대화한다. 이런 상대화가 화이 구분의 '해체'를 뜻함은 물론이다. 단, 그 구분 자체를 '완전 해체'함을 뜻하지는 않는다.

'화이일야'론을 통해 담헌은 '화 v. 이'를 '일단 해체'한다. 그 의도는 무엇보다 당시 조선의 존주론, 소중화관을 상대화시킴에 있다고 본다. 그렇다고 존주론, 소중화관 자체를 타파함은 아니다. 타파 대상은 그 '부, 닫힘'일 따름이다. 전술했듯 '화이일야'는 보편 문화 중심의 '열린, 상대화된' 화이관을 이끈다. 따라서 이에 입각한다면 조선의 소중화관이든 어떤 나라의 중화관이든 긍정된다. 오직 '조선만, 자국만 중화'라는 '닫힌, 절대화된' 화이관이 부정될 뿐이다. 이 연장선에서 담헌은 ③의 '역외춘추'론을 전개한 것이다.

화이 구분의 존속

그런데 ①에서 일단 해체된 화이 구분이 ②에서는 '동궤 v. 화외, 사이 v. 중국'라는 식으로 다시 복구된다.[21] 이런 변화에서 주목해야

---

20) 담헌은 지구설과 공전설을 알고 있었다고 본다.
21) 이런 변화를 김도환(2007)은 "곤혹스러운 점"(126)이라 지적하면서 나름대로 해석을 하고 있다.

할 맥락은 다음과 같다: '사이'는 물론 '화외'란 '중화화되지 않은 밖'을 가리키는 만큼 가치함축적 용어이다. 그렇지만 담헌은 이들 용어를 어느덧 가치중립적으로 바꾸어 버린다. 또한 보편 가치를 기준으로 화이를 상대화함으로써 화이 구분의 의미를 아예 없애 버린다.

먼저 ②의 "동궤와 화외는 천지의 내외"란 현실 세계는 '동궤' 즉 같은 제도, 문화를 공유한 지역과 '화외' 즉 공유하지 않은 지역으로 나뉘어 있다는 말이다. 이는 현실 세계를 '있는 그대로' 묘사했다는 점에서 가치중립적이다. 또한 각 지역을 '내외'라는 가치중립적 용어로 표현했다는 점도 주목할 필요가 있다. 따라서 이런 식의 화이 구분은 '닫힌' 화이관과 무관함은 물론 '화이일야'론과도 아무런 모순 없이 양립한다.

다음으로 ②의 "사이가 중국에 침강함을 구, 중국이 사이를 독무함도 적이라 한다. 그러나 서로 구, 적이라 하니 그 뜻은 한가지다"라고 말한다. 여기서 '사이'라는 가치함축적 용어가 '중국'(=화)과 대칭되어 있기는 하다. 하지만 그 '가치함축'은 곧 보편 가치에 입각한 판단 기준 앞에 의미를 상실한다. 이때 판단 기준이란 행위의 '옳고 그름'을 가리킨다. 예컨대 '남의 것 빼앗음을 도, 죄 없이 죽임을 적'이라는 언설에 담긴 판단 기준이 그것이다. 이든 화든 '그른 행위를 하면 도, 적이라' 한다. 보편 가치의 판단 기준에 입각하여 '그렇게 비판한다'는 것이다. 그리고 '그 뜻은 한 가지'란 이든 화든 '판단 기준은 같음, 공유함'을 함의한다. 결국 그 판단 기준 앞에서 화이는 상대화되고 화이 구분 자체가 의미를 상실하게 된다. 그러니까 화이는 '한 가지'라는 것이다.

'화이일야'론은 이를테면 '화=정(正), 보편; 이=부(負), 특수'라는 식의 이항대립적 도식을 거부한다. 그런 식의 단순화 내지 절대화의 오류를 타파한다. 이런 성향은 정도 차이가 있을 뿐 전통의 '열린, 상대화된' 화이관도 역시 그러하다. 그렇긴 하나 '화이일야'론의 의의는 전술했듯 '열림을 더 확장했고, 상대화를 한층 철저하게 추진했다'는 점에 있다. 그럼에도 불구하고 '화이일야'론이 화이 구분 자체를 '완전 해체'하여 타파해 버린 것은 아니다. 실제로 그 속에 '화이'라는 용어가 살아 있듯 화이 구분도 남아 있다.22) 다만 그 '화이'가 철저하게 상대화되어 있을 뿐이다. 종합하면 '화이일야'론 속에는 화이 구분과 상대화가 양립, 공존한 채 조화를 이루고 있다는 말이다.

'화이일야'론과 화이 구분의 공존: 삼원 사고와 그 논리

'화이일야'론 속에 화이 구분이 남아 있다면 서로 모순이 되지 않을까? 어쩌면 모순인 것처럼 보일지 모른다. '화이일야'는 일원론/사고로 이어지는 반면 화이 구분은 이원론/사고에 기초한다고 볼 수 있기 때문이다. 특히 근대주의적 이원론/사고와 논리는 '모순인 것처럼' 보게 만드는 요인이 될 수 있다. 그러나 실은 모순이 되지 않는다. '화이일야'론 속에는 (담헌의) 삼원 사고와 그 논리가 담겨 있는 까닭이다. 이제 '모순이 되지 않는' 까닭을 삼원 사고와 그 논리에 입각하여 밝혀 보고자 한다.

---

22) 하지만 담헌이 '내외'란 가치중립적 용어를 자주 사용했다는 사실을 보면 어쩌면 담헌은 '화이'라는 가치함축적 용어를 비롯하여 중화주의나 화이 의식을 타파하고 싶어했을지도 모른다.

앞 인용문의 ①에서 '화이일야'란 '화이는 한 가지'로 해석된다. 단, 이때 '한 가지'란 '하나, 같음'이라는 뜻이 될 수 없다. 이런 뜻이 되려면 그 앞에 예컨대 '궁극적으로는'이라는 류의 수식어를 부쳐야 한다. 왜냐면 화/이는 현실적으로 '둘, 다름'이기 때문이다. 그래서 담헌은 '궁극'을 상징하는 '하늘'을 내세운 다음 '화이일야'를 이끌어 낸 것이다. 그 논리는 이렇다: 하늘=궁극에서 보면 '내외 구분이 없다.' 그렇듯 '화이 구분도 없다.' 따라서 '화이는 하나로 같다'는 것이다. 이런 논리를 바탕으로 담헌은 화든 이든 '친기인, 존기군, 수기국, 안기속'함이 같다면서 '화이일야'론을 보강한 셈이다.

그런데 화/이는 현실적으로 '둘이며 다르다.' 그래서 담헌은 ②에서는 '천지=하늘/땅'을 비롯하여 '인물=사람/사물, 내외=안/밖' 등으로 나뉘어 있는 현실 세계를 묘사한다. 그런 다음 '동궤/화외, 사이/중국' 곧 화/이를 구분한다. 다만 담헌은 화이 구분의 판단 기준을 지리/종족 따위의 '특수'에 두지 않는다. 전술했듯 행위의 '옳고 그름'을 판단하는 보편 가치에 둔다. 그것은 이든 화든 '같이 공공(公共)하는, 공공해야 할 보편적, 윤리적' 가치… 화이 구분을 초월한 가치를 뜻한다. 이에 입각한 판단 기준 앞에 화이는 상대화되어 '한 가지'가 된다. 이로써 '화이일야'론과 그 논리는 한층 보강되는 셈이다.[23]

담헌의 '화이일야'론과 그 논리는 주자학의 화이론에 입각한다. 화이는 '둘이면서 하나(二而一), 하나이면서 둘(一而二)'이라는 삼원 사고와 그 논리에 바탕을 두고 있다는 말이다.[24] 이 가운데 '둘이면서 하

---

[23] 담헌의 '화이일야'론과 그 논리는 주자학의 '리일분수(理一分殊)'라는 명제로 풀이할 수 있다. '리일'에서 보면 '화이는 하나/같음'이요, '분수'에서 보면 '화이는 둘/다름'이라고 볼 수 있기 때문이다.

나'를 두 갈래 뜻으로 풀어 보자. 먼저 '현실적으로는 둘, 다름이면서 궁극적으로는 하나, 같음'이라는 뜻이다. 다음으로 '둘, 다름이지만 하나로=짝으로 같이 있음'이라는 뜻이다. 그런 뜻에서 화이가 '하나에서 둘'로 바뀌더라도 아무런 모순이 되지 않는다.

그래서 담헌은 ①의 '화이일야'론을 전개한 다음 ②에서 보듯 화이 구분을 복구함과 동시에 화이를 상대화한 것이다. 이를 통해 자신의 '열린' 화이관을 새롭게 발명했다. 그 특징은 어떤 중심주의도 거부함과 함께 화이를 철저하게 상대화함에 있다. 바로 이것이 '화이일야'론의 커다란 의의인 것이다. 나아가 그 상대화를 존주론에 적용한 것이 ③의 '역외춘추'론이다. '어떤 나라든 자국 춘추=역사, 문화(문명)를 가질 수 있다'라는 논의이다.25)

거기에 등장한 '용하변이'란 '하=화로써 이를 바꿈'을 뜻한다. 화이 변태의 한 측면인 '이→화'만을 긍정한 셈이다. 그렇긴 하나 담헌은 '화→이' 역시 긍정한다(전술). '역외춘추'론은 '화이일야'론의 논리를 전제하고 있는 만큼 '화⇌이' 변동이나 화이 상대화를 포함한다. 따라서 '구이'에도 '스스로 합당한 역외춘추가 있었을 것'이라 함은 결국 화/이를 구분할 필요도 없이 모든 나라가 '자국에 합당한 춘추'을 가질 수 있음을 뜻한다. 당연히 조선의 존주론도 소중화관도 긍정된다. 그 각각의 '물신화'나 '닫힘'이 부정될 뿐이다.

---

24) 실은 주자학의 '리기, 도기(道器), 인물(人物), 성정(性情), 사단칠정(四端七情), 인심도심(人心道心)' 등 각론 모두가 그렇다. 삼원 사고는 주자학의 바탕 사고인 까닭이다. 그럼에도 '주자학은 이원론'이란 식으로 해석함은 단순화의 오류이다. 주의를 환기하면 근대 이래 근대주의적 이원론/사고가 퍼졌고, 지금도 퍼져 있다. 이로써 동양 전통 사상의 본모습을 잘못 해석하는 '오해, 편견, 무지'가 곳곳에 만연되어 있다.
25) '역외춘추'론은 자국 역사, 문화(문명)에 바탕한 새 나라 건설의 염원을 담고 있다고 본다.

담헌의 열린 화이관, 그리고 북학파

이와 관련하여 담헌은 그의 '청인교우(淸人交友)'를 둘러싼 논쟁을 벌인 적이 있다. 논쟁 상대는 김종후(金鐘厚, 호 直齋, 1721~1780)이다.26) 그에게 보낸 답신의 하나인 「우답직재서(又答直齋書)」에서 담헌은 이렇게 말한다: "오늘날 이적[여진족]이 중국에서 산 지 오래되어 먼 계획에 힘써 점점 예의를 숭상하고 대략 충효를 본받으니 (중략) 이른바 '제하가 이적만 못하다'는 말이 어찌 불가하겠소"(『국역 담헌서』I, 336).27) 청국도 '예의, 충효'를 행하는 이상 '화'가 된 셈이라는 말이다. 이를 뒷받침하기 위해 담헌은 '제하가 이적만 못하다'는 말을 사용한다. 이는 후술할 '이적지유군, 불여제하지망야'에 관한 신주(新注)의 해석을 담고 있다. 그 해석을 토대로 (김종후의) '닫힌' 화이관을 타파하고자 했던 것이다. 나아가 담헌은 다음과 같이 말한다.28)

> 이적이라도 성현(聖賢)이 될 수 있으니 본디 대사(大事)가 우리에게 달려 있을 뿐 무엇을 불만하겠소. 우리나라가 중국을 본받아 이(夷)임을 잊은 지 오래되었소. 그러나 중국에 비교해 방(方)을 보면 스스로 그 분(分)이 있을 것이오. (중략) 지금 우리나라에서 저들[한인 선비]을 보면 비록 중국은 불행히 윤몰(淪沒)되어 호융(胡戎)에 신복(臣僕)하고

---

26) 김종후는 강한 반청 감정을 드러내며 담헌의 '청인교우'를 비난했다. 이에 담헌은 정중하게 반박하고 치밀한 논리로 설득하면서 자신의 '열린' 화이관을 피력하고 있다. 이 논쟁은 김태준(1982), 제7장 참조. 담헌과 김종후의 '화이론' 비교는 유봉학(1995), 124-130 참조.

27) 원문: 今時之夷狄也 以其久居中國務其遠圖 稍尙禮義略倣忠孝 … 則謂之'諸夏之不如夷狄'亦何不可哉.

28) 원문: 夷狄爲聖爲賢 固大有事在吾何慊乎. 我東之慕效中國忘其爲夷也久矣. 雖然比中國而方其分自在也. … 今以我東而視彼中 雖不幸淪沒臣僕胡戎 其內外之分 世類之別固天之有限矣. 雖高仰之以爲貴亦何妨哉.

있어도 내외의 분(分)과 세류(世類)의 별(別)엔 하늘의 한계가 있을 것이오. 설령 [저들을] 높여 귀하게 여긴들 무슨 방해될 게 있겠소. (『국역 담헌서』I, 338)

조선이 '이'였으나 '화'가 될 수 있었듯 청국도 마찬가지라는 말이다. 담헌의 '열린' 화이관이요, '이 안에 화, 화 안에 이'가 있음을 긍정함이다. 화이 구분의 기준은 '예의, 충효' 여부에 있고, 이에 맞는다면 청국의 한인을 '높여 귀하게' 여길 수 있다는 논리이다. 이런 논리를 확대하면 '청국을 배울 수도 있다'라는 북학론이나 '서양 나라와도 교류하고 배울 수 있다'라는 대외 개방론으로 이어질 수 있을 것이다.29)

이처럼 '열린' 화이관을 바탕으로 담헌은 물신화된 존주론, '닫힌' 소중화관을 부정한다. 단, 거듭 말하나 존주론, 소중화관 자체를 부정한 것은 아니다. 또한 북벌론을 버린 것도 아니다. 그럴 수도, 그럴 필요도 없었다고 볼 수 있다. 제1절에서 밝혔듯 존주론, 북벌론 등 유산은 일종의 국시로 여겨졌고 이로써 정통성과 체제를 재정비했다. 이를 부정할 수 없었기 때문이다. 다만 그 유산에서 비롯된 주박과 '닫힌' 화이관을 타파할 필요가 있었던 까닭이다.

담헌의 논리는 북학파로 이어진다. 특기하면 북학파 학자들 역시 북벌론을 버린 것은 아니다. 북벌과 북학은 상극 관계가 아닌 까닭이다. 예컨대 '북벌을 위한 북학'이라는 식으로 상생 관계를 맺을 수 있

---

29) 담헌은 박지원을 비롯한 이서구(李書九, 1754~1825), 서유구(徐有榘, 1764~1845), 박제가(朴齊家, 1750~ 1805), 유득공(柳得恭, 1749~1807), 이덕무(李德懋, 1741~1793) 등과 교유했다. 이들은 이른바 북학파를 형성한 사람들이다. 김태준(1982), 58-78 참조.

다. 실제로 박지원은 "참으로 양이(攘夷; 북벌)하고자 한다면 중화[청국]에 남아 있는 제도를 모두 배워[북학] 우리 풍속의 우둔하고 융통성없는 면모를 변하게 하는 일" 밖에 없다면서 '북벌을 위한 북학'을 주장한다(『열하일기』 일신수필[馹迅隨筆]). 이런 주장은 북학의 필요성을 설득하기 위한 레토릭일 수 있다. 그럴지라도 그가 북벌론을 버리지 않고 있었음을 알 수 있다.

담헌이나 북학파가 가졌던 '열린' 화이관은 그들만의 독점물일 수 없다. 거듭 말하나 '열린' 화이관은 이전부터 전승되어 왔던 전통인 까닭이다. 그들은 이를 계승하여 새롭게 발명했을 따름이기 때문이다. 과연 '열린' 화이관은 당시 조선에 퍼져 있었던 모양이다. 그래서 정조(재위 1776~1800)가 펼친 사업이 있다. 1796년부터 시작한 『존주휘편(尊周彙編)』(순조25[1825]년 완성)의 편찬이 그것이다.30) 그 목적은 존주론(춘추대의), 소중화관의 강화에 있었다. 이로써 '열린' 화이관의 확산을 억제하고자 했던 셈이다. 이런 분위기를 대변하듯 김종후는 담헌의 '열린' 화이관을 비판하고 나섰던 것이다.

---

30) 그 편찬과 내용, 출판 경위는 정옥자(1998), 129-155 참조. 흥미로운 것은 그 편찬에 참여한 사람들이 다름 아닌 북학파 이서구 또는 북학파와 교유했던 성대중(成大中, 1732~1809), 성해응(成海應, 1760~1839) 부자였다는 사실이다. 이는 북학파 역시 존주론 자체를 타파한 것이 아님을 대변한다. 존주론을 둘러싼 견해의 차이가 있었을 뿐이다. 성대응과 담헌의 차이, 그리고 박지원, 박제가의 존주론에 관해서는 유봉학(1995) 130-143 참조.

4. 『논어』 팔일의 주석과 『대의각미록』

화이관을 둘러싼 닫힘과 열림의 대립은 역사가 길다. 이를 표상하는 것이 "이적지유군, 불여제하지망야"(『논어』팔일)의 해석을 둘러싼 고주와 신주의 대립이다. 그 해석상 문제가 되는 용어는 '불여'이다. 직역하면 '같지 않음'이다. 그런데 그 해석은 해석자가 지닌 닫힘, 열림 성향에 따라 대립적으로 갈라진다. 고주는 닫힘 성향, 신주는 열림 성향을 지닌다. '불여'를 고주는 '못함, 못 미침' v. 신주는 '못하지 않음, 나음'이라고 해석한다. 이로부터 고주는 '이적에 군이 있을지라도 군 없는 제하보다 못하다(제하에 못 미친다)' v. 신주는 '이적에 군이 있다면 군 없는 제하보다 못하지 않다(낫다)'라는 상반된 주석을 이끌었다. 여기서 '군'이란 유교 도덕이나 그에 기초한 중화 문화를 상징한다.

그렇다면 어느 쪽이 올바른 해석일까? 그 답은 해석자의 성향에 따라 달라질 것이다. 하지만 신주가 올바른 해석이라고 본다. 이유는 간단하다. 공자가 '닫힌' 화이관을 지녔을 리 없기 때문이다. 가령 '지녔다'고 한다면 공자의 '효, 인, 예' 등 기본 덕목은 물론 '덕화, 교화'라는 개념들이 토대를 잃을 것이기 때문이다. 따라서 다른 이유를 들 필요가 없다. 다만 『논어』의 문장 하나만 음미해 보자: "공자가 구이(九夷)에 살고 싶어했다. 누군가 '그 누추함을 어찌 하시렵니까?'라고 묻자, 공자는 '군자가 거(居)하는데 어찌 누추함이 있으리오'라고 답했다"(자한[子罕]). 이로써 화이 구분의 무의미함과 화이 변동의 가능성을 가르친 셈이다.

유교는 기본적으로 보편(=공공) 사상이다. 이에 바탕을 둔 화이관도 '당연히, 자연스럽게' 보편 문화 중심의 열림에 친화성을 갖는다. 즉 유교 본연의 입장에서 '닫힌' 화이관은 오히려 '부당한, 부자연스러운' 것이다. 따라서 닫힘 성향의 고주는 공자, 유교에 대한 오해, 몰이해, 왜곡 등을 담고 있다고 말해도 좋다. 그럼에도 왜 고주가 생겨난 것일까? 이제부터 고주와 거기에 담긴 '닫힌' 화이관이 탄생한 배경(=컨텍스트)을 고찰함으로써 그 이유를 살펴보기로 하자.

고주의 '닫힌' 화이관과 그 배경

고주란 하안(何晏, 193~249)의 『논어집해(論語集解)』와 이에 주석을 덧붙인 황간(皇侃, 488~545)의 『논어의소(論語義疏)』, 형병(邢昺, 932~1010)의 『논어주소(論語註疏)』에 있는 주석을 가리킨다. 먼저 황간은 '이적지유군, 불여제하지망야'가 "중국은 중하고 만이는 천하다(重中國賤蠻夷也)"라는 뜻이라며 "이적에 군주가 있을지라도 중국에 군주가 없음에도 못 미침을 말한다(言夷狄雖有君主而不及中國無君也)"고 해석한다. '불여'를 '불급'으로 바꾸어 해석(=왜곡)한 것이다. 거기에는 자국/자종족 중심 등 닫힘이 보인다.

한편 형병은 "이적에는 군장이 있을지라도 예의가 없음을 말한다(言夷狄雖有君長而無 禮義)"고 전제한 다음 "중국은 가끔 군주가 없었을 적에도 (중략) 예의를 폐하지 않았다(中國雖偶無君…而禮義不廢)"라면서 "그래서 '이적지유군, 불여제하지망야'라는 것이다(故曰夷狄之有君不如諸夏之亡也)"라고 주석한다. 형병 역시 '불여'를 '못 미침, 못함'이라 해석했음을 가늠할 수 있다. 황간의 닫힘을 이어받은 셈이다.

단, 그의 닫힘은 자국/자종족중심은 아니다. '예의'를 기준으로 삼기 때문이다. 중국만 '예의'를 갖추고 있다는 것이다.

그런데 황간의 『논어의소』는 남송대(1127~1279)에 이르러 중국에서는 사라졌다. 아마 중시되지 못한 탓이리라. 또한 그즈음 정주학/성리학이 등장했고 특히 주자(1130~1200)의 주석(=신주)이 주류가 되어 갔던 까닭이리라. 반면 일본에는 『논어의소』 초본(抄本)들이 남아 있었다. 그 하나인 아시카가(足利)학교 소장본을 네모토 손시(根本遜志, 1699~1764)가 1750년에 간행했다.31) 이 판본은 청국으로 역수입되었고, 18세기 후반에는 건륭제의 지시로 복각(復刻); 『사고전서(四庫全書)』에 편입)되기에 이르렀다. 그렇지만 이때 '이적지유군, 불여제하지망야'에 관한 황간의 주석은 삭제되어 오히려 신주에 가깝게 바뀌었다.

각설하고 황간의 주석과 '닫힌' 화이관이 탄생한 배경을 살펴보자. 그는 남북조 시대(439~589)의 남조인 제(齊), 양(梁) 두 왕조를 살아간 사람이다. 이때 남조는 정치 혼란을 겪으면서도 문학, 불교의 융성에 의한 육조(六朝) 문화를 꽃피우고 있었다. 동시에 북조인 북위(北魏, 439~534; 534년 동위, 서위로 분열)와 대치하고 있었다. 그런데 북위는 선비족(鮮卑族)의 탁발(拓跋) 씨가 화북 지방에 침입하여 세운 왕조였다. 이적 왕조였던 셈이다. 이에 대해 남조는 중화 정통의 왕조라는 자존감과 함께 적대감을 불태우고 있었다. 이런 대립 상황이 황간의 주석과 '닫힌' 화이관을 탄생시킨 셈이다.

---

31) 이때 문체의 형식을 바꾸었을 뿐만 아니라 일부분을 삭제했기 때문에 『논어의소』 본래의 모습은 거의 사라졌다. 그런데 네모토 손시는 오규 소라이(荻生徂徠, 1666~1728)의 제자였다. 그런 연유일 것이나 소라이는 『논어징(論語徵)』에서 고주를 따르고 있다.

또한 형병의 주석과 '닫힌' 화이관이 탄생한 배경도 황간의 경우와 유사하다. 형병은 당이 멸망한 뒤 5대 10국의 분열을 거쳐 북송대 (960~1127) 전기를 살아간 유학자다. 북송의 태종(재위 976~997) 때 과거에 합격하여 궁중 강학(講學)에 종사했으며, 한림시강학사(翰林侍講學士)의 수석이 되었다. 태종은 무인 관료를 제거하면서 문인 정치를 육성했다. 그 때문에 무력이 약화되어 거란족 왕조인 요(遼, 916~1125)의 강성을 허용했다. 또 훗날 서하(西夏, 1038~1227)를 세운 강족(羌族)의 발흥도 허용했다. 북송은 '자국만 중화'라는 자존감에 빠져 있었다. 이로부터 형병의 주석과 '닫힌' 화이관이 생성된 셈이다.

다만 전술했듯 형병의 닫힘은 자국/자종족 중심은 아니다. 황간과 달리 자국/자종족중심의 닫힘이 사라진 것이다. 북송대에 이르러 지리/종족의 기준에 의한 화이 구분은 의미를 거의 잃었기 때문이리라. 그때까지 이미 여러 왕조의 흥망을 거치면서 화이 변동을 경험했을 뿐 아니라 수많은 종족의 화이융합을 거듭해 왔던 까닭이리라. 물론 지리/종족 기준이 모두 사라진 것은 아니다. 당연하나 화의 밖이 존재하는 한 그 기준은 사라질 수 없다. 그럴지라도 그 기준의 의미는 상실 경향에 빠져든 모양이다. 더우기 정주학/주자학의 등장과 융성은 그 경향을 가속시켰을 것이다. 이러한 역사적 변화 과정에서 등장한 것이 주자의 주석 즉 신주였다.

주자의 신주와 '열린' 화이관

주자의 신주는 '열린' 화이관에 바탕을 두고 있다. 물론 그에 앞서 '열린' 화이관을 지녔던 사람은 적지 않다. 예컨대 당대(唐代)의 한유

(韓愈, 768~824)는 이렇게 말한다: "공자가 『춘추』를 지었다. 제후가 이례(夷禮)를 쓰면 그를 이로 삼고, 중국으로 나가면[주례(周禮)를 쓰면] 중국으로 삼았다."32) 즉 공자는 화이 기준을 예(=문화)에 두는 '열린' 화이관이나 예의 시행 여부에 따른 화이 변동을 가르쳐 주었다는 것이다. 이제 주자의 신주를 인용해 보자(『논어집주』팔일 제3권, 제5장).33)

    오 씨는 "망(亡)은 옛날의 무(無)라는 글자로 통용된다"고 말했다. 정자는 "이적에도 군장이 있다. 제하가 참란(僭亂)하여 상하의 분(分)이 없는 것보다 오히려 낫다"고 말했다. 윤 씨는 "공자가 당시 어지러움(時亂)에 상처받아 이를 탄식한 것이다. 망이란 '실로 망함(없음)'의 뜻이 아니라 '군이 있다해도 도를 다하지 못함'을 뜻할 뿐"이라 말했다.

    위 인용문의 '오 씨'란 오역(吳棫, 생년 불명~1154)을 가리킨다. 주자는 그의 경전 주석을 높이 평가했다. '정자'란 정주학 창시자인 정호(程顥, 1032~1085)와 정이(程頤, 1033~1107) 형제를 가리킨다. 그리고 '윤 씨'란 윤돈(尹焞, 호 彦明, 1071~1142)을 가리킨다. 정이의 제자인 그는 『논어해(解)』와 『맹자해』라는 주석서를 남겼다. 이들의 주석을 취한 주자의 견해는 다음과 같다(『朱子語類』권25, 논어7, 팔일편).34)

---

32) 원문: 孔子之作春秋也. 諸侯用夷禮, 則夷狄之, 進於中國, 則中國之. (『원도(原道)』)
33) 원문: 吳氏曰 亡古無字通用. 程子曰 夷狄且有君長. 不如諸夏之僭亂 反無上下之分也. 尹氏曰 孔子傷時之亂歎之也. 亡非實亡也. 雖有之 不能盡其道爾.
34) 원문: 問 范氏呂氏皆以爲夷狄有君而無禮義 不如諸夏之無君而有禮義, 恐未當? 曰 不知他如何恁地說. 且如聖人恁地說時 便有甚好處! 不成中國無君恰好!

[제자가] 묻기를 "범 씨와 여 씨는 '이적에는 군이 있더라도 예의가 없으니 제하에 군이 없어도 예의가 있음에 못 미친다'고 여깁니다. 설마 맞지 않겠지요?"35) [주자가] 말하기를 "그들이 어째서 그렇게 말했는지 모르겠다. 더구나 마치 성인[=공자]도 그렇게 말한 것처럼 그런다면 무슨 좋은 점이 있으리오! [만약 그렇다면] '군 없는 중국이 딱 좋다'는 말이 되지 않겠는가!

그 취지는 이렇다: '이적에 군이 있다면 군 없는 제하보다 **못하지 않다(낫다)**'라는 해석이 맞다는 것이다. 주자의 '열린' 화이관을 확인할 수 있다.

이후 주자의 신주와 '열린' 화이관이 중국 등 동아시아의 유학자들 사이에 퍼져 나갔음은 물론이다. 특히 이적 왕조인 원대, 청대에는 성행했을 것이다. 당대의 현실에 적응해야 했거나 이적 왕조를 긍정하고자 했던 한인들이나 주변국 사람들 사이에서도 마찬가지였을 것이다. 그러나 한편 당대의 현실에 저항하거나 이적 왕조를 부정하는 사람들 사이에는 '닫힌' 화이관이 퍼져 있었을 것이다. 실제로 청대에 이르러 조선의 경우가 '그랬다.' 청국의 경우는 전술한 여유량이나 증정 역모 사건이 '그랬음'을 대변한다.

『대의각미록』의 '열린' 화이관

이런 상황에서 신주와 '열린' 화이관을 일깨움으로써 한인들의 닫힘 성향을 억누르고자 했던 노력의 하나가 옹정제의 『대의각미록』이

---

35) 여기서 '범씨'란 범조우(范祖禹, 1041~1089), '여씨'란 여대림(呂大臨, 1042~1092)을 가리킨다. 북송대의 유학자인 이들은 같은 북송대의 형병과 마찬가지로 고주 계열에 속했던 모양이다.

다.36) 이는 두 장으로 구성되어 있으나 첫째 장만 살펴본다. 그 제목은 '蠻淸入主中原君臨天下, 是否符合正統之道? 豈可再以華夷中外而分論!'이다. '오랑캐 청이 중원의 주인으로 들어앉아 천하에 군림하니 이는 정통의 도에 부합하는가 아닌가? (그러나) 어찌 거듭 화이, 중외를 나누어 논할 수 있단 말인가!'라는 뜻이다. 그 내용은 한 마디로 '닫힌' 화이관에 대한 반론이다.

그 첫머리에서 옹정제는 "대저 생민의 도는 유덕자만 천하의 군이 될 수 있음에 있다. 이는 천하일가, 만물일체, … 만세불역의 상경이다"라고 일깨운다.37) 여기에는 자기도 '유덕자가 되어 천하일가, 만물일체를 이루겠다'는 사명감이 담겨 있다고 본다. 그는 다음과 같이 묻고 스스로 답한다.38)

아조[청조]는 이미 천명을 받들어 중외 신민의 주인이 되었다. 이로써 무수[어루만져 편하게 함]와 애육을 받고 있는 자가 어찌 화이를 나누어 다르게 볼 수 있겠는가? 중외의 신민은 이미 아조를 받들어 군으로 여긴다. … 보천솔토[=천하] 뭇사람은 대일통이 아조에 있음을 다 안다.

이와 같이 옹정제는 청조의 '천하일통'을 강조하고 화이 구분의 무의미성을 일깨운다. 이어서 역적 '여유량, 증정'을 비판한 다음 "순은 동이지인, 문왕은 서이지인이거늘 일찍이 성덕을 손실했던가?"라고

---

36) 그 제목은 '대의를 펴서 미혹을 깨우치기 위한 기록'이란 뜻이다. 이때 '대의'란 공자의 춘추대의 또는 '이적지유군, 불여제하지망야'의 참뜻을 상징한다. 한편 '미혹'이란 고주를 따르거나 '닫힌' 화이관에 빠져 있음을 표상한다.
37) 원문: 蓋生民之道 惟有德者可爲天下君. 此天下一家, 萬物一體, … 萬世不易之常經.
38) 원문: 夫我朝旣仰承天命 爲中外臣民之主. 則所以蒙撫綏愛育者 何得以華夷而有更殊視? 而中外臣民 旣共奉我朝以爲君. … 普天率土之衆 莫不知之在我朝大一統.

반문한다.39) 그리고 "종래의 화이지설" 즉 '닫힌' 화이관이 생겨난 배경을 분석한다. "진송육조[남북조]가 각각 한 구석에 안주하고 있었을 때 서로 '지추덕제, 막능상상'했던 탓에 북인은 남쪽을 도이[섬 오랑캐]라며 흉보고, 남인은 북쪽을 색로[변발한 오랑캐]라고 가리켰다. 당시 사람들이 수덕행인은 하지 않고 제멋대로 일마다 구설로 서로 나무랐으니, 그토록 비루한 모습을 보였다"는 것이다.40) 그때는 그랬다 치고 "지금은 천하일통, 화이일가의 시절인데 중외를 망녕되게 판별하고, 그릇되게 성내어 다투니 [이를] 어찌 역천패리, 무부무군, 벌/개미만도 못한 이류가 아니라 하겠는가?"라고 반문한다.41)

자기의 지론에 설득력을 더하고자 했으리라. 옹정제는 공자의 "이적지유군, 불여제하지망야"를 인용한다. 그리고 둘째 장의 후반부에서 이렇게 해석한다. '이적에 군이 있다면 곧 성현지류(聖賢之流)일 것이요, 제하에 군이 없다면 즉 금수지류(禽獸之類)가 될 것이라는 뜻이니, 어찌 땅에 내외가 있겠는가(寧在地之內外哉)!" 이런 해석은 신주의 열림보다 더 열려 있다고 볼 수 있다. 또한 앞서 본 한유의 『원도』에 나오는 문장도 인용한다. 다만 그 원문(주32)을 이렇게 수정하고 있다: "中國而夷狄也, 則夷狄之, 夷狄而中國也, 則中國之." 의역하면 '중국이라도 이적을 행하면 이를 이적으로 삼고, 이적이라도 중국을 행하면 중

---

39) 원문: 舜爲東夷之人, 文王西夷之人, 曾何損於聖德乎?
40) 원문: 乃在晉宋六朝地偏安之時 彼此地醜德齊, 莫能相尙 是以北人詆南爲島夷 南人指北爲索虜. 在當日之人 不務修德行仁而從事口舌相譏 已爲至鄙至陋之見. '지추덕제(地醜德齊) 막능상상(莫能相尙)'(『맹자』公孫丑章句下)이란 '나은 나라도 없고 뛰어난 사람도 없어 서로 높일 수 없음'이란 뜻이다.
41) 원문: 今逆賊等於天下一統 華夷一家之時 而妄判中外 謬生忿戾, 豈非逆天悖理, 無父無君, 蜂蟻不若之異類乎?

국으로 삼는다'는 뜻이다. 이렇듯 옹정제는 '열린' 화이관의 전통을 새롭게 발명함과 함께 청조의 개방성, 진취성을 과시했던 것이다.

그러나 건륭제 후반에 이르러 시대 역행적 조류가 생기기 시작했다. 예컨대 1771년에 『사고전서』 편찬이 시작되는 한편 1774년부터는 금서 목록 지정 등 사상 통제가 강화되어 갔다. 이런 상황 속에서 왠지 『대의각미록』도 금서에 포함되었다. 이는 어쩌면 청국이 '자국만 중화'라는 오만을 키운 반면 개방성, 진취성을 퇴행시켰음을 표상할지 모른다.42) 또 청조의 보수화나 이로 인한 쇠퇴 조짐을 상징할지도 모른다. 이를 감지한 듯 건륭제 후반부터 조선의 연행사절은 청조 쇠망을 예견하는 경우가 많아진다. 담헌 이후 연행에 참가했던 박지원, 유득공, 박제가 등 북학파의 경우도 마찬가지였다.

맺음말

전술했듯 담헌은 조선 정계, 학계의 주박에 대한 비판의식을 지니고 있었다. 그것은 연행을 통한 자기성찰로 이어졌고, 이를 토대로 '열린' 화이관을 새롭게 발명하기에 이르렀다. 그 결실이 '화이일야'론과 '역외춘추'론이다. 거기에는 '상대주의적이자 열린' 사고가 깔려 있다. 그리하여 '열린, 상대화된' 화이관을 제기함으로써 조선의 형해화된 북벌론, 물신화된 존주론의 주박을 타파하고 '닫힌' 소중화관을 열

---

42) 예컨대 건륭제 말년인 1793년 영국은 무역 개방과 역조(逆調) 개선 등을 요구하고자 조지 매카트니(Lord George Macartney, 1737~1806)가 이끄는 대규모 사절단을 파견했다. 이를 청조는 무시, 박대함으로써 개방적, 진취적 대응을 못했다고 말할 수 있다.

고자 했던 것이다. 다만 이런 성향은 담헌만의 것은 아니며, 조선 정계, 학계에 상당히 퍼져 있었다고 본다.

담헌과 북학파는 청국의 중화화를 인정했고, 서양 문명의 세계화라는 시대 조류를 일정 정도 감지하고 있었다고 본다. 다만 이들만 그랬다고 볼 수 없다. 정도 차이가 있을지라도 이른바 실학파 계열의 여러 학자들도 그랬다. 어쩌면 조선 정계, 학계에서 하나의 조류를 형성하고 있었다고 봐도 좋을지 모른다. 그렇다면 북학론이나 대외개방론 역시 담헌이나 북학파의 전유물은 아니었을 것이다.

주의를 환기할 것은 조선이 주자학을 존숭했다는 사실이다. 따라서 조선의 관료, 지식인은 대체로 주자의 신주와 '열린' 화이관을 존중했음에 틀림없다. 그럼에도 이론과 실제의 불일치라는 문제가 생긴다. 이론이 실제의 반청 감정을 이기지 못하면… 이런 사람은 '청조/청국은 이'라는 닫힘을 고집할 확률이 커질 것이다.[43] 단, 그들의 닫힘은 타자 일반이 아니라 '잊지 못할 타자'(청국 또는 일본)를 향하고 있었을 따름이다. 또한 그럴만한 이유가 있었던 만큼 그것은 '자연스러운' 현상이었다.[44] 그래서 닫힘을 모두 몰아낼 수는 없었을 것이다. 담헌조차 닫힘으로부터 자유롭진 못했다.

---

[43] 그 실례로서 김도환(2007)은 노론 계열의 학자인 한원진(韓元震, 호 南塘, 1682~1751)과 김이안(金履安, 호 三山齋, 1722~1791)의 '화이론'을 고찰하고 있다(99-107). 이를 보면 그들은 이론적으로는 '열린' 화이관을 지녔음에도 실제로는 '청조/청국은 이'임을 고집했음을 알 수 있다.

[44] 나아가 '일반적이자 보편적' 현상이기도 하다. 예컨대 '자기에게 해를 주었거나, 줄지도 모를 타자'에 대하여 닫힘 성향을 가지는 것은 누구에게나 '일반적, 보편적' 현상이다.

'근대의 주박'과 '망국의 한'을 넘어서

생각컨대 담헌의 열림 속에는 근대로 이어질 수 있는 요소가 있었다. 그러나 '반근대' 내지 '초근대(overcoming modernity)'의 요소도 있었다. 따라서 근대적 요소를 발견하려는 노력은 의의가 없진 않으나 한계도 있다. 가령 열림이 곧 대외 개방으로 이어졌다면, 조선은 '긴 근대'를 확보하고 그 안에서 '숨쉴 공간'을 넓혀 근대화에 성공할 수도 있었건만… 그러나 과거의 역사에서 '가령'은 공허하며, 그 아쉬움은 자칫 '근대의 주박' 앞에 맹목이 되기 쉽다. 그랬다면 근대화에 성공했으리라는 보장도 없다. 성공했더라도 근대가 절대선일 수 없듯 그 성공도 절대선일 수 없다. '근대=절대선'이란 생각에는 근대주의적 사고에 의한 편견이 담겨 있을 우려도 있다.

그렇다면 닫힘과 열림 어느 쪽이 서양 문명의 세계화, 근대화에 적응할 수 있었을까? 그 답은 어느 한 쪽일 수 없다. 양쪽 모두 필요했다. 그리고 양쪽을 현실 상황에 맞추어 적절히 배분할 수 있어야 했다고 보기 때문이다. 주의할 것은 서양 문명은 적응해야 할 현실이었으나 '당연히 동조, 무조건 수용'해야 할 이상적 현실은 아니었다는 점이다. 그 세계화는 근대 문명과 함께 자본주의, 내셔널리즘 등을 전파했다. 그러나 동시에 야만적 폭력과 식민주의, 자기/자국 중심주의를 확산시켰다. 그리하여 지배-억압 구조를 세계로 확대하는 과정을 수반했다.

특히 내셔널리즘은 산업화와 민주화, 자유와 진보를 상징하는 한편 폭력과 전제, 차별과 억압을 긍정하는 모순적 양면성을 지니고 있었다. 따라서 이에 적응하려면 열림 뿐만 아니라 닫힘도 필요했다. 어쩌면 닫힘이 더 필요했다고 말해도 좋을지 모른다. 왜냐면 근대의 내셔널리즘은 차이/배제의 닫힘이 강했기 때문이다. 그래도 열림 역시 필요했다. 근대에 진입하여 그 문명의 '정'을 수용하는 한편 '부'를 극복하기 위해서 말이다. 담헌을 비롯한 조선의 관료, 지식인이 지녔던 열림은 그럴 수 있는 가능성을 담고 있었다고 본다. 비록 '미완의 계기'로 남게 되었을지라도 말이다.

그런데 근대에 들어 열림은 오히려 닫힘보다 위험한 측면을 지니게 된다. 그 이유를 단적으로 말하면 근대는 닫힘이 열림을 압도하는 시대였기 때문이다. 이에 조선은 적절히 적응하지 못했기 때문이다. 예컨대 초기 개화파의 온건과 급진 두 파벌의 '대청' 내셔널리즘을 대조해 보자. 전자의 그것은 '열린' 화이관을 따른 셈이다. 후자의 그것은 '닫힌' 소중화관을 계승한 셈이다. 그 결과는 온건 개화파의 열림이 (더) 위험했음이 되고 말았다. 그러나 한편 두 파벌의 '대일, 대서양' 내셔널리즘을 대조하면⋯ 그 결과는 급진 개화파의 열림이 (더) 위험했음이 될 것이다.

아무튼 조선이 근대에 적응하려면 열림과 닫힘의 적절한 배분, 그리고 공동 작업(=분업)이 필요했다고 말할 수 있다. 근대 조선의 닫힘과 열림은 각각 '반근대의 근대'라는 성격을 띠고 있었던 만큼 양쪽의 적절한 배분을 위한 공동 작업이 필요했다는 말이다.45) 그런데 공동 작업을 이룰 틈도 없이 결국 '적응'은 실패했다. 그 이유는 무엇/어디에 있었을까? 다양한 견해가 있겠지만 이렇게 답변하고 싶다:

---

45) 조선의 근대(화)는 근대의 '정'을 수용하는 한편 그 '부'에 저항했다는 면에서 '반근대의 근대'의 성격을 띠고 있었다고 볼 수 있다.

그 일부는 '자기 전통의 부'에 있었다. 그러나 대부분은 '타자 근대의 부'에 있었다. 무엇보다 후자가 조선의 자생적 근대(화)나 그 속의 '반근대'를 억압/배제했기 때문이다.

조선은 '근대국가를 건설치 못하고 식민지로 전락했다'는 점에서 근대화에 실패했다. 그래서 (지금껏 뿌리깊은) '근대의 주박'과 '망국의 한'을 남겼다. 그러나 이를 여전히 끌어안고 있을 수는 없다. 이제 사고의 전환을 통해 이렇게 반박할 필요가 있다: 비록 실패했을지라도 그 실패는 근대의 '부'에 대한 '정'의 성공을 담고 있다. 역으로 성공했더라도 그 성공은 근대의 '부'에 대한 '정'의 실패를 담고 있다. 그리고 '망국의 한'은 '잊지 못할 타자'에 대한 주박과 '자기 전통'에 대한 오해, 편견, 무지 등을 조장시킨다.

이렇듯 전환된 사고는 이원 사고를 포용하면서 넘어선 삼원 사고에 바탕을 두고 있다. 이는 주박을 풀고 오해, 편견, 무지 등을 타파하기 위해 필수불가결한 사고이다. 이항대립 사고나 자기/자국 중심주의를 비판, 성찰함과 함께 타자/타국을 배려, 포용함으로써 조화, 공존을 추구할 수 있는 '상대주의적이자 열린' 사고이다. 이를 바탕으로 '근대의 주박'과 '망국의 한'을 풀어나가야 한다. 그리고 오늘날의 문명관, 세계관, 인간관을 비판적으로 성찰해 나가야 한다.

〈참고문헌〉

『국역 담헌서』 I-V, (민족문화추진회, 1974)
『을병연행록』(한글), 『연기(燕記)』, 『항전척독(杭傳尺牘)』, 『의산문답(毉山問答)』,
『건정동회우록(乾淨衕會友錄)』(전3책 중 1책, 숭실대학교 기독교 박물관)
『열하일기』, 『존주휘편(尊周彙編)』
『논어』, 『논어집해(集解)』, 『논어의소(義疏)』, 『논어주소(註疏)』, 『논어징(論語徵)』, 『논어해(解)』, 『맹자해』, 『예기(禮記)』, 『맹자』, 『춘추』
『원도(原道)』, 『대의각미록(大義覺迷錄)』

김길락. 2004. 『한국의 상산학과 양명학』. 서울: 청계.
김봉진. 2009. "홍대용 연행록의 대외관", 서울대학교 국제문제연구소편, 『세계정치 12』 제30집 2호(2009년 가을·겨울).
_____. 2009. "글로벌 공공철학으로서의 한사상", 『한류와 한사상』. 서울: 도서출판 모시는 사람들.
김태준. 1982. 『洪大容과 그의 시대』. 서울: 일지사.
_____. 1987a. 『洪大容 評傳』. 서울: 민음사.
_____. 1987b. 『虛學から實學へ 十八世紀朝鮮知識人洪大容の北京旅行』. 東京大學出版會.
김태준·박성순 옮김. 2001. 『산해관 잠긴 문을 한 손으로 밀치도다』. 파주: 돌베개.
김홍백. 2011년 12월. "『大義覺迷錄』과 조선 후기 華夷論," 『한국문화』56.
소재영 외. 1997. 『주해 을병연행록』. 파주: 태학사.
유봉학. 1995. 『燕巖一派 北學思想 硏究』. 서울: 일지사.
정옥자. 1998. 『조선후기 조선중화사상연구』. 서울: 일지사.

장치슝(張啓雄). 2009년 7월. "中華世界秩序原理の起源", 中國社會文化學會『中國―社會と文化』제24호.
후마 스스무(夫馬進). 2015. 『朝鮮燕行使と朝鮮通信使』. 名古屋大学出版会.

제2장 '조선=속국(屬國), 속방(屬邦)'의 개념사

머리말

속국이라는 용어는 근대 이래 다의적이자 애매모호한 개념으로 변질되었다. 이로부터 그 해석을 둘러싼 오해와 혼란이 생겼던 탓이다. 오해와 혼란은 지금껏 지속되고 있다. 그러나 동아시아 전통의 속국은 간단명료한 개념이다. 동아시아 전통 지역 질서(=중화 세계 질서) 안에서 중국과 책봉-조공 관계(약칭, 조공 관계)를 맺었던 나라 즉 책봉-조공국(약칭, 조공국)의 별칭이다.[1] 즉 책봉 받고 조공하는 나라를 속국이라 칭하기도 했던 것이다.[2]

이렇듯 속국의 '속'이란 곧 '책봉 받고 조공함'을 뜻한다. 동시에 중화권(의 공동체)에 '소속함' 내지 그것을 '함께 구성함'을 뜻한다. 책봉-조공은 중화권 구성국임을 표상하는 의례적 행위인 까닭이다. 당연히 책봉-조공 관계는 지배-복속(dominate-subordinate) 관계와는

---

1) 책봉이란 중국 황제가 정한 책력(冊曆), 연호(年號)를 주변국 군주에게 반포하는 의례(儀禮)를 가리킨다. 더불어 왕작(王爵) 칭호와 인장(印章)을 수여(=封)하는 의례를 행한다. 책봉받은 군주는 정기적으로 사절단을 보내어 황제에게 공물을 바친다(進貢). 즉 조공한다. 이에 황제는 은사(恩賜) 물품으로 회답한다(回賜). 일반적으로 조공 사절단은 상인 집단을 동행시킨다. 그 상인 집단은 중국 내지의 곳곳에서, 특히 수도(북경)에 체류하는 동안 관허(官許) 무역을 행한다. 이때 관세 면제 등 각종 특혜를 누리는 경우가 많다. 이를테면 우호 무역을 행하는 셈이다.
2) 책봉 없이 수시로 조공만 행하는 나라도 있었다. 또한 책봉도 조공도 없이 지방의 무역지, 무역항을 통해 호시(互市; 무역)만 행하는 나라도 있었다. 이런 호시국은 속국으로 분류될 경우가 있긴 했으나 중화권의 구성국 범주에 속한다고 볼 수는 없다.

다르다.3) 조공국=속국은 '내치-외교의 자주'라는 고유한 권리를 지닌 까닭이다. 또는 동아시아 전통의 특유한(endemic) 주권을 지니기 때문이다. 이를 (서양 근대 주권과 구별하기 위해) '전통적 주권'이라 부르기로 한다.

'전통적 주권'이라는 개념

미리 주의할 것은 '서양 근대에 발명된 주권만이 주권'이라는 동어반복적 고정관념과 시각을 해체해야 한다는 점이다. 물론 주권 개념은 서양 근대의 산물이다. 그러나 서양 근대 이전부터 서양이든 비서양이든 주권 관념은 존재해 왔다고 봄이 옳다. 본디 주권이란 'sovereignty=sovereign+ty' 곧 '군주권'에서 기원한 개념이기 때문이다. 여러 말 필요 없다. 서양이든 비서양이든 각종 군주의 나라가 존재했다. 그 존재 이유나 방식 등이 다를지언정 각각의 고유한 '주권, 권리'를 지니고 있었다.

중화권 구성국의 군주들 역시 '전통적 주권'을 누리고 있었다. 이에 합당한 주권 관념을 지니고 있었다. 물론 그 관념은 서양 근대의 주권 개념과는 다르다. 그 원칙도 운용 방식도 다르다. 무엇보다 그 원칙이 '평등인가, 불평등인가'라는 점이 다르다. 단, 어느 쪽이든 주권의 존재 자체는 서로 같다. 중화권의 '전통적 주권'은 대소 국가의 위

---

3) 오히려 그런 관계를 막고자 서로 비호(庇護)하거나 원조하는 일종의 '동맹(alliance)' 관계의 범주에 속한다. 또는 서로 은고(恩顧)하는 '후원자-고객(patron-client)' 관계의 범주에 속한다. 중국은 속국의 '후원자'라는 명분과 의무를 지닌 나라이다. 그런 만큼 '비호, 은고의 의무'가 속국보다 훨씬 크다. 이런 뜻에서 중국을 일종의 '종주권(suzerainty)'을 지닌 '종주국(suzerain)'이라 부를 수 있으리라. 하지만 그것은 '지배-복속' 관계에 입각한 '종주권, 종주국'과는 내용도 성격도 다르다.

계질서를 구성하는 조직 원리이다. 대국의 주권은 크고 소국의 주권은 작다. 이러한 현실적 불평등을 중화권 구성국은 서로 인정한다. 그래서 불평등을 일종의 주권 원칙으로 삼는다. 그 원칙은 이를 뒷받침하는 규범에 의해 운용된다. 그 전형이 사대(事大)-사소(事小)의 예(禮)이다.4)

동아시아 전통의 '속국' 개념과 그 '근대적' 변질

거듭 말하나 동아시아 전통의 '속국'이란 조공국의 별칭이요, 간단명료한 개념이다. 그런데 서양 근대이래 다의적이자 애매모호한 개념으로 변질되었다. 그 원인의 하나는 청국에서 1860년대부터 1880년대에 걸쳐 '조선=속국, 속방'론이 발명되었던 탓이다.5) 또 하나는 일본에서 식민지(colony)를 '속국'이라 칭하고 그 번역어로 삼았던 탓이다. 이로 인해 속국 개념을 자의적으로 해석할 여지가 생겼다. 특히 근대주의적 시각으로 왜곡 내지 오해할 소지가 생겼다. 실제로 속국 개념을 둘러싸고 관련 국가 간의 이해관계가 얽힌 채 해석상 혼란, 논란이 발생했다.

이런 혼란, 논란은 청일 전쟁 이후에는 해소되어야 마땅했다. 조·청 간의 조공 관계가 해체되었기 때문이다.6) '조선=속국'론의 근거가 소멸했으니… 그렇지만 해소되지 않았다. 그 후에도 자의적 해석은

---

4) 이로써 불평등을 '균, 평'하게 규율하여 '너그러운, 공평한' 위계 관계와 질서를 세우려 한 것이다. 그것이 조공-책봉 관계, 질서이다. 그 상세는 제3부 제2장 제3절 참조.
5) 후술하나 '조선=속방'론은 1882년에 '속방 조관(條款)'을 토대로 발명되었다. 이는 1860년대부터 발명되기 시작했던 '조선=속국'론의 내용 일부를 변태시킨 것이다.
6) 이와 함께 동아시아의 조공 체제의 틀이 완전히 붕괴되었기 때문이다.

이어졌고 왜곡, 오해는 퍼져 나갔다. 왜 그랬을까? 그 이유의 한 단면은 맺음말에서 밝혀질 것이다. 이에 앞서 동아시아 전통의 속국을 두 범주로 나누어 간결하게 설명한다. 다음으로 '조선=속국, 속방'론의 형성 경위를 고찰한다. 제3절에서는 이른바 '속방 조항'에 얽힌 문제를 검토한다. 제4절에서는 '조선=속국, 속방'론을 둘러싼 대립 양상과 그 결말을 살펴본다.

1. 속국=조공국의 두 범주

동아시아 전통의 속국=조공국은 다양한 형태로 출현했다. 그리고 시대 상황의 변화에 따라 여러 변형이 생겨났다. 그러다가 청대에 이르면 두 범주로 나뉜다. 하나는 청국 예부(禮部)가 상대하는 주변국이다. 조선, 베트남, 유구(琉球) 등 청국 판도 외부에 있던 나라들이다 (조공국A). 또 하나는 이번원(理藩院)이 관할하는 번부(藩部) 또는 외번(外藩)의 나라들이다(조공국B).[7] 청국은 번부에 관료를 파견하거나 군대를 주둔시켰다. 그랬던 만큼 번부는 청국 판도 내부에 편입되어 있었던 셈이다.

그렇지만 번부에는 토착 수장(首長)이 있었다.[8] 따라서 '내치-외교

---

7) 이번원은 제2대 황제인 청 태종(재위 1626~1643)이 1635년에 내몽고를 정복하여 회맹(會盟)을 맺은 뒤 간접 통치를 위해 설치했던 몽고 아문(衙門)에서 기원한다. 이것을 1638년, 이번원으로 개칭했다. 이후 청국 판도가 외몽고, 청해(靑海), 티베트(西藏), 신강(新疆; 回部)으로 확대되자 이들 지역/나라를 번부 또는 외번이라 칭하고 이번원에서 관할했다. 그 직무는 조공, 봉작(封爵), 봉록(俸祿), 역전(驛傳), 호시, 재판 등이다. 이 가운데 역전이란 역제(驛制)와 전마(傳馬)의 교통 제도를 가리킨다.

의 자주'를 일정 정도 누렸던 셈이다. 또한 번부 수장은 청조 황실과 친밀 관계를 맺기도 했다. 회맹, 혼인 관계가 그것이다. 한편 청조 황제는 몽골 부족 최고의 칸(Khan; 복드 세첸 칸, 寬溫仁聖 皇帝), 티베트 불교의 보호자(文殊菩薩皇帝) 등 지위를 겸하고 있었다. 그런 점에서 조공국 A와 B의 국가 지위나 권리/주권의 상하대소를 비교하기는 어렵다.

『흠정대청회전』의 두 범주

이처럼 청대의 조공국은 A, B 두 범주로 나뉘어 있었다. 그런 사실을 문헌에서 확인해 보자. 먼저 『흠정대청회전(欽定大淸會典)』(총 100권의 최종판, 光緖25[1899]年)을 살펴보자. 그 권56에는 "조공국은 동쪽 조선, 동남쪽 유구(朝貢之國, 東曰朝鮮, 東南曰琉球)" 등이 나열되어 있다. 그리고 이들 조공국A를 '외국'이라 칭한다. 이로써 '외번' 곧 조공국B와 구별한 것이다. 예컨대 "外藩王公, 外國貢使 官舍由禮部, 理藩院"(권74)이라는 식으로 구별한다. '외번 왕공, 외국 공사의 관사는 각각 이번원과 예부가 관장함'을 뜻한다.

『흠정대청회전』의 곳곳에는 '속국'이라는 용어가 나온다. 그것은 "외번 속국"(권 12, 27, 84)과 "사이(四夷) 속국"(권17, 23, 24, 55)의 두 범주로 나뉜다. 전자는 조공국B, 후자는 조공국A를 가리킨다. 주지하듯 '사이'란 중국의 동서남북 사방에 거주하던 동이(東夷), 서융(西戎), 남만(南蠻), 북적(北狄)의 총칭이다. 또는 중국에 내복(內服)하

---

8) 번부의 수장은 '친왕(親王), 군왕(郡王), 바일러(貝勒)' 등으로 나뉜다. 친왕, 군왕, 바일러는 청조 황실의 제1, 2, 3등급의 작위이다.

지 않았던 이민족 지역/국가를 칭한다. 따라서 중국 판도에 속하지 않는 주변국을 표상한다.

『만국공법』의 두 범주

다음으로 『만국공법(萬國公法)』(전4권, 同治3[1864]년)을 살펴보자.9) 그 제1권 제2장 제13절 '석반주지의(釋半主之義)'에는 "반주지국(半主之國, semi-sovereign or dependent States)"(23a)의 일례로서 "번속(藩屬, vassal State)"(24b)이 나온다. 이것은 『흠정대청회전』에 나오는 '외번 속국'의 약칭이라 볼 수 있다. 그렇다면 '번속'이란 앞서 말한 '조공국B의 속국'에 해당한다. 이를 'vassal State'의 한역어로 사용하면서 '반주지국' 즉 반주권 국가로 분류한 것이다. 이에 따라 '번속'을 '속국V(=Vassal)'라고 표기하고자 한다.

이어서 제14절 '진공(進貢) 번방(藩邦)10) 소존주권(所存主權)'은 "진공지국[조공국], 번방(Tributary States)"을 "자립·자주지권(the sovereignty and independence)"의 나라로 분류한다. 이 '조공국,

---

9) 『만국공법』은 미국인 선교사 마틴(William Martin, 1827~1916; 중국명 丁韙良)이 휘튼(Henry Wheaton, 1785~1848)의 Elements of International Law를 한역한 국제법서이다. 그 한역을 마틴은 1862부터 시작하여 1864년에 완료했다. 그 출판은 청국이 1861년에 설립한 총리각국사무아문(總理各國事務衙門; 약칭 총서[總署])의 지원으로 이루어졌다. 그 번역 사정은 사토 신이치(佐藤慎一, 1996), 제1장 참조. 마틴은 1865년, 통서 산하의 어학 교육기관인 동문관(同文館)의 영문 교습(教習)에 임명되었다. 이후 수십년 동안 영어, 국제법 등 교육에 종사했다. 또한 『성초지장(星軺指掌)』(1876), 『공법편람(公法便覽)』(1877), 『공법회통(公法會通)』(1880) 등 국제법서를 한역했다. 그의 생애와 업적은 푸더위 엔(傅德元. 2013) 참조. 『만국공법』은 京都崇實館存板(1864년판)을, 휘튼의 원저는 1866 Edition of Richard Henry Dana, Jr.를 사용한다. 페이지는 인용문 끝에 숫자와 면(앞면a, 후면b)을 표기한다. 다른 서적도 마찬가지다.
10) 이 '번방(藩邦)'이 원문에는 '번속(藩屬)'으로 오식(誤植)되어 있다.

제2장 '조선=속국(屬國), 속방(屬邦)'의 개념사 197

번방'이란 '조공국A의 속국'에 해당한다. 단, 『만국공법』은 속국이라는 용어를 사용하지 않는다. 아무튼 조공국A를 '속국'이라 칭할 때는 '속국T(=Tributary)'라고 표기하기로 한다. 위의 '속국V'와 구별하기 위함이다.

덧붙이면 『만국공법』은 'sovereignty'를 '자주지권, 주권'으로, 'independence'를 '자립'으로 한역한다. 그런데 'independence'를 근대 일본에서는 '독립'이라고 번역했다.11) 주의를 환기할 것은 자립과 독립의 어감이 자못 다르다는 점이다.12) 예컨대 자립은 속국과 병립할 수 있는 반면 독립은 병립할 수 없다는 느낌이 든다. 이런 어감 차이는 실제로 관련 각국의 갈등, 대립을 일으키는 원인의 하나가 되기도 했다.

각설하고 조선은 조공국A 내지 속국T였다. 그런데 근대 이래 조・청 간의 조공 관계에 대한 왜곡, 오해가 생겨났다. 그리고 관련 국가들 사이에 퍼져나갔다. 그 이유는 무엇보다 전통적 조공 관계와 근대적 지배-복속 관계와의 갈등, 대립이 발생했던 탓이다. 이에 대처하고자 청국은 조선의 비호(庇護)를 명분으로 내치-외교에 간섭했다. 이로 인해 '조공 관계의 근대적 개편=변질'과 더불어 관련 국가들 사이에 복잡한 갈등, 대립이 벌어졌다. 그리고 청일 전쟁에 이르기까지 이어졌다. 이런 사태의 원인이 바로 청국에 의한 '조선=속국, 속방'론의 발명이다.

---

11) 『만국공법』에도 '독립'이라는 용어가 나온다. 단, 그것은 "독립(single)"(27a)의 나라 즉 '단일 국가'를 뜻한다. 화제한어의 '독립'에 얽힌 사정은 姜東局(2004), 27-33 참조.
12) 그 어감의 차이에 얽힌 문제는 제8장 제3절 참조.

2. '조선=속국, 속방'론: 전통의 발명과 근대적 변질

'조선=속국'론은 1866년부터 1876년에 걸쳐 발명되었다. 그 계기는 프랑스, 미국 등 서양 나라와 일본이 청국에게 조선의 국가 지위를 문의했던 일련의 일이다.13) 이에 대한 답변 요지는 '속국이지만 내치-외교는 자주'라는 것이었다. 조선은 '조공국=속국T로서 (전통적) 주권을 지닌 나라'임을 '사실 그대로' 표명한 것이다. 하지만 이는 일종의 '전통의 발명'이자 전통과 근대의 이종교배의 산물이다. 거기에는 전통적 조공 질서와 근대적 국제 질서 양쪽의 원리가 혼합되어 있는 셈이기 때문이다. 다만 서로 조화할지 불화할지, 속국과 자주가 양립할지 대립할지 예상할 수 없는 상태였다.

그러다가 1876년에 이르러 청국은 불화/대립의 확률이 높다는 사실을 감지했다. 후술하듯 1876년 1월, 일본 정부가 파견한 특명전권공사 모리 아리노리(森有禮, 1847~1889)와 담판(談判)을 벌이는 과정에서 위기의식을 느꼈기 때문이다. 그래서 청국은 '조선=속방'론을 발명하여 내건다. 이로써 양국 간 '조공 관계의 근대적 개편=변질'의 서막이 열린다. 이후 청일 전쟁에 이르기까지 벌어진 사태의 일단은 뒤에서 밝힌다(제4절).

'조선=속국, 자주'론: 전통의 발명

1866년 봄, 조선 정부는 최대이자 최후의 천주교 탄압을 벌였다.

---

13) 그 일련의 일이 전개된 경위는 오카모토 다카시(岡本隆司)(2004)의 제1장 참조.

국내에 잠입해 있던 프랑스 신부들을 비롯하여 조선인 천주교도 수천명을 학살했던 것이다.14) 이에 프랑스 정부는 극동 함대의 조선 원정을 결정했다. 7월에 이르러 주청(駐淸) 프랑스 공사 벨로네(Henri de Bellonet)는 총서의 군기(軍機) 대신 공친왕(恭親王; 奕訢, 1833~1898)에게 원정의 뜻을 통보했다. 총서는 그 중지를 요구했다. 그러나 이를 무시한 벨로네는 7월 13일, 총서에 조회(照會)를 보내어 조선의 국가 지위를 문의했다. 이튿날 14일(同治 5년 6월 3일), 총서는 그것을 '법국(法國, 프랑스) 조회'라는 문서로 정리하고 있다.

거기에는 "거언(據言)" 곧 총서의 답변에 의하면 "고려[조선]는 중국에 조공을 바치고 있긴 하나 일체 국사는 모두 그 자주(雖高麗於中國納貢 一切國事皆其自主)"라는 말이 나온다.15) 이를 보면 총서는 '조선=조공국, 자주'라고 회답했음을 알 수 있다. 이를 근거로 벨로네는 원정을 정당화하려 했다: "그러므로 [1858년에 체결된 청·불 간의] 텐진 조약을 끌어들일 수 없다. 우리나라가 고려와 전쟁을 하더라도 중국은 문책할 수 없다"라는 것이다.16) 이렇게 청국 개입을 차단한 뒤 1866년 가을, 조선 원정을 감행했다. 병인양요(丙寅洋擾)를 일으켰던 것이다.

그런데 이에 앞선 1866년 8월, 또 다른 사건이 발생했다. 미국 상선 제너럴 셔먼호가 조선의 대동강에 침입하자 그곳 군민(軍民)이 격퇴하여 불태운 사건이다. 이에 미국 정부는 문책과 함께 통상을 요구하려 했다. 이를 위해 1868년 3월부터 총서에 조회를 보내어 교섭을

---

14) 이 사건은 병인사옥(丙寅邪獄), 병인교옥(丙寅敎獄), 병인박해(丙寅迫害) 등으로 불리운다.
15) 『淸季中日韓關係史料』제2권(이하, 『關係史料』2), 27.
16) 원문: "故天津和約亦未載入.茲當本國於高麗交兵自然, 中國亦不能過問." 『關係史料』2, 27-28.

벌였다. 그해 3월 20일(同治7년 2월 27일)자의 '미국 조회'라는 문서를 보면 조선의 국가 지위를 문의했음을 알 수 있다. 총서 회답은 "조선은 신복(臣服)에 해당하는 나라이긴 하나 일체의 정교(政敎), 금령(禁令)은 본디 그 나라가 스스로 행하며 전적으로 [자]주한다"라는 것이었다.17) '조선=신복, 자주'론을 표방한 셈이다.

1871년, 주청 미국 공사 로우(Frederick F.Low)는 조선과의 통상 교섭을 계획했다. 출발하기 전에 그 역시 조선의 국가 지위를 문의했다. 3월 28일(同治10년 2월 8일) 자의 조회 문서를 보면 총서는 "조선은 속국에 해당하나 일체의 정교, 금령은 모두 그 나라가 주지(主持)한다"라고 회답했음을 알 수 있다.18) '조선=속국, 자주'론을 표방한 셈이다. 이윽고 5월, 로우는 함대를 이끌고 조선에 갔다. 그런데 도착해 보니 사정은 총서 회답과 달랐다. 조선 정부는 '속국인 까닭에 외교의 권리가 없다'면서 통상 교섭을 거절했던 것이다. 그 결과로 7월의 무력 충돌 즉 신미양요(辛未洋擾)가 일어났다.

이후 베이징에 돌아온 로우는 11월 2일(同治10년 9월 20일), 총서에 조회를 보내어 다음과 같이 힐문(詰問)했다: 총서 회답에 따르면 조선은 "속국에 해당할지라도 그것은 유명무실(有名無實)"이라 했다. 그러나 조선 정부는 "조선이 귀국의 속국이며, 유사시에는 서로 돕게 되어있다(朝鮮爲貴國屬國, 有事望相助者)"라고 대답했다는 것이다.19) 그의 힐문은 조선에게 미국과 통상 교섭을 하도록 압력을 가해달라는 요구를 함의한다. 실제로 그런 요구를 여러 차례 했던 모양이다.

---

17) 원문: "朝鮮雖係臣服, 其本處一切政敎禁令, 槪由該國自行專主."『關係史料』2, 96.
18) 원문: "朝鮮雖係屬國, 一切政敎禁令, 皆由該國主持."『關係史料』2, 167.
19)『關係史料』2, 234-236 참조.

제2장 '조선=속국(屬國), 속방(屬邦)'의 개념사   201

이는 총서가 작성한 12월 24일(同治 10년 11월 13일) 자의 상주문
(上奏文)을 보면 알 수 있다.20)

> 미국이 수차례 보낸 조회와 조선이 재차 보낸 자문(咨文)의 내용을
> 보면 대의(大意)는 모두 중국 속국이라는 글귀에 있다. 미국은 속국 두
> 글자를 빌어서 중국이 조선을 압박하도록 함으로써 [통상을] 도모하고
> 있다. 조선 역시 속국 두 글자를 빌어서 중국이 미국을 제압하도록 함
> 으로써 [조선의] 비호를 의뢰하고 있다.

이에 총서가 내놓은 대처 방안은 두 가지이다. 하나는 이들 양국의 의도 어느 쪽에도 얽히지 않도록 신중을 기한다는 것이다. 또 하나는 '조선=속국, 자주'의 방침을 재확인 한다는 것이다. 특히 조선에 대해서는 "중국의 보호를 구함은 결코 진심이 아니다. 단지 중국[의 힘]을 빌어서 어깨의 짐을 덜고자 함일 뿐"이라고 파악한다.21) 이렇듯 총서는 조선의 반청 감정을 인지하고 있었다. 그럼에도 청국은 수년 후 조선의 보호 정책을 추진하게 된다. 그 계기는 조·일 관계의 근대적 개편과 대일 경계심에 있다.

'조선=속방, 비호'론: 근대적 변질

전술했듯 1876년 1월, 일본 정부는 특명전권공사 모리 아리노리를 청국에 파견했다. 약 2개월 체류하는 동안 모리는 총서에 여러 차례

---

20) 원문: "査閱美國歷次照會及朝鮮咨複禮部文仲[中], 大意皆以中國屬國爲詞. 美國思欲借屬國二字, 令中國 勢壓朝鮮, 以遂其謀. 朝鮮亦思借屬國二字, 請中國力制美國, 以資庇護." 『關係史料』2, 246.
21) 원문: "其所謂求中國保護者, 並非盡出眞忱. 不過欲借中國爲卸肩地耳." 『關係史料』2, 246.

조회를 보내어 일련의 담판을 벌였다. 그의 임무는 당시 추진되던 조·일 조약 교섭과 관련하여 조선의 국가 지위를 묻는 한편 청국의 개입 여부를 탐색하는 일이었다. 이에 대해 청국측은 '조선=속국, 자주'론을 표방하면서 아울러 그 변태인 '조선=속방, 비호'론을 내걸었다.

1876년 1월 13일(光緒 1년 12월 17일), 총서는 모리에게 회답을 보냈다. 거기서 "조선은 국가 수립 이래 단단히 스스로 지켰고, 중국은 그 스스로 다스리도록 맡겼다. (중략) 중국은 본디 조선의 정사에는 강제로 간여하지 않는다"면서 '조선=자주'론을 내건다.22) 그런 다음 청·일 수호 조규(1871년 9월 체결)를 거론한다.23) "수호 조규 [제1조]의 '양국 소속 방토를 서로 침월하면 안된다'는 규정을 끝까지 지키기"를 요구한 것이다.24) 거기에는 '소속 방토의 범주에는 조선도 속하니 침월하지 말라'는 취지의 경고가 담겨 있다. 이로부터 '근대적'으로 변질된 '조선=속방, 비호'론이 탄생한다.25)

이튿날 모리는 답서에서 이렇게 반박한다: 총서 회답에 의하면 "조선은 속국일지라도 땅은 중국에 예속되어 있지 않다. 그래서 중국은 이전부터 내정에 간예하지 않았다. 그 외국 교섭에도 참여하지 않고, 그 나라의 자주에 따랐다"고 한다. 따라서 "조선은 독립국의 하나이다. 귀국이 말하는 속국이란 단지 공명일 뿐"이다.26) 그러니까 '조·

---

22) 원문: "朝鮮自有國以來斤斤自守, 我中國任其自理… 中國之於朝鮮固不強預其政事."『關係史料』2, 267.
23) 그 제1조는 '양국 소속 방토 역시 각각 예로써 상대하며 조금도 침월하면 안된다(兩國所屬邦土 亦 各以禮相對 不可稍有侵越)'라는 규정이다.
24) 원문: "終守此修好條規, '兩國所屬邦土, 不相侵越'之言."『關係史料』2, 268.
25) '소속 방토'는 '속방'과 '속토'의 두 범주로 나눌 수 있다. 그렇다면 조선은 '속방' 범주에 속할 것이다. 따라서 위의 인용문은 '조선을 속방으로 삼고 비호하겠다'는 취지의 경고를 담고 있는 셈이다.

제2장 '조선=속국(屬國), 속방(屬邦)'의 개념사   203

일 조약 교섭이나 양국 관계에 개입하지 말라'는 뜻이다. 이에 총서는 경계심을 품었으리라. 그랬을 이유가 있다. 이미 일본 정부는 정한론(征韓論, 1871~1873)을 내건 적이 있다. 한편 1872년에 '속국은 허문(虛文)'이라며 유구 왕국을 일본의 번(藩)으로 삼았다. 1874년에는 유구 어민이 타이완에서 살해된 사건을 구실로 '타이완 출병'을 감행했다.27)

이윽고 총서는 1876년 1월 18일(光緖 1년 12월 22일) 자의 회답을 통해 '조선=속방, 비호'론을 내세운다. 그 논리는 다음과 같다.28)

[총서에서] '조선이 중국 속국임'을 조사했더니 '예(隸)란 곧 속(屬)'에 다름 아니다. 이미 속국이라 했으니 '중국에 예속되어 있지 않다'고 말할 수 없으리라. 게다가 귀 대신은 예전부터 '중국에 예속되어 있지 않다'는 설을 내건 일이 전혀 없다. [청·일] 수호 조규 안에는 '소속 방토'가 게재되어 있다. 조선은 실제로 중국 소속지방(所屬之邦)의 하나임을 모를 사람이 없다.

나아가 "수호 조규의 '소속 방토를 서로 침월하면 안된다'라는 뜻을 함께 지키도록 하자. 이런 뜻을 '조약상 아무런 관계가 없다'라고 감히 단정하지 말라"는 경고로 회답을 끝맺는다.29) '조선=속방, 비호'론

---

26) 원문: "朝鮮雖曰屬國 地固不隸中國以故中國曾無干預內政.其與外國交涉 亦聽彼國自主." "朝鮮是一獨立 之國, 貴國謂之屬國, 亦徒空名耳." 『關係史料』2, 270.
27) 이에 대해 청국 정부는 항의했다. 그러나 결국 배상금을 주고 철병시키는 것으로 마무리했다. 이후 일본 정부는 유구 번을 자국 영토로 편입시켜 나갔다. 그리하여 1879년, 오키나와(沖繩) 현으로 바꾸어 버렸다. 이른바 '유구처분(琉球處分)'이다. 즉 유구 왕국을 식민지로 만들었던 것이다.
28) 원문: "查朝鮮爲屬國 '隸卽屬'也. 旣云屬國自不得云'不隸中國.' 且日前回復貴大臣 並無'不隸中國'之說. 修好條規內載'所屬邦土.' 朝鮮實中國所屬之邦之一 無人不知." 『關係史料』2, 273.
29) 원문: "合照修好條 '所屬邦土不相侵越'之意 彼此同守. 不敢斷以已意謂於條約上無所關係."

을 명확하게 내건 것이다. 이것은 조선의 식민지화를 막기 위한 고육지책(苦肉之策)이라 볼 수 있다. 그러나 위험한 방책이기도 하다. 청국 역시 식민주의에 빠질 수 있기 때문이다.

그런데 '조선=속방'론은 치명적 약점이 있다. 그 근거가 청·일 수호 조규의 제1조라는 점이다. 따라서 체약국 일본의 동조가 없다면 공론(空論)이 된다. 그러나 모리는 이튿날 1월 19일(光緒 1년 12월 23일), 이를 전면 거부하는 조회를 보낸다. 거기서 총서 회답에 담긴 "뜻의 소재를 도무지 산뜻하게 밝힐 수 없다"면서 비아냥거리듯 말한다.30) 그리고 "차라리 '속국이란 단지 공명일 따름'이란 말을 해서라도 우리나라 스스로의 리를 펴지 않을 수 없다. [조선이] '조규와 무슨 관계가 있단 말인가!'"라고 반박한다.31) '속국'이 그렇듯 '속방'도 공명이요, 따라서 '속방'론은 공론이라는 것이다.

'조선=속국, 속방'론을 둘러썬 리훙장과 모리의 대립

이렇듯 총서와 모리의 견해는 대립했다. 이를 피하려는 듯 모리는 1876년 1월 중순부터 북양대신(北洋大臣) 리훙장(李鴻章, 1823~1901)에게 여러 차례 조회를 보냈다. 그리하여 1월 24일(光緒 1년 12월 28일), 바오딩(保定; 河北省)에 있던 리훙장을 방문하여 회담을 가졌다.32)

『關係史料』 2, 273.
30) 원문: "本大臣[森]實未能明鮮其所在." 『關係史料』2, 274.
31) 원문: "雖云'屬國空名耳' 則我國自不得不伸其理 '於條規有何關係哉!'" 『關係史料』2, 274.
32) 그 회담 내용은 『關係史料』2의 '정월 초3일[1876년 1월 28일], 북양대신 리훙장 함(函; 서한)'의 부록(1) '조록절략(照錄節略)'을 인용하여 살펴볼 것이다(282-288). 덧붙이면 그 회담 기록은 『清光緒 朝中日交涉資料』권1, (二) 附件八李鴻章與森有禮問答節略,『李文忠公全集』譯署函稿卷四, 光緒元年 12月28日附日本使臣森有禮署使鄭永寧來署晤談節略에도 실

그러나 양자의 견해는 역시 대립했다. 예컨대 조약, 공법의 효용 여부를 둘러싸고 리훙장은 유용론을, 모리는 무용론을 주장한다. 원문 그대로 인용해 보자(283).

> 森: 據我看來, 和約[條約]沒甚用處.
> 李: 兩國和好, 全憑條約. 如何說沒用.
> 森: 和約不過爲通商事, 可以照辦. 至國家擧事, 只看誰强, 不必盡依着條約.
> 李: 此是謬論. 恃强違約, 萬國公法所不許.
> 森: 萬國公法也可不用. 李: 叛約背公法, 將爲萬國所不用.

이를 보면 모리는 '약육강식'을 신봉했던 반면 리훙장은 조약, 공법을 신용하고 있었음을 알 수 있다. 이어진 대화의 원문은 이렇다(284).

> 森: 高麗[朝鮮]與印度, 同在亞細亞, 不算中國屬國.
> 李: 高麗奉正朔, 如何不是屬國.
> 森: 各國都說, 高麗不過朝貢受冊封, 中國不收其錢粮, 不管他政事, 所以不算屬國.
> 李: 高麗屬國幾千年, 何人不知. 和約上所說'所屬邦土.' [土]字指中國各直省, 此是內地爲內屬, 征錢粮管政事. 邦字指高麗諸國, 此是外藩爲外屬. 錢粮政事向歸本國經理.

이처럼 모리는 '조선=속국'론을 부정하자 리훙장은 이를 반박한다. 그리고 총서보다 더 명확하고 강력한 '조선=속방'론을 내건다. 이때 그는 '소속방토'를 '속토=직성(直省), 내속(內屬)'과 '속방=외번(外藩), 외속(外屬)'으로 나누고 조선을 후자에 포함시킨다. 거기에는 조선을

려 있다.

『흠정대청회전』의 '외번 속국=조공국B' 또는 『만국공법』의 '번속=속국 V'로 간주하겠다는 의지. 이를테면 '청국판도 안에 포함시키겠다'는 의지가 담긴 셈이다.33) 리훙장은 그런 의지를 실현할 계획을 다음과 같이 피력한다(287).

> 森: 條約[清日修好條規]雖有'所屬邦土'字樣. 但語涉含混, 未曾載明高麗是屬邦. 日本臣民 皆謂指中國十八省而言, 不謂高麗亦在所屬之內.
> 李: 將來修約[條約改正]時, '所屬邦土'句下添寫'十八省及高麗, 琉球'字樣.

장래에 청·일 수호 조규를 개정할 때가 오면 제1조의 '소속 방토' 밑에 '18성[直省]'과 함께 '고려[=조선], 유구'를 써넣겠다. '청국 판도 안에 포함시키겠다'는 계획이다. 그 취지는 '조선과 유구를 비호하여 그 식민지화를 막겠다'는 의지 표명에 있다. 그렇다 해도 관련 국가들의 반발을 초래할 수 있는 위험한 계획이요, 지나친 주장이다. 이미 일본측 반발에 직면해 있었다. 특히 조선의 반발은 더욱 심할 것이다. 실제로 훗날 조선 정부 내에서는 다양한 반발 세력이 형성되어 나갔다.

마침내 총서는 1876년 2월 12일(光緖2년 정월 18일) 자의 조회에서 보듯 더욱 강한 어조로 '조선=속국, 속방'론을 표명한다: "속국이란 공명이 아닌 실(實; 實名)이다. (중략) 조선은 중국 소속 지방이다. 중국의 소속지토와는 다르긴 해도 수호 조규의 '양국은 소속 방토를 조금도 침월하면 안된다'는 말에 부합되는 나라의 하나"라는 것이

---

33) 그 배경에는 당시 리훙장을 비롯한 양무(洋務) 관료들 사이에 논의되던 '조선 개입책'이 있었다고 본다. 그 상세는 權錫奉(1986)의 제2, 3장 참조.

다.34) 같은 날 모리는 최후의 조회를 보내어 거듭 반박한다.35)

본디 조선은 실로 독립의 체를 구비한 나라이다. 그 내외의 정령을 모두 자주하기 때문이다. 우리나라 역시 이를 자주로 상대한다. (중략) 귀국 역시 [청·일] 조규 속의 '침월' 등 글자를 끌어들여서 우리나라를 압박하면 안된다. 이른바 속국이란 공명일 뿐이다. 무릇 조선과 일본 사이에 일이 일어나도 [청국은] 조약상 굳이 간여할 수 없다.

3. '속방'론과 '속방 조항'에 얽힌 문제

1876년 2월 26일, 조·일 수호 조규가 체결되었다. 청국은 그 조약 교섭에 개입하지 않았다. 단, 전술했듯 기존의 '조선=속국, 자주'론을 대신할 '속방, 비호'론을 발명했다. 더불어 대일본 견제 정책을 고안해 나갔다. 그 하나가 조선에게 서양 나라들과의 조약 체결을 권유하는 정책이었다. 1879년 4월에 일본이 '유구 처분'을 감행하자 그 권유는 적극화되었다. 이에 호응한 조선 정부는 1881년부터 개국(開國) 정책을 추진해 나갔다.

1881년 1월, 조선 정부는 청국 총서를 본뜬 통리교섭통상사무아문(統理交涉通商事務衙門: 약칭, 통서[統署])를 설치했다.36) 통서의 주된

---

34) 원문: "屬國不空名之實… 朝鮮爲中國所屬之邦. 與中國所屬之土有異, 而其合於修好條規'兩國所屬邦土 不可 稍有侵越'之言者則一." 『關係史料』 2, 295.
35) 원문: "原夫朝鮮實具獨立之體. 其內外政令悉由自主. 我國亦以自主對之… 貴國亦不得引條規中'侵越'等 字加諸我國. 故曰所謂屬國徒空名耳. 凡事起於朝鮮日本間者, 於條約上固無與也." 『關係史料』 2, 296.
36) 그 산하에는 事大司, 交隣司, 軍務司, 邊政司, 通商司, 軍物司, 機械司, 語学司 등 12사(司)가

직무는 외교, 통상을 관할하는 일이었다. 한편 5월에는 12명의 조사(朝士)와 다수 수행원으로 구성된 시찰단을 일본에 파견했다. 그 임무는 일본 정부의 성(省)·청(廳) 등 기관의 사무, 그리고 개항장의 세관 업무를 조사하는 일이었다. 각종 근대적 시설도 조사했다. 일부 수행원은 임무를 마친 뒤 남아 유학했다. 후술할 유길준(兪吉濬, 1856~1914)은 후쿠자와 유키치(福澤諭吉, 1836~1901)가 설립한 게이오(慶應) 의숙(義塾)에 입학했다.

'속방 조항'의 탄생과 청·미 간의 대립

1881년 12월에는 영선사(領選使) 김윤식(金允植, 1835~1922)을 청국에 파견했다. 1882년 1월에 톈진에 도착한 그의 주요 임무는 청국의 중개로 미국과의 조약을 교섭하는 일이었다. 단, 그는 전권(全權)을 위임받고 있지 않았다. 그래서 교섭은 리훙장과 미국 전권 슈펠트(Robert W. Shufeldt, 1822~1895) 사이에 진행되었다. 교섭에 앞선 2월 15일, 김윤식은 리훙장을 만나서 조·청 양국이 각각 작성한 조약 초안을 검토했다.37) 그 결론은 청국 측 초안(10개조)의 채택이었다. 그 제1조는 다음과 같다: "조선은 중국 속방이긴 하나 내정, 외교의 일은 지금껏 모두(均) 자주해 왔다. (중략) 양국 인민은 영원히 돈독하게 화호한다. 만약 타국의 불공한 모독을 받는 일이 생기면 반드시 서로 원호한다."38)

있었다.
37) 金允植 『陰晴史』上, 高宗18年 辛巳 12月 26日條.
38) 원문: 朝鮮爲中國屬邦而內政外交事宜向來均得自主. […] 兩國人民永敦和好. 若他國偶有不公及輕侮之 事必彼此援護.

제2장 '조선=속국(屬國), 속방(屬邦)'의 개념사 209

이른바 '속방 조항'이다. 이로써 조·미 양국을 '속방'론 승인국으로 만들고자 했던 것이다. 이로부터 '속방, 자주 어느 쪽을 강조할 것인가'라는 문제가 생기겠지만… 김윤식은 '속방 조항'을 "조약 안에 넣음이 극히 좋을 듯하다(條約中此一款揷入似爲極好)"고 판단했다. "우리나라가 '중국에겐 속국이자 각국에겐 자주'라고 하니 명(名; 명분)이 바르고 말은 따를만하며 일과 이치가 양편(兩便)"이라는 것이 이유였다.39) 그는 이튿날 16일, 고종(高宗)에게 이렇게 보고한다(高宗18年 辛巳12月 27日條: 원문 인용).

> 我國之爲中國屬邦 天下之所共知也… 以若我國弧弱之勢 若無大邦之作保[=庇護] 則實特[= 自立]… 天下人見中國之担任我國 則各國輕我之心 亦從而小阻. 且於天下以均得自主繼之 是則與各國相交無害 用平等之權矣.

간결히 말하면 '속방 조항'은 조선의 '자립, 자주, 평등' 등 권리를 지킴은 물론 '안전 보장' 기능을 지닐 수 있다는 것이다. 따라서 "사대의 의리도 어기지 않고 주권을 잃을 꺼림도 없게 되니" 그야말로 "양득(兩得)이라 할 수 있다"라고 주장한다.40) 이때 김윤식은 그 '속방'을 당연히 '속국T'라고 여겼을 것이다. 그러나 리훙장은 전술했듯 '속국V'를 염두에 두고 있었다.

3월 25일, 제1차 회담이 열렸다. 리훙장은 청국측 초안 제1조 '속방 조항'의 삽입을 제안했으나 슈펠트는 거부했다.41) 그 영문은

---

39) 원문: 惟敝邦'在中國爲屬國 在各國爲自主' 名正言順 事理兩便.
40) 원문: 不背事大之義 不觸失權之忌 可謂兩得.
41) USDS, DD, China, 1843~1906, Vol. 60, No.4, Shufeldt to Frelinghuysen, March 31st, 1882.

"Chose[ŏ]n being a dependent state of the Chinese Empire has nevertheless hitherto exercised her own sovereignty in all matters of internal administration and foreign relations." '속방'이 종속국, 보호국을 뜻하는 'dependent state'라고 영역되어 있었던 탓이다. 이를 인정한다면 조선은 '주권도 조약 체결권도 없는 나라'가 된다. 즉 'Chosen has exercised her own sovereignty in all matters of internal administration and foreign relations'와는 서로 모순이 되고 만다.

이런 탓에 '속방 조항'을 접어둔 채 양측은 4월 5일, 10일의 제2, 3차 회담에 걸쳐 새 초안을 작성했다. 그 제3차 회담에서 슈펠트는 '속방 조항'의 삭제를 요구했다. 그러자 리훙장은 절충안을 내놓았다: '삭제하는 대신 조약을 조인한 뒤 조선 국왕이 미국 대통령[체스터(Chester A. Arthur, 1829~1886), 재임 1881~1885]에게 같은 취지를 담은 조회=친서(親書)를 보내도록 한다'라는 것이다.42) 이에 슈펠트는 동의했다. 그리하여 4월 19일 제4차 회담에서 전문 14개 조의 초안을 가조인(假調印)함으로써 조약 교섭을 완료했다.

마젠충과 '속방 조항'의 조회: 조·청 간의 의견 대립

임오년 3월 20일(1882년 5월 7일), 리훙장은 막료(幕僚)인 마젠충(馬建忠, 1845~1900)을 조선에 파견했다. 이때 마젠충은 북양 함대의 군함(威遠號)을 타고, 다른 2척의 군함(揚威號, 鎭海號)을 이끌고

---

42) USDS, DD, China, 1843-1906, Vol. 60, No.5, Shufeldt to Frelinghuysen, April 10th, 1882.

갔다.43) 그의 임무는 조·미 조약 체결을 중개하는 일과 고종이 조회를 보내도록 하는 일이었다. 그는 조선에 다녀간 과정을 일기 형식으로 쓴 기행문 『동행초록(東行初錄)』을 남겼다.44) 그 첫머리는 "우리 동방 속토인 조선국이 처음으로 아메리카 합중국과 통상 조약을 맺는데 그 나라 정부는 외교를 잘 알지 못해서"(368-369)라는 말로 시작된다. 이 가운데 주목할 것은 '속토'라는 표현이다.

전술했듯 리훙장은 '소속 방토'를 '속토=직성, 내속'과 '속방=외번, 외속'으로 나누고 조선을 후자의 범주에 포함시킨 적이 있다. 그런데 마젠충은 한 걸음 나아가 '속토'라는 표현을 썼던 것이다. 단, 이후 그 표현은 사라지고 '속방'으로 귀착된다. 그의 임무는 '속방 조항'의 취지를 담은 '조회를 보내도록 하는 일'이었으니… 그러나 이조차 순조롭게 진행되지 않았다. 또한 고종이 미국 대통령에게 보낸 〈조회〉 마저도 마젠충의 뜻대로 진행되지 않았다.

어떻게 진행되었는지 『동행초록』 임오년 4월 4일(1882년 5월 20일) 조에 실린 그의 '보고서'를 통해 살펴보자. 이에 의하면 슈펠트는 임오년 3월 24일(1882년 5월 11일), 인천에 도착했다. 그리고 이튿

---

43) 그는 임오년 3월 20일, 한강 하구에 도착한 뒤 이튿날 21일에 인천 근해로 들어갔다.
44) 그는 임무를 완수한 뒤 1882년 6월 8일(임오년 4월 23일), 옌타이(煙臺)로 돌아갔다. 그리고 이어서 조선과 독일 간의 조약을 중개하고자 6월 21일(임오년 5월 6일), 다시 인천에 왔다. 6월 30일(임오년 5월 15일), 조약이 체결되자 이틀 뒤인 7월 2일(임오년 5월 17일)에 옌타이로 돌아갔다. 이때 그는 두번째 기행문 『동행속록(東行續錄)』을 남겼다. 그런데 20일 뒤 7월 23일(임오년 6월 9일), 조선에서 임오군란이 발생했다. 그러자 청국은 마젠충과 북양 함대를 다시 파견하여 군란을 진압했다. 이 과정을 기록한 세번째 기행문이 『동행삼록(東行三錄)』이다. 훗날 이들 기행문 셋을 합본하여 그 제목을 『동행삼록』이라고 부쳤다. 『동행삼록』은 김한규 옮김(2012) 속에 한글로 번역되어 있다. 이를 인용하나 원문과 대조하여 적절히 개역한다.

날 25일, 조선측 전권이자 정사(正使)인 신헌(申櫶, 1811~1884)과 부사(副使) 김홍집(金弘集, 1835~1896)을 만났다. 이날의 정황을 마젠충은 이렇게 보고한다(390-391).

> [임오년 3월] 25일, 양측이 서로 배알하고 조약 안 제1조에 관해 상담했는데 그[슈펠트]는 "평행(平行, 평등)한 체통(體統)에 거슬린다"면서 끝내 거부했습니다. 또한 "아직 [자국의] 전보가 이르지 않았으니 함부로 허락하기 어렵다"라고 대답했습니다.

즉 '속방 조항'에 대한 슈펠트의 의향을 떠보았으나 거부했다는 것이다. 그래서 어쩔 수 없이 이렇게 제안했다고 보고한다: "조선 국왕에게 조약문 외에 따로 조회 한 통을 갖춰서 '중국 속방'을 성명하게 한다면 우리 쪽은 기존의 번복(藩服)이란 명분이 있게 되고, 그쪽 역시 평행한 체통에 어긋남이 없게 될 것"이라고. 이에 슈펠트는 "지난날 옌타이에서 중당(中堂, 리훙장의 호)의 글에 답할 때 이미 허락했으니" 그렇게 해도 "안 될 것은 없다"고 대답했다는 것이다(391).

슈펠트의 대답처럼 그의 제안은 리훙장의 그것과 다름이 없다. 다만 다른 점이 하나 있다. 마젠충은 그 '조회'를 (리훙장과 슈펠트가 합의했던 '조인한 뒤'가 아니라) "조인하기 전에 성명하게 해야 한다"(391)는 의욕을 지니고 있었다는 점이다. 그렇게 할 수 있다면 '속방'론의 효력을 한층 높일 것이라고 판단했기 때문이리라. 그리하여 자신의 공적으로 삼고 싶었기 때문이리라.

그러나 후술하듯 조선 정부는 조인한지 이틀 후에야 〈조회〉를 슈펠트에게 전달했다. 더욱이 그 취지는 청국측 '조회'의 그것과 대립될 만큼 다르다. 미리 말하면 '청국은 속방을 구실로 조선의 자주에 간섭하지 말라'는 취지의 요구가 담겨 있는 것이다. 이는 당시 조선 정부 내에 '속방'론에 반발하는 반청 감정이 형성되어 있었음을 뜻한다. 이런 정황을 마젠충은 감지하고 있었다. 그래서 "조선은 일본인의 유혹을 받은 이래로, 감히 청국을 향해 무례하진 못할지라도 역시 교활하게 구는 마음이 없지 않았다"(391)라고 표출한다. 그는 반청 감정을 드러냈을 조선 관료들을 자주 접했던 까닭이다. 이에 관한 기록은 『동행초록』의 여러 곳에 나온다. 두 곳만 살펴보자.

임오년 3월 22일, 마젠충은 고종이 보낸 반접관(伴接官) 조준영(趙準永, 1833~1886)을 처음 만났다. 그런데 함께 "식사를 마친 뒤에 준영이 '지난날 일본에 [1881년의 조사 시찰단 일원으로] 갔을 적에 일본 공사 하나부사 요시모토[花房義質, 1842~1917]와 사귀었다'라면서 그가 타고 온 배를 방문하고 싶다고 요청했다"(379)고 한다. 이후 벌어진 일은 생략하나 마젠충은 그런 요청에 대해 불쾌감을 느꼈던 모양이다. 그의 불쾌감은 이튿날 23일 오전, 조준영 등을 다시 만난 자리에서 다음과 같이 표출된다(380).

> 필담을 나누는 틈을 타서 조선 정부의 논의를 엿보려 했다. 그런데 준영 등이 교활하게도 정부에 관한 말을 할 때마다 "모른다"며 발뺌했다. 이에 "부상(傅相, 리훙장)이 대황제께 주청하여 이곳에 관원을 보낸 것은 본디 속번(屬藩)을 헤아려 비호하기 위함이다. 마땅히 정성껏 상대해야 하거늘 어찌 이처럼 모호한가!"라고 꾸짖었더니 준영 등이 두려워하며 사과했다. (밑줄 인용자, 이하 같음)

여기서 주목할 것은 '속번'이라는 용어이다.45) 이는 『만국공법』의 '번속'(=속국V)을 뒤집어 놓은 셈이다. 또는 리훙장의 '속방=외번, 외속'을 교묘하게 합친 셈이다. 아무튼 이것은 마젠충의 위압적 태도를 표상한다.

같은 날 23일 저녁때에도 마젠충은 위와 비슷한 일을 겪었던 모양이다(382).

> 참사당비관(參事堂備官) 김경수가 왕경(王京)에서 와서 이르기를 "통리기무아문사(統理機務衙門事) 신헌을 의약대원(議約大員)으로 정하고 이미 보냈으니 하루 지나면 달려올 것"이라 했다.46) 경수의 나이는 60여 세, 국왕이 의약대원을 정한 후 파견된 만큼 이미 그는 '흉중성죽(胸中成竹)'임을 알 수 있다.47) 필담으로는 아첨하면서도 글의 기세가 사납고 간교해서 은연중에 중국을 가볍게 여기는 뜻이 있었다.

이에 "그 응대가 예를 잃었음을 책망한 다음 접반관[조준영]에게 날밝는 대로 가마와 말을 준비해서 배로 돌아가겠다"고 전했더니 "준영 등이 와서 굳게 만류했다"고 한다(382-383). 이튿날 24일 새벽에도 "여러 사람이 거듭 와서 만류하고 정중한 말로 사과했다"(383)고 한다.

이런 성과를 마젠충은 뽐내듯 보고한다: "[임오년 3월] 20일 배로

---

45) 후술하듯 리훙장 역시 '속번'이란 용어를 사용하고 있다.
46) 김경수(金景遂, 1818~?)는 역관(譯官) 출신 관료이다. 1879년에는 『공보초략(公報抄略)』을 간행하여 동아시아 정세를 진단하고 서양의 근대적 문물을 소개했다. 1882년 당시 '종2품 숭록대부(崇祿大夫)' 이자 '참사당비관'을 겸하고 있었다.
47) 여기서 '흉중성죽'이란 김경수 등 관료들 '마음 속엔 벌써 대나무[=정책 구상가 성립되어 있음'을 뜻한다. '흉중성죽'은 소식(蘇軾, 1037~1101)이 지은 「운당곡언죽기(篔簹谷偃竹記)」에서 유래한다.

돌아간 뒤부터 결연한 자세를 조금 보였더니 비로소 중조(中朝; 淸朝) 인사(人士)를 함부로 놀릴 수 없음을 알게 되었습니다. 그리고 경수 등 여러 사람과 그 후 왕경에서 온 자들이 모두 더욱 공손하게 삼갔습니다. 국왕 역시 승지(承旨)를 보내어 배알시키니 이로부터 교활하게 굴던 마음은 이전처럼 되풀이되지 않았습니다."(391-392) 그리고 "권변지술(權變之術)을 대략 섞어서 그들을 길들여 부리고자 합니다" 라면서 이렇게 보고한다(392).

> [임오년 3월] 27일에 그들이 파견한 의약대관 신헌과 부관 김굉집(金宏集, 김홍집)이 배에 올라와서 배알했을 때 먼저 대포를 쏘아 우리의 위세를 다시 펴보였습니다. 이어서 그들 배신(陪臣) 몇몇에게 국왕 대신 삼궤구고(三跪九叩)의 예를 행하게 하고, 황태후와 황상의 안부를 삼가 묻게 하여 그 기를 꺾었습니다. 그런 다음 필담으로 느긋하게 이끌어 그 안으로 기꺼이 들어가도록 했습니다.

그 필담 중에 마젠충은 "조회의 초고를 대신 [제가] 본떠서 작성했는데" 그 취지는 "자주의 명(名)을 너그럽게 허용하고(寬假) 실은 속방이 참(實)임을 거듭 밝힌" 것이라고 한다. 즉 '자주=명(명분), 속방=참(실질)'에 입각한 '조회(초고)'를 작성했다는 것이다. 그것을 "김굉집 등이 열람하고는 기꺼이 따르기를 원했고, 이튿날에는 이응준(李應俊48))에게 '왕경으로 가져가서 국왕께 그 초고를 손질해 써 주십사' 요청하도록 명했습니다"(393)라고 보고한다. 이후의 경과 보고는 다

---

48) 이응준(1832-?)은 역관 출신 관료로서 청국을 여러 번 방문했던 경력이 있다. 1882년 당시에는 조・미 조약의 교섭과 체결에 참여하고 있었다. 예컨대 1882년 4월 말에 김윤식과 함께 북양 아문을 방문하여 리훙장, 마젠충 등과 여러 차례 회담을 가졌다. 그리고 5월 초에 귀국한 뒤 슈펠트와의 조약 교섭 과정에서 통역, 연락 등 임무를 수행하고 있었다.

음과 같다(393).

　[임오년 4월] 2일에 이응준이 왕성에서 돌아와 3일에는 조회를 가져왔는데 <u>초고를 그대로 베껴서 한 자도 바꾸지 않았습니다.</u> 내 처소에 놓아 두었다가 조약 체결할 때를 기다려 국서, 조약문과 함께 <u>슈펠트에게 건네주기로 했습니다.</u> (중략) 슈펠트가 요청해서 인천으로 가보니 이미 신헌, 김굉집 등은 6일에 제물포에서 조약을 조인하기로 약정했습니다.

위 인용문의 밑줄 부분 두 곳을 주목하고 싶다. 왜냐면 그 후에 전개된 사실은 그것과 다르기 때문이다. 즉 조선 정부가 슈펠트에게 전달한 (실제로 건네준49)) 고종의 〈조회〉를 살펴보면 마젠충의 '조회'와는 그 취지가 다르다.

고종의 〈조회〉와 그 취지

　임오년 4월 6일(1882년 5월 22일), 신헌과 슈펠트는 전문 14개조의 '조미수호통상 조약(朝美修好通商條約)'을 조인했다. 그 이틀 뒤인 8일에 고종의 〈조회〉는 슈펠트에게 전달되었다. 그 내용을 살펴보자(①②는 인용자).50)

　　조선은 본디 중국 속방이긴 하나 내정과 외교는 이전부터 모두 대조

---

49) 따라서 "슈펠트에게 건네주기로" 했다는 마젠충의 '조회'는 실은 건네주지 않았던 것이다.
50) 원문: 朝鮮素爲中國屬邦而內政外交向來均由大朝鮮國君主自主… 彼此立約 俱屬平行相對. 大朝鮮國君 主明允 將約內各款必按自主公例… 大朝鮮國爲中國屬 其一切分內應行各節均與大美國毫無干涉. 그 해설은 岡本隆司(2004), 제2장; 朴日根(1981), 210-219; 奧平武彦(1969), 136-139; Jones(1936), Chapter Ⅷ 참조.

선국 군주가 자주하여 행해 왔다. (중략) 두 나라가 조약을 맺었으니 서로 평행으로 대한다. ① 대조선국 군주는 명백하고도 마땅하게 앞으로 조약 내의 각 조항을 반드시 자주와 공례[=공법]에 의해 행할 것이다. (중략) ② 조신은 중국의 속(屬)이긴 하나 일체의 분내(分內; 권리와 의무)는 응당 각 절목(節目; 외교상 절차와 조목)에 맞춰 균등하게 행할 것이니 미국은 조금도 간섭하면 안된다.

이 전반부는 앞서 본 '속방 조항'의 그것과 거의 같다. 다른 것은 '속방 조항'에 없는데 첨가된 후반부의 두 문장 ①②이다. ①은 조선의 '자주' 의지를 강력하게 표명하고 있다. ②는 '조선은 중국의 속'이라면서도 역시 '자주' 의지를 강력하게 표명함은 같다. 이런 표명은 미국을 향해 있다. 그러나 동시에 청국을 향해 있다.

②의 뜻과 (청국을 향한) 언외의 뜻(意/志)은 다음과 같다: 그 뜻은 '조·청 조공 관계의 절목은 조선이 적절히 행할 것이니 이에 미국은 간섭 말라'는 것이다. 그 언외의 뜻은 '청국은 조·미 조약 관계의 절목을 조선에게 맡겨라'는 것이다. 거기에는 '속, 속방을 구실로 조선의 자주에 간섭 말라'는 요구가 담겨 있다. 그런 뜻에서 〈조회〉의 취지는 '속방=명, 자주=실'이다. 이런 취지를 담아 고종은 마젠충의 '조회'를 '손질한' 것이다.

고종의 〈조회〉는 그 영문판을 갖추지 않았던 모양이다. 그런데 슈펠트로부터 〈조회〉를 입수한 북경 주재 대리 공사 홀콤(Chester Holcombe, 1842~1912)은 이렇게 번역했다.51)

---

51) USDS, DD, China, 1843-1906, Vol. 60, Enclosure 1 and 2 in Holcombe's No.133 to Frelinghuysen, June 26th, 1882.

Chosen has been from ancient times a State tributary to China. Yet hitherto full sovereignty has been exercised by the Kings of Chosen in all matters of internal administration and foreign relations. Chosen and the United States in establishing now by mutual consent a treaty are dealing with each other upon a basis of equality. The King of Chosen distinctly pledges his own sovereign powers for the complete enforcement in good faith of all the stipulations of the treaty in accordance with international law. As regards the various duties which develop upon Chosen as a tributary state to China, with these the U. S. has no concern whatever.

주목할 것은 '속방, 속'을 "tributary(state)"로 번역하고 있다는 점이다. 아울러 조선은 내정, 외교의 "full sovereignty" 즉 '완전한 자주/주권'을 행사해 왔음을 강조하고 있다는 점이다. 거기에는 미국 정부의 공식 견해가 투영되어 있을 것이다.

4. '조선=속국, 속방'론을 둘러싼 대립

그런데 조·미 조약이 체결된 지 약 2개월 뒤인 1882년 7월에 임오군란이 발생했다. 이에 청국은 마젠충과 북양 함대를 다시 파견하여 진압했다. 이를 계기로 조선에 대한 '속방화' 정책을 추진하기 시작했다.[52] 이로 인해 전통적 조공 관계는 (일종의 '지배-복속' 관계

---

52) 예컨대 청국은 조선과 1882년 10월의 '朝中商民水陸貿易章程'을 비롯한 세 가지 무역 장정을 체결하여 '종주국'의 지위를 강화시키고자 했다.

로) 변질되고 말았다. 그리고 조선 개화파를 온건파와 급진파로 분열시키는 요인이 되었다. '속방화' 정책에 일정 정도 동조했던 김윤식 등은 온건 개화파를, 반발했던 김옥균(金玉均, 1851~1894), 박영효(朴泳孝, 1861~1939) 등은 급진 개화파를 형성했다.53) 급진 개화파는 1884년 12월, 일본 공사관의 후원에 기대어 갑신정변을 일으켰다. 그러나 용산(龍山)에 주둔하던 청국군의 개입으로 사흘만에 실패했다.54)

갑신정변 이후 '속방화' 정책은 강화되어 나갔다.55) 이에 고종, 민비를 비롯한 궁정 세력은 대응책을 강구했다. 그 하나로 1885년 봄부터 러시아와의 밀약을 추진했다. 그 조력자는 독일인 외교 고문이자 총세무사(總稅務司, Foreign Advisor and Inspector-General of Customs) 묄렌도르프(P. G. von Möllendorf, 1848~1901). 그는 리훙장의 추천으로 1882년 12월에 부임한 뒤 급진 개화파와는 대립했다. 하지만 갑신정변 이후 반청 감정을 공유하게 되었다. 그리하여 궁정 세력이 추진했던 밀약 교섭을 도왔던 것이다.

그러자 리훙장은 조선 정부를 압박하여 묄렌도르프를 해임시킨 후 그의 직책을 둘로 나누어 각각 미국인을 임명했다: 외교 고문은 상하이 총영사이던 데니(O. N. Denny, 1838~1900), 총세무사는 청국

---

53) 이들 급진 개화파가 어떻게 반발했는지는 金鳳珍(2001) 참조.
54) 갑신정변의 사후 수습을 위해 청·일 양국은 이듬해 1885년 4월, 톈진 조약을 체결했다. 그 제1조는 양국군의 철수를 규정했다. 그런데 양국은 제3 조에서 '장래 조선에 출병할 때 행문지조(行文知照, 상호 통지)한다'는 약속을 했다. 이 조항은 10년 뒤 청·일 전쟁을 일으키는 도화선이 되고 말았다.
55) 갑신정변 이후 청·일 전쟁까지 약 10년 동안 조선은 자주적 근대화를 추진하기 어려운 곤경에 빠져 있었다. '잃어버린 10년'을 겪은 셈이다. 그런 점에서 갑신정변의 동기는 옳을지라도 그 죄과는 크다.

해관의 직원이던 메릴(H. F. Merrill, 1853~1935). 이때 메릴의 직책은 '조선세무사의(朝鮮稅務事宜, Chief-Commissioner)'로 바뀌었다. 조선 세관을 청국 해관에 편입하겠다는 뜻이다. 실제로 그는 1885년 10월 부임한 뒤 청국 총세무사 하트(Sir Robert Hart, 1835~1911)의 부하처럼 근무했다.56) 나아가 리훙장은 1885년 11월, 위안 스카이(袁世凱, 1859~1916)를 '주차조선총리교섭통상사의(駐箚朝鮮總理交涉通商事宜)'라는 직함으로 파견했다.57) 그의 임무는 조선의 내정, 외교를 감시하는 일이었다. 이후 약 10년 동안 그가 벌인 일련의 악행은 조선 정부를 곤경에 빠뜨리기 일쑤였다.58)

1) 메릴의 '조선=속국, 속방'론 이행

메릴은 부임 전에 리훙장의 훈령 5개조를 받았다.59) 그 제3조는 "중국이 조선을 속번으로 보호한다는 뜻에 어긋나면 안된다. 또한 다른 나라의 참예(攙預; 관여)를 받아도 안된다"(1944)는 내용이다.60) 이처럼 리훙장 역시 (마젠충과 마찬가지로) '속번'이란 용어를 사용하고 있었던 것이다. 거기에 담긴 의도는 이미 살펴본 대로이다. 그런 리훙장의 의도로부터 한 걸음 더 나갔던 사람이 하트였다.

---

56) 高柄翊(1970)의 「朝鮮海關과 淸國海關과의 關係의 變動―메릴과 하트를 中心으로」 참조. 청국 해 관의 상세는 岡本隆司(1999); 하트의 생애는 Bredon(1909), Drew(1913), Stanley(1950) 등 참조.
57) 그는 '감국(監國, Resident)' 직함도 사용했다. 당시 'Resident'는 '식민지 주재관'을 뜻하는 용어였다.
58) 李陽子(2002), 林明德(1970), Ch'ên(1961) 등 참조.
59) 『関係史料』4, 1944-1945에 실려 있다.
60) 원문: "不可違背中國保護朝鮮屬藩之意. 亦不能聽別國攙預."

예컨대 하트는 메릴에게 보낸 1886년 12월 4일자 서한에서 이렇게 주장한다.61) "China cannot afford to recognis[z]e Korea's independence, and the longing looks other Powers cast in that direction *must force* China eventually to incorporate and rule the place like a province." 즉 '청국은 조선 독립을 승인하지 말고, 기회를 보아 성(省, province)의 하나로 만들어야 한다'는 것이다. 이와 함께 "Your present *reason d'etre* and my connection with the Korean Customs have one and same foundation ― *Korea's dependence* and the necessity there is to tell the world that China *is* Korea's Suzerain: don't forget this!"라고 지시한다. '조선 세관을 청국 관할로 편입하라. 세계를 향해 조선은 종주국 청국의 종속국임을 선포하라'는 뜻이다.

메릴은 하트의 지시를 충실히 이행했다. 조선 세관의 관리권, 인사권을 장악했고 '무역 통계'(1886년도~1894년도)를 청국의 그것과 합본하여 출간했다. 이로써 청국 해관 밑에 편입한 셈이다. 이런 성과를 올린 메릴에게 하트는 열렬한 찬사를 보냈다. 예컨대 1888년 5월 29일자 서한은 다음과 같은 문장을 담고 있다.62) "In all that concerns Korea, the one point to start from is that Korea is China's tributary and that China *will not only* fight

---

61) 이 서한은 하버드 대학 휴턴도서관(Houghton Library)에 소장된 Sir Robert Hart Papers and Letters (2 boxes)의 Transcription of Letters (M. S. Chinese 4. 1)에 들어 있다. 그 원문은 Morse(1910~1918), Vol. Ⅲ, 16-17, Note 52에 인용되어 있다.
62) Transcription of Letters (M. S. Chinese 4. 1). Morse (1910~1918), Vol. Ⅲ, 15-16, Note 50.

anybody rather than give up her suzerainty, *but will* be forced to absorb Korea if troublesome scheming goes on there. It is useless for America to say [Korea/the Korean] 'assert your independence!' It is useless for Japan to say 'come to my arms!'" (이탤릭은 원문. 이하 같음)

이렇듯 하트는 조선을 'tributary'로 표현한다. 그렇긴 하나 '청국은 종주권을 지키기 위해 싸울 것이요, 유사시에는 흡수하게(absorb) 될 것'이라고 논한다. 나아가 미국이 조선에게 '너의 독립을 주장하라!'고 말함은 일본에게 '나의 무기가 되어 달라!'는 말처럼 소용없는 일이라며 조롱한다. 이런 조롱의 화살은 데니와 그의 저술을 향한 것이라고 본다. 데니는 1888년 2월에 출판한 『청한론(清韓論, *China and Korea*)』에서 '조선=자주 독립국'임을 주장했던 까닭이다. 이를 하트는 읽었을 것이기 때문이다.

2) 데니와 유길준의 '조선=속국, 속방'론 비판

데니는 1886년 3월에 부임한 뒤 조선 궁정과 러시아 공사 웨베르(Karl I. de Weber, 1841~1910; 1885년 가을 부임) 사이에 진행되던 제2차 밀약 교섭에 접했다. 그리고 위안 스카이의 교섭 방해, 고종 폐위 음모(1886년 여름) 등 악행을 견문했다. 이에 반청 감정을 품게 된 그는 고종에게 자주 외교의 추진을 권했다. 고종은 1887년 가을에 박정양(朴定陽, 1841~1904)을 주미 공사, 조신희(趙臣熙, 생몰미상)를 유럽 5개국 공사로 파견하기로 결심했다. 그리고 청국 예부에 1887년 10월 8일(光緒 13年 8月 22日)자 자문(咨文)을 보냈다.

그 첫머리는 이렇다: "조선은 서양 각국에 공사를 파견하고자 한다. 반드시 먼저 교시를 청하여 윤준(允准)을 기다린 뒤 다시 상의(再訪)하여 속방 체제에 적합하게 하겠다."63) '속방 체제를 어기지는 않을테니 그 파견을 승인해 달라'는 뜻이다. 이는 두 가지 요구를 담고 있다: 하나는 '조공 체제하에서 전통적으로 누려 왔던 조선의 내정, 외교의 자주에 간섭말라.' 또 하나는 '조약 체제의 외교 관계 즉 자주 외교에 간섭말라.' 이런 요구를 고종은 다음과 같이 표명한다.64)

[청국은] 미국과 먼저 통호(通好)할 것을 특별히 승락하고 관원을 파견해 교섭을 도와 조약을 맺게 해주었다. 아울러 〈조회〉를 행하기에 앞서 '조선은 중국 속방이긴 하나 내외로 지금껏 모두 자주해 왔다'라는 성명을 했다. 이로써 소방[조선]은 후도(侯度, 제후의 법도; 『詩經』大雅, 抑)를 지키고 각국과 평행하게 상대하니 [조공] 체제와 [외교] 교섭은 양전이 되었다.

고종의 '양전(兩全)'론이다. 이로써 '속방과 자주, 조공 체제와 조약 체제' 양쪽이 모순되지 않도록 온전하게 바로잡자'는 것이다. 거기에는 '속방화' 정책 탓에 '변질된 조공 체제'에 대한 비판이 깔려 있다.
'양전'론의 효과인지, 청국은 사절 파견을 승인했다. 다만 '령약삼단(另約三端)'이라는 세 약조를 조건으로 내걸었다. 그 요지는 '주재국에 착임하면 그곳 청국 공사와 협의하고 그 지시에 따르라'는 것이다.

---

63) 원문: "朝鮮派使西國. 必須先行請示 俟允准後再訪 方合屬邦體制." 『関係史料』4, 2375.
64) 원문: "特允與美國首先通好 而派員裏辨妥訂條約. 並先行照會 聲明朝鮮爲中國屬邦而内主外向來均得自 主等語. 使小邦恪守侯度 而在各國平行相待 體制交渉務歸兩全." 『関係史料』4, 2 375.

박정양은 1887년 11월에 출발하여 이듬해 1월 워싱톤에 착임했다 (朴定陽, 『船上日記』).65) 착임 후 그는 '령약삼단'을 지키지 않고 자주 외교를 펼쳤다. 이를 구실로 청국은 조선 정부에 압력을 가했다.66) 이런 청국의 조치에 반발한 데니는 『청한론』을 저술하여 출판했다.67) 그 목적은 '속국, 속방'론이 공법에 어긋남을 논증하고 그 부당성을 비판하기 위함이다. 그의 비판은 다음 문장에 집약되어 있다.

> To those who are versed in international affairs Korea cannot be considered a dependent state, for the reason that the law and the facts have placed her in the column of sovereign and independent states, where she will remain, unless, through the force of superior numbers, she is taken out of it. Korea has the right of negotiation, -- a vassal state has not; Korea has concluded treaties of friendship, commerce, and navigation with other sovereign and independent states, without reference to China, which a vassal state cannot do; and in virtue of those treaties has dispatched public Ministers to the courts of her respective treaty powers, while vassal states cannot even appoint Consuls-General but only Consuls and commercial agents. <u>Korea has the right</u> to declare war or peace, which a vassal state cannot do except through its suzerain. (『청한론』, 25)

---

65) 한편 조신희는 1887년 가을에 유럽으로 출발했으나 홍콩에서 청국의 압력을 받고 귀국했다.
66) 결국 박정양 공사는 1888년 11월에 귀국하게 된다. 이른바 박정양 사건이다.
67) 『청한론』은 한성본과 샹하이본이 있다. O. N. デニー著, 岡本隆司監修・訳註, 『清韓論』을 인용한다.

요약하면 조선은 '자주 독립국(sovereign and independent state)'이요, '종속국(dependent state), 가신국(vassal state)'이 아니라는 것이다. 그리고 '속국, 속방'의 해석을 둘러싼 조·청 간의 불화를 이렇게 지적한다: "The trouble seems to arise from this: the language used by the King [고종] to express his *tributary* relations, is persistently and erroneously interpret to mean *vassal* relations by China and her supports."(『청한론』, 29) 조선은 '*tributary* relations'로, 청국은 '*vassal* relations'로 해석한다는 것이다. 물론 후자가 부당하다는 뜻이다.

유길준의 '속국, 속방'론 비판과 '양절(兩截) 비판'론

그런데 『청한론』이 출판되기 전에 그 원고를 읽어본 사람이 있다. 바로 유길준이다.68) 그는 원고를 역술(譯述)하여 「방국의 권리」라는 국한문 혼용의 논문을 썼다.69) 따라서 '속국, 속방'론의 부당성을 비판함은 같다. 그는 앞서 본 데니의 문장을 이렇게 의역한다: "속방은 그 복사(服事)하는 나라의 정령 제도를 오로지 따르기에 내외의 여러 사무를 자주할 권리가 전혀 없다. 그러나 증공국(贈貢國; 조공국)은

---

68) 유길준은 전술했듯 게이오 의숙에서 유학한 뒤 1883년 1월에 귀국했다. 그리고 같은 해 7월, 미국에 파견된 보빙사(報聘使) 민영익(閔泳翊, 1860~1914)을 수행했다. 그 공식 일정을 마친 후인 11월부터 그는 미국에 남아 유학 생활에 들어갔다. 그러나 갑신정변의 소식에 접한 그는 예정된 하버드 대학 진학을 포기하고, 1885년 5월경부터 유럽을 거쳐 12월에 귀국했다. 귀국 후 그는 정변 연루자로 의심받았으나 처형을 면한 채 연금 생활을 하고 있었다(연금 해제는 1892년 봄).
69) 『兪吉濬全書I 西遊見聞』에 실려 있다. 이에 앞서 그는 거의 같은 내용의 한문 논문인 「國權」(『兪吉濬 全書IV』)을 썼다. 이들 논문과 『淸韓論』과의 비교 고찰은 金鳳珍(2004), 제2장 참조.

강대국의 침벌(侵伐)을 면하고자 그 부적(不敵)한[=맞설 수 없는] 형세를 스스로 생각하여 비록 본심에는 맞지 않아도 약장(約章)을 준수하고 공물을 바친다. [그렇긴 하나] 그 향유하는 권리의 분도(分度)로서 독립 주권을 획존(獲存)한다." 그런 다음 "증공국" 곧 조선은 "당당한 독립 주권국의 하나"임을 주장한다(「방국의 권리」, 112).

　위 인용문의 밑줄 부분에서 '본심에는 맞지 않아도'라는 표현은 당시 조·청 간의 조공 체제에 대한 강한 반감을 표상한다. 이를 '조선은 속방이 아님'이라는 주장으로 표출한 것이다. 그리고 '약장을 준수함'이란 수공국(受貢國) 청국에 대한 비판을 함의한다. '속방'론을 내세워 '약장을 어기고 있으니 부당하다'는 비판이다. 과연 그는 "약장을 어김(違背)은 신의를 깨뜨리니 공법이 불취(不取; 불허)하는 일"이라 말한다. 그리고 조공 관계란 "아(我)의 공(貢)을 받고 권리를 침해하지 않음"을 "서로 인정하는 약장"에 기초한 것임을 일깨운다(「방국의 권리」, 114-115).

　그럼에도 증공국 조선의 '권리를 침해'한다면 어찌할 것인가? 그의 방책은 두 가지로 나뉜다. 「방국의 권리」에서는 "자보(自保)하는 계(計)"(115) 곧 '스스로 보전할 계책'을 제안한다. 한편 「국권(國權)」에서는 "宜絶貢抗辭" 곧 '마땅히 조공을 끊고 항변한다'는 강경책을 제안한다(『兪吉濬全書 IV』, 40). 그 표현이 다르긴 하나 '조공 관계의 폐기'를 함의함은 같다. '속방'론 탓에 '변질된' 조공 관계를 '기회만 오면 끊겠노라'는 의지가 투영되어 있는 것이다. 이런 의지를 담아 그는 「방국의 권리」에서 이렇게 논한다(116).

독립 주권을 가진 여러 대국과 수공국도 동등한 조약을 맺었고, 증공국도 동등한 조약을 맺었다. 수공국의 동등한 체약국은 증공국의 동등한 체약국이요, 증공국의 동등한 체약국은 수공국의 동등한 체약국이다. 이들 나라는 수공국도 동등한 우방으로 대하고, 증공국도 동등한 우방으로 접한다. 존비(尊卑)의 예(禮), 고하(高下)의 서(序)를 내세우지 않는다.

한 마디로 조약 체제에 입각한 '국가 평등'론이다. 이로써 조공 체제의 '국가 불평등'을 이렇게 비판한다: "수공국은 지위가 증공국의 위라며 그토록 자존할진대 [그러면서] 어찌 증공국의 동등한 우방과 동등한 예를 행하며 동등한 조약을 맺으리오!" 여기에는 앞뒤 모순에 빠져 있는 수공국 청국에 대한 냉소적 비판이 담겨 있다. 이는 다음 문답으로 이어진다(116-117): 수공국은 "증공국과 여러 나라와의 동등 조약을 물리치게 할 수 있을까? 이르노니 '그럴 수 없다.' 여러 나라에게 간청하여 증공국과의 동등 조약을 말소(抹消)할 수 있을까? 이르노니 '그럴 수 없다.'" 그럼에도 "동등 조약을 사절하고, 이미 파견한 공사를 되돌리고, 이미 개항한 항구를 폐쇄하는" 등 "홀로 오만하게 처신할 수 있을까? 역시 '그럴 수 없다.'"

이러한 논리를 바탕으로 그는 청국에 대한 신랄한 비판을 담은 결론을 내린다(117): "수공국이 여러 나라와는 동등한 예도(禮度)를 행하고, 증공국에게만 독존(獨尊)한 체모(體貌)를 제멋대로 하니 이는 증공국의 체제(軆制)가 수공국과 여타 나라를 향해 앞뒤로 양절(兩截)된" 것이요, "수공국의 체제 역시 증공국과 여타 나라에 대해 앞뒤로 양절된" 것이다. 한 마디로 '양절'론이다.70) 정확하게는 '양절 비판'론이다. 그 논지는 '변질된' 조공 체제와 조약 체제가 '양절된' 곧 '둘로 나뉜' 채 서로 모순된 실태를 비판한 것이기 때문이다. 그 '양절' 탓에 조·청 사이의 각종 사건, 문제는 물론 관계 각국 간의 갈등, 대립을 일으키던 당시 현실을 비판한 것이기 때문이다.

'양절 비판'의 궁극 목표는 '변질된' 조공 체제의 폐기에 있다. 과연 유길준은 '양절 비판'론과 함께 '국가 평등'을 내걸고 청국이 자행하던 '교습(驕習), 불법, 불례(不禮)' 등 각종 악행을 통렬하게 비판한다. 그리고 다음과 같은 두 가지 명제를 제기한다(117-118): ① "강국의 군(君)도 군이요, 약국의 군도 군이다." ② 수공국 군주가 증공국 군주에게 동등한 예를 불허함"은 "만국 품례(品例)에 맞지 않는다." 명제②는 예적 위계를 악용하는 '변질된' 조공 체제 비판이다. 명제① 역시 그렇다. 그뿐만 아니라 '국가 평등'을 무시하던 당시의 조약 체제 특히 강대국들의 약육강식, 식민주의 비판도 함의한다.

유길준은 '양절 비판'론에 앞서 다음과 같이 논한다(108).

> 사람의 강약과 빈부는 반드시 차이가 있다. 그렇긴 하나 각자 (중략) 평균[평등]한 지위를 보유하여 지킴은 국법의 공도(公道)로 사람의 권리를 보호하기 때문이다. 방국의 교제 역시 공법으로 조제(操制; 통제)하여 천지의 무편(無偏)한 정리(正理)로 일시(一視)하는 도(道)를 행한다. 그런즉 대국도 한 나라요, 소국도 한 나라다. 나라 위에 나라가 다시없고, 나라 밑에 나라가 역시 없다. 한 나라의 나라되는 권리는 피차 동연(同然)한 지위로서 조금도 차수(差殊, 차별)가 생길 수 없다.

그의 '평등'론이다.71) 두 가지로 '인간 평등'론, '국가 평등'론이다.

---

70) 유길준의 '양절'론은 앞서 본 고종의 '양전'론과 상통하는 점이 있다고 본다.

이때 후자는 '국가 불평등에 입각한 조공 체제는 폐기되어야 한다'는 비판을 담고 있다. 또한 '국가 불평등이 횡행하던 당시의 조약 체제는 바로잡아야 한다'는 비판도 담고 있다. 나아가 약육강식, 식민주의에 대한 비판도 담고 있음은 물론이다.

맺음말

1894년 봄, 전라도에서 동학 농민군이 봉기했다. 이어서 각지로 세력을 확대한 뒤 5월 27일에는 폐정(弊政) 개혁을 요구했다. 이에 대처하는 과정에서 조선 정부는 청국의 원병을 요청했다. 청국은 6월 초, 청국군을 파병하여 아산만에 주둔시켰다. 한편 일본은 톈진 조약 제3조(주54 참조)를 내걸고 일본군을 한성에 파병했다. 이런 상황에서 일본 측은 청국측에게 조선의 공동 개혁을 요구했다. 청국측은 거부했다. 그러자 일본군은 7월 23일 새벽, 경복궁을 점령하고 청국군을 공격했다.

조·청 간의 조공 관계의 폐기

나아가 일본측은 대원군을 앞세우고 정부를 개조했다. 김홍집 내각의 갑오개혁 정부가 수립된 것이다. 그 초기 개혁을 주도했던 기관이 군국기무처(軍國機務處; 위원 17명) 이다.72) 7월 27일에 설립된 군국

---

71) 위의 인용문에서 밑줄친 '평균, 공도, 정리'는 유교 특히 주자학의 개념들이다. 이들 개념은 '평등' 관념을 담고 있다고 볼 수 있다. 유길준의 '평등'론을 구성하고 있음은 그 증거의 하나이다.
72) 유길준은 그 위원이 되어 개혁을 주도했다.

기무처는 12월 17일까지 존속하는 동안 약 210건의 개혁 의안을 의결했다. 주목할 것은 7월 30일의 '의안 2호'이다. "청국과의 조약을 개정하고, 또 특명전권공사를 열국에 파견할 것"이라는 내용이다. 그 목표는 조공 관계의 폐기에 있다. 이를 위해 청국에게 새로운 조약 체결을 요구했다. 단, 그 교섭은 1896년 2월의 아관파천(俄館播遷)에 의해 갑오개혁 정부가 붕괴되자 일시 중단되었다.

1897년 10월, 고종은 황제를 칭하고 국호를 대한제국으로 바꾸었다. 2년 뒤인 1899년 11월에는 한·청 간의 평등 관계에 입각한 '통상조약'(15개조)이 체결되었다. 이로써 조공 관계는 폐기되었다. 당연히 '속국, 속방'이라는 용어는 양국의 공식 문서로부터 사라졌다. 따라서 '조선=속국, 속방'론 역시 사라졌어야 마땅할 것이다. 과연 '속방'론은 사라졌다. 하지만 '속국'론은 그렇지 않았다. '속국'이란 용어가 살아남은 채 오해/왜곡된 '속국'론과 그 변태적 허상을 발명해 왔던 탓이다.[73]

모스의 '조선=속국V'론: 그 변태적 허상의 발명과 영향

그런 계기를 만든 학자의 하나가 모스(Hosea Ballou Morse, 1855~1934)였다.[74] 그는 1874년, 하버드 대학을 졸업한 뒤 청국 해관에 취직했다. 이후 부세무사, 세무사를 거쳐 총 세무사 하트의

---

[73] 그 전형적 예로서 일본 혐한론자들의 '조선=속국'론을 들 수 있다. 거기에 어떤 오해/왜곡이 담겨 있는지, 얼마나 변태적인 허상인지… 심각한 병리를 담고 있기에 차라리 언급을 회피하고자 한다.

[74] 모스의 생애에 관해서는 Fairbank, et al.(1995) 참조.

관서 소속 통계 국장을 역임했다. 그리고 1909년 퇴직한 뒤 영국으로 건너가 중국 연구에 종사하면서 여러 저작을 출판했다. 그의 주요 업적은 Vol. I, II, III의 셋으로 구성된 Morse(1910; 1918a; 1918b)이다.75) 그의 조선관(朝鮮觀)을 살펴보자.

예컨대 Vol. II에서 이렇게 서술한다: "She [Qing China] was the suzerain power, and as such was bound to protect her vassal [Korea] from external aggression and internal disorder. This duty she never renounced." (p. 27) 조선은 청국 =종주국의 '속국V'였다는 것이다. 또한 "China made some mistakes in her Korean policy at first; but after Korean affairs had been placed in the hands of Li Hung-chang, and from the time when he had recognized his first false step and had replaced Mr. Von Möllendorf to Mr. Merrill, the mistakes were fewer."(Ibid.)라고 서술하기도 한다. 그 취지는 메릴은 묄렌도르프와 달리 리홍장의 '속방화' 정책을 충실하게 이행했다는 것이다. 모스 역시 그랬을 것이다. 그는 Vol. III에서 다음과 같이 논한다(p. 2).

> For centuries Korea had been vassal to China; and both courts fully recognis[z]ed the reciprocal obligation, by which the one gave protection against external aggression and internal disorder; and the other paid tribute and solicited

---

75) Vol. I 첫 면에는 'To Sir ROBERT HART, Bart. [Baronet] INSPECTOR-GENERAL OF CHINESE IMPERIAL CUSTOMS AND POSTS'라는 헌사(獻詞)가 부쳐져 있다.

recognition and investiture for each new ruler. […] The Manchu ruler mounted the throne of China in 1644, and <u>the subject kingdom of Korea resumed its position of vassalage</u> to the Chinese emperor which was not disturbed for more than two centuries.

'조선=속국V'론이다. 조선은1644년, 청국과 '성하(城下)의 맹(盟)'을 맺은 이래 줄곧 '속국V'였다는 논리이다. 거기에 담긴 오해, 편견 등을 굳이 지적할 필요는 없으리라.

아무튼 모스의 저작은 중국 연구의 고전이 되었다. 그리고 서양 나라들은 물론 중국, 일본, 한국 등에 영향을 주었다.76) 그 영향을 받은 학자의 하나가 저명한 국제관계학자였던 불(Hedly Bull, 1932~1985)이다. 그의 *The Anarchical Society*(『무정부 사회』)를 보면 "중국과 속국V(China-and-its-vassals)"의 "종주국 체제를 구성하는 독립 정치체 간에는 한 나라=종주국만 주권을 보유한다"고 서술되어 있음을 알 수 있다.77) 이때 '속국V'의 범주에는 "중화 제국과 조공국들(Imperial China to its tributary states)"이 포함되어 있다.78)

이와 달리 페어뱅크(John King Fairbank, 1907~1991)는 모스

---

76) 그러나 그의 오해, 편견 등은 비판도 수정도 받지 않은 채로 있다.
77) Bull (1977), p. 11.
78) 이는 모스의 영향과 함께 '속국'론의 변태적 허상이 퍼져 나갔음을 표상한다. 따라서 결코 가벼운 문제가 아니다. 심각한 여러 문제를 배태하고 있다. 예컨대 제국주의 역사관의 정당화에 이용될 수 있다. 특히 일본이 조작/날조한 식민사관의 온상이 될 수 있다. 또한 중국이 근년에 벌이는 '변강사(邊疆史) 연구'의 조작/날조에 이용될 수도 있다. '동북, 북방, 요하(遼河), 서북, 서남, 남방, 동남' 등 현대 중국에 '속'하는 지역을 중국사에 '편입=복속'시키려는 각종 공정(工程)이 그것이다. 제국주의 역사관, 식민사관을 극복해야 마땅하건만 중국은 오히려 그 변태를 재생산하고 있는 셈이다.

저작의 문제점을 감지했던 듯하다. 그는 1929년, 하버드 대학을 졸업한 후 영국에 가서 모스의 지도를 받은 적이 있다.79) 그러나 비판의식을 품었던 모양이다. 비록 '조선=속국V'론을 직접 비판한 적은 없을지라도 훗날 그는 독자적 논지를 전개한다. 예컨대 중국의 '종주권(suzerainty)'이라는 용어 대신 "우월(superiority)"을 사용한다.80) 또한 중화 세계 질서와 구미 국제 질서가 "별개의 용어 체계(two distinct systems of terminology)"임을 지적한다(p.5). 이를 음미한다면 '조선=속국V'론에 담긴 오해, 편견 등을 인식하고 수정할 수 있는 길도 열릴 것이다. 그런 길을 여는 일은 동아시아 개념사 연구의 중요한 과제의 하나이다.

---

79) 그러는 동안에 그는 Morse (1910; 1918a; 1918b)를 힘겹게 읽었다고 한다.
80) J. K. Fairbank, 'A Preliminary Framework' in Fairbank ed. (1968), p. 2.

⟨참고문헌⟩

『舊韓國外交文書』(전21권), 제8~9권, 高麗大學校亞細亞問題研究所編纂委員會編. 高麗大學 出版部. 1965년~1973년.
김한규 옮김. 2012. 『사조선록 역주5 淸使의 朝鮮 使行錄』. 소명출판.
『萬國公法』, 京都崇實館存版, 1864年刊.
朴定陽 『船上日記』(1981년 김원모 교수 발굴 자료).
『兪吉濬全書』I~V, 一潮閣, 1971(影印本).
『從政年表・陰晴史』韓國史料叢書第6. 國史編纂委員會編, 1958.
『淸光緖朝中日交涉資料』(全88卷) 卷一, 北平故宮博物院編. 北京: 文海出版社, 1963.
『淸季中日韓關係史料』(全11卷) 第二卷, 第四卷, 中央硏究院近代史硏究所編. 台北: 精華印書館, 1972.
『淸韓論』O. N. 데니 저. 오카모토 다카시(岡本隆司) 校訂・譯註. 橫浜: 成文社, 2010.

Elements of International Law, 1886 Edition of Richard Henry Dana, Jr., in The Classics of International Law, edited by James Brown Scott, Oxford: The Clarendon Press, 1936.
United States, Department of State, General Records of Department of State, Diplomatic Despatches, China, 1843-1906. (USDS, DD, China로 약칭함)

高柄翊. 1970. 『東亞交涉史의 硏究』. 서울대학교 출판부.
權錫奉. 1986. 『淸末 對朝鮮政策史硏究』. 一潮閣.
朴日根. 1981. 『美國의 開國政策과 韓美外交關係』. 一潮閣.
宋炳基. 1985. 『近代韓中関係史硏究―19世紀末의 聯美論과 朝淸交涉』. 檀大出版部.
柳永益. 1990. 『甲午更張硏究』. 一潮閣.
柳永益. 1998. 『東學農民蜂起와 甲午更張』. 一潮閣.
李陽子. 2002. 『朝鮮에서의 袁世凱』. 釜山: 신지서원.

린밍더(林明德). 1970. 『袁世凱與朝鮮』. 中央硏究院近代史硏究所. 台北: 精華印書館.
푸더위엔(傅德元). 2013. 『丁韙良與近代中西文化交流』. 臺大出版中心.

오카모토 다카시(岡本隆司), 2004. 『屬國と自主のあいだ 近代淸韓関係と東アジアの命運』. 名古屋大學出版會.
_____. 1999. 『近代中國と海關』. 名古屋大學出版會.

오쿠다이라 다케히코(奧平武彦). 1969. 『朝鮮開国交渉始末〈附・朝鮮の条約港と居留地〉』. 刀江書院. (초판 1935년)
姜東局. 2004.『「屬邦」の政治思想史―19世紀後半における「朝鮮地位問題」をめぐる言説の系譜』. 東京大學大学院法学政治學研究科博士論文.
金鳳珍. 2004.『東アジア「開明」知識人の思惟空間 鄭観応・福沢諭吉・俞吉濬の比較研究』. 九州大學出版會.
_____. 2001.「『礼』と万国公法の間―朝鮮の初期開化派の公法観―」『北九州市立大学外国語学部紀要』. 第102号.
사토 신이치(佐藤慎一). 1996. 『近代中国の知識人と文明』. 東京大學出版會.

Bongjin KIM. 2017. 'Rethinking the Traditional East Asian Regional Order: The Tribute System as a set of Principles, Norms, and Practices,' in *Taiwan Journal of East Asian Studies*, Vol. 14, No. 1 (Issue 27), June 2017, pp. 119-170.
Bredon, Juliet. 1909. *Sir Robert Hart: the Romance of a great Career*, New York: E. P. Dutton & Company.
Bull, Hedley. 1977. *The Anarchical Society: A Study of Order in World Politics*, New York: Columbia University Press.
Ch'ên, Jerome. 1961. *Yuan Shih-K'ai 1859-1916*, London: George Allen & Unwin Ltd.
Drew, Andrew B. 1913. *Sir Robert Hart and his Life Work in China*, Worcester, Mass.: Clark University
Fairbank, John King ed. 1968. *The Chinese World Order: China's Foreign Relations*, Cambridge, MA: Harvard University Press.
Fairbank, John King, et al. 1995. *H. B. Morse, Customs Commissioner and Historian of China*, Lexington: University Press of Kentucky.
Griffis, W.E. 1885. Corea, the Hermit Nation, New York: Charles Scribner's Sons.
Hobsbawn, Eric and Ranger Terence eds. 1983. *The Invention of Tradition*, Cambridge: Cambridge University Press.
Jones, F. C. 1936. *Foreign Diplomacy in Korea*, 1866-1894, Ph. D. Thesis of the Department of History, Harvard University.
Krasner, Stephen. 1999. *Sovereignty: Organized Hypocracy*, Princeton, NJ: Princeton University Press.
Lake, David A. 2009. *Hierarchy in International Relations*, Ithaca and London: Cornell University Press.

Morse, H. Ballou. 1910. 1918. *The International Relations of the Chinese Empire*, 3 volumes: Vol. I. The Period of Conflict, 1834-1860 (1910); Vol. II. The Period of Submission, 1861-1893, (1918a); Vol. III. The Period of Subjection, 1894-1911, (1918b) London, New York: Longmans, Green, and Company.

Stanley, F.W. 1950. *Hart and the Chinese Customs*, Belfast: Published for the Queen's University.

제3장 서양 '권리' 개념의 수용과 변용
- 유길준과 니시 아마네의 비교 고찰 -

머리말

 서양 근대의 '권(權), 권리(權利, rights)'와 '자연권(natural rights)'이란 개념은 동아시아 3국(조선, 청국, 일본; 약칭 3국)에서는 유교 특히 주자학 사상을 매개로 수용되었다. 예컨대 '천부인권=자연권, 자연법(=성법[性法])' 관념은 주자학의 '천리자연(天理自然), 성즉리(性卽理)'라는 명제의 매개 없이는 수용될 수 없었다. 이때 매개란 '전통과 근대'의 이종교배를 함의한다. 다만 3국의 전통과 근대는 서로 같음과 다름을 지닌다. 이에 따라 권리 개념의 수용과 변용, 그리고 이종교배의 양상에도 같음과 다름이 발생하게 된다.
 서양 근대의 권리 개념이 유교, 주자학 사상을 매개로 수용되었음은 무엇을 뜻할까? 그 사상 안에 고유한 권리 관념, 사상이 담겨 있음을 뜻한다.[1] 예컨대 유교의 민본 사상은 민권 사상을 담고 있다.[2]

---

[1] 이런 뜻에서 권리 개념은 서양 근대의 산물이라고만 볼 수 없다. 실제로 여러 학자가 인권의 '서양 기원'을 비판하면서 비서구 특히 동아시아의 사상, 문화, 풍습 안에도 인권 관념과 그 실천이 들어 있음을 주장하고 나섰다. 예컨대 유교의 인권에 관해서는 de Bary & Tu Weiming eds. (1998), Bauer and Bell, eds. (1999) 참조.
[2] 명말청초(明末淸初) 이래 민본 사상을 토대로 발생한 민권 사상의 양상에 관해서는 미조구치(1995)의 '中國の民權思想' 참조. 또한 근대 중국에서의 '권리, 민권' 개념의 수용에 관해서는 리샤오둥(2005) 참조.

또는 주자학의 '천리자연'이란 명제는 자연권, 민권 관념을 내포하고 표상한다. 이로부터 사람은 '천리자연(의 리)에 바탕을 둔 권리'를 지닌다는 관념이 생겼다고 본다. 이런 관념을 '천리자연권'(필자의 조어)이라 부르고자 한다.3) 이는 현실의 국가 제도/법률을 초월한 자연권이다. 그런 뜻에서 서양의 천부자연권(천부 인권)과 상통한다.

시모카와 료코(下川玲子, 2017)는 "주자학 사상은 서양의 인권 사상과 대립하는 것이 아님"(44)을 논증하면서 이렇게 서술한다: "주자학적 존엄론이나 유교의 인론(仁論)은 서양 근대의 인권 사상"과 "서로 보완한다." "서양의 인권 개념의 근저에는 (중략) 같은 인간으로서 서로 인정하고 존중한다는 인류애의 사상이 있다." 그렇지만 "동아시아의 보편 사상으로서 기능하던 주자학에도 독자적인 존엄론, 인론이 존재했다."(45-46) 즉 주자학과 유교사상 안에는 인권 관념, 존엄론 등이 담겨 있다는 것이다. 주목하고 싶은 것은 주자학의 리(理) 개념이다. 그 자체로 천리자연권을 비롯한 권리, 인간 존엄을 표상한다고 보기 때문이다.

천리자연권과 그 함의

'리일분수(理一分殊)'는 주자학의 기본 명제이다. '리는 하나로서 같음이자 천지인물 각각에게 여럿으로 나뉘어(=부여되어) 다름'이라는 뜻이다.4) 즉 천지인물은 빠짐없이 리를 갖추고 있다는 것이다. 예컨

---

3) '천리자연권'에 관해서는 金鳳珍(2004), 239 참조.
4) 거기에는 삼원 사고와 그 논리가 담겨 있다. 삼원 사고와 그 논리에 관해서는 '여는 글' 참조.

대 사/물은 사리/물리나 조리(條理)를, 사람은 도리를 갖추고 있다. 이때 '하나, 같음'은 '일관(一貫), 평등, 보편-공공'을, '여럿, 다름'은 '차등, 불평등, 특수-사(私)'를 함의한다. 또한 전자는 '이상=이념, 당위'를, 후자는 '현실=실제, 작위'를 함의한다고 볼 수도 있다.5) 이들 모두가 서로 얽혀 연동하면서 리 안에 '함께 있다.'

리는 천지인물을 관통하는 천리자연의 법칙=자연법, 보편-공공의 (질서) 원리, 도덕/규범 등을 표상한다. 그리고 모든 가치판단의 공평/공정한 기준을 표상한다. 당연히 리는 존엄하다. 천지 인물은 각각 리를 갖추고 있기에 역시 존엄하다. 그 가운데 사람은 가장 존엄하다. 따라서 다음과 같은 명제들이 성립한다: 리는 '인간 존엄'과 '당위적 권리(+의무)'를 함의한다. 사람은 누구나 존엄한 리를 갖춘 만큼 마땅히 이를 누릴 권리를 지닌 까닭이다. 동시에 '서로, 함께, 더 붙어' 누려야 할 권리(+의무)를 지닌다. 모두가 천리자연의 리를 부여받고 태어나서 살아가기 때문이다. 이런 뜻에서 리는 '천리자연에 바탕을 둔 권리' 곧 '천리자연권' 관념을 표상한다.

주의를 환기하면 리는 '사람마다 마땅하고도 합당하게 지닌' 권리이자 의무를 표상한다. 즉 권리와 의무의 양의성을 띤다. 이는 '천리

---

5) 주자학은 '천리자연'에서 보듯 자연=무위도 중시한다. 무위·작위·당위의 삼위일체가 유교의 전통인 까닭이다. 그 상세는 김형효(2003) 참조. 그에 따르면 공자 유교 안에는 안자학(顔子學), 맹자학, 순자학의 세 유형이 있다. 먼저 안자학은 노장(老莊)의 무위자연 사상과 연관되어 있다. 훗날 송대의 정호(程顥, 1032~1085; 호는 明道), 육구연(陸九淵, 1139~1192; 호는 象山), 명대의 왕수인(王守仁, 1472~1528; 호는 陽明)으로 이어졌다. 둘째로 맹자학은 공자의 제자인 증자(曾子)의 당위 사상과 안자학을 포함한다. 따라서 무위와 당위의 두 성향을 지닌다. 이것이 정통 도학(道學)이 되어 송대의 정이(程頤, 1033~1107; 호는 伊川)에게 계승되었다. 셋째로 순자학은 작위나 실용을 중시하는 유교이다. 이들 셋을 종합하여 체계화한 것이 주자학이다.

자연권' 관념에도 (유교의 권리 관념에도) 적용된다. 주자학의 삼원 사고 안에서 권리와 의무는 짝개념인 까닭이다. 그래서 누구나 리에 바탕을 둔 권리를 지니지만 이를 '마땅하게' 누리기 위해서는 각자 분(分)에 '합당한' 의무를 지켜야 한다.

 리 앞에 모든 사람은 당위적으로 평등하다. 마땅히 누구나 평등한 권리를 누릴 수 있다. 하지만 현실의 인간 세계는 불평등이 일반적이다.6) 예외적으로 평등할 경우가 있을 뿐 불평등이 많다. 따라서 다양한 위계질서가 생긴다. 그 속에서 사람들은 각자 '다른' 분과 이에 '합당한' 권리와 의무를 지니고 살아간다. 따라서 권리/의무는 현실적으로 불평등하다. 이 또한 '천리 자연'이요, 현실이다. 단, 리는 그대로 내버려두지 않는다. 이를 '올바로=균/평(均/平)하게' 규율하는 원리/규범인 까닭이다. 특히 '리일'은 현실을 초월한 '당위적 평등'을 함의하기 때문이다.

동아시아 3국의 권리 관념과 그 변용

 동아시아 3국 가운데 조선과 청국은 주자학을 통치 이념으로 삼았다. 그리하여 예치(禮治), 덕치를 통해 예적 도덕 질서를 세움과 동시에 이에 입각한 법치를 시행하여 다스렸다. 통치자든 피통치자든 각자 '합당한' 의무를 지키는 한 '예법, 도덕'에 입각한 – 천리자연권(=천부인권)을 비롯한 – 각종 권리가 보장되었다. 단, 그 권리를 보장하는 '예법, 도덕'은 실정화되기 쉽지 않았을 것이다. 따라서 헌법, 법률 등 법으로 부여하는 권리 곧 법부권(法賦權)의 제도화는 미흡했

---

6) 이에 관한 상세한 설명은 제1장 머리말 참조.

다.7) 이 때문에 그 제도화는 근대에 들어서 중요한 과제가 되었던 것이다.

한편 일본은 주자학을 수용했으나 통치 이념으로 삼지는 않았다. 도쿠가와 일본은 촘촘한 법망이 겹겹이 에워싼 병영 국가였다. 법은 엄격했고, 형벌도 가혹했다. '차가운' 법치 국가이자 무치(武治) 국가였던 것이다.8) 예치, 덕치는 물론 이에 입각한 법치가 시행되지 않았다. 따라서 '천리자연권'이나 리에 바탕을 둔 권리 관념은 생성되기 어려웠다. 이런 사실은 역설적으로 근대 일본이 서양의 법부권을 수용하는데 도움을 주었을 것이다. 아무튼 근대 일본에서도 서양의 권리 개념은 유교나 주자학 사상을 매개로 수용되었다.

이 글은 유길준(兪吉濬, 1856~1914)과 니시 아마네(西周, 1829~1897)의 저술에 보이는 권리론을 (전통과 근대의 이종교배 양상에 주목하면서) 비교 고찰한다.9) 먼저 서양의 자연권과 권리 개념을 어떻게 수용했는지, 거기서 권리와 법의 관계는 어떠한지 살펴본다(제2절). 다음으로 권리 관념은 어떻게 변용해 갔는지, 권리와 권력의 관계는 어떠한지 검토한다(제3절).10) 이에 앞서 제1절에서는 'rights'의

---

7) 이상익은 유교 사상의 전개 과정에서 민(民)의 권리 관념이 발생했으며 실제로 민권이 일부 보장되었음을 인정한다. 하지만 그 한계로서 ①선거와 투표 제도를 제시하지 못했다는 점. ②근대적 입헌주의가 결여되어 있었다는 점. ③민의 기본권으로서의 자유와 평등을 소홀히 했던 점 등을 지적한다(李相益, 2004, 320-326).
8) 더욱이 일본 사상사 전반을 관통하는 '리결' 현상이나 '병학, 병학적 사고'는 권리 관념의 생성을 한층 어렵게 만들었을 것이다. 그 관련 설명은 제1장 제2절, 제7장 제3절 참조.
9) 유길준의 권리론에 관한 연구 업적은 많다. 예컨대 전봉덕(田鳳德, 1981: 제2편의 4), 김봉렬(1998: 제2장과 제4장), 정용화(2004: 제7장) 등이 있다. 단, 유길준의 권리론에 나타난 '전통'과 '근대'의 이종교배 양상에 주목한 연구는 金鳳珍(2004) 외에는 없다. 한편 니시의 권리론 연구는 고이즈미 다카시(小泉仰, 1989: 제6장 제5절) 과 이를 보완한 小泉仰(2007) 등이 있다.

번역어 '권, 권리'를 둘러싼 번역의 문제를 언급한다. 맺음말에서는 두 사람의 법/규범 사고에 드러난 차이와 이에 관한 사견을 피력하고자 한다.

1. '권, 권리'를 둘러싼 번역의 문제

'권, 권리'는 'rights'의 번역어이다. 그러나 'rights'와 '권, 권리'의 본뜻에서 보자면 '권, 권리=rights'란 일종의 모순어법이다. 본디 권(權)은 ① 세(勢), 힘, 권력, ② 저울질, ③ 임기응변의 조치, 권도(權道) 등을 뜻한다. 그 대표적인 뜻은 영어로 말하면 'power'이다. 또한 이(利)는 ① 예리함, ② 좋음, ③ 이익, ④ 득(得), 벌이 등을 뜻한다.[11] 영어로는 'profit'으로 대표된다. 이에 대해 'rights'의 단수형인 'right'은 '올바름, 틀림없음, 적당, 적절' 등을 뜻한다. 이처럼 '권, 권리'와 'rights'은 서로 어긋나는 말뜻을 포함한다. 심지어 모순/대립되는 뜻조차 포함한다.

그럼에도 'rights'를 '권, 권리'로 처음 번역한 사람은 누구일까? 답

---

[10] 유길준의 권리론은 후쿠자와 유키치(福澤諭吉, 1835~1901)의 그것과 연관되어 있는 부분이 적지 않다. 그래서 필요한 경우 양자의 권리론을 비교 고찰하기로 한다. 그 상세는 金鳳珍(2004), 제4장 참조.
[11] 이(利)는 의(義)를 함의한다. 예컨대 『주역(周易)』 상경(上經) 30괘의 첫째인 「건(乾)」에서 '건은 원형이정(元亨利貞)'이라고 풀이된다. 이를 「전(傳)」(「역전(易傳)」)의 하나인 「문언(文言)」에서 '원은 선(善)의 장(長)이요, 형은 가(嘉)의 회(會)요, 이는 의(義)의 화(和)요, 정은 사(事)의 간(幹)'이라고 풀이한다. 이 가운데 '이는 의의 화'란 '사물을 이롭게하되 의로움에 조화되도록 한다'는 뜻이다.

은 『만국공법(萬國公法)』(전4권)을 한역한 마틴(W.A.P. Martin; 1827~1916)이다.12) 그 1권 1장에서 마틴은 '자연법(natural law)'을 "성법(性法)" 또는 "천법(天法), 리법(理法)"이라고 한역한다. 그리고 2권의 제목(「論諸國 自然之權 Absolute International Rights」)에서 보듯 'absolute rights'를 "자연지권(自然之權)"이라 한역한다. 한편 1권 2장 3절 「군신지사권(君身之私權)」에서는 'personal rights, or rights of property' 곧 군주의 권리나 소유권을 "사권(私權)"이라 한역한다. 그 4질 「민인지사권(民人之私權)」에는 'Private individuals, or public and private corporations' 곧 개인이나 공사(公私) 기업은 각각의 "권리(權利)"를 가진다는 말이 나온다.

이처럼 마틴이 'rights'를 '권, 권리'로 번역했던 이유는 무엇일까? 두 가지만 추측해 본다. 하나는 『만국공법』이 국제법서인 만큼 '권, 권리'의 용례는 대부분 국가 주권(sovereignty)을 가리키기 때문이리라. 달리 말해 주권이 국가의 'rights'와 'power'의 양의성을 지닌 까닭이리라. 실은 서양 근대의 'rights'가 'power'를 함의한다. 그래서 '권리는 강자의 것'이라는 풍조가 횡행했다. 또 하나의 이유는 서양 근대의 'rights'가 소유/권(property), 이권(利權)을 함의하기 때문이리라. 그런 뜻에서 재산을 소유하고 이익/이윤을 추구할 'rights'를 '權+利'라고 번역했으니… '권, 권리'는 당시 현실을 제대로 반영한 명역(名譯)인 셈이다.

---

12) 마틴과 『만국공법』 등 국제법서의 한역에 관해서는 제2부 제2장의 주9 참조.

'권, 권리'라는 번역어의 문제점

그러나 앞서 보았듯 '권, 권리'라는 번역어는 'rights'의 본뜻과 어긋난다는 문제점을 지닌다. 특히 'rights'의 본뜻에 담긴 규범성을 담지 못한다는 문제점은 심각하다. 그런 점에서 '권, 권리'는 오역임을 지적하지 않을 수 없다.13) 아무튼 동아시아 전통에서 보자면 '권, 권리'라는 번역어는 납득/이해하기 어려운 개념이었을 것이다. 게다가 그 양의성은 어려움을 증폭시켰을 가능성이 있다. 이를 반영하듯 후일 마틴은 『공법회통(公法會通)』(1880년)의 「범례(凡例)」에서 다음과 같은 '변해(辯解)'를 덧붙이고 있다:

> 공법에는 전용어(專用語)가 있다. 원문의 뜻을 한문으로 전달하기 어려운 탓에 글자를 억지로 꿰맞춘 감이 있는 경우도 종종 있다. 예컨대 권이란 글자는 공법서 안에서 정부 기관의 권[력] 또는 뭇사람의 응당한 분(應得之分)을 가리킨다. 이 경우 뭇사람의 본유(本有)한 권리라는 식으로 이(利)라는 글자를 첨가한 예도 있다. 이들 자구(字句)를 처음 보는 사람들은 눈에 쉽게 들어오지 않을 수 있으리라. 그러나 자꾸 보면 그것들을 사용하지 않을 수 없었던 이유를 이해할 수 있게 될 것이다.

『만국공법』과 함께 '권, 권리'라는 번역어는 퍼져 나갔다. 이 과정에서 근대 일본에서는 '권리(權理), 통의(通義), 권의(權義)' 등 새로운 번역어가 발명되었다.14) 그러나 이들 번역어는 점차 사라진다. 그 대신 '권, 권리'가 1880년대에 이르러 일반화된다.15) 그 이유는 전술했

---

13) 그럼에도 이를 지금껏 사용하고 있으니 새로운 번역어의 발명이 필요하다.
14) 유교나 주자학의 영향이 깔려있는 이들 번역어는 오히려 'rights'의 본뜻에 부합한다.
15) 그 경과는 야나부 아키라(柳父章, 1982)의 제8장 참조.

듯 '당시 현실을 제대로 반영한 명역인 셈'이었기 때문이리라. 그러나 또한 일본의 전통도 이유였다고 본다. 무엇보다 '무치,' 그리고 일본 사상사의 '리결(理缺), 병학적 사고' 등이 그것이다.16) 이런 일본의 전통이 '권리, 통의, 권의'와 같은 번역어를 사라지게 만들었으리라는 말이다.

2. 자연법/권, 권리 개념의 수용

1) 니시 아마네

니시는 1862년 6월, 츠다 마미치(津田眞道; 1829~1903)와 함께 네델란드의 라이덴 대학에서 '학술 수행'을 하고 오라는 바쿠후(幕府)의 명령을 받았다. 이에 따라 그들은 1863년부터 1865년까지 라이덴 대학의 휘세링(Simon Vissering; 1818~1888) 교수 밑에서 Natuurregt와 Volkenregt를 비롯한 5과목을 배웠다. 그 관련 기록인 「기오과수업지략(記五科授業之略)」(1863)에는 Natuurregt 가 '성법지학(性法之學),' Volkenregt가 '만국공법지학(萬國公法之學)'으로 번역되어 있다.17) 이때 '학'이란 '수업 과목'을 가리킬 뿐이라고 본다. 따라서 이를 빼면 Natuurregt는 '성법(=자연법)'을, Volkenregt는

---

16) 이런 일본의 전통에 관해서는 제1부 제1장제2절 또는 제3부 제1장 참조.
17) 「五科學習關係文書」는 『西周全集』제2권, 134-145쪽. 『西周全集』제2권을 인용할 경우 『전집2』로 표기한다. 인용문 페이지는 숫자만 표기한다. 그 외의 『西周全集』(전4권)을 인용할 경우도 마찬가지다.

'만국공법(=국제법)'을 뜻한다.18) 즉 'Regt'를 '법, 법률'로 번역한 것이다.19)

다른 한편 「五科學習에 關한 휘세링의 覺書」(1863)에는 'Natuurregt 천연의 본분(天然ノ本分), Volkenregt 민인의 본분(民人ノ本分)'이라고 표기되어 있다. 현대어로 바꾸면 '천연의 본분'이란 '자연권'을, '민인의 본분'이란 '인민의 권리'를 뜻한다. 여기서는 'Regt'의 또 하나의 뜻인 '권, 권리'를 '본분'이라 번역한 것이다. 이때 '본분'이란 앞에서 말했듯 사람들 각자의 '분에 합당한' 권리를 뜻한다. 이로써 'Natuurregt=자연권'과 'Regt=권, 권리' 관념을 이해했던 셈이다.20)

유교/주자학 사상의 매개를 통한 자연법/권 개념의 수용

1865년 12월에 귀국한 니시는 이듬해 4월 바쿠후로부터 '휘세링의 만국공법 강의'를 번역하라는 명령을 받았다. 이에 따라 그가 번역한 『휘세링 만국공법(畢西林氏說 萬國公法)』은 당시의 정세 불안 탓인듯 1868년에야 비로소 출판되었다(『전집2』). 이 책의 범례나 제1장에서 마틴의 『만국공법』을 참조했노라고 서술하고 있다. 과연 거기

---

18) 이처럼 니시는 1863년에 이미 '성법, 만국공법'이란 용어를 사용하고 있었다. 전술했듯 이들 용어는 『만국 공법』(1864)에 나온다. 그렇다면 그는 『만국공법』이 출판되기 전에 이들 용어를 발명했던 것일까? 그렇지 않을 것이다. 왜냐면 그는 1863년 유학가는 도중 상하이에 들렀을 때 마틴이 번역 중이던 (『만국공법』의) 원고를 보거나 입수했을 가능성이 있기 때문이다.
19) 네덜란드어 Regt는 독일어 Recht나 프랑스어 droit와 마찬가지로 '법, 법률'과 '권, 권리'의 양의성을 지닌다.
20) 덧붙이면 후일 니시는 『원법제강(原法提綱)』(1877년경)에서 '권의(權義)'라는 용어를 쓰고 있는데, 거기에 권의란 '권리와 본분을 말함'(『전집2』, 146)이라는 주석을 부치고 있다. 이로써 그는 '본분'을 의무라는 뜻으로 바꾼 셈이다.

제3장 서양 '권리' 개념의 수용과 변용 247

에는 마틴의 한역어가 다수 채용되어 있다. 단, 마틴의 '권리'는 (아직) 채용되지 않았다. 마틴의 '권'과 함께 자신의 번역어인 '권의'를 사용하고 있었던 것이다. 이는 당시 니시가 '권리'라는 한역어에는 저항감을 느끼고 있었음을 뜻할지 모른다.[21]

『휘세링 만국공법』의 제2장은 '성법'에 기초한 공법론이다. 이는 국가의 기본권 내지 자연권에 관한 해설에 해당한다. 주목할 것은 거기에 유학, 주자학의 개념이 다수 출현한다는 점이다.[22] 예컨대 니시는 '성법에서 논하는 권'을 '자유(自有)의 권'과 '가유(假有)의 권'으로 나누고 있다. 그 가운데 '자유의 권'이란 '사람의 성(性)'에 기초한 '천연고유의 권' 곧 자연권을 가리킨다고 해설한다. 또한 그 일례로 '자주의 권'(=주권)을 들면서 이는 '도리(道理)'에 기초한다고 해설하기도 한다(『전집2』, 15).

『휘세링 만국공법』의 제3장은 국제 관계에서 '자연권의(自然權義)'가 존재하는가 아닌가를 묻고 세 가지 학설을 소개한다(『전집2』, 18).[23] 첫째, 공법의 존재 자체를 부인하는 설. 둘째, 공법의 존재는 인정하나

---

21) 또는 자연법적 권리 관념을 지니고 있었음을 뜻할지 모른다. 그러나 후술하듯(제3절) 니시는 메이지10년대에 이르러 자연법=성법, 자연권의 존재를 부정하게 된다. 이를 보여주는 대표적 저작이 『원법제강』이다. 이 저작에는 권리란 용어가 채용되어 있다. 이것은 그의 권리 관념에 중대한 변화가 생겼음을 함의한다. 그 변화란 '자연법적 권리의 부정과 권리=힘, 소유라는 권력주의적/소유권적 권리 관념의 긍정'을 표상한다.
22) 그 주된 이유는 마틴의 『만국공법』을 참조했기 때문이라고 본다. 그 제1권 제1장은 역시 국가의 기본권 내지 자연권을 해설한 부분이다. 거기에도 유학, 주자학 개념이 다수 출현한다.
23) 여기서 '자연권의'란 'Natuurregt'의 번역어일 것이다. 단, 주20에서 보았듯 니시의 '권의'는 '권리와 의무'의 합성어이다. 이에 관하여 그는 『휘세링 만국공법』제1장 첫 머리에 "만국이 서로에 대하여 쥘(秉) 수 있는 권(權)과 지켜야(務) 할 의(義)'(13)라고 서술한다. 그러다가 후일 『벡학연환(百學連環)』(1870년경)에서는 "라이트를 권(權), obligation을 의(義)라고 번역한다"(『전집 1』, 167)고 명시한다.

그 근거를 '성리(性理)'가 아닌 '명허(明許=조약)'에서 구하는 설(실정법주의). 마지막으로 약육강식의 국제 관계에서는 힘이 공법의 근거라는 설. 그리고 각 학설에 대한 비평과 함께 공법의 근거로서 '성법(性法)의 통리(通理), 결약(結約=조약), 묵허(默許=관행), 관습법(慣習法), 의례(擬例=조례)' 등을 든다. 거기에는 19세기 당시에 유행했던 실정법주의적 국제법학의 특징이 투영되어 있다. 그 가운데 '성법의 통리'란 '자연법에 기초한 자연권'을 뜻한다. 이것은 17세기 이래의 자연권론 내지 자연법주의의 잔영이라고 볼 수 있다.

그렇지만 니시는 1870년대 초까지는 자연법, 자연권 관념의 수용에 종사하고 있었다. 그 일단을 보여주는 번역서가 『성법략(性法略)』(1871)이다. 번역자는 간다 코헤이(神田孝平, 1830~1898)이긴 하나 그 원본은 휘세링의 '성법' 강의를 니시가 필기했던 노트였다(『전집2』, 104).[24] 니시는 간다의 번역을 도왔으며 서문(「성법략서(性法略序)」)을 썼다. 『성법략』은 제목대로 자연법 내지 자연권 해설서이다. 그 내용은 '원유(原有)의 권(=자연권)'과 '득유(得有)의 권(=소유권)'에 관한 해설로 구성되어 있다.

『성법략』의 「서언」에 따르면 휘세링은 "만국공법은 성법이 만국 간에 행해지는 것이며 국법은 성법이 관민(官民) 사이에 행해지는 것"(『전집2』, 104)이라고 강의했다고 한다. 이렇듯 휘세링은 니시에게 자연법주의적 (국제)법학을 가르쳤던 모양이다. 이를 토대로 니시는 「성법약서(性法略序)」에서 당시 약육강식의 현실을 '유관(儒冠; 유학자의

---

24) 그 노트를 니시는 이미 1867년에 『성법설약(性法說約)』이라는 제목으로 번역했다. 그러나 정세가 혼란했던 탓에 분실하고 말았다.

권위)'의 추락이라 한탄하면서 "그러나 약법삼장(約法三章25))이 무용하다고 보아서는 안된다. '법률은 사람의 성(性)에 연원한다'는 것이 어찌 허망하다고 말하리오"(『전집2』, 103)라는 견해를 표명하고 있다.

이렇듯 니시는 서양의 자연법과 자연권 개념을 유교 특히 주자학의 '성, 도리, 성리, 통리' 등 개념을 매개로 수용했다. 이런 사실을 그의 「등영문답(燈影問答)」(1870)에 나오는 자유권론을 통해 살펴보자. 거기서 니시는 "사람마다 자유의 성(性)이 있으니 그 성에 어긋나지 않을 때는 각자의 자유를 누릴 수 있다"(『전집2』, 252)고 논한다. 또는 사람은 모두 '성'을 지니고 있기에 "각자 자유의 권을 지닌다"(『전집2』, 255)고 논한다.

니시는 이렇게도 논한다: "무릇 살아있는 것[=생물]은 모두 자유를 바란다. 초목과 같은 것도 그렇다." 그 "각각의 도를 얻어 자유롭다."(『전집2』, 252) 모든 생물은 '각각의 도(=성)'에 기초한 자연권적 자유권을 지닌다는 뜻이다.26) 따라서 그의 자유권론에는 '천리자연권' 관념이 담겨 있노라고 볼 수 있다. 이를 매개로 서양의 자연권 개념을 수용했던 것이다. 그러나 후일 그는 주자학의 '도, 성, 리'로부터 멀어짐과 함께 자연권, 그리고 자연법을 부인하게 된다(후술).

2) 유길준

1881년, 조선 정부는 일본에 조사시찰단(朝士視察團; 신사유람단)을

---

25) '약법삼장'이란 전한(前漢)의 태조 유방(劉邦, BC256~BC195)이 민중을 위해 제정했다는 법률 3장을 가리킨다. 니시는 이것을 성법=자연법에 기초한 법률을 상징한다고 본 것이다.
26) 이러한 논리는 주자학의 '인물성동이론(人物性異同論)' 가운데 '동론'의 그것과 상통한다. 이때 '동론'이란 천리자연의 법칙(=리)은 인물에게 똑같이 적용됨을 함의한다.

파견했다. 이때 유길준은 조사(朝士)의 한 사람이던 어윤중(魚允中, 1848~1896)의 수행원으로 따라갔다가 임무를 끝낸 후 후쿠자와의 게이오 기주쿠(慶應義塾)에 유학했다. 그러다가 임오군란(1882년 7월)의 사후처리와 시찰을 목적으로 방일한 특명전권대사 박영효(朴泳孝, 1861~1939) 일행과 함께 1883년 1월에 귀국했다. 귀국 후 그는 세계의 인종, 언어, 정치, 개화(開化), 역사 등에 관한 14편의 논문으로 구성된 『세계대세론』(1883)을 썼다.27) 그 가운데 「자유대략(自由大略)」이란 논문은 일종의 권리론이다. 거기에는 후쿠자와가 『서양사정』 등 저작에서 전개했던 권리론의 영향이 짙게 배어 있다. 단, 앞으로 밝혀지듯 양자의 특징은 사뭇 다르다.

천부인권과 자연권으로서의 국권 개념의 수용

「자유대략」의 첫 머리에서 유길준은 "세계의 일부가 개화 영역 속에 진입"함에 따라 여러 나라의 "인민이 각자 일신[개인]의 권리(權利[초고에서는 權理]28))와 일국의 권리를 확장하는 풍조가 성행하니"라

---

27) 『유길준전서』Ⅲ, 89-102에 실려 있다. 이를 『전서Ⅲ』으로 약기한다. 인용문 페이지는 숫자만 표기한다. 또 인용문은 현대어로 고친 부분도 있다. 그 외의 『유길준전서』(전5권)를 인용할 경우도 마찬가지다.
28) 이를 보면 유길준은 초고의 '권리(權理)'를 후일 '권리(權利)'로 고쳤음을 알 수 있다. 왜 고쳤을까? 후쿠자와와 관련해서 말하면 다음과 같은 연유가 있었으리라 추측된다. 후쿠자와는 유길준이 게이오 기주쿠에 유학 중이던 1882년 4월에 『시사대세론(時事大勢論)』을 출판했다. 이 저술의 논지는 '관민조화(官民調和)' 론으로서 그 내용은 유길준의 『세계대세론』과 다르다. 하지만 제목은 서로 비슷하다. 아무튼 유길준은 『시사대세론』을 읽었을 것이다. 주목할 것은 후쿠자와가 『시사대세론』에서 권리(權利)라는 용어를 사용했다는 점이다. 이 용어를 유길준은 주목했을 것이다. 그래서 「자유대략」을 저술할 당초에는 권리(權理)를 사용했다. 그러나 이를 권리(權利)로 고친 이후 계속 사용하게 되었던 것이다. 그 권리(權利)라는 용어가 일본에서는 1880년대에 들어 이미 일반화되어 있었기

고 서술한 후 먼저 '일신의 권리'를 이렇게 논한다(『전서Ⅲ』, 89).

일신의 권리란 사람이 원하는 대로 행하되 그것이 국가의 정법(政法)을 문란시키시 않고 타인의 사물에 해를 끼치지 않음을 뜻한다. 그렇게만 한다면 물론 사람은 무슨 일이든 마음대로 행하거나 그만둘 수 있는 자유[권]를 얻는다. 이때 정부라 해도 인민이 행하는 일이 헌법, 율칙(律則, 법률)을 어기지 않는 한 국가의 위력으로 마음대로 벌을 줄 수 없다.

여기서 '일신의 권리'란 서양의 천부인권(자연권)으로서의 자유권을 뜻한다. 그것은 '국가의 정법을 문란시키거나 타인을 해치지 않는' 한 제한을 받지 않는다. 따라서 정부는 '헌법, 법률을 어기지 않는' 한 인민의 자유권을 규제할 수 없다는 것이다.

다음으로 유길준은 '일국의 권리'를 주재권(主裁權, 주권), 독립권, 동등권의 셋으로 나누어 이렇게 논한다(『전서Ⅲ』, 89-90): 주재권은 "국내 정치의 일체를 스스로 행하는" 권리; 독립권은 "타국의 간섭과 침략을 받지 않는" 권리; 동등권은 "나라의 대소나 병력의 강약이 있어도 서로 예(禮)로써 답하고 형제같이 조금도 존비(尊卑)의 분별을 두지 않는" 권리라는 것이다. 이들 모두 국가의 기본권 내지 자연권으로서의 국권을 뜻한다.29)

나아가 유길준은 "오늘날 세상은 인권과 국권의 세계"라면서 "인권을 확장하려면 점차 정치를 수량(修良)하고 행실(行實)을 정제(整齊)해

때문이라고 본다.
29) 후쿠자와 역시 『학문의 권장』(1872~1876)의3편 「나라는 동등함」에서 국가의 기본권, 자연권으로서의 국권을 논하고 있다. 그러나 머지않아 이를 스스로 비판하고 배제한다.

야 한다. 또한 국권을 확장하려면 병력을 양성해야 한다"(『전서Ⅲ』, 91)고 주장한다. 인권 확장의 방법을 정치 개량과 도덕적 행위의 정비에서 구하고 있는 반면 국권 확장의 수단은 병력 양성에서 구하고 있는 것이다. 여기서 유길준이 사용한 '국권 확장'이란 용어는 다음과 같은 유래와 뜻을 지닌 것으로 이해된다.

 '국권 확장'이란 용어는 후쿠자와가 1870년대 후반부터 여러 저술에서 주창하던 국권 확장론에서 유래한다고 본다(후술). 그러나 유길준이 사용한 '국권 확장'의 뜻은 후쿠자와의 그것과는 전혀 다르다. 전자는 식민지주의적 국권 확장인 반면 후자는 실은 반식민주의적 '국권 확립'을 뜻한다. 다만 그 용어를 '병력 양성'과 함께 사용했다는 점에서 조선의 '국권 확립'을 위한 '국방력 강화의 필요성'을 절실하게 느끼고 있었음을 보여준다. '권리는 강자의 것, 힘없는 국가는 권리도 없다'라는 당시의 권력정치적 현실 탓에 위와 같은 주장을 했던 셈이다.

 유길준은 '국권 확장을 위한 병력 양성'을 주장한 이유를 이렇게 밝힌다(『전서Ⅲ』, 92): 다른 나라는 '치외법권'을 누리고 있으나 조선은 "외국인이 우리나라에서 죄를 범해도 우리 법률로 벌을 줄 수 없다. 다른 나라는 관세를 마음대로 높이고 낮추는 권(權)이 있으나 우리나라는 없다. 우리 공사(公使)는 병력을 이끌고 외국에 갈 수도 없다." 이렇듯 조선은 병력이 없는 탓에 "일국의 3대권을 손실하여 그 영광을 보유하지 못하고 있다." 즉 '국권 확립'조차 미흡한 상태에 있다. 그러니까 조선의 '국권 확립'을 위해 병력을 양성하자는 것이다.

유길준과 후쿠자와의 권리론: 공통점과 차이점

　1883년 7월에 유길준은 보빙사(報聘使) 민영익(閔泳翊, 1860~1914)의 수행원으로 미국을 방문한다. 그 공식 임무가 끝난 후 그는 같은 해 11월부터 유학 생활에 들어간다. 그러나 1884년 12월에 일어난 갑신정변의 실패와 그 후일담의 소식을 듣고 난 뒤 결국 귀국을 결심하고 유럽 여행을 거쳐 1885년 12월에 귀국한다. 귀국 후 그는 갑신정변 주모자들과의 관계를 의심받았으나 처형을 면한 채 연금 상태에 들어간다(그 해제는 1892년 봄). 그 사이에 그는 「중립론」(1885), 『서유견문(西遊見聞)』(1889년작, 1895년 출판) 등을 저술하는 한편 비밀리에 외교 사무에도 종사하고 있었다.

　『서유견문』 4편의 「인민의 권리」라는 논문은 제목대로 권리론이다. 여기에는 그의 권리 관념과 법 사고가 잘 드러나 있다. 그런데 이 논문은 크게 두 부분으로 나누어볼 필요가 있다. 하나는 후쿠자와의 『서양사정(西洋事情)』(1867) 외편(外編) 권1의 「인생의 통의(通義)와 직분(職分)30)과 『서양사정』(1870) 이편(二編) 권1의 「예언(例言)」,「인간의 통의」를 참조하여 유길준이 역술(譯述)한 전반부.31) 이때 역술

---

30) 이때 '통의'는 'rights'의, '직분'은 'duty/duties'의 번역어이다. 여기서 '통의'라는 용어의 기원을 밝힌다. 그 용어는 『맹자』(藤文公章句上)의 "治於人者食人, 治人者食於人, 天下之通義也"에서 기원한다. '사람의 다스림을 받는 자는 사람을 부양하고, 사람을 다스리는 자는 사람의 부양을 받는 것이 천하의 통의'라는 뜻이다. 따라서 통의의 본뜻은 '천하에 보편적으로 통용되는 이치/도리'라고 말할 수 있다.

31) 『서양사정』 외편의 「인생의 통의와 직분」은 영국인 출판가 쳄벌즈(William Chambers, 1800~1883)가 편집, 출판한 *Political economy for Use in Schools, and for Private Instruction*(1852)의 셋째 항목 'Individual Rights and Duties'(pp. 3-6)를 번역한 글이다. 한편 『서양사정』 이편의 「인간의 통의」는 블랙스톤(William Blacstone; 1723~1780)의 *Commetaries on the Law of England* (1766), Volume 1 'Of the rights of persons'를 의역한 논문이다. 『서양사정』은 『福澤諭吉全集』제1권 (岩波書店,

이란 '수정, 보충'을 함의한다. 또 하나는 유길준이 창작한 후반부. 이제 유길준의 「인민의 권리」의 논지를 순서대로 검토하면서 필요에 따라 이를 후쿠자와의 권리론과 비교 고찰하고자 한다. 그 첫머리는 "인민의 권리란 그 자유와 통의를 일컫는다"로 시작되며 다음과 같이 이어진다(『전서I』, 129; ①②③④는 인용자).

① 자유란 그 마음의 좋아하는 바에 따라서 무슨 일이든지 궁굴구애(窮屈拘碍, 굽히거나 거리낌)하는 사려(思慮)가 없음을 말한다.
② 하지만 결코 마음껏 방탕하는 취지가 아니며 불법으로 제멋대로 하는 거동도 아니다. 또한 타인의 사체(事體)를 돌보지 않고 자기 이욕을 마음대로 하는 의사(意思, 뜻)도 아니다.
③ 즉 나라의 법률을 경봉(敬奉)하고 정직한 도리를 스스로 지님은 자기가 마땅히 행해야 할 인세(人世)의 직분이다.
④ 타인을 방해하지도 않고 타인의 방해를 받지도 않고 바라는 바를 이루는 것이 바로 자유의 권리이다.

위의 ①②④는 『서양사정』 이편의 「예언」에 나오는 후쿠자와의 자유권론(『전집1』, 486-487)을 역술한 문장들이다. ①은 「예언」의 "자유란 일신이 좋아하는 대로 활동하고 궁굴하는 생각이 없음"(『전집1』, 486)에 해당한다. ②④는 「예언」의 "결코 제멋대로(我儘) 방탕하는 취의(趣意)가 아니며 타(他)를 해(害)하고 사(私)를 이(利)하는 뜻도 아니다. 오직 심신의 활동을 마음껏 하되 사람들이 서로 방해하지 않고 일신의 행복에 다다름"(『전집1』, 487)에 해당한다.

1969~1971)에 실려 있다. 이를 인용할 때『전집 1』로 표기하고 페이지는 숫자만 표시한다. 그 외의『福澤諭吉全集』(전21권)을 인용할 경우도 마찬가지다.

이들 문장을 대조해 보면 두 사람 성향의 미묘한 차이를 느낄 수 있다. 유길준의 '타인에의 시선'이 후쿠자와의 그것에 비해 강하다는 느낌이다. 유길준의 성향에는 『논어』 안연(顔淵)의 '자기가 바라지 않는 것을 타인에게 시키지 말라(己所不欲勿施於人)'와 같은 가르침이 강하게 자리잡고 있는 까닭이리라 여겨진다. 반면 후쿠자와의 성향에는 그렇지 못한 까닭이리라 여겨진다. 아무튼 후쿠자와의 '타인에의 시선'이 약함은 점차 뚜렷하게 드러난다. 그 대표적인 것이 그의 자국중심주의이다. 타국을 멸시하는 성향이 매우 강한 것이다.

한편 ③은 『서양사정』 외편의 「인생의 통의와 직분」에 나오는 후쿠자와의 직분론 일부를 역술한 문장이다. 그 뒤에는 다음과 같은 문장이 이어진다(『전서Ⅰ』, 129).

통의는 한마디로 말해 당연한 정리(正理)이다. 관직에 이바지하는 자는 그 책임을 행함에 합당한 직권을 보유함이 당연한 정리이다. 가택을 가진 자가 주인의 명실(名實)로써 자기 것이라 칭함 또한 당연한 정리이다. 돈과 재물을 타인에게 빌려준 자가 그 약정된 이자를 청구함이나 논과 토지를 타인에게 빌려준 자가 그 수확의 일부를 요구함 역시 당연한 정리이다. 천사만물(千事萬物)의 당연한 도에 따라 고유한 상경(常經)을 잃지 않고 서로 칭하는 직분을 스스로 지키면 이것이 곧 통의의 권리이다.

여기에는 『서양사정』 이편의 「예언」과 「인간의 통의」를 참조한 흔적이 보인다. 이를 표상하는 것이 '정리'라는 용어이다. 예컨대 「예언」에는 "라이토[ライト(right)]란 원래 정직(正直)" 또는 "정리에 따라 인간의 직분에 힘쓰고 사곡(邪曲)함이 없음을 뜻한다"는 말이 나

온다 (『전집1』, 487). 그리고 「인간의 통의」에는 "정리란 무엇이뇨. 이른바 사람의 통의이다"(『전집1』, 493)라는 말이 나온다. 그 '정리'라는 용어에 주목한 유길준은 '정리=통의/권리'임을 반복하듯 강조한 것이다.

위 인용문에서 주목할 것이 있다. 유길준은 각자 '직분을 지킴'이 '통의의 권리'라고 논하고 있다는 점이다. '직분=권리'론이다. 그가 (후쿠자와의) 직분이란 의무를 뜻함을 몰랐을 리 없다. 그럼에도 직분을 '의무이자 권리'라고 본다. 나아가 '의무이기에 앞서 권리'임을 강조한다. 그의 '권리 중시' 성향을 엿볼 수 있다. 그런 점에서 후쿠자와의 직분론과는 다르다. 이를 확인하기 위해 후쿠자와의 「인생의 통의와 직분」 가운데 해당 부분을 인용해 보자(『전집1』, 393).

> 사람은 각자의 통의를 마음껏 하되 천성(天性)을 속박하는 일이 없다면 그에 따른 직분을 다하지 않으면 안된다. 이를 비유하자면 가업(家業)을 영위하면서 운상(運上; 조세의 일종)을 납부하는 것과 같다. 스스로 의식(衣食)을 구하고 또한 가족에게 이를 보급함으로써 타인에게 폐를 끼치지 않도록 주의함은 사람 된 자의 직분이다.

이렇듯 후쿠자와는 '납세 의무, 자기와 가족을 봉양할 의무' 등을 직분의 예로 든다. '직분=의무'론이다.[32] 이어서 그는 다른 예로 '준법 의무'를 든다(『전집1』, 393): "세상에 법률이 있기에 우리의 몸을 지키고 우리의 통의에 이를 수 있다"면서 "법률을 존경하지 않으면 안된다. 이 또한 사람 된 자의 직분이다." 후쿠자와의 '법률 존경'론

---

32) 이를 통해 후쿠자와의 '의무 중시' 성향을 엿볼 수 있다.

제3장 서양 '권리' 개념의 수용과 변용   257

이다. 이것을 유길준이 나름대로 역술한 문장이 (앞서 인용했던) "나라의 법률을 경봉하고"로 시작되는 ③에 다름 아니다. 다만 유길준의 '법률 경봉'론과 후쿠자와의 '법률 존경'론은 상이점이 있다. 후자는 '(권리보다) 법 우위' 론으로 이어지는 반면 전자는 그렇지 않다는 점이다(후술).

여기서 유길준의 '무계, 유계의 통의'론을 인용해 보자(『전서I』, 130; 밑줄 인용자).

> 무계의 통의는 천부에 속하니 천하의 사람 누구를 막론하고 세속 안에서 서로 교제를 행하는 자이든 세속 밖에서 독립하고 사는 자이든 달성해야 할 정리(正理)이다. 한편 <u>유계의 통의</u>는 그 취지가 약간 다르긴 하나 인위의 법률로 사람을 윽박질러 억지로 지키게 만들어서는 안 된다. 단, 법률의 본지는 사람의 행위를 바로잡는 것이기에 [법률은] 각 사람 일신의 직분에는 관계 [관여]하지 못한다. [단지] 세속 교도(交道)의 직분에만 간섭할 수 있다.

여기서 무계의 통의란 천부의 권리(=자연권)를, 유계의 통의란 세속(=국가/사회) 안에서 누리는 권리를 뜻한다. 그 어느 권리든 법률로 '함부로' 규제할 수는 없다. 법률은 오로지 (유계의 통의와 관계된) '세속 교도의 직분'에만 간섭할 수 있다는 것이다.

위 인용문은 『서양사정』 이편 「인간의 통의」에 나오는 후쿠자와의 '무계, 유계의 통의'론을 역술한 것이다. 그 해당 문장은 다음과 같다 (『전집1』, 494; 밑줄 인용자).

> 무계의 통의는 사람의 천부에 속하니 천하의 뭇사람, 세속 안에서

교제하는 자든 세속 밖에서 특립(特立)하는 자든 두루(均) 이 통의를 달성해야 할 리(理)이다. 한편 일신당무(一身當務)의 직분은 약간 취지가 다르긴 하나 인위의 법률로 사람을 강요하여 이를 지키게 만들 수 없다. 단, 국법의 본지는 사람의 행위를 바로잡고 통제한다 해도 원래 세속 교제상에만 시행하는 것이기에 일신의 직분에는 관계하지 못한다. 단지 세속 교제의 직분을 책임지게 할 뿐이다.

이들 두 문장의 밑줄 부분을 보면 유길준은 '통의=권리'를, 후쿠자와는 '직분=의무'를 선호하는 듯한 차이가 있음을 알 수 있다. 그렇긴 하나 그 취지가 '권리 중시'론인 점은 공통이다. 문제는 그것이 '어떻게 변용되어 나갔는가'이다. 다음 절에서 밝히듯 후쿠자와의 '권리 중시'론은 형해화되는 반면 유길준의 그것은 철저화된다.[33]

3. 권리 관념의 변용, 권리-권력 관계

1) 니시 아마네

니시는 주자학의 '성, 리, 도리' 개념을 매개로 자연권을 수용했다. 그러나 이들 개념은 점차 변질되어 나간다. 이런 모습은 『백일신론(百一新論)』(1874)의 다음과 같은 논의에서 엿볼 수 있다: "군을 섬겨 충을 다하고 부모를 섬겨 효를 다한다는 도리도, 비가 내리는 도리도, 햇빛이 비치는 도리도 모두 도리, 리의 당연, 자연의 리"라고 말

---

[33] 그 '철저화'는 「인민의 권리」 후반부의 창작 부분에서 확인할 수 있다. 거기에는 『서유견문』이 완성된 1889년까지 그의 독자적인 '변용'이 투영되어 있는 셈이다.

하나 실은 '물리(物理)와 심리(心理)'로 "구별"된다(『전집1』, 607). 물리는 "천연자연의 리"로서 "선천(先天)의 리"이다(608). 심리는 "인간 마음속에 존재하는 리"(610)로서 "후천(後天)의 리"이다(608). 이처럼 니시는 물리와 심리를 '이원적으로' 구별한다. 그 논지는 '물리=무위자연 v. 심리=작위'라고 정리할 수 있다. 니시에게 심리는 '작위'인 까닭에 "불의부도(不義不道)를 행할 수도 있는 것"(611)이다.

이러한 니시의 논의에는 서양 근대 학문의 영향이 깔려 있다고 본다. 그러나 동시에 그가 18세쯤부터 배웠다는 소라이(徂徠) 학의 영향도 깔려 있다고 본다.34) 아무튼 그는 물리와 심리를 이렇게 구별하기도 한다. 물리는 "일정(一定)하고 움직이지 않는" 반면 심리는 "하나의 일(一事)마다 천차만별"이라는 것이다(『전집1』, 611). 이는 주자학의 '리일분수(理一分殊)'를 연상시킨다. 그러나 주목해야 할 것은 다음과 같은 차이점이다.

'리일분수'는 '일즉다(一即多) 곧 리는 하나이자 전체'라는 삼원 사고(의 논리)에 바탕을 두고 있다. 이때 리를 '사/물의 리(=사리/물리)와 인간의 리(=도리)'로 구분할 수 있다. 다만 그 구분은 니시처럼 '이원적으로' 구별함이 아니다. 이렇게 구분된 리는 '둘이면서 하나(二而一), 하나이면서 둘(一而二)'로서 '상관, 상보, 상화' 관계에 있다. 특기할 것은 '인간의 리(=도리)는 천리자연에 기초한 무위이자 동시에 작위'라는 점이다. 이렇듯 '리일분수'는 니시의 이원론/사고에 입각한

---

34) 오규 소라이(荻生徂徠; 1666~1728)는 주자학의 '리/천리자연의 도'를 비판, 배격하고 '선왕의 도'를 내세웠다. 즉 '도란 선왕=통치자가 제작한 예악형정(禮樂刑政)'을 가리킨다는 것이다. 이른바 '도=작위'론이다. 이런 소라이학과 니시와의 관계는 小泉仰(2007), 이노우에 아쯔시(井上厚史, 2005) 참조.

물리와 심리의 구별과는 큰 차이가 있다.

니시의 구별은 그와 같은 '이원론/사고에 입각한' 서양 근대의 물리 개념을 수용하는데 필요한 요소였다고 본다. 그러나 한편 주자학의 '성, 리, 도리' 개념을 덮는 요인이 되었을 것이다. 실제로 니시는 『교문론(敎門論)』(1874)에서 '천부의 성(性)'을 거론한 다음 "하늘은 내가 알 수 있는 것이 아니다"(『전집 1』, 505)라면서 '천불가지론(天不可知論)'을 표방한다. '천부의 성'을 덮어버린 셈이다. 또는 '천리자연권' 관념을 배제한 셈이다. 나아가 그는 서양 자연법, 자연권 개념을 스스로 부정하게 된다.35)

'천리자연권' 관념의 배제와 차별적 권리론

그런 모습을 뚜렷하게 보여주는 저작이 『원법제강』(1877년경)이다. 그 첫머리에서 니시는 이렇게 말한다(『전집2』, 146): 법은 "민생(民生) 일용(日用)의 그칠 줄 모르는 세(勢) 때문에 생긴다." 따라서 "그 뿌리는 사람의 성(性)에 있다고 말할 수 없다." 즉 법의 뿌리는 '성=리'가 아니라 '세=힘'에 있다는 것이다. 이처럼 니시는 성법=자연법 개념을 부정한다. 달리 말해 법을 뒷받침하는 규범성/윤리성을 배제한다. 그 대신 공리주의, 권력주의 성향이 자리잡는다. 이런 사실을 『원법제강』에서 확인해 보자.

니시는 권리와 의무에 관하여 이렇게 논한다(『전집2』, 146): "한

---

35) 그 대신 서양의 공리주의, 권력주의, 사회진화론 등 사조를 수용하게 된다. 이런 모습은 『백학연환』, 『백일신론(百一新論)』(1874), 「인세삼보설(人世三寶說)」(1875) 등 저작에서 볼 수 있다. 그 고찰은 생략한다.

사람 또는 일당(一黨)이 타(他; 타인/타자)에 대하여 우분(優分, 우월한 분)으로 공제(控制, 억누름)하는 이(利)가 있으면 이를 권리라고 한다." "타에 대하여 열분(劣分, 열등한 분)을 가져서 복종하는 의(義)가 있으면 이를 의무라고 한다." 여기서 '분'이란 '직분, 세력, 빈부' 등을 상징한다. 그 우열이 권리와 의무를 판가름하는 기준이라는 것이다. 그리고 권리와 의무는 법률로써 확정될 따름"(148)이라고 주장한다. 즉 권리는 법률이 부여하는 '법부권'을 넘지 못한다는 것이다. 또는 법률이 규정한 의무는 반드시=무조건 복종해야 한다는 것이다.

니시의 권리론은 다음과 같이 이어진다. 에컨대 권리란 "적점(積漸)의 힘, 적점의 세(勢)" 또는 "노력(勞力)" 곧 "심력(心力)과 체력(體力)"에 의한 것이요, 이것이 "일관(一貫)된 실리(實理)"라고 논한다(148-149). 따라서 권리는 "실세(實勢)에 있을 뿐 허리(虛理)에는 없다"(152)고 논한다. 단, 그 '심력'의 범주에는 '지력(智力), 덕력(德力), 재력(才力), 능력(能力), 기력(氣力)'이 속한다. 이 가운데 '덕력'이 포함되지만 그것은 법의 규범성/윤리성과는 무관하다. 왜냐면 "도덕의 대본 (大本)은 선미(善美), 법의 대본은 정직(正直)"(『전집2』, 154)이라며 도덕과 법을 구별하고 있기 때문이다. 이처럼 그의 이원 사고 성향은 강하다.

또한 니시는 "권리의 의(義), 그 근원은 소유권에서 나오며 미루어 인신(人身)에 미친다"(152)라고 논하기도 한다. '소유(property) 없이는 권리도 없다'는 것이다. 게다가 "권리는 반드시 일존일비(一尊一卑), 일귀일천(一貴一賤), 일부일빈(一富一貧)과 상관되어 비로소 발동한다"(152)고 주장한다. 이로써 '존비, 귀천, 빈부'의 차이에 의한 각종 권리의 차별, 불평등을 용인한다. 그 실례와 논리는 다음과 같다

(153): 갓난아이는 '노력(努力)'이 없으니 권리가 없다. 정신병자, 바보는 물론 권리가 없다. 어린아이도 노인도 자주 의지가 없으니 권리가 없다.

그리고 남녀의 권리에는 경중(輕重)이 있다. 그 이유는 남녀의 "재(材)를 논하면 천연(天然)의 경중이 있다. 체력에 있어서 여자는 병역에 복무할 수 없다. 심력에 있어서 여자는 관리(官吏)가 될 수 없다"라는 것이다. 이를 "음양강유(陰陽剛柔)가 정한 것"이요, "동방고금(東方古今)의 통의(通義; 이치)"라고 주장한다. 니시의 저열한 인권 의식, 인간 차별, 남존여비(男尊女卑) 등 성향을 엿볼 수 있다. 주의를 환기하면 이런 성향은 결코 '동방고금'의 전통이 아니다. 일본의 뿌리 깊은 전통일 따름이다. 역(易) 사상의 음양론은 사물/인간이든 남녀든 '존비, 귀천' 따위와는 아무런 관계가 없다. 특히 남존여비라는 용어는 유교의 어떤 경전에도 없다.36)

니시의 권리론에는 일본 전통이 투영되어 있다고 봄이 옳다. 서양 근대의 (차별주의적) 권리론이나 소유권론과 이종교배된 채로 말이다. 그런 탓에 '권리는 강자의 것이요, 투쟁으로 얻는 것'이라는 성향에 빠졌으리라. 이를 증명하듯 그는 후일 예링(Rudolf von Jhering; 1818~1892)의 『권리를 위한 투쟁(Der Kampf um's Recht)』(1872)을 번역한다(『學士匡令氏權利爭鬪論』, 1882).37) 예링은 그의 저술에서 '권리는 단순한 사상이 아니라 살아있는 힘'이요, '권리 투

---

36) 제3부 제1장 주34 참조.
37) 1882년 5월에 니시는 원로원(元老院) 의관(議官)과 참모본부의 직원(御用掛)을 겸무하게 된다. 『권리를 위한 투쟁』의 번역을 의뢰한 사람은 당시 참모본부장이던 야마가타 아리토모(山県有朋; 1838~1922)이다.

쟁은 각 사람 자신과 공동체를 위한 의무'라고 말한다. 이런 취지가 니시를 비롯한 당시 일본인에게 어떻게 수용되었는지는 상상하기 어렵지 않다.

2) 유길준

전술했듯 유길준의 「인민의 권리」 후반부의 창작 부분은 그가 후쿠자와의 관련 논문을 역술한 다음 자신의 견해를 표명한 문장들이다. 거기에는 『서유견문』이 완성된 1889년까지 그의 독자적인 '변용'이 투영되어 있다. 이를 살펴보기 전에 후쿠자와의 『학문의 권장』 (1872~1876, 전17편) 등 몇몇 저술로부터 그의 권리론이 어떻게 변용해 나갔는지를 간결하게 검토해 보기로 한다.

후쿠자와의 권리론과 그 변용

『학문의 권장』의 초편은 이렇게 시작된다(『전집3』, 29): "하늘은 사람 위에 사람을 만들지 않고 사람 밑에 사람을 만들지 않는다고 한다.[38] 그렇다면 하늘로부터 사람이 태어남에는 (중략) 귀천, 상하의 차별이 없다"라는 "취의(趣意)"이다. '자연권적 권리 평등'론인 셈이다. 이를 토대로 그는 "사람의 일신도 일국도 하늘의 도리에 기초

---

[38] 이 말은 후쿠자와가 미국의 「독립 선언서(The Declaration of Independence)」(1776)의 다음 문장을 참조하여 번안(飜案)한 것으로 여겨진다: "We hold these truths to be senlf-evident, that all men are created equall, that they are endowed by their Creator with certain unalienable Rights, that among these are Life, Liberty and the pursuit of Happiness" 가 그것이다. 『서양사정』 초편에는 그가 번역한 「독립 선언서」의 전문이 실려있다(『전집1』, 323-326).

한 불기독립(不羈獨立)일지니 만약 이 일국의 자유를 방해한다면 세계 만국을 적으로 삼아도 두려워할 필요 없고, 이 일신의 자유를 방해한다면 정부의 관리라도 거리낄 필요없다"(『전집3』, 32-33)고 주장한다. '천도/천리'에 입각한 '자연권적 자유권'론인 셈이다.

그의 '자연권적 권리'론은 2편「사람은 동등함」과 3편「나라는 동등함」에서도 전개된다. 이를 반영하듯 그는 『학문의 권장』에서 '권리(權理)'라는 용어를 (처음 만들어) 사용하고 있다. 또한 '권리통의(權理通義)'와 이를 줄인 '권의(權義)'라는 용어도 등장한다. 이들 모두 'rights'의 자연권적 성격을 표상한다. 그런데 6편「국법의 귀함을 논함」에 이르면 이야기는 달라진다. 여기서 그는 "국민은 반드시 정부의 법에 따르지 않으면 안된다. 이 또한 국민과 정부와의 약속이다"(『전집3』, 63)라고 주장한다. 준법 의무와 '법 우위'론을 전개한 셈이다. 나아가 7편「국민의 직분을 논함」에서는 그의 권리론과 법률론이 다음과 같이 변용된다(『전집3』, 71).

> 군사[전쟁]를 일으킴도 외국과 조약 맺음도 정부의 권(權)에 있는 일이다. 이 권은 본디 약속을 통해 인민이 정부에게 준 것이니 정부의 정(政)에 관계없는 자는 결코 그 일[=권]을 평의(評議)해선 안된다. (중략) 국법이 부정불편(不正不便)하더라도 그 부정불편을 구실로 이를 파기할 리는 없다. 만약 실로 부정불편한 조항이 있다면 일국의 지배인인 정부에게 설명하고 권해서 조용히 그 법을 개정해야 한다. 정부가 만약 우리의 설명에 따르지 않는다면 오직 힘껏 참고 [개정해 줄 때까지] 시절(時節)을 기다려야 한다.

즉 '인민(=국민)은 정부의 권(=국권)과 법이 옳고 그름을 따지려 들지 말고 복종하라'는 것이다. 한 마디로 '국권 우선'론이요, '법 우위'론이다. 그 결과 민권이든 자연권적 권리든 국권과 법 밑에 깔린 채 형해화된다. 이와 함께 '국권 확장'론이 전개된다. 이런 결과가 투영된 저술들이 『문명론의 개략(文明論之槪略)』(1875), 『통속국권론(通俗國權論)』(1878; 二編은 1879), 『시사소언(時事小言)』(1881) 등이다.

먼저 『문명론의 개략』의 제10장 「자국의 독립을 논함」에서 그는 이렇게 주장한다: "전쟁은 독립국의 권의(權義)를 넓히는 술(術)"(『전집 4』, 191)이다. 외국과의 "교제에서 천지의 공도(公道)를 의존함은 도대체 무슨 마음이뇨. 우활(迂闊; 어리석음)하기 그지없다."(204) "나라의 독립은 목적이요, 국민의 문명은 이 목적에 이르는 술이다."(207) 여기서 '권의'란 'rights'보다 'power'의 뜻에 가깝다. '천지의 공도'는 부정된다. 그리고 '술'이란 용어는 그의 병학적 사고를 표상한다. 덧붙이면 일본 병학은 '병(兵)이란 궤도(詭道)'(『손자(孫子)』始計篇)를 근거로 삼는 '권모술수(權謀術數), 사술(詐術), 위장(僞裝), 음모, 계략, 은폐' 등으로 구성된다.

다음으로 『통속국권론』의 논지는 '국권을 위한 민권'론(='국권 우선'론)으로 요약될 수 있다. 그 요지는 '민권 신장(伸張)과 관민(官民) 조화'를 통한 '국권 확장'론이다. 이에 따라 '권리=권력'이라는 관점과 권력 정치적 성향은 강화된다.[39] 주목할 것은 이 저술의 7장 「대외 전쟁 피할 수 없음」이라는 전쟁 불가피론이다. 그는 이렇게 말한다: 국제 정치의 장에서 "길은 둘 밖에 없다. 죽이느냐 죽음당하느냐,"

---

[39] 이와 더불어 후쿠자와는 '권리(權理), 통의, 권의'라는 용어를 폐기하고 '권, 권리(權利)'만 사용하게 된다.

"멸망시키느냐 멸망당하느냐"(『전집4』, 393)라고. 약육강식 사고에 입각한 전쟁 찬미론이다.

끝으로 『시사소언』의 논지는 더욱 강화된 '국권 확장'론이다. 그 「서언」에서 그는 일본 국회가 개설되면 바야흐로 "민권 신장을 얻으리니 매우 유쾌하고 안도(安堵)하긴 해도 밖에서 국권을 압제하려는 놈[외국]이 있으니 매우 불쾌하다"(『전집5』, 98)고 말한다.40) 그러니까 '국권 확장'이 필요하다는 것이다. 그 대표적 논문이 『시사소언』의 1편 「내안외경(內安外競)의 일」이다. 그 첫머리는 "천연의 자유 민권론이 정도(正道)라면 인위의 국권론은 권도(權道)"(103)라는 말로 시작된다.41) 그리고 "권모술수라 해도 힘껏 이를 행할 뿐이니 정론(正論)을 돌아볼 틈이 없다. (중략) 우리는 권도를 따르는 자"(109)라고 말한다. 스스로 국권주의자임을 표명한 것이다. 이후 그는 『시사신보(時事新報)』(1882년 3월 1일 창간)의 다수 논설을 통하여 국권 확장론을 한층 열렬하게 주장해 나간다.

유길준의 철저한 자연권론: 후쿠자와의 '변용'에 대한 비판 의식

이처럼 후쿠자와의 권리론이 변용된 모습을 유길준은 (게이오 기주쿠에 유학할 당시부터) 잘 알고 있었으리라. 그러나 이에 대한 비판 의식을 지녔으리라. 그랬기에 그처럼 변용되기 이전의 (『서양사정』의)

---

40) 『시사소언』은 1881년 9월에 출판되었다. 이로부터 한달 뒤인 10월 12일에 천황은 「국회 개설의 조(詔)」를 공포하여 '10년 후 개설'을 약속했다. 그 약속대로 1890년에 일본 제국 국회가 개설된다.
41) 여기서 '국권론'이란 '국권 확장론'에 다름 아니다. 그리고 '권도' 역시 그의 병학적 사고를 표상한다.

권리론을 「인민의 권리」라는 논문으로 역술했던 것이다. 이에 그치지 않고 그 후반부에 자신의 견해를 표명한 창작 부분을 덧붙이고 있다. 전술했듯 거기에는 그의 독자적인 '변용'이 투영되어 있다. 이제부터 그의 창작 부분을 살펴보자. 그 첫머리는 다음과 같다(『전서』, 133).

자유와 통의는 인생의 불가탈(不可奪), 불가요(不可撓), 불가굴(不可屈) 하는 권리이다. 그러나 법률을 각별히 따르고 정직한 도리로 그 몸을 바로잡은 후에 천수(天授)한 권리를 보유하여 인간 세상의 즐거움을 누려야 한다. 자기의 권리를 사랑하고 아끼는 자는 타인의 권리를 돌보아 보호하고 감히 침범하지 않는다. 만약 타인의 권리를 침범하면 법률의 공평한 도는 반드시 이를 허용치 않고 그 침범한 분수(分數)대로 범한 자의 권리를 박탈할 것이다. 이는 자기의 손으로 자기의 권리를 손상하는 것이 된다. 법률의 위령(威令)은 스스로 초래한 손상을 행할[=벌할] 뿐이다. 그 때문에 사람의 권리는 자기가 스스로 부수기 전에는 만승(萬乘; 황제의 지위)의 위(威)나 만부(萬夫)의 용(勇)으로도 끌어내어 빼앗을 수 없다.

철두철미한 '권리 중시'론, 강인한 '자연권적 권리 평등'론이다. 거기에는 '인간 존엄 정신'과 '자기-타인의 상호 존중 의식'이 담겨 있다. 이를 바탕으로 '모든 사람의 권리를 서로 보호하고, 함께 공평하게 누리도록 해야 한다'는 당위를 논하고 있다.

그러나 당위에 어긋나는 현실이 있으니… '타자의 권리를 침범하는 잘못'을 막기 위한 법률이 필요하다. 또는 그런 '잘못된' 권리의 규제 내지 조절을 위한 법률이 필요하다. 단, 그가 말하는 법률의 바탕에는 '공평한 도' 즉 (리/천리에 입각한) '공도(公道)'가 있다. 달리 말해 법률의 존재 이유는 자기-타자의 권리를 규제/조절함으로써 각자의 권리를 '공평하게 보호하고 누리게 함'에 있다. 이처럼 권리, 법률, 공도(=리/천리)는 삼위일체로 상호연관되어 있다(후술).

유길준의 '자연권적 권리 평등'론은 이렇게 이어진다(『전서I』, 134):42) "무릇 사람이 세상에 태어나 사람된 권리는 현우(賢愚), 귀천, 빈부, 강약의 분별이 없다. 이는 세간의 대공지정(大公 至正)한 원리이다." "권리는 천수(天授)의 공도이니 사람의 사람되는 리(理)는 천자(天子, 군주)로부터 필부(匹夫, 평민)에 이르기까지 조금도 차이가 없다." "각 사람의 리에서 보면 사람 위에 사람 없고 사람 밑에 사람 없다. 천자도 사람이고 필부도 역시 사람이다."43) 이토록 강인한 '자연권적 권리 평등'론은 서양 근대의 권리나 천부자연권 개념에만 의거한 것이 아니다. 그 뿌리는 동양 전통이요, 유교의 권리 관념이나 주자학의 '천리자연권'에 있다. 서로 이종교배된 것이다. 특히 그 강인함은 오히려 후자에 기인한다고 봄이 옳다.

이러한 '자연권적 권리 평등'론에 입각하여 유길준은 '모든 사람의 권리를 공평하게 보장하고 누리게 하기' 위한 논리를 펼쳐 나간다. 먼저 그는 법률의 공도를 무시한 채 "권리의 여탈(與奪, 주거나 빼앗음)을 행하는 자는 권리의 절도(竊盜)" 또는 "수적(讐敵)"이라고 비판한다. 그런 다음 일종의 '권리 규제'론을 덧붙인다: "자유를 과용하면

---

42) 거기에는 후쿠자와가 『학문의 권장』 초편에서 전개했던 '자연권적 권리 평등'론의 영향이 일정 정도 깔려 있다고 본다. 단, 서로 비교해 보면 유길준의 논지가 매우 강력함은 물론 이를 뒷받침하는 '인간 존엄 정신'과 '자기-타인의 상호 존중 의식'이 한층 철저함을 알 수 있다.
43) 유길준의 '군주와 평민의 권리 평등'론은 후쿠자와의 군권론과는 정반대로 다르다. 후쿠자와의 군권론은 『제실론(帝室論)』(1882), 『존왕론(尊王論)』(1888)과 같은 저술에서 볼 수 있다. 그 논지는 천황(황실)은 '존엄신성(尊嚴神聖)'하며 모든 사람 위에 군림한다는 것이다. 그 상세는 金鳳珍(2004), 256-261 참조.

방탕에 가까운 까닭에 통의로 조종하여 그 [자유의] 도(度)를 균적(均適, 고르게 적용)하니" 이를 균적하는 "도(道)는 법률에 있다."(『전서I』, 133) 즉 '잘못된' 자유권을 '통의로 조종하는' 목적은 자유의 정도를 '균적'하기 위함이라는 것이다.44) 이때 '균적'이란 '공평하게 보호하고 누리게 함'을 함의한다.

유길준은 '금수(禽獸)의 자유, 만이(蠻夷, 야만인)의 자유, 사람의 자유' 등 세 범주(=등급)로 나누면서 '사람의 자유'에 관하여 이렇게 논한다(『전서I』, 135-136).

> 사람은 상여(相與, 더불어 살아감)할 때 법률의 강기(綱紀)를 세우고 통의의 계역(界域)을 정하여 그 자유를 제제(帝制, 규제)함으로써 인간의 불제(不齊)[=불평등]한 경황(景況, 현실 상황)을 조평(調平, 공평하게 조절)한다.

즉 '자유/권을 규제하는' 목적은 '인간의 불제함을 조평함'에 있다는 것이다. 이때 '조평'이란 '균적'과 마찬가지로 '공평하게 보호하고 누리게 함'을 함의한다. 특기하면 '조평, 균적'은 용어 그대로 유교 전통의 '균(均), 평(平)' 개념/사상을 담고 있다.45)

유길준은 사람의 자유든 권리든 현실에서 '불제함'을 인정하고 직시한다. 그러나 '그러함'을 내버려 두지 않고 '조평함'을 추구한다. 그런 뜻을 담아 이렇게 논하기도 한다: "유식인(有識人)의 자유는 '부자

---

44) 여기서 '통의'란 '권리'의 번역어가 아니라 그 본뜻인 '이치/도리'에 가깝다고 본다. 그뿐만 아니라 유길준이 다른 곳에서 사용한 '통의' 역시 '이치/도리'에 가까운 경우가 적지 않다고 본다.
45) '균, 평'에 관한 설명은 제3부 제2장 제3절 참조.

유하는 중에 있다46)'고 하노니 이것은 '인욕을 막고 천리를 보존하여47)' 정직한 도(道)로 그 권리를 지수(持守)함을 일컫는다."(『전서I』, 136) 여기에는 다음과 같은 논지(=정언 명령)가 담겨 있노라고 해석할 수 있다. '인간의 불제한 자유/권을 조평하고자 스스로 부자유를 감수할 줄 아는 사람이 되라. 사리사욕을 누르고 천리를 따르라. 그리하여 올바른 도를 갖춰라. 이로써 사람마다 지닌 자유/권을 서로 지키고 함께 누리도록 하라'는 논지가 그것이다.

이어서 그는 '신명(身命, 신체/생명), 재산, 영업, 집회, 종교, 언사(言辭, 언론)' 등 각종 자유와 통의를 열거하면서 간결하게 해설한다(『전서I』, 136-138). 그리고 나서 자신의 견해를 다음과 같이 논한다(『전서I』, 138).

> 사람의 권리는 무쌍(無雙)한[=견줄 수 없는] 보물이다. 그러나 각 사람이 일신의 무계[의 통의]로 그 천연(天然)함을 제멋대로 하면 금수의 자유처럼 된다. 그래서 유계의 통의를 참작하여 그 과용하는 폐(弊)를 제한해도 역시 만이의 자유에 가까워질 뿐이다. 이 때문에 법률의 규도(規度)를 세워 생세인(生世人)의 자유를 윤색(潤色, 곱게 함)한다. 그리고 처세(處世)의 권리를 보장하려는 자는 법률을 경봉(敬奉)하고 대중(大衆)의 상생하는 공도를 지킨다.

그의 '법률 경봉'론이다. 이때 법률의 존재 이유는 세상 사람의 자

---

46) 후쿠자와 역시 이와 같은 표현을 한 적이 있다. 그는 『문명론의 개략』의 9장 「일본 문명의 유래」에서 이렇게 말한다: "문명의 자유는 타(他)의 자유를 팔아서 살 수 있는 것이 아니다. 온갖 권의(權義)를 허용하고 온갖 이익을 얻고 온갖 의견을 듣고 온갖 힘을 튼튼하게 하고자 피차(彼此) 평균(平均)하는 사이에 존재할 따름이다. 또는 [그런 뜻에서] 자유는 부자유하는 사이에 생기는 것이라 말해도 되리라."(『전집4』, 145-146)
47) '인욕을 막고 천리를 보존함(遏人慾存天理)'이란 주자학의 주요한 명제의 하나이다.

유/권리를 '곱게(조평하여) 보장함'에 있다.48) 그가 말하는 '법률 경봉'의 목적은 다른 사람과 '상생하는 공도를 지키기' 위함이다. 이처럼 자유/권리, 법률, 공도는 삼위일체로 상호연관되어 있다. 거기에는 '법 우선'론 이든 '법에 의한 권리 유보'론이는 끼어들 여지가 전혀 없다.49)

유길준의 '법률 경봉'론의 목표: 당시 시대 사조에 대한 비판 의식

나아가 (앞서 열거한) 각종 자유와 통의를 상세하게 해설하고 있다(『전서I』, 136-147). 이를 종합한 결론부는 권리, 법률, 자유와 이들 상호 관계에 관한 논의로 구성된다. 그 첫머리는 이렇다(147): "인생(人生)의 모든 권리는 천생(天生)으로 구비한 것이다. 그렇지만 인위(人爲)한 법률과의 관계로 그 분도(分度)의 증감(增減)이 있다. 천수(天授)한 권리를 인력(人力)으로 조종할 수는 없다. 그렇다고 제멋대로 맡겨두면 방탕한 폐속(弊俗)과 괴란(壞亂)한 악습이" 늘어나리니 "사단(四端)과 오륜(五倫)"에 의거하여 "법률" 제도를 설치해야 한다.50) 그의 강인한 '자연권적 권리'론과 '권리 보장을 위한 법률'론을 확인할

---

48) 그런 뜻을 다짐하듯 그는 말한다(『전서I』, 138-139): "법률의 본의(本意)는 사람의 권리를 신중(愼重)하게 여기고 이를 보호함에 있다. 따라서 법률의 설시(設施)가 없다면 권리 역시 존재하기 어렵다. (중략) 이러한 리(理, 이치)를 자세히 살피면 법률과 권리의 상제(相濟, 서로 구제함)하는 관계임을 알아챌 수 있을 것이다."
49) 전봉덕은 유길준의 '법률 경봉'론에 관하여 "인권을 법률의 유보 하에 두는 법부 인권론"이라면서 "천부 인권설의 포기를 의미하는 것"이라고 주장한다(田鳳德, 1981; 220). 이는 잘못된 주장이며 동의할 수 없다.
50) '사단'이란 '측은지심(惻隱之心)=인(仁)의 단, 수오지심(羞惡之心)=의(義)의 단, 사양지심(辭讓之心)=예(禮)의 단, 시비지심(是非之心)=지(智)의 단'을 가리킨다(『맹자』 公孫丑). 오륜이란 유교의 기본 윤리로서 '부자유친(父子有親), 군신유의(君臣有義), 부부유별(夫婦有別), 장유유서(長幼有序), 붕우유신(朋友有信)'을 가리킨다.

수 있다.

다음으로 그는 자유와 권리를 각각 두 범주로 나누고 법률의 중요성을 이렇게 논한다(148).

> 자유에는 양악(良惡)의 분별이 있다. 천리의 정직을 따르면 좋은 자유, 인욕의 사벽(邪僻, 어긋나고 편벽함)에 맡기면 나쁜 자유라 말한다. 통의에는 진가(眞假)의 구획이 존재한다. 진짜 통의는 천연의 좋은 자유를 지키는 반면 가짜 통의는 인위의 나쁜 자유를 제멋대로 한다. 법률은 그 양악, 진가를 분별하여 인생(人生) 권리의 큰 병을 치료하는 금단(金丹; 중요한 수단)이다.

위의 논의에는 당시 시대사조에 대한 그의 비판 의식이 담겨 있다고 본다. 예컨대 '나쁜 자유'란 근대의 자유주의, 자유방임주의(libertarianism)에 대한 비판 의식. '가짜 통의'란 자기/자국의 권리를 오용하는 폐속과 악습에 대한 비판 의식. 또는 타자/타국의 권리를 침범하는 자기/자국중심주의, 권력주의, 식민지주의에 대한 비판 의식. 그리고 법률의 바탕은 공도이거늘… 권리, 법률, 공도(=리/천리)는 삼위일체로 상호연관되어야 하거늘… 당시 현실은 국내법이든 국제법이든 '그렇지 못하다'는 비판 의식 등이다.

이러한 비판 의식은 결론부의 끝부분에서 다음과 같이 '우회적으로' 표출된다(148-149).

> 인민의 교육이 부족하면 그 자유의 양악과 통의의 진가를 이해하지 못하고 그 권리를 오용한다. 그런 탓에 자기의 궤철(軌轍, 법도)을 양퇴(讓退, 양도)하거나 타인의 경역(境域)을 유린(蹂躪, 짓밟음)하고도 아무

렇지 않게 여긴다. 그러니까 인민의 권리를 [조]평하려면 먼저 교육에 힘써서 사람들이 각자 지키는 지식을 갖도록 함이 정치의 대도(大道)이다. 방국(邦國)을 굳게 지키고 그 권리를 보유하려면 그 국인(國人) 각 사람의 권리를 선호(善護, 잘 보호함)해야 한다.

이렇듯 유길준은 '인민의 교육 부족'을 매개로 즉 '우회적으로' 자신의 비판 의식을 표출한 것이다. 그 비판 대상은 '자기 권리의 오용과 타자 권리의 유린'이다. 그 비판의 화살은 자국의 국권과 민권을 지키고 보살피지 못하는 국내 정치를 향해 있다. 동시에 타국의 국권과 민권의 침범을 허용하는 권력주의적 국제 정치를 향해 있다.

그의 결론은 이렇게 매듭된다(149): "한 사람의 권리를 빼앗기 어려움이 한 나라의 권리를 범하기 어려움과 같거늘" 그럼에도 "강자가 약자를 모욕하고 귀자(貴者)가 천자(賤者)를 업신여기면" 내버려 두겠는가! "강국이 약국의 권리를 침월해도" 못 본체 하겠는가! 그러지 않겠다면 "인민이 각자 자기 권리의 귀중함을 사랑한 연후(然後)에 그 나라[=자국]의 권리 역시 귀중함을 알고 사수(死守)하기를 맹세"하도록 해야 한다. 이를 위해 "교육으로 근본을 세우고 법률로 호위(護衛)를 만들어 양자를 구비함"으로써 "완미(完美)한 경지"에 이르도록 해야 한다.

맺음말

유길준도 니시도 유교 특히 주자학 사상 전통을 매개로 서양 근대의 권리와 자연권 개념을 수용했다.51) 이때 주자학의 리 개념은 무엇보다 중요한 매개 역할을 했다. 리에 바탕을 둔 '천리자연권' 관념 역시 마찬가지였다. 즉 이들 두 사람의 권리, 자연권은 동아시아 전통과 서양 근대의 이종교배로 산출된 것이다. 하지만 조선과 일본의 전통이든 근대든 서로 같음과 다름을 지니고 있다. 따라서 양국에서의 권리 개념의 수용과 변용, 그리고 이종교배의 양상에도 같음과 다름이 발생하게 된다. 주목할 것은 두 사람의 권리론과 법 사고에 드러난 다름이다. 더욱이 그 다름이 점차 뚜렷해졌다는 사실이다.

니시의 경우 1870년대부터 '권리=권력' 인식이 강해짐에 따라 자연권 관념을 스스로 부정한다. 그리고 권리를 법부권에 한정시킨다. 이를테면 '자연의 도리에 입각한' 권리보다 '인위의' 법을 우선시한 셈이다. 나아가 각종 권리의 차별, 불평등을 용인한다. 이는 근대적 권력주의나 실정법주의에 접근해 갔음을 뜻한다. 그런데 그의 권리론과 법 사고를 '근대적, 진보적'이라고 평가한다면 근대주의적 시각에 얽매인 꼴이라고 반박할 수 있다. 또한 '근대는 정(正)과 부(負)의 양면을 지닌다'는 상대주의적 시각에서 보면 그는 '근대의 부'로 기우는 성향이 강함을 비판할 수도 있다.[52]

이와 달리 유길준의 경우는 자연법적 권리 관념을 강인하게 견지한다. 그리고 권리와 권력을 엄격히 구별한다. 나아가 권력, 지위 등에 의한 권리의 차별, 불평등을 신랄하게 비판한다. 한편 그는 '자연의 도리에 입각한' 권리뿐만 아니라 '인위의' 법도 중요함을 논한다. 그러나 결코 권리보다 법을 우선시하지 않는다. 어디까지나 권리를

---

51) 후쿠자와도 또한 그랬다. 앞으로 '두 사람'이라고 말할 때 거기에 '유길준과 후쿠자와'를 대입해 보기 바란다.
52) 그런 성향은 후쿠자와도 마찬가지다. 뿐만 아니라 당시 일본 지식인의 일반적 성향이었다.

우선시하면서 이를 뒷받침하기 위한 법률과 공도(=리/천리)를 논한 다. '권리, 법률, 공도'의 삼위일체론이 그의 권리론과 법 사고를 구성 하는 요소이자 특징인 것이다.

그렇다면 두 사람의 권리론과 법 사고의 다름을 발생시킨 요인은 무엇일까? '전통과 근대'의 다름을 비롯한 다양한 요인이 있겠지만… 한 가지 주목하고 싶은 요인은 '리를 대하는 태도'이다.[53] 그 '태도' 에 관하여 와타나베 히로시는 다음과 같이 말한다(渡邊浩, 1997; 71-72).

> 중국[과 조선]에서도 많은 주자학 비판자가 나오긴 했으나 이들은 그 내포를 재해석하면서 '리' 개념 자체는 살려 나가고자 했다. 이에 대해 일본에서는 '리'라는 것 자체에 대한 불신이 자주 표명되었다.[54] (중략) '리'로부터 동떨어진 태도(「理」への態度の懸隔)는 양국 문화나 양국 사 람의 '사고 양식, 정신 구조, 심성, 민족성' 등에서 격차를 발현시킨 것 으로 풀이될 수 있으리라.

그 취지는 이렇다: 일본의 주자학 비판은 '리로부터 동떨어진 태도' 가 현저했다. 이와 달리 중국/조선의 주자학 비판은 '리를 살려 나가 기 위한 재해석'이었다. 달리 말해 주자학의 '허리화(虛理化)'를 비판하 면서 실리(實理)를 추구하기 위한 재해석'이었다는 것이다.

'리로부터 동떨어진 태도'를 필자는 '리결(理缺)'이라 바꾸어 부른다.

---

53) 그 배경에는 당연히 조선과 일본 양국의 주자학 사상에 깔린 차이가 있다.
54) 이 말뜻을 이해하는데 도움이 되리라고 생각되는 구로즈미 마코토의 말을 인용해 본다(黑 住眞, 2003; 56-57): 근세 일본의 "유학자들은 지금·여기의 particularism[특수주의], 퇴행, 자아부정 등을 자학(自虐)적으로 행하는 경향으로 흘러갔다. 도쿠가와 유교에 보이 는 본체적 리(理)의 부정은 이런 뜻에서 인식 포기와 추종 논리에 까지 이르고 있다."

리를 '무, 공, 허'로 만드는 '리결' 현상은 ('보편의 특수화, 병학/병학적 사고'와 함께) 일본 사상사 전반을 관통하는 특징이다.55) 이로 인해 보편-공공의 도리와 함께 '가치 판단의 기준, 원리, 규범'이나 '이념, 이성, 논리' 등의 결여 현상이 현저하다. 이런 현상이 니시의 권리론과 법 사고에 영향을 미쳤으리라. 따라서 '자연에서 작위로, 권리에서 법, 권력/세력으로' 이행하기 쉬웠으리라. 역설적으로 일본의 근대화에 도움을 주었으리라. 그러나 또한 근대의 '부'를 수용함에도 도움을 주었으리니… 역사, 이성의 간계(奸計)에 빠지지 않기를 경계할 따름이다.

---

55) 이에 관한 설명은 제1부 제3장 참조.

〈참고문헌〉

『논어』, 『맹자』, 『노자』, 『중용』, 『손자(孫子)』.
『萬國公法』(1865), 『公法會通』(1880), 『性法略』(1871)
『兪吉濬全書』(1971), 전5권, 일조각.
『西周全集』(1961), 전4권, 宗高書房.
『福澤諭吉全集』(1969~1971), 전21권, 岩波書店.

김봉렬. 1998. 『유길준 개화사상의 연구』, 경남대학교 출판부.
김봉진. 2009. 「글로벌 공공철학으로서의 한사상」『한류와 한사상』, 도서출판 모시는 사람들
김형효(金炯孝). 2003. 『物學 心學 實學』, 청계.
李相益. 2004. 『儒教傳統과 自由民主主義』, 심산.
田鳳德. 1981. 『韓國近代法思想史』, 박영사.
정용화. 2004. 『문명의 정치사상: 유길준과 근대 한국』, 문학과 지성사.

이노우에 아츠시(井上厚史). 2005. "西周と儒教思想:「理」の解釈をめぐって," 島根県立大学西周研究会編. 『西周と日本の近代』. ぺりかん社.
가토 슈이치(加藤周一)·마루야마 마사오(丸山眞男). 1991. 『翻譯の思想』. 岩波書店.
김봉진(金鳳珍). 2004. 『東アジア「開明」知識人の思惟空間―鄭觀應, 福沢諭吉, 兪吉濬の比較考察』. 九州大學出版會.
구로즈미 마코토(黒住眞). 2003. 『近世日本社会と儒教』. ぺりかん社.
고이즈미 다카시(小泉仰). 1989. 『西周と歐米思想との出會い』. 三嶺書房.
_____. 2007. "「原法提綱」における西周の權利思想," 島根縣立大學西周研究會編, 『西周と日本の近代』. 同研究會報告書.
사토 신이치(佐藤慎一). 1996. 『近代中国の知識人と文明』. 東京大學出版會.
시모카와 료코(下川玲子). 2017. 『朱子學から考える權利の思想』. ぺりかん社.
미조구치 유조(溝口雄三). 1995. 『中國の公と私』. 研文出版.
리샤오퉁(李曉東). 2005. 『近代中國の立憲構想―嚴復·楊度·梁啓超と明治啓蒙思想』. 法政大學出版局.
야나부 아키라(柳父章). 1982. 『翻譯語成立事情』. 岩波書店.
요네하라 켄(米原謙). 1986. 『日本近代思想と中江兆民』. 新評論.
와타나베 히로시(渡邊浩). 1997. 『東アジアの王權と思想』. 東京大學出版會.

Bauer, Joanne R. and Bell, Daniel A. (eds.). 1999. *The East Asian Challenge*

for Human Rights. Cambridge University Press.
de Bary, WM. Theodore & Tu Weiming (eds.). 1998. *Confucianism and Human Rights*. Columbia University Press.

제3부

삼원 사고를 통한 개념의 재해석

제1장 근대의 재해석
 - 동아시아 '유교적 근대'와 일본의 '병학적 근대'
제2장 사대(事大)의 재해석
제3장 퇴계 사단칠정론의 재해석

제1장 근대의 재해석
- 동아시아의 '유교적 근대'와 일본의 '병학적 근대'

머리말

유교는 '수기치인(修己治人)'을 근본 사상으로 하는 '정덕(正德), 이용(利用), 후생(厚生)'(『書經』大禹謨)의 학이다. 따라서 수기=정덕을 위한 실심(實心)의 학, 치인=이용후생을 위한 실용의 학이요, 실심실학이다. 또는 경세치용(經世致用), 실사구시(實事求是)를 위한 실심실학(實心實學)이라 말해도 좋다. 훗날 주자는 노(老)・불(佛)의 허(虛)・공(空)을 딛고 아우르는 실리(實理)를 토대로 주자학을 수립했다. 그리고 '실학(實學)'이라 불렀다. 이는 당연히 실심실학을 함의한다. 주자학은 '참된' 마음(心=性+情, 영성/이성+감성/감정)이란 무엇인가를 묻고 배우는 학문이요, 실리를 궁구(窮究)하여 실사일용(實事日用)에 활용하려는 '실용' 학문이기 때문이다. 그리고 성선설과 '성즉리(性卽理)' 등 명제에 입각하여 자연과 인간의 도/리를 추구하는 도학/리학인 까닭이다.[1)]

주자학은 유교 문화권에 속하는 동아시아 공통의 전통이다. 다만 그것이 실심실학임을 의식적으로 제창했던 것은 주로 17・18세기 조선의 유학자이다. 특기하면 그들은 '주자학은 본디 실심실학'이라는

---

1) 주자학은 '도학/리학, 기학/물학, 심학' 삼위일체의 실심실학이다.

사실을 재발견했다.2) 오해하기 쉽지만 (실제로 오해되기도 했으나) 그들은 '반(反)주자학 또는 탈(脫)주자학'의 실심실학을 제창했던 것이 아니다. 오히려 '주자학의 본래성을 회복하고자' 실심실학을 제창했던 것이라 봄이 옳다.3) 이 과정에서 주자학에 대한 일부 비판도 새로운 해석도 생겨났다.4) 그리하여 거듭난 주자학은 새로운 실심실학의 모습을 보여준다.

그 모습은 1930년대 식민지 조선에서 주목되고 재발명되었다. 당시 '조선학' 운동에 종사하던 한국학자 일부가 그 '새로운 실심실학'을 '실학'이라 칭하며 그 의의를 평가했던 것이다. 단, 그 실용성/실익성에 쏠려 실심의 의의를 소홀히 했다. 게다가 마치 '반주자학, 탈주자학'인 것처럼 이해하려 했다. 이로써 주자학을 '전근대, 보수, 부(負)'로 폄하하는 한편 조선 실학 속에서 '근대적' 실용주의, 공리주의 등 요소를 찾으려 했다. 그 성과가 어느만큼 있었다 해도 무릇 연목구어(緣木求魚)이다. 조선 실학은 '새로운 실심 실학'이긴 하나 근본은 주자학인 까닭이다. 특히 서양 근대의 실용주의, 공리주의와는 대치되는 학문이기 때문이다. 그럼에도 도리어 '조선 실학의 한계'를 말한

---

2) 그 재발견은 17·18세기의 조선에서만 발생했던 현상은 아니다. 거의 같은 시기에 청국에서도 일본에서도 발생했다. 특히 조선과 일본의 실학에 관해서는 오가와 하루히사(小川晴久, 1994) 참조.
3) 그 배경에는 여러 상황 변화와 이유가 있었겠지만 두 가지만 들어 본다. 하나는 주자학의 허학화에 대한 비판 의식. 조선의 주자학은 오랜 동안 체제 교학(教學)이었던 탓에 그 본래성을 벗어나 점차 실심실학의 활력을 잃는 상황이 발생했기 때문이다. 또 하나는 현실 개혁의 필요성. 특히 임진왜란, 병자호란의 양란으로 피해를 입은 정치, 경제 등을 재건하고 개편할 필요가 있었던 까닭이다.
4) 그래서 '반주자학적' 발상도 요소도 섞여 있다. 그렇다 해도 '반주자학'이라 말할 수는 없으리라.

다. 이는 '주자학 오해'의 하나일 따름이다.5)

'근대'의 본뜻과 그 다양성/다의성

여기서 주의를 환기하고 싶은 것이 있다. '근대'의 본뜻을 알고, 이로써 서양(에 의해 독점된) 근대를 비판적으로 성찰하고 해체할 필요가 있다는 점이다. 그리하여 서양과 비서양의 근대를 - 다양성/다의성을 지닌 개념으로 - 재해석할 필요가 있다는 점이다. 이를 위해 특히 비서양의 경우 '고유한 근대'와 '하이브리드 근대'라는 새로운 범주와 개념틀을 구축할 필요가 있다는 점이다.

모든 나라의 전통은 많든 적든 오늘날까지 영향을 미친다. 달리 말하면 어떤 나라의 전통이든 그 나라의 고유한(inherent) - 토착적(native) - 근대(성)을 구성한다. 이때 근대란 '오늘날까지 영향을 주는 앞선 시대'를 뜻한다(근대 I). 이것이 '근대'의 본뜻이다. 본디 'modern'이란 'modernus (Lat.: modo [just now, lately, recently] + rnus) 즉 '바로 지금, 최근, 근래'를 뜻하기 때문이다. 따라서 '모든 나라의 전통은 고유한 근대를 구성한다'라는 명제가 성립한다. 이때 고유한 근대란 '전통에 기초한 근대' 내지 '전통 속 근대'를 가리킨다. 서양이든 비서양이든 당연히 고유한 근대 즉 근대 I 을 지닌다.

서양 근대는 근대 I 의 하나일 따름이다. 그럼에도 이것만이 근대인 양 여겨져 왔다. 서양이 근대 개념을 독점한 채 지배 언설을 발명해 왔던 탓이다. 이처럼 독점된 서양 근대를 편의상 근대II로 분류하자. 단, 이는 본뜻을 벗어난 고정 관념에 다름 아니다. 그 폐단은 하염없

---

5) '주자학 오해'란 '주자학에 대한 편견, 왜곡, 무지' 등을 함의한다.

다. 예컨대 비서양 근대Ⅰ을 무시한 채 전통에 대한 무지, 오해, 편견, 왜곡 등을 기르는 온상이 될 수 있다. 또는 서양중심적 근대주의나 오리엔탈리즘과 그 자국형을 생성/사육하는 목장이 될 수 있다. 동시에 '근대의 주박'을 자아내는 틀을 형성할 수도 있다. 마땅히 서양 근대=근대Ⅱ는 비판적으로 성찰되고 해체되어야 한다.6)

비서양 나라들은 자국 근대Ⅰ과 함께 '또 하나의 근대'를 지닌다. 서양 근대를 수용/모방하는 과정에서 생성/파생된, 즉 자국 근대Ⅰ, 전통과 서양 근대와의 이종교배의 산물인 하이브리드 근대가 그것이다(근대Ⅲ). 주의할 것은 비서양의 근대Ⅲ 역시 (근대Ⅰ과 마찬가지로) 근대주의적 시각으로 말미암은 각종 폐단에 시달려 왔다는 사상(事象)이다. 이런 사상을 극복하자면 '근대Ⅲ은 하이브리드 근대'라는 사실을 인지해야 한다. 동시에 서양 근대의 색안경을 벗고 자국 근대Ⅰ과 전통을 함께 봐야 한다.7)

---

6) 근년에 이르러 이를 해체하고자 비서양의 '고유한 근대/성'을 논하는 연구가 출현하고 있다. 예컨대 김상준(2011)은 '지구상 어떤 문명권이든 원형(原型) 근대/성을 보유한다'(제1부)는 '중층 근대성'론 을 내세운다. 그리고 이에 입각하여 동아시아의 경우 '송대부터의 초기 근대'론을 전개한다(제3부). Woodside(2006)는 중국, 베트남, 조선(한국)의 '잃어버린 근대성'을 논한다. 덧붙이면 이타가키 유조(板垣雄三)는 여러 저술을 통하여 '이슬람의 근대/성'론을 전개해 왔다. 7세기부터 시작된 이슬람의 근대가 동아시아로, 유럽으로 퍼져 나갔다는 논의이다.
7) 그러면 '자본주의 맹아론, 내재적 발전론, 식민지 근대론' 등 기존의 근대론은 폐기되던가, 새로운 개념틀에 의해 수정되어야 마땅할 것이다. 필요한 것은 서양 근대와 비서양 근대(Ⅰ, Ⅲ)의 양쪽을 상대화하여 공통성과 이질성을 이해하고, 그 정부(正負)의 양면을 비교 고찰하는 일이다. 그리고 비서양 근대 안에서 서양 근대의 부의 측면을 비판 지양할 수 있는 '반근대, 탈근대'의 요소를 찾아내는 일이다. 나아가 '횡단 근대/성(trans- or transversal modern/modernity)'의 지평을 계발하는 일이다.

유교적 근대와 일본의 병학적 근대

그런데 유교/주자학 전통은 (오해에 시달리면서도) 오늘날 한국을 비롯한 동아시아 일부 국가에 뿌리깊게 이어져 있다. 그리하여 한국의 '유교적 내지 주자학적 근대'라는 고유한 근대의 한 요소를 이룬다. 특기할 것이 두 가지 있다. 첫째, 유교/주자학은 외래 사상이긴 하나 보편-공공의 사상이요, 동시에 한국의 전통 사상이라는 점이다. 그 보편-공공의 사상을 '우리의 것'으로 토착화하고 전통화한 것이다.8) 둘째, 유교/주자학에 대한 오해를 타파해야 한다는 점이다. 특히 일본형 근대주의, 오리엔탈리즘, 그리고 식민사관에 의한 편견, 왜곡은 여전히 뿌리깊고 심각하다. 지금껏 많은 비판, 성찰로 타파되어 왔으나 아직도 갈 길은 멀다.

각설하고 일본의 고유한 근대를 구성하는 전통의 요소는 무엇일까? 신도(神道), 불교, 유학(일본화된 유교) 등이 있겠지만 주목할 것은 병학이다. 병학은 오랫동안(천년 이상) 지속된 바쿠한(幕藩) 체제, 부케(武家) 정권, 무사 계급 지배하에서 압도적 우위를 점하고 있던 학문이었기 때문이다. 그 전통과 유산은 오늘날 일본에 계승되어 다양한 영향을 미치고 있기 때문이다. 그래서 일본의 병학적 근대라는 개념틀이 필요하다. 하긴 에도(江戶) 시대의 사상사에는 유학이나 주자학의 전통이 일부 생성되어 있기는 하다. 그런 만큼 유교적 근대의 흐름도 있는 셈이다. 하지만 주류는 아니다. 그나마 일본화된 병학,

---

8) 이때 토착화/전통화란 한국 고유의 전통 사상과 이종교배하는 과정을 함의한다. 또한 불교도 도교도 마찬가지다. 나아가 서양이든 어디든 그곳 사상을 수용하여 토착화/전통화하면 당연히 '우리의 것'이 된다. 그럼에도 이런 사실을 부인한다면 편협한 국수주의적 억설일 따름이다.

병학적 사고와 그 전통에 의해 변질되기 일쑤이다.

　이 글은 근대의 본뜻에 입각하여 동아시아의 유교적 근대와 일본의 병학적 근대를 고찰한다. 이에 앞서 동아시아 '근세'론의 전개를 되돌아보고 그 문제점을 지적해 둔다(제1절). 제2절에서는 미야지마 히로시(宮嶋博史)가 제기한 동아시아 유교적 근대론의 의의와 문제점을 밝힌다. 그런 다음 일본의 유교적 근대론과 그 한계를 검토한다. 그 대안으로 제3절에서는 병학적 근대라는 개념틀을 제기한다. 이를 위해 일본화된 병학, 병학적 사고의 특징, 성향, 그리고 그 실상을 살펴본다. 마지막으로 '하이브리드 근대'라는 개념틀의 의의를 논한 다음 유교적 근대와 서양 근대의 일단을 비교 고찰한다.

1. 동아시아 '근세'론의 전개

　'근세'란 나이토 코난(內藤湖南, 1866~1934; 일명, 토라지로[虎次郞])이 만든 용어, 이른바 화제한어(和製漢語)이다. 영어로는 'early modern (period)' 곧 '전기 (초기) 근대'를 뜻한다. 이것이 '근세'의 본뜻인 셈이다. 그 안에는 '근대 modern (period)'가 들어 있다. 따라서 '근세는 근대를 내포'하는 개념이다. 또는 근대의 범주에 속한다. 다만 '근세'라는 글자만 보면 그런 사실을 감지하기 어렵다. 그 안의 근대가 자취를 감추고 있는 탓이다. 이런 점에서 '근세'란 애매모호한 개념인 셈이다.

　여하튼 코난의 '근세'란 서양/사의 근대 특히 '전기 근대'를 의식한 개념이다. 그 의식은 양면성을 띠고 있다. 추종 의식과 대항 의식이 그것이다. 서양/사의 시대 구분이나 근대를 추종하는 한편 이에 대항하려는 의식이 겹쳐 있다는 뜻이다. 여기서 대항이란 서양/사의 '전기 근대'와 대비되는 중국/사의 그것을 내세우려는 의지를 함의한다. 이로부터 서양중심적 근대주의, 오리엔탈리즘에 대한 비판의식이 싹틀 수 있다. 다만 코난이 그런 비판의식을 지니고 있었다고 보기는 어렵다. 그의 저술에는 서양중심적 근대주의, 오리엔탈리즘이나 그 일본형에 빠진 듯한 곳이 적지 않기 때문이다.

'근세'의 애매모호함을 해소하는 일은 간단하다. 그 본뜻대로 '전기 근대'로 바꾸기만 하면 된다. 이와 함께 동아시아의 근대(근대Ⅲ)를 (서양/사에서도 사용하는) '후기 근대'로 바꾸는 일도 필요하리라. 이로써 동아시아의 '근세=전기 근대'와 '근대=후기 근대'와의 일관성·정합성은 일단 확보되리라. 단, 참으로 확보되는 것은 아니다. 그렇게 바꿔도 동아시아 근대의 전기와 후기 사이에는 연속과 단절이 있다. '서양의 충격'에 의한 문명사적 대전환의 경험이 가로놓인 까닭이다. 동아시아 전통과 서양 근대의 이종교배가 벌어져 왔기 때문이다. 따라서 참으로 일관성·정합성을 확보하려면 그 이종교배의 모습을 그려낼 수 있는 '하이브리드 근대'라는 개념틀이 필요할 것이다.

1) 일본에서 전개된 중국 '근세'론

나이토 코난의 중국 '근세'론

나이토 코난은 동아시아 '근세'론의 선구로 여겨진다. 단, 중국사를 중심으로 전개된 만큼 실은 중국 '근세'론에 해당한다. 이것은 세 단계로 전개된다. 첫 단계는 『支那論』(文會堂書店, 1914) 제1장, 그 논지는 이렇다: "당(唐) 중기로부터 오대(五代), 북송(北宋)에 이르는 시기"(8)에 "귀족 정치가 군주 독재 정치"(9)로 바뀌고 "평민 정치"(11)의 요소도 늘어 나갔다. 그 결과 "인민의 재산 사유"(46)와 "인민의 권리, 실력"(47)을 인정하게 되었다.9) 이런 논지를 바탕으로 지나(支那) 즉 중국 '근세'론이 싹튼 것이다.

둘째 단계는 『歷史と地理』(제9권 제5호, 1922년 5월)에 실린 '概括的唐宋時代觀'이다.10) 첫 단계의 논지를 간추린 글이다. 그 첫머리에서 "송대는 근세의 발단"(191)이라고 명기한다. 이로써 '송대(960~1279) 이후 근세'론이 확립된 셈이다. 요약하면 이렇다: 귀족 정치는 '당말(唐末)에서 오대까지의 과도기'를 거치면서 쇠퇴하여 군주 독재 정치로 변화했다. 그 결과 북송대(960~1127)에는 '군주와 인민이 직접 상대하는 근세적 정치'가 출현했다. 이를 뒷받침한 것이 '과거 제도'이다. '근세'의 특징적 현상은 '화폐 경제의 발전'과 '학술·문예의 질적 변화'이다. 예컨대 학술의 경우 '경전(經傳)의 새로운 해석' 풍조가 퍼졌다. 문학과 예술은 '서민적인 것'이 되었다.

셋째 단계는 코난의 유작인 『中國近世史』이다.11) 그 제1장 「근세사

---

9) 단, 코난은 서양형 또는 일본형 오리엔탈리즘에 입각한 서술상 문제점을 곳곳에서 드러낸다. 하나만 지적한다. 그의 '군주 독재'라는 표현에는 이른바 '동양적 전제(Oriental despotism)'라는 오해, 편견이 투영되어 있다고 본다. 그러나 독재든 전제든 타당치 않다. 중국 왕조는 당대 이래로 율령 체제 즉 율령격식(律令格式)의 각종 법 체계, 육부(六府; 吏·戶·禮·兵·刑·工)의 관료 체제, 과거(科擧) 제도 등을 구비하고 있었다. 이것들은 송, 명, 청 왕조에 계승됨과 함께 정비되어 나갔다. 조선 왕조 역시 마찬가지였다. 이들 왕조의 정체(政體)는 일종의 '입헌 군주제(constitutional monarchy)'라고 봄이 옳다.
10) 이 논문은 나이토 코난 저, 도나미 마모루(礪波護) 편(2004)에 실려 있다(191-202).

의 의의」는 '1) 귀족 정치의 폐퇴(廢頹)와 군주 독재 정치의 대흥(代興), 2) 군주의 위치 변화, 3) 인민의 위치 변화, 4) 관리 등용법의 변화, 5) 붕당의 성질 변화, 6) 경제상의 변화, 7) 문화의 성질 변화'로 구성된다(17-35). 각 내용의 골자를 정리하면 ① 군주제와 군현제, ② 과거제와 관료제, 세습제 붕괴, ③ 붕당 정치, ④ 평민의 권리 향상,12) ⑤ 화폐 경제의 발전, ⑥ 서민 문화 발달 등이다. 이들 ①~⑥을 중국 '근세'의 구성 요소라고 부르기로 하자.

중국 '근세'론의 계승자 미야자키

코난의 중국 '근세'론은 그의 제자인 미야자키 이치사다(宮崎市定, 1901~1995)가 저술한 『東洋的近世』로 계승되었다.13) 이것은 '서론: 동양 근세사의 의의, 1) 세계와 동양과의 교통(交通) 개관, 2) 중국 근세의 사회경제, 3) 중국 근세의 정치, 4) 동양 근세의 국민주의, 5) 근세의 문화, 결어: 동양 근세와 서양 근세'로 구성된다(8-142). 이렇듯 미야자키는 코난의 '중국 근세'에 더하여 '동양 근세'라는 용어를

---

11) 그 원본은 『内藤湖南全集』의 제10권에 『支那近世史』라는 제목으로 실려 있다. 훗날 그 제목을 『中國近世史』(弘文堂, 1947)로 바꾸어 출판했으며, 그 신간본이 『中國近世史』(岩波書店, 2015)이다.
12) 코난은 '3) 인민의 위치 변화'에서 이렇게 서술한다: 중국 '근세'에는 "인민의 권리를 명백히 인정한 것은 아닐지라도"라고 전제한 다음 평민의 "재산상의 사권(私權)" 즉 "재산의 사유를 정확히 인정하게 되었다."(25) 그리고 "인민의 거주가 제도상 자유롭게 해방되었음"과 함께 "토지의 수확물을 자유롭게 처분할 수 있게 되었다."(26) 이렇듯 '평민의 권리가 향상'되었다는 것이다. 이런 '권리 향상'의 사상적 요인은 유교 특히 주자학에 있다고 본다. 이에 관해서는 제6장을 참조하기 바란다.
13) 그 초간본은 『東洋的近世』(教育タイムス社, 1950)이며 『宮崎市定全集』 제2권에 실려 있다. 이와 함께 여러 논문을 편집한 신간본이 도나미 마모루 편(1999)이다. 인용할 때는 신간본을 사용한다.

만들어 사용하고 있다. 단, 그의 저술 내용은 오로지 중국 역사와 그 변동으로 채워져 있다. 그 역시 중국 '근세'론을 전개한 셈이다.

미야자키의 윗 저술에서 주목할 것은 두 가지다. 하나는 '5) 근세의 문화'에서 평민 문화와 '송대 신학(新學)' 곧 성리학/주자학의 의의를 강조한다는 점이다.14) 또 하나는 '결어'에서 서양 근세를 '르네상스 이후의 근세, 산업혁명 이후의 최근세'의 둘로 나누고 있다는 점이다.15) 이와 더불어 "유럽 근세의 시작이 대체로 서기 13・14세기라 한다면 동양의 그것은 서기 10・11세기의 [북]송대라고 해도 좋을 것"이라며 동양의 "선진성, 지도성(指導性)"을 주장한다(134). 당시 중국(동양)은 '관료제, 과거제, 국민주의' 등 정치 부문은 물론 경제, 학문, 과학, 기술 분야에서 서양보다 앞서 있었다는 것이다.16)

이후 1950년대부터 1960년대에 걸쳐 일본에서는 중국 '근세'론을 둘러싼 '근세론 v. 중세론' 논쟁이 벌어졌다.17) 이 과정에서 중국 '근세'론은 일본 학자들 사이에 침투한다. 나아가 그 논지는 Reischauer and Fairbank(1960)의 'Chapter 6. The Late T'ang and Sung: The Golden Age of Chinese Culture'에 수용된다. 따라서 관련 내용이 서로 흡사하다. 그 첫 절('The Nature of the Period')에 나오는 'early modern (phase, period)'은 곧 '근세'를 영역(英譯)한 것이다. 이로써 중국 '근세'론과 함께 '근세'라는 용어는

---

14) 그는 '송대 신학'의 의의를 "일종의 사상 해방"(111)이라고 표현한다. 의미심장한 표현이다.
15) 이때 '근세, 최근세'란 서양/사의 'early modern, late modern (period)'에 해당한다.
16) 이는 올바른 견해라고 볼 수 있다. 덧붙이면 이가와 요시츠구(井川義次, 2009)는 성리학/주자학이 서양의 계몽주의 사상에 미친 영향을 실증적으로 고찰하고 있다.
17) '중세론'의 리더는 (중국) '근세'라는 시대 구분에 반대한 니시지마 사다오(西嶋定生, 1919~1998)였다.

미국 등 여러 나라로 퍼져 나가는 발판을 만든 셈이다.

2) 일본에서 전개된 동아시아 '근세'론과 그 문제점

일본의 일부 학자는 중국 '근세'론의 변종인 동아시아 '근세'론을 전개해 나갔다. 그 대표적 예가 기시모토 미오(岸本美緒, 1998)이다. 이 저술은 주로 명·청과 일본 간 무역 예컨대 화폐 원료인 은(銀)의 교역, 무기 제조 기술의 교류 등을 다루고 있다. 그 논지만 살펴보자. 기시모토는 '근세'를 "일본사에서 말하는「근세」또는 유럽사의「근세(초기 근대)」와 거의 겹치는 16세기로부터 18세기까지"(4)로 한정시킨다. 그리고 '근세'의 두드러진 현상(요소)로서 "상품 경제의 활발화, 사회 유동화"와 이에 따른 "새 국가, 새 질서"의 출현을 예로 든다(4).

이렇듯 동아시아 '근세'를 논하지만 지역 범위는 중국, 일본 두 나라에 한정되어 있다. 그런 까닭에 코난의 중국 '근세'론과 대비하면 일련의 문제점이 생긴다. 무엇보다 중국 '근세'의 구성 요소①~⑥이 거의 형해화되고 만다. 특히 ①②③은 일본의 경우 흔적이 없다. "새 국가, 새질서" 출현을 예로 들지만 에도 시대(1603~1868)의 '국가 질서'는 앞선 시대와 기본적으로 같다. 즉 가마쿠라(鎌倉) 시대(1185~1333)와 무로마치(室町) 시대(1336~1573) 등의 '그것'을 대체로 계승한 것이다. 에도 시대의 '그것'은 (1) 도쿠가와(德川) 바쿠후(幕府)와 다이묘(大名)의 바쿠한 체제, 봉건제, (2) 과거제 부재, 세습제 존속, (3) 무사 계급 지배와 붕당 부재 등 구성 요소로 정리된다.

다음으로 ④ 평민의 권리 향상은 에도 시대에 어느 정도는 발현했다고 볼 수 있을지 모른다. 그렇다 해도 중국 '근세'에 비하면 그 정도는 현저히 낮았으리라고 여겨진다.18) 다만 ⑤화폐 경제의 발전, ⑥ 서민 문화 발달은 에도 시대에도 자못 진전했던 현상이라 말할 수 있다. ⑥은 기시모토가 예로 든 '사회 유동화'에 속하리라 여겨진다. 하지만 그런 설명은 없다. 따라서 '상품 경제의 활발화'에 속하는 ⑤ 하나만 (중·일 양국 '근세'의 공통 요소로) 남을 뿐이다. 그러나 그것만으로 (기시모토처럼) 일본을 동아시아 '근세'의 범주에 적용함은 적절치 않다. 논리도 없고, 근거도 부족이다.

그럼에도 언제부터인지 '일본 근세'라는 용어가 퍼져나갔다.19) 그리고 오늘날 정착되어 있다. '일본 근세'의 시대 구분에 관한 학설은 몇 가지로 나뉘지만 모두 에도시대를 공통으로 포함한다. 그러나 전술했듯 '적절치 않다.' 에도 시대의 구성 요소 (1)(2)(3)은 중국 '근세'의 ① 군주제와 군현제, ② 과거제와 관료제, 세습제 붕괴, ③ 붕당정치와 대비하면 뚜렷하게 다르기 때문이다. 또한 일본 유학/주자학은 중국 유교/주자학과 비교하면 성격도 위상도 상이한 까닭이다. 단, 코난의 논의를 따른다면 조선, 베트남, 유구(琉球) 등은 동아시아 '근세'의 범주에 적용할 수 있다. 이들 국가는 중국 '근세'의 구성 요소를 대부분 공유하기 때문이다.

---

18) 그 중요한 이유는 '평민의 권리 향상'의 사상적 요인인 유교나 주자학을 정치 이념으로 삼지 않았기 때문이라고 말할 수 있다.
19) 달리 말해 '근세'라는 개념을 누가, 처음으로 일본/사에 적용했는지는 분명치 않다. 아무튼 코난이든 미야자키든 '근세'를 일본/사에 명확히 적용한 적은 없었다.

2. 동아시아의 유교적 근대론

1) 미야지마 히로시의 유교적 근대론: 의의와 문제점

미야지마 히로시는 2010년에 "유교적 근대로서의 동아시아「근세」"라는 논문을 출간했다.20) 그 취지는 동아시아 '근세' 대신에 유교적 근대라는 새로운 개념틀을 도입하자는 것이다. 즉 "동아시아의 16세기부터 19세기 중반까지"를 "근대=「유교적 근대」"로 파악하자는 것이다(54). 그는 동아시아 '근세'론을 비판하면서 그 문제점을 크게 두 가지로 지적한다(56). 첫째로 그것은 서양의 "고대, 중세, 근대라는 역사의 삼분법"에 입각한 채 '근세'를 더했을 뿐 "종래의 세계사 인식에 관한 패러다임을 비판할 수 없다"는 점이다.

둘째로 "근세는 근대가 아니라는 그 전제"가 "근본적 문제점"이라며 이렇게 지적한다: 근세란 "결국 전근대(前近代)이며 근대는 역시 서구의 충격에서 비롯되었다는 종래의 틀 자체는 흔들림이 없다." 따라서 '근세'론으로는 동아시아 "근대사상(像) 자체의 재검토"를 할 수 없다고 비판한다. 그 취지는 '종래의 세계사 인식틀을 극복하자. 이를 위해 동아시아 근세 대신 근대라는 용어를 쓰자'는 것이다. 미야지마는 유교적 근대론을 전개하기에 앞서 다섯 가지의 사항을 제시한다(57).

① 근대라는 개념은 '본디 현재에 직결되는 시대'라는 뜻이다.
② 중국의 역사와 현재를 이해하려면 유교적 근대라는 새로운 개념틀이 필요하다.

---

20) 宮嶋博史, "儒教的近代としての東アジア「近世」"이며 和田春樹等編(2010)에 실려 있음.

③ 유교적 근대의 핵심은 주희(朱熹, 1130~1200)의 사상 즉 주자학의 근대성이다.
④ 중국적 근대는 명대에 확립되어 그 기본 구조는 현재까지 유지되고 있다.
⑤ 중국적 근대의 영향을 받은 동아시아 여러 지역의 역사도 유교적 근대라는 개념틀로 재검토되어야 한다.

그 요점을 세 가지로 정리해 보자: (A) 근대의 본뜻에 입각한 고유한 근대를 중국사에 적용한다(①④). (B) 유교적 근대라는 개념틀로 명대(1368~1644) 이후의 중국을 비롯한 동아시아의 역사를 재검토한다(②⑤). (C) 유교적 근대의 핵심은 '주자학의 근대성'이다(③). 따라서 유교적 근대란 주자학적 근대를 함의한다.

미야지마는 '주자학의 근대성'에 관하여 기노시타 데츠야(木下鐵矢)의 여러 저작을 인용하면서 논한다(60-65).[21] 그 논지는 "민간의 공공(公共) 공간" 산출과 "사회의 동적 다이내미즘"을 수용하는 질서 형성의 두 현상으로 집약된다(65). 이들 두 현상은 '주자학의 근대성'을 구성하는 주된 요소인 셈이다. 이런 요소는 현대 중국에도 계승되어 있다면서 그 모습을 '주희 사상의 비전과 중국 사회의 공명(共鳴) 관계'라는 항목에서 설명한다(66-71). 이로써 "중국 이해의 새로운 패러다임"(71) 곧 유교적 근대라는 개념틀을 제기한 것이다.

이어서 유교적 근대를 "서구 근대와 대등한 것으로 이해한다면 '근대' 중국에 관해서도 전혀 다른 상을 그릴 수 있다"(72)고 주장한다. 단지 서양 근대에만 의존하지 말라는 뜻이다. 더불어 유교적 근대라

---

21) 木下鉄矢(1999, 2007, 2009a, 2009b).

는 개념틀을 활용함으로써 '근대' 중국의 '다른 상을 그리자'는 뜻이다. 그런 다음 미야지마는 '근대' 중국이 서양 근대를 수용하는 과정에서 겪었던 '곤란'의 이유를 이렇게 해석한다(72): "중국이 뒤늦어 있었던" 탓이 아니라 "중국에는 별도의[=유교적] 근대가 이미 존재하고 있었던" 까닭이라는 것이다. 의미심장한 견해이다.22) 이에 관해서는 맺음말에서 사견을 곁들여 검토하기로 한다.

미야지마의 유교적 근대론은 다음과 같은 의의를 지닌다. 먼저 유교/주자학 전통을 통해 동아시아의 '고유한 근대'를 밝힐 수 있다. 또한 동아시아의 '전통 속 근대' 내지 서양 근대와 구별되는 '또 하나의 근대'를 밝힐 수도 있다. 이로써 근대는 상대화되고, 서양 근대와 함께 '종래의 세계사 인식틀'은 해체된다. 나아가 동아시아의 유교적 근대와 서양 근대의 공통점과 상이점을 알아낼 수 있다. 그 각각의 근대가 지닌 정부(正負) 양면을 비교 고찰할 수도 있다. '유교, 주자학 오해'를 바로잡고 그 올바른 이해 방법을 얻어낼 수도 있다.23)

그러나 미야지마의 유교적 근대론은 이를 적용할 시대와 지역의 범위에 얽힌 문제점을 지닌다. 먼저 위의 ④ '중국적 근대는 명대에 확립'에 얽힌 문제점은 두 가지다. 하나는 그것이 ③ '유교적 근대의 핵심은 주자학'과 어긋날 수 있다는 점이다. 주자학이 발생했던 송대를 배제한 탓이다. 송대에는 주자학이 통치 이념은 아니었기에 배제한 것이라 해도 논란의 여지는 남는다. 또 하나는 그 앞에 서술된

---

22) 이러한 미야지마의 견해는 '유교적 근대'를 공유한 조선, 베트남 등에도 물론 적용될 수 있다.
23) 이를 바탕으로 서양 근대와 그 기준을 해체하고 '근대의 주박'을 초극해 나간다면 비서양 근대나 전통에 대한 오해, 편견, 왜곡, 무지 등은 시정되어 사라질 수 있을 것이다.

"동아시아의 16세기부터 19세기 중반까지"를 "근대=「유교적 근대」"와는 명백히 어긋난다는 점이다. 명대는 14세기 후반~17세기 전반이요, 청대는 1636년~1912년이다. 에도 시대는 17세기 초반~19세기 후반이니 역시 어긋난다. 또한 조선 왕조(1392~1910)와도 어긋난다.

다음으로 ⑤의 '동아시아 여러 지역'에 얽힌 문제점이다. 그 범위에는 '어떤 나라들이 속하는가'라는 문제이다. 그 답은 위의 논문 마지막 절 '동아시아의 유교적 근대'(73-75) 에 나온다. 거기서 중국, 조선, 베트남, 유구의 네 나라를 들고 있다. 그 준거는 "주자학을 이념으로 삼은 국가 체제"(73)와 "과거 제도의 도입과 과거 관료에 의한 관료제 국가 체제"(74)에 있다. 그렇다면 '근세' 일본은 그 범위에 속할 수 없다. 그런데 미야지마는 "과거 제도나 관료제적 지배 체제를 수용하지 않았던 일본이긴 하나"라는 유보를 부친 다음 "일본에 관해서도 동아시아의 유교적 근대라는 시점에서 검토해야 할 과제가 다수 존재한다"라고 서술한다(74).

2) 일본의 유교적 근대론과 그 한계

과연 일본에도 유교적 근대론을 적용할 수 있을까? '그렇다'라고 한다면 어떤 시기에, 어느 만큼 적용할 수 있을까? 이에 답하고자 미야지마는 2015년, "유교적 근대와 일본사 연구"라는 논문을 출간했다.[24] 그 요지는 이렇다: 1790년에 실시된 '간세이 이학의 금(寬政異

---

24) 宮嶋博史, "儒教的近代と日本史研究." 시미즈 미츠아키(清水光明) 편(2015)에 실려 있다.

學の禁)'을 계기로 도쿠가와 바쿠후는 주자학을 장려했다.25) 이로부터 메이지(明治) 유신의 전제 조건이 형성되었다. 이를 토대로 '에도 시대 후기부터 메이지 시대까지'를 유교적 근대로 보려는 관점을 내건 것이다.26)

이런 관점을 내걸면서도 미야지마는 일본 주자학의 문제점을 지적한다. 예컨대 에도 시대의 "사상사 전체가 주자학 비판 내지 바꿔 읽기(読み替え)의 역사"(232)라는 것이다. 아울러 그 '비판, 바꿔읽기'를 '극복'으로 보는 사람들의 왜곡된 시각을 비판한다. 또한 일본 사상사의 '탈주자학적 경향'을 밝힌 뒤 '국가를 절대화하는 일본'이라는 문제점을 지적하기도 한다(234-236). 이런 문제점을 치밀하게 검토한다면 일본에 유교적 근대를 적용하기 어렵다는 한계에 부딪힐 것이다.

주목할 것은 미야지마가 지적한 '주자학 비판, 바꿔 읽기'이다. 일본 주자학의 성격을 구성하는 중요한 요소인 까닭이다. 실제로 에도 시대 사상사를 개관하면 '그런 행위'가 두드러진다. 문제는 그 '비판'은 오해를, '바꿔 읽기'는 오독, 곡해를 수반한다는 점이다. 거기에는 주자학의 근간인 리를 '빼거나 멀리하거나 뒤바꾸는' 등의 '리결(理缺)' 성향/현상이 따라붙는다. 또한 '보편의 특수화' 성향/현상도 따라붙는다.27) 그런 탓에 주자학은 변질된다. 그 본래성, 보편성(=공공성)

---

25) '간세이 이학의 금'이란 도쿠가와 바쿠후가 주자학 외의 학문 강의를 금하는 학제 개혁을 가리킨다. 이로써 주자학을 정학(正學)으로 정했다. 그리고 하야시 라잔(林羅山, 1583~1657) 이래 하야시케(林家)의 사숙(私塾)이던 쇼헤이코(昌平黌)를 바쿠후의 교육 기관으로 삼아 주자학을 교육하도록 조치했다.
26) 덧붙이면 오구라 기조(小倉紀藏, 2012)는 '메이지 일본은 주자학 체제를 정비함과 함께 근대화를 추진했다'고 주장한다. 음미할 가치가 있는 주장이다. 그렇긴 하나 문제점을 안고 있다. 일본의 (에도 시대든 메이지 시대든) 주자학은 '본래성을 벗어나 변태된 것'임에 주목하지 않고 있다는 점이다.

은 손상받고 형해화된다. 이런 성향/현상은 일본 주자학에만 한정되지 않는다. 여타의 학문에도 다종다양하게 퍼져 있다.28)

각설하고 일본 주자학은 통치 이념이 아니었다. 과거제, 관료제는 수용되지 않았다. 에도 시대에 '민간의 공공 공간, 사회의 동적 다이내미즘'이 어느 정도 생성되었다 해도 부분적이자 제한적이었다. 이런 현상은 메이지 시대 이후에도 그다지 변함없이 이어졌다. 오히려 미야지마가 지적한 '국가를 절대화하는' 경향은 한층 강화되어 나갔다. 서양 근대의 정치 이념을 수용했건만 ('리결' 성향/현상에 의해) 그 본래성, 보편성(=공공성)은 손상받고 형해화되기 일쑤였다. 근대적 관료제를 도입했지만 그것은 천황제 국가의 절대화를 위한 수단에 지나지 않았다.

3. 일본의 병학적 근대

1) 병학, 병학적 사고의 특징과 성향

상기한 여러 문제점은 일본의 유교적 근대를 논하기 어렵게 만드는 요인이다. 더욱이 치명적인 요인이 있다. 무사 계급 지배와 이를 뒷받침한 병학, 병학적 사고가 그것이다. 주의를 환기할 것은 일본 병학은 단지 병학자, 무사 계급만의 것이 아니었다는 사실이다. 유학

---

27) '리결'과 '보편의 특수화'의 상세는 제3장 제1절 참조.
28) 그래서 일본의 각종 학문은 보편-공공적 도리/이념이나 가치/기준을 추구하는 일이 적다. 반면 논리 비약, 전도(轉倒), 모순, 바꿔치기 등으로 채워지는 일이 많다.

자 등 여타 학자도 크든 작든 그 영향을 받았다. 일본인 일반도 마찬가지였다. 그리하여 일본 사회 전반에 일종의 (정치) 문화를 형성했다. 더욱이 메이지 시대 이후 서양 군사학(military science)과 이종교배하여 탈바꿈하면서 퍼져나갔다.29)

일본화된 병학, 병학적 사고는 여러 특징을 지닌다. 병학은 성악설(性惡說), '죽음/죽임 긍정, 삶/살림 부정'에 입각한 학문이다.30) 동시에 도리를 외면하는 공리주의, 실용주의, 권력주의에 입각한 학문이다. 그리고 궤도(詭道), 목적을 위해 수단을 가리지 않는 권모술수, 사술(詐術) 등을 가르친다. 궤(詭)/궤변, 위(僞)/작위, 사(詐)/기만(欺瞞)은 기술(技術/ 奇術)이요, 지모/지략(智謀/智略)이라 정당화된다. 병학적 사고는 우/적(友/敵)을 가르는 전형적인 이항대립 사고이다. 또는 상황주의적, 방편주의적 사고이다. 그런 탓에 (숲을 보는) 전략이 결여된 (나무만 보는) 전술 사고가 되기 쉽다.

이로부터 각종 성향이 파생된다. 예컨대 (성악설로 인한) 인간 불신, 대인(對人) 공포, 경계심 등 성향. 죽음/죽임을 찬미하는 성향. 삶/살림을 (어차피) 영위하기 위한 실용성/실익성, 이익, 욕심을 우선하는 성향. '보편·공공의 도리, 가치 판단 기준'을 없애거나 억 누르는 성향. '특수하고 사적인 오키테(掟), 자의적 기준'을 만들어 강제/강요하는 성향.31) 특히 일본 병학은 '주군(主君)에의 충성'과 같은 맹목적

---

29) 과거 일본이 근대 국가 구축에 '성공'했던 핵심 요인은 병학과 그 전통에 있었다고 본다. 이것이 규율화된 국민 형성과 군사/력 양성에 유리하게 작용했기 때문이다.
30) 그래서 공(空) 사상 또는 허무주의(nihilism), 퇴폐주의(decadance) 등과 은밀하게 연관되어 있다.
31) 오키테는 '규정, 규칙, 법, 관례' 등을 가리킨다. 그런데 '비합리, 무논리'를 담고 있는 것이 많다. 그래서 '掟破り(오키테 어기기/깨기)'와 같은 계략, 술책에 의해 무력화되기 일쑤이다.

복종심, '오카미(お上) 신앙'의 권력 추종적 성향을 배양한다.32) 이로써 상명하복(上命下服)의 각종 규율/통제 체제를 구성한다. 더불어 관존민비(官尊民卑), 남존여비(男尊女卑), 저열한 인권/민권 의식, 상하/남녀 차별… 특기하면 관존민비는 일본의 뿌리깊은 전통이다.33) 남존여비도 역시 같다.34)

일본의 병학, 병학적 사고: 그 전통과 유산

병학, 병학적 사고의 전통과 유산은 오늘날 일본에 계승되어 다양한 영향을 미치고 있다. 즉 정치, 사회, 문화 등 분야 곳곳에 뿌리깊게 퍼져 있다. 특히 통치 체제/방식이나 정치 행태를 보면 뚜렷하다. 예컨대 정치가의 사고 양식, 행위, 발언 등에 투영되어 있다. 그리고 관료, 공무원의 권력추종적 손타쿠(忖度[촌탁]), 상명하복 등에 침투되어 있다.35) 이런 모습은 일본인 사이에도 공유되어 특유한 인간관계,

---

32) 오카미의 본뜻은 ①천황, 조정 ②주군(主君), 주인, 그 아내 ③신민(臣民)에 대한 정부, 관청 등이다. 즉 권력, 권력자, 관(官), 국가, 강대국 또는 힘센 것, 큰 것, 웃사람, 상사(上司) 등을 표상한다.

33) 그럼에도 관존민비를 유교 전통이라 여기는 잘못된 통념, 오해가 지금껏 퍼져 있다. 일본이 자기 전통을 '타자에게 뒤집어 씌우기' 방식으로 퍼뜨린 탓이다. 시급히 타파해야 한다. 덧붙이면 일본 전통의 관존민비를 비판하고자 그 용어를 만들어 퍼뜨린 사람은 후쿠자와 유키치(福澤諭吉, 1835~1901)로 알려져 있다. 그의 만년 저작인 『福翁百話』(1897년 7월 출판) 참조.

34) 이것을 유교 전통이라 여기는 잘못된 통념, 오해 역시 타파되어야 한다. 『열자(列子)』천서(天瑞)에는 "男女之別, 男尊女卑"라는 구절이 있다. 그러나 『열자』는 도가(道家) 계통 문헌이며 경전에 속하지 않는다. 아무튼 '남존여비'는 유교의 어떤 경전에도 없다. 그 전거를 『예기(禮記)』에서 찾을지 모른다. 그러나 그 혼의(昏義) 편을 보면 도리어 상반되는 '부부유의(夫婦有義)'라는 용어가 핵심임을 알 수 있다. 또는 『춘추사씨전(春秋史氏傳)』에는 '부화처[부]유(夫和妻[婦]柔), 부의부청[순] (夫義婦聽[順]) 등 용어가 나온다. 이것들은 경처(敬妻), 남녀의 상호 존중을 표상한다고 볼 수 있다.

35) '촌탁'이란 용어는 『시경(詩經)』 교언(巧言)의 "타인의 마음을 내가 헤아림(他人有心 予忖

사고 양식, 행위 등을 규정/규제한다. 그리하여 다양하게 파생/변태된 성향으로 표출된다. 단순화의 오류를 무릅쓰고 그 일부를 비판적으로 검토해 보자.

개인주의도 집단주의(collectivism)도 강하다. 모순일 듯하나 그렇지 않다. 그 개인이란 인간관계를 멀리하면서 '따로 있는 사람, 홀로 있고 싶은 자기'에 가깝기 때문이다.36) 그 집단은 개인의 자발적 모임이 아니라 동원된 모임인 까닭이다. 권력 추종/이익 추구의 모임이요, 권력/이익의 규율/통제를 받는 모임이기 때문이다. 반면 자발적 내지 도리/기준에 입각한 모임 즉 (윤리적) 공동체는 드물다. 따라서 공동체주의(communitarianism)나 관계주의(relationism)는 약하다.37) 따라서 인간관계는 엷고 좁다. 소속 집단의 나카마(仲間, 한패/동료) 의식은 생겨도 공동체적 연대 의식은 희박하다. 도리를 추구하는 정신도 기준을 세우려는 의지도 희박하다. 그래서 사리 판단, 시비/선악 등 분별에 약하다.38)

또한 문제 해결의 능력도 의지도 약하다. 문제가 생기면 그 근원을

度之)"에서 유래한다. 이로부터 파생된 '손타쿠'란 '윗 사람의 의향을 눈치껏 알아서 행동/조치함'을 뜻한다.
36) 일본인은 자기/타자 또는 소속 집단의 안/밖을 나누어 거리를 두는 성향이 강하다. 즉 배타주의나 배외주의가 강하다. 거기에는 자존(自尊)과 타자 배제, 멸시 등 성향이 공존한다. 따라서 그 자존은 '인간 존엄'의 보편적 관념과는 멀다. 또한 자기 개성이나 주장을 '겉으로 표명함'과도 멀다. '속으로 숨기거나 몰래 표출하기' 일쑤이다. 그러다가 상처라도 받으면 '스스로 참기'의 가만(我慢)이나 '앙버티기'의 야세가만(痩せ我慢)으로 변태된다. 또는 '틀어박힘'의 히키코모리(引き籠り)로 변태된다.
37) 이와 관련하여 또 하나의 잘못된 통념을 지적하고 싶다. 유교를 집단주의로 오해하는 통념이 그것이다. 유교는 공동체주의 또는 관계주의와 상통한다.
38) 덧붙이면 '일본인은 착하다, 마음씨곱다(優しい)'라는 말이 있다. 전면 부정할 뜻은 없으나 '그런 체 (振り[후리/부리])'하는 경우가 많다. 또한 사리 판단, 시비/선악 분별에 약한 탓에 '나쁜/그릇된 일도 착하게/곱게 한다'라는 말도 가능하다.

찾아 해결하지 않거나 못한다. 그 말단을 해결하기에 급급하기 일쑤이다. 이조차 문제(의 근원)를 덮거나 그 해결을 회피하는 미봉책으로 끝나는 경우가 많다. 어떤 현실(상황)이 주어지면 마치 공기처럼 여기면서 순응/추종한다.39) 잘못된 현실에 대한 비판(critic), 저항은 미약하다. 숨기거나 에둘러 표출할 뿐이다. 공개 표명은 비난(blame, reproach), 탄압에 시달리기 일쑤인 탓이다.40)

겉과 속, 다테마에(建前/立前)와 혼네(本音)가 다르다. 게다가 그 다름을 당연시한다. 겉만 보면 깨끗하나 속에는 더러움(게가레[穢れ/汚れ])이 가려져 있다. 각종 불평, 불만이 있어도 표현하지 않거나 못한다. 어떤 불편이 생겨도, 누군가 (특히 윗사람이) 잘못해도 바로잡지 않거나 못한다. 규율/통제에 익숙한 탓이다. '건전하고 생산적인' 타자 비판이 미약한 탓이다.

불편한 사실/진실을 '작위, 허구, 거짓' 등으로 뚜껑 덮는다.41) 따

---

39) 그런 '현실 순응/추종'을 흔히 '空気を読む(공기를 읽기)'라고 표현한다. '공기를 못 읽는' 사람은 이지메(いじめ[苛め/虐め]) 즉 '따돌리기, 괴롭히기, 박해, 학대 즐기기(嗜虐)'의 대상이 되기 일쑤이다. 그 대상은 대개 약자이다. 그래서 '약자 괴롭히기(弱い者いじめ)' 라는 말이 있다. 그 방법은 다양하다. 크게 '직접적, 간접적'의 두 범주로 나눌 수 있다. 어느 쪽이든 '교활한, 음침한' 방법으로 행해진다. 심각한 것은 이지메가 곳곳에 은밀하게 퍼져 있다는 사실이다. 그 '구조화, 사회화, 일상화'라는 문제이다. 더욱이 심각한 것은 그 문제를 해결하려는 의지가 박약하다는 사실이다. 이지메는 (근년에 생긴) 우리말의 왕따에 해당하나 그 내포, 외연은 상당히 다르다.
40) 여기서 비판과 비난의 차이를 밝혀 두자. 비판은 시비/선악 등을 분별하는 '도리/기준'에 입각한다. 따라서 비판 대상을 바로잡고 개선하려는 욕망/애정을 담고 있다. 그런 만큼 '건전하고 생산적인' 목적/지향을 지닌다. 반면 비난은 '도리/기준' 없이 남을 탓하는 감정/분풀이에서 나온다. 그 목적/지향은 '불건전하고 비생산적인' 곳에 있다.
41) 이와 관련하여 일본 속담을 셋만 소개한다. 하나는 '臭い物に蓋をする(냄새나는 것에 뚜껑덮기)' 즉 '불편한 사실/진실이나 잘못을 감추려고 임시방편으로 은폐한다'는 뜻이다. 또 하나는 '嘘も方便' 즉 거짓/말도 불리한 상황을 모면하는 방편/수단이란 뜻이다. 세번째는 '嘘で固める' 즉 '거짓/말을 거듭하여 다짐으로써 마치 진실인 양 꾸며낸다'는 뜻이다.

라서 '궤변, 날조, 왜곡' 또는 '말바꾸기, 논리 바꿔치기, 무논리' 등이 통용된다. 자기 잘못을 남에게 '덮어씌우기'로 전가한다.42) 거기에 논리 모순, 자가당착(自家撞着), 적반하장(賊反荷杖)이 따르건만 개의치 않는다. 발각되면 '왜곡, 독선, 위선'으로 덮거나 남을 비난한다. 또는 '은폐, 조작, 기만' 등 어떻게든 이겨 보겠다는 탐욕으로 '정신 승리'를 시도한다. 그래도 안되면 '체념(諦念), 달관(達觀), 유체이탈(幽體離脫)'로 도피한다.43) '건전하고 생산적' 자기비판이 약한 반면('불건전하고 비생산적' 비난의 일종인) 자기 부정이 강한 탓이다.

이와 같은 일본인의 성향 뒤에는 병학, 병학적 사고의 전통/유산이 깔려 있다고 본다. 이를 의식하든 못하든 지속적으로 영향을 미치고 있다고 본다. 따라서 일본의 '병학적 근대'라는 개념틀의 성립 근거는 충분하다. 그 근거는 일본사 전반에서 얼마든지 찾을 수 있다. 거의 모든 시대에 걸쳐 대내외 '정복, 침략'이 격세유전(隔世遺傳, atavism)으로 지속된 역사이기 때문이다.44) 이 가운데에도 시대 이래로 전개된 병학의 실상을 마에다 츠토무(前田勉, 1996)와 사에키 신이치(佐

---

42) 이때 '남'이란 약자를 뜻한다. 강자에게는 감히 '덮어씌우기'를 못한다. 그래서 일본인은 '약자에게 강하고, 강자에게 약하다'는 말이 성립한다. 이는 강자/강대국을 추종하는 사대주의 성향으로 통한다.
43) '체념, 달관, 유체이탈' 성향은 일본화된 선(禪) 불교의 '공, 체관(諦觀), 타력본원(他力本願)' 등 사상 전통에서 유래한다고 본다. 이들 사상도 병학적 사고와 깊이 연관되어 있다고 본다.
44) 그래서 일본인의 마음속에는 (의식하든 못하든) 대내외 '정복, 침략'의 역사와 기억이 새겨져 있다. 역으로 은폐하고자 하는 의지도, 망각하고 싶은 욕망도 새겨져 있다. 동시에 왜곡/미화에의 의지도, 가공(架空)/윤색의 욕망도 새겨져 있다. 그 가해 책임을 피해자에게 전가하려는 의지, 욕망마저 새겨져 있다. 이로부터 각종 변태적 성향이 파생되리니… 특기할 것은 일본이 내지(內地)에서 고대 이래로 벌여 왔던 '정복, 침략'의 역사이다. 그 가해와 피해의 기억이다. 이로부터 파생된 각종 변태적 성향이 어떻게 표출되는지… 추측해 보길 바란다.

伯眞一, 2004)의 두 저서를 통해 엿보기로 하자.

2) 일본 병학의 실상

마에다 츠토무의 병학 연구와 그 요점

마에다(1996)는 '근세'(=에도 시대) 일본의 병학을 (주자학과 대비하면서) 연구한 여러 논문을 싣고 있다. 그 개요에 해당하는 서장만 살펴보자. 제1절에서 그는 '근세' 일본의 '지배적 통치 사상은 병학'임을 강조한다. 그 '지배의 정당성 근거는 무위(武威)'인 까닭이라는 것이다. 그리고 "무위의 지배 원리를 단적으로 표현하는 말이 '비리법권천(非理法權天)'의 격언"(21)이라고 서술한다. 이 격언은 1615년에 도쿠가와 바쿠후가 공포한 최초의 '부케쇼핫도(武家諸法度)'라는 법령의 한 조항에서 유래한다. '법은 예절의 근본이다. 법으로 리를 깨야지 리로 법을 깨면 안된다. 법을 어긴 자들은 그 죄과가 가볍지 않다'라는 조항이다.45)

'비리법권천'은 통상 '그릇됨은 리를 이기지 못한다. 그러나 리는 법을, 법은 권[=권력]을, 권은 천[=운수/자연의 힘]을 이기지 못한다'라고 해석된다. 이 가운데 리와 법의 관계에 주목하여 마에다는 이렇게 해설한다: "법이란 핫도이며 바쿠후 권력의 명령이었다. 비록 인민 측에 리가 있더라도 법에 복종해야 함을 선언하고 있다"(21)라고. '서민 일반의 리[=합리적 주장/요구]는 바쿠후의 법, 권력 앞에 무력, 무용하다'라는 뜻이다. 그러니까 바쿠후에게는 리가 필요없다. 오히려

---

45) 원문: 法是禮節之本也. 以法破理以理不破法. 背法之類其科不輕矣.

억누르고 없애야 할 대상이다. 당연히 주자학의 리 역시 그렇다.

주자학은 그 근간인 리를 빼거나 바꿔 읽지 않으면 바쿠후에게는 필요없는 학문이다. 더욱이 주자학 자체가 위험한 학문이기도 하다. 바쿠한 체제나 무사 지배의 정당성을 부정하거나 흔들 수 있기 때문이다. 그래서 일본 주자학은 전술했듯 '변질'되거나 '탈정치화'하지 않을 수 없다. 이때 '탈정치화'란 '통치 수단화, 도구화' 또는 '권모술수화, 사술화(詐術化)' 등 범주를 포함한다. 그래서 일본에 수용된 주자학은 그 본래성, 보편성, 공공성을 잃고 형해화되기 일쑤이다.

제2절에서 마에다는 여러 병학자의 언설을 소개하면서 병학의 요점을 추려낸다. 예컨대 '규율화, 야쿠(役, 역할) 수행'과 '강제력에 의한 지배, 절대복종' 등이다. 그래서 "이 지적(理知的) 도덕"이나 "주관적 판단·행동은 군률=군법에 의해 사적 행위로서 전면 부정되었다"(29)고 설명한다. 특기하면 그는 오규 소라이(荻生徂徠, 1666~1728)를 "대표적 병학자"(30)라고 칭한다. 소라이의 『손자국자해(孫子國字解)』『검록(鈐錄)』 등 병학서는 '궤도, 계책/술책, 음모'와 같은 권모술수를 노골적으로 정당화하기 때문이라는 것이다.[46]

마에다는 결론부에서 말한다: 에도 시대의 "사회는 무장·비무장을 포함한 '야쿠'의 집합체로서 군대 조직"을 확장한 "거대한 병영"이었

---

[46] 소라이는 이른바 고문사학(古文辭學)을 내세운 유학자로 알려져 있다. 스스로 표방한 '고문사'로써 유교 경전을 재해석한 『변도(辨道)』『변명(辨名)』을 남긴 까닭이다. 그러나 실은 '고문사'란 무엇인지 그 정체는 분명치 않다. 아무튼 그는 유교 경전의 본지를 '선왕의 도=예·악·형·정(禮·樂·刑·政)' 즉 '작위의 통치술' 내지 '지배 정당화의 수단'이라고 풀이한다. 이것은 '잘못된' 풀이에 다름 아니다. 그럼에도 '작위'라는 용어를 근거로 소라이의 '근대적' 정치 사상을 거론함은 어불성설이다. 사견이나 그의 '고문사학'은 '병학, 병학적 사고'를 바탕으로 유교 경전을 '오독/곡해'한 것이라 봄이 옳다. 이런 '오독/곡해' 현상을 '유교의 병학화' 또는 '병학의 유학화'라고 불러도 좋으리라 여겨진다.

다(33). 이처럼 '군사적 통제가 사회질서의 모델'이었던 '근세' 일본은 "무용자(無用者)를 배제하는 병영 국가였다. 병학은 이런 국가 지배를 이론화하고 정당화하는 사상"(35)이었노라고. 병학은 여타 모든 학문 위에 군림하는 '압도적 우위의 영향력'을 발휘하고 있었던 것이다.

사에키 신이치의 병학 연구와 무사도의 실상

한편 사에키(2004)는 각종 '군기모노가타리(軍記物語)' 즉 군담(軍談)과 병학서를 검토하면서 병학 특히 무사도의 실상을 밝히고 있다(제1장~제3장). 그의 문제의식은 서장에서 제기된 다음과 같은 질문을 보면 알 수 있다(14). ① 무사도 정신에 의한 아름다운 갓센(合戰)이란 과연 허상일까? ② 무사들은 일정한 룰이나 예의를 지키면서 싸웠을까? ③ 속여치기(だまし討ち)처럼 이기기 위한 수단을 가리지 않고, 공명(功名)을 위해서는 자기편(味方)마저 속이는 작태(姿)가 일반적이었을까?

그의 검토에 따르면 질문①의 답은 'Yes'에 가깝다. 갓센의 대부분은 추잡했고, 이른바 '무사도 정신'이란 근대에 들어 조작된 허구인 까닭이다. 더구나 '무사도'조차 '근세' 일본의 일부 병학자가 '유교 덕목을 무사에게 적용시키기' 위해 다양하게 발명한 것이 나 역시 조작된 허구에 다름아니다. 즉 '무사도' 자체가 '유교의 병학화, 병학의 유학화'의 산물로서 '실체없이 왜곡된 변태'인 것이다. 각종 덕목을 갖춘 무사는 있을지언정 어떤 무사에게든 '아름다운 갓센'이란 허상일 수밖에 없으리라. 당연히 질문②의 답은 'No'이다. 무사들의 '룰 위반, 예의 무시'는 일상다반사였던 까닭이다.

주목하고 싶은 것은 질문③, 그 답은 'Yes'이다. 각종 군담을 보면 '속여치기, 수단을 가리지 않기, (자기편마저) 속이기' 등은 일반적이었기 때문이다. 달리 말해 '기만, 허위, 음모' 등은 상용 수단이요, 일종의 병법이었다. 그래서 '필요한 것, 당연한 것'으로 긍정된다. 일본의 병법서=병학서는 그런 권모술수를 '지혜, 책략, 모계(謀計)'라는 식으로 가르친다. 또는 손자병법의 "병(兵)이란 궤도(詭道)"(『孫子』始計篇)라는 구절 등을 근거로 정당화한다. 거기에 유교 덕목을 적용시키고자 발명한 '무사도'는 거듭 말하나 조작된 허구일 따름이다. 사에키는 제3장의 결론부에서 이렇게 서술한다(190).

일본의 무사는 '무사도' 즉 페어플레이 정신에 차 있었다고 생각하는 사람은 현대의 지식인층 중에도 적지 않으리라 여겨진다. 그러나 (중략) 무사들의 가치관은 이른바 페어플레이 정신과는 무릇 대극적인 것이라고 말해야 하리라. 실은 '무사도'는 본래 이러한 모략 긍정/허위 긍정의 사고 양식과 더불어 생육된 용어였던 것이다.

이어서 다음과 같이 묻는다. 그럼에도 "그것이 역전되어 페어플레이 정신인듯 해석되고 나아가 일본의 무사들은 정정당당한 '무사도'로 살면서 허위 등을 쓰지 않았던 양 생각하게 된 것은 언제쯤, 어떤 사정에 의한 일이었을까?"(190) 답은 제4장(「武士道の誕生と轉生)」)에서 밝혀진다. 이에 의하면 무사도란 '모략의 세계에서 탄생한' 것이며, 그 특징은 '전투 능력, 명예욕, 싸우기 좋아함, 무략/지략, 죽음의 각오' 등이다. 이것이 곧 '근세'에 발명된 무사도의 본래성이다.

그런데 근대에 들어 무사도는 그 본래성과 다른 모습으로 '다시 태어나기=전생(轉生)'을 거듭한다. 이 과정에서 무사도는 왜곡된 형태로 변모한다. 그 전형적인 예가 니토베 이나조(新渡戶稻造, 1862~1933)의 *Bushido: The Soul of Japan*(1900, 1st edition: 『武士道』)이다. 이로써 유교 덕목으로 가식된 '무사도 정신'이라는 허구가 통념으로 굳어진 것이다. 그래서 일본의 무사는 마치 '유교 도덕으로 무장했던 사람'인 것처럼 오해하게 만든다. 또는 '무사도 정신이 곧 유교 도덕'인 것처럼 착각하게 만든다. 그러나 어불성설, 날조된 허상이다. 그 실상은 유교 도덕과 '대극적인 것'이었다.

맺음말

모든 나라의 역사와 전통은 정부(正負) 양면을 지닌다. 각국의 '고유한 근대'도 마찬가지다. 서양 근대든 비서양 근대든, 유교적 근대든 병학적 근대든 정부 양면을 지닌다. 따라서 각각의 근대를 상대화하고, 그 이질성/공통성과 함께 정부 양면을 분별할 보편- 공공의 도리/기준을 세워 비교 고찰할 필요가 있다. 동시에 그 부의 측면을 비판적으로 성찰할 필요가 있다. 특히 일본의 '병학적 근대'는 부의 측면을 상대적으로 많이 지니고 있다고 본다. 그런 만큼 이에 대한 비판적 성찰은 더욱 필요할 것이다.

유교적 근대와 서양 근대의 비판적 성찰

당연하지만 유교적 근대는 서양 근대와 다르다. 이질성, 이질적 요소를 지닌다. 그러나 동시에 공통성, 공통 요소를 지닌다. 따라서 그 이질성과 공통성을 비교 고찰하는 방법론 계발이 요구될 따름이다. 이를 위한 필요조건이 있다. 무엇보다 서양 근대를 비판 성찰하고 해체하는 일이 필요하다. 이와 함께 유교 전통에 대한 무지, 오해, 왜곡 등을 극복하는 일이 필요하다. 나아가 양쪽 근대를 '대등하게' 보는 시각과 정부 양면을 분별할 보편-공공의 도리/기준 역시 필요하다. 이렇듯 양쪽 근대의 비교 고찰과 방법론 계발은 손쉬운 작업이 아니다. 그래도 추진해 나가야 할 중대한 작업이다.

시험삼아 양쪽 근대의 공통 요소로서 실심실학을 설정하여 비교 고찰해 보자. 머리말에서 언급했듯 유교/주자학은 실심실학이다. 수기=정덕을 위한 실심의 학이요, 치인=이 용후생을 위한 실용의 학이다. 달리 말해 실리(實理)와 도덕/도리를 궁구하는 실심의 학이요, 실리(實利)와 그 이익의 균평을 도모하는 실용의 학이다. 그렇지만 특히 실심을 중시한다. 다만 도덕-가치론 입장에서 그렇다. 이에 못지않게 현실-현상본 입상에서는 실학을 중시한다. 그런 뜻에서 유교의 실심-실학은 '둘이면서 하나'요, '상통, 상보, 상화' 관계에 있다. 즉 '함께 있음'이요, 서로의 '공평, 균형, 조화'를 추구한다. 이런 사상(事象)은 서양 근대의 학문/사상과는 이질적인 요소를 산출하는 토대가 될 것이다.

서양 근대의 학문/사상 역시 실심실학의 요소로 구성된다. 먼저 그 실학 요소는 인문, 사회, 자연 등 각종 과학(science)이다. 그 은혜, 이익은 헤아릴 수 없을 만큼 크고 많다. 하지만 폐해와 해독도 크고 많다. 그 '학문적 성향, 사상적/이념적 기반'이 지닌 부의 측면 탓이다. 예컨대 도덕/도리보다 실리를 중시하는 성향. 이익, 권력, 욕망 추구에 치우친 성향. 빈부, 강약 등을 차별하는 성향… 이를 뒷받침하는 공리주의(utilitarianism), 합리주의(rationalism), 개인주의(individualism). 이와 결합된 현실주의, 권력주의, 자기중심주의 내지 자국중심주의, 인종주의, 식민지주의… 이로부터 초래된 부의 역사와 남겨진 유산은 비판적 성찰과 해체의 대상이다.

다음으로 실심 요소는 기독교와 근대 이성(reason), 합리성(rationality)이다. 이로부터 인간 존엄, 개인의 권리, 인도주의나 자유, 평등, 박애 등 개념이 발명되었다. 그 공적, 공헌은 방대하다. 그러나 과실(過失), 손상 또한 방대하다. 부의 측면을 배태한 탓이다. 예컨대 기독교의 바탕인 성악설, 유일신론(monotheism), 천사/사탄을 나누는 이분법. 자칫 '독선, 위선, 기만' 등을 낳는다. 또는 자연/인간, 자/타, 우/적의 이원론, 이항대립 사고로 이어진다. 한편 근대 이성/합리성은 도덕/도리보다 '값의 비율(ratio)'을 따지는 실용성/실익성에 쏠려 있다. 그리고 근대주의와 그 병폐인 이원/이항대립 사고를 구성한다. 이로 인해 그 실심 요소는 보편성/공공성을 잃는다. 보편의 특수화에 빠지게 된다. 그러한 부의 역사와 유산 역시 비판적 성찰과 해체의 대상이다.

유교적 근대와 하이브리드 근대의 개념틀

각설하고 앞서 보았던 미야지마의 견해를 검토해 보자. 근대 중국이 겪었던 '곤란'의 이유는 '중국에는 별도의[=유교적] 근대가 이미 존재하고 있었던' 까닭이라는 견해이다. 거기에는 다음과 같은 뜻이

담겨 있다: 서양 근대에만 의존하면 그 '별도의 근대'를 무시하거나 왜곡하는 잘못을 범하게 된다. 이런 잘못을 피하기 위해서(도) 유교적 근대라는 개념틀이 필요하다. (전술했듯) 서양 근대와 더불어 유교적 근대라는 개념틀을 활용하여 근대 중국의 '다른 상을 그리자'는 뜻이다. 한 마디로 '하이브리드 근대'라는 개념틀이 필요함을 뜻한다. 이를 토대로 양쪽 근대를 '대등하게' 보면서 이종교배의 모습을 밝혀야 비로소 그 '다른 상'을 그려낼 수 있을 것이다.

그렇긴 하나 미야지마의 견해는 타당하지 않은 측면이 있다. 유교와 주자학은 근대 중국 등 동아시아 여러 나라의 근대화에 공헌했기(공헌해 왔기) 때문이다. 서양 근대의 문물 특히 사상을 수용하는 과정에서 커다란 역할을 했기 때문이다.47) 이런 사실은 서양 사상을 구성하는 개념들의 번역어를 살펴보면 쉽게 알 수 있다.48) 공통성, 공통된 요소를 지닌 까닭이다. 주지하듯 근대 일본은 번역어의 산실이었다. 그런 만큼 유교/주자학은 일본의 근대화 또는 하이브리드 근대의 생성에 크게 공헌했던 셈이다. 따라서 당시 일본에 유교적 근대를 적용함은 자못 타당한 셈이라고 말할 수 있다.

그런데 근대 중국은 '곤란'을 겪었다. 또는 근대화에 '실패'했다. 반면 근대 일본은 나름대로 '곤란'을 겪었지만 근대화에 '성공'했다. 그 요인은 양국의 정치, 경제, 사회 등 분야와 국제정치 상황에서 다양하게 찾아낼 수 있으리라. 또 찾아내야 하리라. 나아가 찾아내야 할

---

47) 이때 수용이란 '동조/적응'과 '반발/저항'의 양면을 수반하는 과정이었다.
48) 그 수많은 번역어가 유교/주자학 용어로 이루어져 있다. 이것은 유교적 근대와 서양 근대와의 이종 교배 현상의 하나이다. 그리하여 하이브리드 근대를 생성해 나갔던 한 모습을 나타낸다.

것은 (전통) '학문, 사상'의 요인이다. 특히 주목해야 할 요인은 중국 유교와 일본 병학의 학문적 성향, 사상적/이념적 기반이다. '실패, 성공'을 가르는 중대한 요인이었다고 말할 수 있기 때문이다.

전술했듯 유교/주자학은 서양 근대의 학문/사상과는 이질적인 요소가 적지 않다. 그런 만큼 '반발/저항'할 확률이 높다. 그 확률은 후자의 학문적 성향, 사상적/이념적 기반이 지닌 부의 측면에 대해서는 한층 높아질 것이다. 이런 점에서 유교/주자학은 정의 측면 내지 '반근대(의 근대), 탈근대'의 요소가 많다고 말할 수 있다. 이것이 도리어 서양 근대를 수용하기 어렵게 만든 요인이 된 셈이다. 달리 말해 유교적 근대가 지닌 정의 측면/요소가 오히려 당시 근대화의 장애 요인이 된 셈이다.[49] 그리하여 근대 중국의 '곤란'을 초래했으니… 근대 조선, 베트남 등도 마찬가지였다고 본다.

반면 일본 병학은 서양 근대의 학문/사상과 공통 요소가 많다. 특히 그 학문적 성향, 사상적/이념적 기반이 지닌 부의 측면은 거의 유사하다. 당연히 '반근대, 탈근대' 요소는 적다. 이런 사실이 서양 근대를 수용(=동조/적응)하기 쉽게 만든 요인이라고 본다. 병학적 근대가 지닌 부의 요소가 근대 일본의 근대화를 촉진시킨 요인이 된 셈이다. 또는 그 '성공'의 비결의 하나가 된 셈이다. 그러나 한 가지 주의를 환기할 것이 있다. '성공 속 실패, 실패 속 성공'을 보는 시각이 필요하다는 점이다. 이렇게 보면 근대 일본의 근대화는 '성공이자 동시에

---

[49] 그렇다는 이유로 '유교적 근대가 지닌 정의 측면/요소'는 '무시, 오해, 왜곡' 등 수난을 겪어 왔다. 이런 사실에 대한 비판적 각성이 요구된다. 앞으로 유교/주자학이 지닌 정의 측면 내지 '반근대(의 근대), 탈근대'의 요소를 '제대로' 재해석할 필요가 있다. 나아가 오늘날에 걸맞는 '개념화, 이론화, 제도화'를 이루어 나갈 필요가 있다고 본다.

실패'를 배태한 것임을 알 수 있다.

　오랫동안 서양 근대는 비서양 지역의 고유한 근대를 압도하면서 세계화해 나갔다. 이 과정에서 동아시아 지역의 유교적 근대는 무시되고, 유교 전통은 무지, 오해, 왜곡 등으로 시달려 왔다. 그리고 서양 근대의 지배 언설이나 기준으로 재단되어 왔다. 그러나 모든 문명과 나라는 흥망성쇠를 겪는다. 시대는 변천한다. 어느덧 서양 근대든 그 문명이든 지배 언설도 보편-공공적 기준도 아니다. (이를 계승한 현대 문명과 함께) 상대화되고 정부 양면을 따져야 할 시대를 맞이하고 있다. 그렇건만 '근대는 서양의 전유물'이라는 집착, 편견이 뿌리 깊다. 근대의 주박은 지속되고 있다. 해체하고 극복해 나가야 한다. 이를 위해 필요한 일은 많겠지만… 무엇보다 고유한 근대와 하이브리드 근대라는 개념틀의 계발과 보급이 시급하다고 말하고 싶다.

〈참고문헌〉

『禮記』
겐와(元和) 원년(1615년), 『부시쇼핫도(武士諸法度)』
『内藤湖南全集』(筑摩書房, 1969~1976), 제10권.
『宮崎市定全集』(岩波書店, 1992), 제2권.

김봉진(金鳳珍). 2009. "韓日共通の共通課題," 한림대학교 일본연구소 『翰林日本学』 제14집, 2009년 4월.
김상준. 2011. 『맹자의 땀 성왕의 피: 중층근대와 동아시아 유교문명』, 아카넷.
기노시타 데츠야(木下鉄矢). 1999. 『朱熹再読―朱子學理解への一序説』, 研文出版.
_____. 2007. 『朱子學の位置』, 知泉書館.
_____. 2009a. 『朱熹哲學の視軸―続朱熹再読』, 研文出版.
_____. 2009b. 『朱子―〈はたらき〉と〈つとめ〉の哲學』, 岩波書店.
기시모토 미오(岸本美緒). 1998. 『東アジアの「近世」』, 山川出版社.
나이토 코난(内藤湖南). 1914. 『支那論』, 文會堂書店.
_____. '槪括的唐宋 時代觀', 『歷史と地理』, 제9권 제5호, 1922년 5월.
나이토 코난 저, 도나미 마모루(礪波護) 편. 2004. 『東洋文化史』, 中央公論新社. (원본 『中國近世史』, 弘文堂, 1947. 신간본 『中國近世史』, 岩波書店, 2015.)
마에다 츠토무(前田勉). 1996. 『近世日本の儒學と兵學』, ぺりかん社.
미야지마 히로시(宮嶋博史). "儒教的近代としての東アジア「近世」," 와다 하루키(和田春樹) 등편, 『東アジア近現代通史』 제1권 『東アジア世界の近代 19世紀』, 岩波書店, 2010.
_____. "儒教的近代と日本史研究," 시미즈 미츠아키(清水光明) 편, 『「近世化」論と日本:「東アジア」の捉え方をめぐって』, 勉誠出版, 2015.
오가와 하루히사(小川晴久). 1994. 『朝鮮實學と日本』, 花傳社.
오구라 기조(小倉紀藏). 2012. 『朱子學化する日本近代』, 藤原書店.
이가와 요시츠구(井川義次). 2009. 『宋學の西遷 近代啓蒙への道』, 人文書院.
도나미 마모루(礪波護) 편. 1999. 『東洋的近世』, 中央公論新社.
후쿠자와 유키치(福澤諭吉). 『福翁百話』(1897년 7월)

Woodside, Alexander. 2006. *Lost Modernities: China, Vietnam, Korea, and the Hazards of World History*, Harvard University Press.
Reischauer, Edwin O. and Fairbank, John K. 1960. *East Asia: The Great Tradition (A History of East Asian Civilization: Volume 1)*, Boston: Houghton Mifflin Co., 1st edition.

제2장 사대(事大)의 재해석

머리말

약 50년 전 동주(東洲) 이용희(李用熙, 1917~1997)와 신일철(申一澈, 1931~2006) 두 선생은 '사대주의와 사대'라는 용어, 개념과 그 해석을 둘러싼 혼란을 바로 잡는다는 취지로 대담했던 적이 있다.[1] 그 첫머리에서 신일철은 다음과 같이 문제를 제기한다.

> 사대주의 문제는 지금까지 우리가, 여러 가지로 개념의 혼란을 일으켜 왔고, 또 사실상 우리 한국사 인식 문제와도 깊이 관련되는 문제가 아닌가 생각됩니다. 먼저 통념상(通念上)으로 적지 않은 혼란이 있는 것은, 사대는 무조건 나쁘다는 고정관념도 문제려니와 그 대개념(對概念)은 자주(自主)다, 그러니까 사대냐 자주냐 하는 너무 단순화한 대개념도 문제이겠습니다. 우리가 역사적으로 사대라는 관념[개념]과 사대주의를 어떻게 이해하고 평가하느냐의 문제는 아직 결착(決着)되지 않은 듯합니다. (136)

위 인용문의 첫 문장은 '사대주의'라는 용어가 '개념 혼란'과 '한국사 인식'의 문제를 일으켜 왔음을 지적한다. 이때 '개념 혼란'이란 '사대주의와 사대라는 용어/개념을 구별 없이 혼동함, 혼용함'을 함의한

---

[1] 「事大主義 - 그 現代的 解釋을 중심으로 -」, 『知性』(1972년 2, 3월호). 이 대담 기록은 이용희 저/노재봉 편(1977)에 실려 있다. 본 논문은 후자를 인용한다. 문장은 필요하면 현대 어법에 맞추어 적절히 수정한다. 인용문 페이지는 숫자만 표기한다. 이하, 같은 요령.

다. 단, 둘째 문장을 보면 그것은 '사대 개념의 혼란'을 가리킨다. 달리 말해 사대의 본뜻이나 실상을 어긋나게 만드는 혼란을 일으켜 왔다는 것이다. 그 때문에 또한 '통념상 혼란'도 있다는 것이다. 이용희의 대답은 이렇다.

> '사대'라는 말에서 '줏대가 없다'는 뜻으로 '사대적'이라는 말이 나오고, 또 '사대주의'에 서는 사대주의적 인간형, 곧 권력을 상전(上典)으로 우러러보고 따라다니는 하잘것없는 인간의 형으로까지 쓰이지 않습니까. 그것은 그렇다고 하고, 한편 역사학계에서 보면 일제(日帝)시대에는 한국사의 특징을 사대주의로 보던 총독부 어용(御用)의 일본인 학자들도 있지 않았습니까. 그들의 의도야 명백한 것이 아니겠어요. (137)

이용희의 사대론, 사대주의론

먼저 '사대는 나쁘다'라는 고정관념에서 파생된 '사대적 즉 줏대가 없다'라는 말을 문제 삼는다. 앞의 고정관념은 사대의 본뜻을 벗어난 오류이다. 또한 근대 일본에서 '발명'된 언설로서 사대의 실상을 곡해한 허상, 허구이기도 하다. 이로부터 파생된 '사대적/사대주의적'이라는 용어 역시 오류, 허구성을 내포한다. 사대의 본뜻을 벗어나거나 그 실상을 곡해한 탓이다. 따라서 제멋대로 사용하면 안된다. 혹시라도 사용하고 싶다면 사대의 본뜻에 맞추거나 아니면 납득할 만한 이유를 제시해야 한다. 그러지 않고 습관적으로 무심하게 사용하는 잘못을 범하면 안된다.

다음으로 '사대주의, 사대주의적'이란 용어를 문제 삼는다. 이들 용어가 '권력을 우러러보고 따라다님' 곧 권력추종의 뜻으로 변형/왜곡

되어 쓰인다고 지적한다. 또한 '한국사의 특징을 사대주의로 보던 어용 일본인 학자들도 있었다'고 지적한다. 이런 지적은 다음과 같은 비판적 풍자(諷刺)를 담고 있다: 한국인에게는 어용이란 '줏대 없는, 권력추종적' 기질을 함의한다. 그런 기질의 '그들'이야말로 '사대주의적'이다. 그럼에도 자기 기만(欺瞞)하듯 타자에게 덮어씌우고 싶어한다. 그래서 사대를 곡해하고, 변형/왜곡된 사대주의라는 용어를 발명/조작했다는 것이다. 이런 비판적 풍자에 화답(和答)하여 신일철은 이렇게 말한다.

> '사대'라고 하는 말에 대해 우리가 나쁜 의미로 통념화해서 통용해 왔다기보다는 다만, 일제 관학자(官學者)들이 한국사를 사대주의적 성격을 가졌다고 왜곡하기 위해서 사용한 역사 해석상의 가장 대표적인 개념 규정이었기 때문이 아니었나 하는 생각이 우선 듭니다. 그네들 나름대로 식민지사관적인 관점을 정당화하기 위한 도구로서 사용한 사대주의 위주의 한국사 해석의 틀을, 우리도 별로 반성이나 재검토 없이 답습(踏襲)해 왔다는 것이 지금까지의 통설 중의 대표적인 것 같습니다. (137)

그 취지는 이렇다: '사대는 나쁘다'라는 '왜곡된 개념 규정'을 '우리' 즉 한국인 일반의 통념이라고 볼 수는 없다. 다만 '우리'의 일부가 공유하고 있긴 하다. 왜냐면 일제 관학자들이 식민사관의 정당화를 위해 왜곡했던 '사대주의 위주의 한국사 해석틀'을 답습해 왔기 때문이다. 이에 대한 반성과 재검토가 필요하다는 것이다.

미리 검토하고 싶은 것이 있다. 이용희는 사대주의를 둘로 구별하고 있다는 점이다. 하나는 "나쁜 의미"(139) 즉 '권력추종'이란 뜻의 사대주의이다. 달리 말해 사대의 본뜻을 왜곡한 사대주의이다. 다른 하나는 사대의 본뜻에 입각한 사대주의이다. 그의 용어를 빌리면 "역사적 가치관"에 의한 사대주의이다(140). 또는 "가치관으로 전개된 '사대의 예(禮)' 혹은 역사적인 사대주의"이다(145). 즉 '사대의 예라는 가치관'을 사대주의라고 표현한 것이다. 이런 뜻으로 사대주의라는 용어를 쓴다면 허용될 수 있을지 모른다. 그럴지라도 신중하게 써야 한다. '개념 혼란'이 끼어들 우려도 있지만… 그 용어는 본디 변형/왜곡을 담은 채 발명된 것이란 점에서 심각한 문제가 얽혀 있기 때문이다.

화제한어(和製漢語) '사대주의'의 문제점

먼저 지적할 것은 사대주의와 그 유사어는 1880년대 이래 – 1884년 12월 갑신정변의 실패를 계기로 – 일본인이 발명해 쓰기 시작한 화제한어라는 점이다.[2] 특히 심각한 것은 그 의도에 있다. 첫째로 당시 조선 내외의 불운한 정치 상황을 폄하(貶下)하기 위함이다. 어쩌다 만난 불운의 요인을 제멋대로 발명한 '사대주의'에 환원시킴으로써 왜곡한 것이다. 둘째는 불운의 책임을 조선에게만 돌리기 위함

---

[2] 그 선구자는 후쿠자와 유키치(福澤諭吉, 1835~1901)이다. 그는 자신이 창간한 『時事新報』(1882년 3월 1일 창간)의 여러 사설을 통하여 스스로 발명한 '사대주의, 사대당(事大黨)'이라는 용어를 퍼뜨려 나간다. 그 첫 사례인 1884년 12월 15일자의 '조선사변(朝鮮事變)'에서 한곳만 인용해 보자. "[사대당 은] 앞다투어 이웃나라에 아첨하고 (중략) 대국 정부를 섬기지 않을 수 없다고 말하면서 이를 사대의 주의라고 칭한다." 이 사설은 다른 한편 '독립당, 독립의 주의'를 대립시켜 논하고 있다. 그러나 이러한 대립 도식은 점차 형해화된다. 즉 사대주의란 '일부 사대당의 속성'이라고 한정되었던 것이 서서히 '조선인 전체의 속성'으로 확대되어 나갔던 것이다.

이다. 그 책임 대부분이 자국 일본의 제국주의(=일제)에 있었음을 감추고자 한 것이다.

일본은 조선(1392~1910; 1897~1910 대한 제국)에게 식민지화의 불행을 안겨 주었다.3) 이를 정당화하고자 자기기만과 책임 전가(轉嫁)를 도모했다. 그리고 한국의 역사, 전통을 폄하, 왜곡 대상으로 삼았다.4) 거기에는 오해, 편견, 곡해가 따른다. 그럼에도 이런 사실을 거짓처럼 속이거나 알면서 모르는 척한다. 또는 남을 탓하며 덮어씌운다. 이런 성향은 어느덧 몸과 마음속에 침투해 각종 병리 현상을 일으켜 왔건만… 이에 대한 (자기) 비판과 성찰은 거의 없거나 있더라도 약하다. 주의할 것은 그런 병리 현상이 일본뿐만 아니라 한국에도 퍼져 있다는 점이다.

오카미(お上)와 '거울 속 자기'

다음으로 지적할 것은 사대주의라는 용어에는 일본의 정치 문화의 일면이 '거울 속 자기' 보듯 투영되어 있다는 점이다. 그 일면이란 일본 전통과 사회 속에 뿌리깊게 퍼져 있는 오카미 신앙이다.5) 오카미란 권력, 권력자, 관(官), 국가, 강대국 또는 힘센 것, 큰 것, 웃사람,

---

3) 본장에서는 조선이나 대한 제국 등 원래의 명칭을 통괄적으로 한국이라 표기하기도 한다.
4) 예컨대 '당파성, 정체성(停滯性), 타율성' 등을 한국 역사, 전통의 특성으로 삼고 또 다양한 방법으로 논의했다. 그리하여 식민지 사관을 만들었다. 그 잔재(殘滓)는 오늘날에도 남아 있다. 특히 일본에서는 마치 격세유전(隔世遺傳)을 거듭하듯 때때로 옷을 갈아입고 출몰한다. 혐한론(嫌韓論)은 대표적 예이다. 거기에는 변태된 식민지 사관이 짙게 배어 있다. 그리고 병리적인 자기 만족과 타자 혐오가 가득하다. 간혹 납득할 만한 비판이 담겨 있긴 하나 대부분은 가련할 만큼 불건전한 비판이다.
5) 오카미의 본뜻은 ①천황, 조정 ②주군(主君), 주인, 그 아내 ③신민(臣民)에 대한 정부, 관청 등이다.

상사(上司) 등을 표상한다. 오카미 신앙은 권력추종적 성향에 다름 아니다.6) 이를테면 일본형 사대주의인 셈이다. 따라서 왜 일본에서 사대주의라는 용어가 발명되고 사용되었는지 그 까닭을 이해할 수 있을 것이다.

이해를 돕기 위해 기존의 '거울 이론'의 변형 이론을 이끌어 보자.7) '타자를 자기에게 투영함'과 동시에 '자기를 타자에게 투영하는' 이중 거울에 입각한 이론이다. 그 초점은 후자 특히 '자기의 부(負)의 측면을 타자에게 투영하는' 행위와 성향에 있다. 거기에는 뒤틀린 심리, 병리가 딸려 있다. 예컨대 '자기(의부에 대한) 혐오를 타자 혐오로 뒤바꾸는' 기만, 책임 전가를 들 수 있다. 이는 자기 모순, 타자 멸시, 본말 전도(顚倒)와 함께 궤변(詭辯), 논리 바꿔치기, 덮어씌우기 등을 수반한다. 사대주의란 그런 '거울 속 자기'의 하나인 셈이다.

나아가 사대주의에는 근대 이래의 일본중심주의, 일본형 근대주의나 오리엔탈리즘과 이에 기초한 오해, 왜곡, 편견이 담겨 있다. 주의를 환기하면 일본은 고대, 중세의 일부 시기를 제외하면 중화권의 예적 질서나 책봉(冊封)-조공(朝貢) 체제에 참가하고 있지 않았다. 그래

---

6) 그 쉬운 예의 하나로 현대 일본 보수의 대미(對美) 추종주의나 그 성향을 들 수 있다.
7) '거울 이론'으로 유명한 것은 쿨리(Charles H. Cooley, 1864~1927)의 '거울 자아(looking glass self)' 이론이다. 거울 자아란 타자가 자기를 어떻게 보는가를 지각, 성찰하면서 형성된 자기 이미지를 가리킨다. 이를 발전시킨 것이 미드(George H. Mead, 1863~1931)의 '자아 이론'이다. 그에 따르면 자아 형성 과정은 주체인 나(I)와 객체인 나(me) 사이의 변증법을 통해 이루어진다. 그 과정에는 타자와 '의미있는 타자(significant others)'가 개입한다. 이를 통해 자기는 '일반화된 타자(generalized other)'가 된 채 '사회적 자기(the social self)와 자기정체성(self-identity)'을 형성한다는 것이다. 한편 라캉(Jacques Lacan, 1901-1981)의 '거울 단계 이론(the mirror stage theory)'도 있다. 이들 이론은 '타자를 자기에게 투영함'에 쏠려 있다. 그러나 한 걸음 나아가 '자기를 타자에게 투영함'의 거울 이론도 이끌 수 있을 것이다.

서 중화권 밖의 멀리 떨어진 지역 즉 절역(絶域) 내지 이적(夷狄)의 나라로 여겨졌다. 따라서 '예적' 사대의 경험이 거의 없다. 그런 만큼 사대의 본뜻, 실상에 어긋난 편견, 곡해에 빠지기 쉬우리라. 이런 성향이 '근대'를 만나자 이에 편승하여 활보해 나갔다.8) 그리고 다종다양한 허상을 발명해 나갔다. 사대의 진정성(authenticity)을 변형/왜곡한 '사대주의'는 그 하나일 뿐이다.

그런데 이를 두고 일본은 '자주적, 독립적'이었던 반면 중화권의 나라들은 '비자주, 종속적'이었다는 언설이 뿌리 깊게 퍼져 있다. 이는 근대 이후에 발명된 언설일 것이나 심각한 편견, 곡해를 담고 있다. 주지하듯 일본(인)에게도 중화란 '뛰어남, 좋음' 또는 '(소)중화'를 자칭할 만큼 '부러움'의 상징이었다. 그러나 중화권 밖에 있었던 일본의 현실은 비틀린 성향을 키우는 온상이 되기도 했다. 이를테면 중화를 이솝 우화 속 '여우의 신포도'처럼 부럽지만 탓하거나 멸시하고픈 대상으로 만드는 성향이다. 이런 성향은 편견, 곡해의 온상이 될 수 있다.

1. 사대의 허상과 실상

앞서 인용한 대담 첫머리의 일부를 거듭 이끌어 본다. "먼저 통념상으로 적지 않은 혼란이 있는 것은, 사대는 무조건 나쁘다는 고정관념도 문제려니와 그 대개념은 자주다, 그러니까 사대냐 자주냐 하는 너무 단순화한 대개념도 문제이겠습니다"라는 부분이다. 여기서 신일철은 '사대 개념의 혼란'에서 비롯된 두 가지 문제를 제기한다.

---

8) 이때 '근대'란 서양 근대/문명의 '부(負)'를 상징한다.

'사대는 나쁘다'라는 고정관념과 '사대와 자주는 대개념'이라는 단순화가 그것이다. 이들 문제를 비판적으로 검토해 보자.

먼저 '사대는 나쁘다'란 '왜곡된 개념 규정'이기에 앞서 이미 지적했듯 오류이자 허상이다. 그 오류/허상은 근대 일본에서 사대주의라는 용어와 함께 발명된 것이다. 그리고 일본중심주의, 일본형 근대주의, 오리엔탈리즘과 이에 따른 왜곡, 편견을 담고 있다. 그럼에도 이를 은폐하고 기만한 채 근대 이래 일본 사회에 퍼뜨리고 지금껏 재생산해 온 것이다. 이에 대한 비판과 반성이 필요하나 여전히 요원하다. 이러한 현상은 일본에만 머물러 있지 않다.

'우리 안의 사대주의': 사대의 오류/허상

그 오류/허상이 식민지 시대 이래 한국에도 침투/확산되어 나간 것이다. 오류/허상임을 모르는 채 말이다. 그 이유는 무엇보다 식민지 상황에서 사육(飼育)된 탓이다. 또한 한국인 스스로 만든 탓도 있다. 식민지화는 한국인에게는 망국이자 뼈아픈 굴욕이다. 그래서 망국의 한(恨)을 새기고 굴욕의 역사를 탓한다. 그 화살은 외부의 일제(日帝)를 향해 있다. 그러나 한편 내부 예컨대 자국 역사나 전통을 향해 있기도 한다. 이때 문제가 생긴다. 문제를 언급하기 앞서 주의할 것이 있다. 모든 나라의 역사, 전통은 '정(正), 부(負)' 양면을 지닌다는 사실이다. 한국의 그것 역시 마찬가지이다.

문제는 한국인의 한이나 탓함이 자국 역사, 전통의 '정, 부' 어느 쪽을 향해 있는가에 있다. 그것이 '부'를 향해 있고 또 올바른 자기비판으로 이어진다면 별 문제 없을 것이다. 하지만 '정'을 향한 채 어굿난 자기 비판으로 이어지면 문제가 생긴다. 거기에 곡해, 왜곡, 편견 등이 끼어들 수 있기 때문이다. 이와 더불어 한국형 근대주의, 오리엔탈리즘이 끼어들면 문제는 더욱 커질 것이다. '근대의 주박(呪縛, 홀리고 얽매임)'이라는 문제가 더해지기 때문이다.9)

 이렇듯 문제의 뿌리는 깊고 심각하다. 게다가 문제를 혼란시키는 것이 있다. 식민지 상황을 극복하려 했던 사람들 특히 항일 투사의 일부가 민족사학을 제창하는 과정에서 사대의 오류/허상을 만들기도 했다는 사실이다. 이용희는 "민족사학은 비록 외형적으로 는 국수적(國粹的)이고 한국사의 민족적인 고유 성격을 모색해서 크게 사회에 영향을 주었지만, 그 발상은 근대 유럽의 내셔널리즘"이라면서 이렇게 비평한다(183).

> 이러한 각도에서 한국사를 다시 보고, 우리를 다시 보려고 한 점은 그 역사적 의의가 큰 것이죠. 그러나 동시에 민족사학의 한계도 여기에 있는 게 아니겠어요? 더구나 그분들의 사대주의[사대]에 대한 해석은 그야말로 근대 유럽적이어서, 이 대담 서두에 전제한 대로 어감이 나쁜, 고약한 권력에 아첨하는 타력의존의 뜻인 것은 말할 것도 없죠.

 요점은 이렇다. 민족사학은 내셔널리즘과 서양중심적 근대주의에 기인한다. 이로부터 '민족사학의 한계'도 생긴다. 그 한계는 저항 대상이어야 할 서양중심적 내지 일본중심적 근대주의의 오해/왜곡을 공유하거나 수용하는 역설적인 자기 모순에 빠지기도 한다. 이러한 문제점의 일례가 '사대주의(사대)를 (권력에 아첨하는) 타력의존의 뜻

---

9) '근대의 주박'과 그 초극(超克)에 관해서는 '여는 글' 참조.

으로 해석'함으로써 그 진정성을 왜곡한 오류/허상을 만들었다는 것이다. 이러한 문제점을 다음과 같이 풀어 볼 수도 있다.

 망국의 한은 적개심과 타자 비판을 키운다. 그러나 동시에 자책심과 자기 비판도 키운다. 다른 한편 자존 의식과 자국중심주의도 키운다. 이에 따라 이원 사고 특히 이항 대립 사고 내지 대립 성향이 커진다. 그리하여 비판 대상을 찾는다. 그 대상은 자기 안에도 있다. 이때 자기 비판이 지나치거나 단순화되면 자기 안의 대상을 그르칠 수 있다. 실제로 그르친 대상의 하나가 사대(주의)이다. '사대가 자주 독립을 잃게 했다. 따라서 나쁘다'라는 어긋난 (자기) 비판에 빠져든 것이다. 이는 망국의 한이 오류/허상에 빠진 채 진실/실상을 가린 예의 하나이다.

 그렇긴 하나 민족사학이 '사대주의(사대)를 타력의존의 뜻으로 해석'한 목적은 자명하다. 바로 '타력의존'을 비판하기 위함이요, 민족의 자존 의식과 자국중심주의를 고취하기 위함이다. 일제의 '고약한 권력에 아첨하는' 친일(親日) 즉 새롭게 변질된 사대주의 근성을 타파하기 위함이요, 민족혼과 독립투쟁을 각성시키기 위함이다.

 '사대는 나쁘다'라는 오류/허상은 두번째 문제인 '사대와 자주는 대개념'이라는 단순화와 연관된다. 이때 대개념이란 대립 개념(opposite concepts), 반대어(opposites)를 뜻한다. 따라서 '사대와 자주는 대개념'이란 '사대 vs. 자주: 서로 대립한다'는 뜻이다. 이것을 신일철은 단순화의 문제로 본다. 그러나 단순화 이전의 오류/허상이 더욱 문제이다. 앞으로 밝히겠지만 개념의 혼란을 담고 있는 오류/허상이 문제의 출발이다. 이용희는 이렇게 대답한다(181-182).

사대와 자주를 대립시키는 것은 아예, 사대는 타력의존(他力依存)의 나쁜 것으로 규정하고 그에 대하여 자주 독립이다, 하는 식의 발상인데… 우리가 이제까지 취급한 사대의 명분은 그러한 대치(對峙)를 무의미하게 하는, 말하자면 전연 다른 카테고리의 얘기죠. (중략) 사대와 자주라는 대립을 생각하는 것은 의미가 없죠.

사대와 자주는 대치(대립)하긴 커녕 양립한다. 서로 짝을 이룬다. 그런 뜻에서 짝개념 내지 상관 개념에 해당한다.10) 이로부터 '자주 없이 사대 없고, 사대 없이 자주 없다'라는 명제가 성립한다. 이때 사대란 동아시아 지역사를 넘어서 동서양 역사 일반으로 보편화시킨 개념임을 미리 말해 둔다. 그 일반화, 보편화의 오류를 무릅쓰고 시야를 넓힐 필요가 있다고 보기 때문이다.

사대와 자주의 양립성

우선 '사대 없이 자주 없다'라는 명제부터 살펴보자. 현실에는 상대적인 소국과 대국이 존재한다. 이들 국가가 서로 관계를 맺는 한 그 관계 안의 소국은 어떤 형식이든 어느 정도이든 대국을 섬긴다. 즉 모든 소국은 일반적으로 각종 사대 관계를 맺는다. 그 목적이나 이유는 다양할 것이다. 최상 목적은 자주를 지키기 위함이다. 궁극의 이유는 '사대 없이 자주 없기' 때문이다. 그래서 사대는 동서양을 막론하고 보편적으로 존재한다. 그 형식, 정도가 다를 뿐이다. 그런 뜻에서 사대란 인류 역사 일반의 보편 개념에 속한다. 따라서 물어야 할 것은 '사대인가 아닌가'라는 문제가 아니다. '어떤 (유형의) 사대인가'

---

10) 사대의 참된 짝개념 내지 상관 개념은 사소(事小)이다.

를 물어야 한다.

　하긴 사대하지 않는 소국이 있을 수 있다. 하지만 그런 소국은 스스로 대국이 되거나 다른 대국을 섬기지 않는 한 언젠가는 자주를 잃고 사라질 것이다. 그것이 인류 역사의 보편적이자 엄연한 현실이다. 예컨대 동아시아 역사를 훑어보라. 사대 없이 자주를 지켜낸 나라(왕조)가 언제, 어디, 얼마나 있었던가! 하긴 때로 예외가 있었다. 대표적 예가 중화권 밖의 이적 나라들이다. 그 가운데 중국의 여러 왕조와 '적대(敵對)' 관계를 맺은 나라도 있었다. 중국에 진입해 왕조를 세운 나라도 있었다. 그러나 거의 모두가 중국 역사 속으로 사라졌다.[11] 자주는 커녕 나라가 없어졌다.[12] 그런 뜻에서 사대는 중화권 안이든 밖이든 소국의 자주를 지키는 도, 예(禮)이자 방편, 전략이었다.

　다음으로 '자주 없이 사대 없다'라는 명제를 살펴보자. 이는 소국의 군주(sovereign)나 존재 이유(raison d'être)가 없다면 사대 역시 없다는 뜻이다. 이때 군주란 주권자로서 곧 '자주=주권(sovereignty)'을 표상한다.[13] 존재 이유란 '내치/외교 자주'의 원리(원칙)를 표상한다. 이때 '어느 정도의 자주인가' 또는 '어떤 형태의 주권을 얼마나 보유

---

[11] 일본은 예외인 셈이다. 그 주된 이유는 중화권 밖의 절역(絶域)에 있었기 때문이라 말할 수 있다.
[12] 이용희는 대담 끝부분에서 이렇게 말한다(186-187): 한국이 "변두리의 번국(藩國)으로 남았다는 것이 실은 오늘 보면 민족사가 형성될 수 있는 근거인지 모르죠. (중략) 선진(先秦)의 초(楚) 나라, 오(吳)・월(越)은 물론이요, 요(遼)・금(金)・원(元)・청(淸)에 이르기까지 방대한 중국을 지배하면서 역으로 자기의 고유성, 자기의 역사는 잃게 되고 중국 역사로만 남게 되었죠."
[13] 후술하나 '자주, 자주지권, 주권'은 모두 'sovereignty'의 한역어이다. 즉 주권은 자주지권의 준말이다. 따라서 자주와 주권은 본디 같은 뜻인 셈이다.

하고 있는가'라는 문제가 생긴다. 이는 주권 개념을 어떻게 해석하는가라는 문제와 연관된다. 이들 문제는 앞으로 풀어나갈 것이다. 미리 말하면 서양 근대의 발명품인 '근대적 주권'만 주권이라는 근대주의적 시점을 버린다. 그 대신 어떤 군주/국가이든 그 나름의 주권을 보유한다는 보편주의적 시점을 취한다.

소국 없이 '소국의 대국 섬기기=사대'는 없다. 소국은 자국 군주와 자주=주권을 보유한다. 따라서 '소국의 자주=주권 없이 사대 없다'는 명제가 성립한다. 이는 동서양 어디서나 언제나 적용되는 보편 명제이다. 이에 동아시아 전통 지역 질서의 소국을 대입해도 좋다. 근대 이전 동아시아 국가들은 각각 고유한(endemic) 주권을 보유하고 있었다. 그 주권은 대소 국가간 위계(位階, hierarchy)를 구성하는 '조직 원리(organizing principle)'의 하나였다.14) 또는 중화권의 예적 질서나 조공 체제를 구성하는 원리/원칙의 하나였다. 이를 '전통적 주권'이라고 표기하기로 한다.

전통적 주권과 근대적 주권의 병존과 대립

전통적 주권과 근대적 주권은 각각 원칙이 다르다. 전자는 불평등, 후자는 평등을 원칙으로 삼는다. 원칙이 다르면 서로 대립할 수 있다. 다만 그 대립이란 '원칙 간의 대립'이지 '주권 자체의 대립'은 아니다. 여기서 주의할 것이 있다. 근대적 주권의 평등이란 원칙일 뿐 실은 허구라는 점이다. 근대적 주권 역시 현실적으로는 불평등하다. 따라서 전통적 주권과 근대적 주권은 현실에서는 양립할 수 있다. 이

---

14) '주권의 조직 원리'에 관해서는 Reus-Smit (1999), Chapter 2 참조.

때 전통적 주권에 그 원칙인 사대/사소를 대입해도 좋다. 사대/사소와 근대적 주권은 양립할 수 있다.

실제로 근대 국제법은 양립한다고 해석한다. 예컨대 근대 국제법의 첫 한역서인 『만국공법(萬國公法)』(전4권, 1864년; 약칭 『공법』)의 해석을 보자.15) 그 제1권 제2장의 제목은 「론방국자치자주지권(論邦國自治自主之權 Nations and Sovereign States)」이다(14a). 'Sovereign'을 '자치자주'라고 한역한 것이다. 같은 장의 제5절은 'sovereignty'를 '주권'이라 한역한다(15b). 이렇듯 『공법』은 'sovereign, sovereignty'를 '자주, 주권, 자주지권' 등으로 한역한다. 그리고 나서 '어느 정도의 자주인가 또는 어떤 형태의 주권을 얼마나 보유하고 있는가'에 따라 국가를 분류한다.16)

예컨대 제13절에는 '반주지국(半主之國, semi-sovereign or dependent States)'의 일례로서 '번속(藩屬, vassal State)'이 나온다(24b). 번속 즉 가신국(家臣國), 부용국(附庸國)을 '반주권, 종속' 국가로 분류한 것이다. 한편 제14절에는 '진공지국병번방(進貢之国並藩邦, Tributary States, and having a feudal relations)'이 나오며 이를 '자립자주지권(自立自主之權, the sovereignty and independence)' 국가로 분류한다(25a). 이때 '자립'이란 'independence'의 한역어이다.17)

번속이든 진공지국(=번방)이든 중국의 책봉-조공국(약칭, 조공국)을

---

15) 『만국공법』의 번역 사정과 인용 방식은 제2부 제2장의 주9 참조.
16) 이와 관련된 논의는 제2부 제2장 제1절 참조.
17) 이처럼 『공법』은 'independence'를 '자립'이라 한역한다. 이와 달리 근대 일본에서는 '독립'이라고 번역한다. 이에 얽힌 번역의 문제는 제3절 참조.

가리킨다. 또는 중국에 사대하는 나라를 가리킨다. 이들 양자는 각각 주권을 보유한다고 『공법』은 해석한다. 다만 주권의 자립도를 다르게 본다. 번속은 '반주권, 종속' 국가로서 자립도가 낮고, 진공지국은 '자립자주지권' 국가로서 자립도가 높다는 것이다. 그래도 양자가 주권을 보유함은 같다. 즉 조공국 내지 사대하는 나라는 (그 정도나 형태가 다를 뿐) 주권을 보유한다는 것이다. 이렇듯 『공법』은 전통적 주권의 존재를 인정하고 그것을 근대적 주권과 양립시킨다. '사대와 근대적 주권은 양립한다'고 해석한 셈이다.

그렇다면 실제는 어땠을까? 동아시아 근대사를 보면 조공 체제와 근대 국제 체제(=조약 체제)가 한동안 병존하고 있었음을 알 수 있다. 그동안 사대와 근대적 자주는 양립하고 있었던 셈이다. 사대 관계 특히 조선과 청국의 그것은 청일 전쟁(1894~1895)에 이르기까지 지속되었다. 그러나 그 병존/양립은 불안정했다. 무엇보다 제국주의 열강이 경쟁적으로 조공국들의 자주를 침탈해 나갔기 때문이다. 이에 대항하여 청국은 '조선 비호(庇護)'를 내걸고 '조선=속국, 속방(屬邦)'론을 발명/표방하면서 양국 간의 조공 관계를 '근대적으로' 개편해 나갔다.18) 이 과정에서 조선의 전통적 자주(=주권)도 사대도 변질된다. 동시에 '변질'된 사대와 조선의 자주가 '대립'하는 현상이 발생한다.

주의할 것은 조선의 자주와 '대립'했던 것은 사대 자체가 아니라 그 '변질'이었다는 사실이다. 게다가 그 '변질과 대립'을 발생시킨 근본 원인은 제국주의였다. 그리고 열강 특히 일본과 청국 간의 세력 경쟁이었다. 아무튼 '사대의 변질 vs. 조선의 자주'의 대립 도식은 성

---

18) 그 역사적 전개와 결과에 관한 상세는 제2부 제2장 참조.

립한다고 보아도 좋다. 실제로 '대립'하는 현상이 발생했던 까닭이다. 그러나 '사대 vs. 자주'의 대립 도식은 성립한다고 볼 수 없다.

　가령 '사대 vs. 자주'라면 전자의 타파란 후자의 확립을 뜻하리라. 논리상 대립하던 한 쪽이 타파되면 다른 쪽은 확립될 것이기 때문이다. 그런데 그리되지 않았다. 역설이라고나 할까? 사대 타파 이후 조선은 자주를 확립하긴 커녕 (더 심각한) 침탈의 위험에 빠졌고 결국 약 10년 뒤에 상실했다. 그 원인은 이미 사라진 사대일 수 없다.[19] 일본 제국주의임은 명백하다. 이것은 일본에게는 '불편한 진실'로서 어떻게든 기만하고 싶은 사실이었다. 방법은 무엇이든 좋다. 책임 전가는 그 하나이다. 대상 역시 무엇이든 좋다. 사대는 그 하나일 뿐이다. 그래서 '사대가 자주를 잃게 했다'라는 곡해와 '사대 vs. 자주'라는 왜곡된 도식, 그리고 사대주의론을 발명하여 퍼뜨린 것이다.

　사대는 대소 국가의 관계를 규율하는 원리/원칙의 하나였다. 그런데 어떤 원리/원칙이든 현실과의 어긋남을 수반한다. 더욱이 잘못 변질되면 현실의 무엇이든 침해한다. 사대의 변질과 이로 인한 자주 침해는 하나의 예일 뿐이다. 다른 예로 서양 근대의 주권 평등 원칙을 들어 보자. 이 또한 잘못 변질되면 자주를 침해하긴 마찬가지다. 실제로 약소국의 자주를 보증하긴 커녕 그 침해, 침탈을 방임하기 일쑤였다. 이런 역사를 근대주의의 색안경을 벗고 직시할 필요가 있다. 그럼에도 주권 평등 원칙을 맹신한 채 사대만 비난한다면 그야말로 '나쁜' 사대주의에 다름 아니다.

---

19) 물론 사대의 '변질'은 간접적이긴 하나 조선의 자주 상실을 초래한 원인의 하나가 될 수 있다. 그런 뜻에서 사대는 결과적으로 '자주 상실에 대한 일정 정도의 책임을 면할 수 없다'고 말해도 좋다.

2. 사대의 본뜻

이제 사대의 본뜻을 밝혀 보자. 그러면 '사대 vs. 자주'의 오류가 더 명백해진다. 전술했듯 사대의 진정한 짝개념은 사소이다. '사대 없이 사소 없고, 사소 없이 사대 없다.' 둘은 '일이이(一而二) 이이일(二而一)' 관계로 상관되어 있다. 또는 불즉불리(不卽不離)의 상보(相補) 내지 차연(差延) 관계에 있다. 그 사이를 매개하거나 또는 조화하는 것이 예(禮)라는 개념이다. 예란 도덕적 질서를 규율하는 원리, 법칙, 법도(法度)를 뜻한다. 이로 써 사대-사소-예라는 삼원 구조가 성립한다. 상보 관계에 있다. 이 관계를 이해하거나 해석하려면 삼원 사고와 그 논리가 필요하다.[20]

사대란 문자 그대로 '큰 것 내지 큰 나라를 섬김(事)'이란 뜻이다.[21] 일반적으로 '큰 것'은 양적으로 '크고 힘센 것, 많은 것'이나 질적으로 '우월한 능력, 소질 있음'을 뜻한다. 이를 섬기는 사대 행위는 인간 세계의 언제나 어디서나 볼 수 있는 현상이다. 사대란 인류의 보편 개념인 셈이다. 그런데 유교의 원리, 규범인 사대는 다음과 같은 조건을 요구한다. 먼저 '큰 것다운 덕목을 갖춤'이다. 쉽게 말해 '큰 것다운 품격, 자격'을 요구한다. 다음으로 '작은 것(나라)을 섬김' 즉 사소할 것을 요구한다.[22] 이와 같은 조건을 충족할 때 진정한 (예

---

20) 삼원 사고와 그 논리에 관해서는 '여는 글' 또는 김상일 등 공저(2009)의 졸고 참조.
21) 영어로는 'serving the big' 또는 'respecting the superior'로 번역된다. 그런데 '섬김'이란 용어는 규범적 가치를 함의한다. 그리고 예적, 위계적 관계를 내포한다. 즉 가치함축적인 용어이다. 그래서 마음에 들지 않는다면 '다루기, 부리기(=事)'라는 용어로 바꾸어 보아도 좋을 것이다.
22) 사소를 제대로 하지 않는 (대국답지 않은) 대국은 소국의 비판이나 저항을 받는다.

적) 사대가 성립한다. 이것이 사대의 본뜻이다.

사대의 용례와 그 해석

사대라는 용어는 『주례(周禮)』『춘추좌전(春秋左傳)』『맹자』 등 유교 경전의 곳곳에 나온다. 먼저 『주례』 하관(夏官) 형방씨(形方氏)를 보면 "소국은 대국을 섬기고 대국은 소국을 나란히 한다(小國事大國, 大國比小國)"라고 한다. 여기서 '비(比): 나란히 함'은 정현(鄭玄, 127~200)의 주에 의하면 '친(親): 가까이 보살핌'의 뜻이다. '비소(比小)'는 사소의 동의어이다. 또한 하관의 대사마(大司馬)에서는 "[대소를] 고르게 하고 평칙[=공평한 원리]을 지켜 뭇 나라를 평안하게 한다. [대국은] 비소하고 [소국은] 사대해서 뭇나라가 화합하게 한다(均守平則以安邦國. 比小事大以和邦國)"라고 한다. 이때 '균, 평'은 유교의 예적 질서를 이해하기 위하여 주목할 개념이다(후술).

다음으로 『춘추좌전』 소공(昭公) 30년조를 보면 "예란 작은 것이 큰 것을 섬김, 큰 것은 작은 것을 보살핌을 말한다(禮者小事大, 大字小之謂)"라고 한다. 또 애공(哀公) 7년조에서는 "작은 것이 큰 것을 섬김은 신(信) 때문이요, 큰 것이 작은 것을 보호함은 인(仁) 때문이다. 대국을 배반함은 신을 저버림이요, 소국을 정벌함은 인을 저버림이다(小所以 事大信也, 大所以保小仁也. 背大國不信, 伐小國不仁)"라고 한다. 여기서 '자소(字小), 보소(保小)'는 사소의 유사어이다. 주목할 것은 사대든 사소든 그 자체로 예이자 도라는 점이다. 그래서 덕목을 쌍방에 요구한다. 대국의 '인'과 소국의 '신'이 그것이다.

마지막으로 『맹자』 양혜왕장구하(梁惠王章句下)의 한 구절을 보자.23)

제나라 선왕이 '이웃나라와 사귀는 도가 있는가'라고 물었다. 맹자는 '있다. 오직 인자(仁者)만이 큰 것으로 작은 것을 섬길 수 있다. (중략) 오직 지자(智者)만이 작은 것으로 큰 것을 섬길 수 있다. (중략) 큰 것으로 작은 것을 섬기는 자는 하늘을 즐기는 자이며, 작은 것으로 큰 것을 섬기는 자는 하늘을 두려워하는 자이다. 하늘을 즐기는 자는 천하를 보전하며, 하늘을 두려워하는 자는 그 나라를 보전한다'라고 말했다.

그 취지는 앞서 본 『주례』 『춘추좌전』의 그것과 기본적으로 같다. 대국의 덕목은 '인'으로서 『춘추좌전』의 그것과 같다. 다만 소국의 덕목은 다르다. 이를 『춘추좌전』은 '신'이라 하고, 맹자는 '지(智)'라고 한다.

맹자는 교린의 도를 사대와 사소로 나눈다. 이를테면 대소 관계의 위계만을 논한 셈이다. 그 이유는 맹자가 국가간 현실적 불평등(=위계)을 직시했기 때문이라고 본다. 단, 그대로 두려하지 않는다. 불평등을 교린의 도에 기초한 규범으로 규율함으로써 '너그러운(benign)' 위계로 바꾸려 한다. 이때 규범이란 대국의 '인'과 소국의 '지'라는 덕목을 가리킨다. 이렇듯 각각의 덕목에 차이를 둔 의도와 목적은 명백하다. 대국의 의무가 소국의 그것보다 커야 함이다. 인은 유교의 오상(五常) 즉 '인, 의, 예, 지, 신'을 아우르는 최고 덕목인 까닭이다. 그 목적은 국가 간 불평등을 '균, 평'하게 조화함으로써 규율하고자 함이다. 이를 통해 '공평한(fair)' 위계질서를 세우고자 함이다.

여기서 맹자가 소국에게 '사대는 보국(保國)의 도'임을 가르치고 있다는 점에 주목해 보자. 보국이란 곧 소국의 자주(=주권)의 보전을

---

23) 원문: 齊宣王問曰'交隣國有道乎.' 孟子對曰'有. 惟仁者爲能以大事小… 惟智者爲能以小事大… 以大事 小者樂天者, 以小事大者畏天者也. 樂天者保天下, 畏天者保其國.'

뜻한다. 이를 위한 사대를 가르친 것이다. 그 가르침의 뜻을 수사 어법으로 표현하면 이렇다. '자주에 의한, 자주를 위한, 자주의 사대.' 이것이 또한 사대의 본뜻이다. 따라서 '사대 vs. 자주'는 오류이다. 아니, 어불성설(語不成說)이다. 이는 '사대 vs. 근대적 자주'에도 적용될 수 있다.

가령 맹자가 근대에 재림했다면 '사대 vs. 근대적 자주'라고 보고 소국에게 '사대하지 말라'고 가르쳤을까? 대국에게는 '사소하지 말라'고 가르쳤을까? 아니다. 이렇게 가르쳤을 것이다: '교린의 도를 견지하라. 다만 근대적 자주와 조화하도록 변통(變通)하라.' 변통하되 '잘못된 변질은 피하라'는 충고도 곁들였을 것이다. 또한 왕도(王道)로써 패도(覇道)의 현실과 현실주의를, 예로써 국제법의 결함과 국제 정치의 비도덕을 비판했을 것이다. 나아가 제국주의에 저항했을 것이다.

사대/사소의 원칙과 현실의 권력/실리

사대/사소의 원칙 뒤에는 물론 현실의 권력/실리 등이 깔려 있다. 그렇긴 해도 사대의 본뜻은 예라는 규범에 있다. 즉 사대는 본디 규범적 원리, 원칙이다. 그러나 동시에 현실적 방편, 전략일 수 있다. 다만 유교 경전은 후자를 명시하지 않는다. 그 이유는 이렇게 유추된다. 명시하면 방편, 전략을 앞세우는 풍조가 생길 우려가 있기 때문이다. 그리하여 국가간에는 권력 추종과 실리 추구의 현실(주의)과 이로 인한 무질서가 출현할 것이다. 실제로 중국의 춘추 전국 시대가 그랬다.[24] 바로 그런 시대의 현실을 겪고 있던 맹자 등 유가(儒家)는

---

24) 춘추 전국 시대의 '국제' 질서와 사대/사소에 관한 설명은 이춘식(1997)의 IV, 김한규

이를 바로잡고자 했다. 그들의 슬기가 '사대, 사소'에 담긴 것이다.

거듭 말하나 사대는 규범(예)이자 현실적 방편, 전략이다. 따라서 규범적(예적) 사대와 현실적 사대의 두 개념이 생긴다. 전자가 이상형이라면 후자는 현실태라고 볼 수 있다. 사대는 규범적이든 현실적이든 실리를 추구한다. 이로써 실리적 사대라는 개념이 생긴다. 사대에는 명분(名分)의 유무가 따른다. 있다면 명분적 사대, 없다면 무명분의 사대가 된다. 이렇듯 사대는 다의적(多義的)인 개념이다. 따라서 규범(원리), 현실, 실리, 명분 등 요소의 조합에 따라 여러 형태의 사대로 분류될 수 있다.

사대와 사소는 대소 국가 간 상호주의에 입각한다.25) 특히 규범적 사대는 대소 국가가 유교 규범을 공유한 채 서로 지킬 때 성립한다. 그러면 소국은 사대의 예를, 대국은 사소의 예를 갖춘다. 이를테면 소국의 '지성(至誠) 사대'와 대국의 '인애(仁愛) 사소'가 짝을 이룬다. 대국은 소국보다 현실적으로 큰 권리(주권)을 지닌다. 그러나 규범적으로는 대국답게 소국보다 큰 의무를 진다. 이로써 대소 국가는 각각 상응하는 명분과 실리를 얻는다. 명분은 각각의 마땅한 도리(道理), 본분(本分)을 뜻한다. 또는 춘추대의(春秋大義), 절의(節義)를 뜻한다.

사대/사소의 실리를 뒷받침하는 개념/규범: '천하국가의 구경(九經)'

대소 국가는 사대와 사소를 통해 – 조공 체제를 활용하여 – 실리를

(2005)의 제1부.
25) 사대와 사소는 상대적 개념이며 서로 중층적으로 얽혀 있다. 대국이란 어떤 소국에 비해 큰 나라를 일컫는다. 소국은 더 작은 나라에게는 대국이니 그 작은 나라를 사소로 상대할 수 있다.

얻을 수 있다. 일반적으로 사대의 실리는 사소의 그것보다 많다. 사대의 실리는 정치, 외교, 안보, 무역, 문화 등 여러 분야에 걸쳐 있다. 이용희는 '국가간 신의, 나라의 위신, 무역의 실리'(160), '안정, 협조'(162), '원군(援軍), 중재 요청, 명분'(163) 등을 들고 있다. 아울러 소국은 중화 세계의 문화, 문물을 습득함과 함께 주변 정세를 파악할 수 있다.26) 이들 실리는 여러 개념이나 규범에 의해 뒷받침된다. 예컨대 앞서 본 '도, 예, 오상, 균, 평' 외에도 '공천하(公天下), 공(公), 공(共), 리(理), 화(和)' 등이 있다. 그 구체적 일례로서『중용(中庸)』20장 11절에 나오는 '천하국가의 구경(九經)'을 인용해 보자.27)

    무릇 천하국가를 다스리는 아홉 가지의 원리적 규범들이 있다. '몸을 수양하기, 슬기로운 자를 존중하기, 친족과 친하기, 대신(大臣)을 우러르기, 신하를 제몸처럼 여기기, 서민을 자식처럼 사랑하기, 백공(百工)이 모여들게 만들기, 먼곳 사람을 부드럽게 대접하기, 제후(諸侯)를 따뜻하게 품기' 등이다.

인용문의 '유원인(柔遠人), 회제후(懷諸侯)'란 국가간 관계와 관련된 규범이다.28) '원인'은 타국에서 온 사신(使臣), 손님, 여행객, 상인 등 외국인을 함의한다. '제후'는 주변국의 군주를 표상한다. 그들을 '부드럽게 대접하고 따뜻하게 품는다'면 당연히 그들은 많은 실리를 얻게 될 것이다. 한편 이렇게 '천하국가'를 다스리는 나라 즉 대국은 다음

---

26) 이를테면 오늘날의 세계화를 추진하면서 글로벌 스탠더드에 접근할 수 있는 셈이다.
27) 원문: 凡爲天下國家有九經. 曰修身也, 尊賢也, 親親也, 敬大臣也, 體君臣也, 子庶民也, 來百工也, 柔遠 人也, 懷諸侯也.
28) 이로부터 '회유'라는 말이 생긴다. '유원인'은 영어로는 'cherishing from afar'라고 번역된다.

과 같은 실리를 얻을 수 있다. "柔遠人則四方歸之, 懷諸侯則天下畏之."(12절) 즉 '동서남북 사방과 천하의 나라와 사람이 귀의(歸依)하고, 감복(感服)한다'는 것이다.

'유원인'과 '회제후'라는 (대국의) 규범을 13절은 이렇게 설명한다.29)

가는 사람을 보내고 오는 사람을 맞이하며, 착함을 기리고 못함을 가엽게 여긴다. 유원인하는 까닭이다. 대 끊임을 이어 주고 없어진 나라 세워 주며, 어지러움을 다스려서 위기의 나라 지탱해준다. 조빙(朝聘)을 때때로 하게 하되, 돌아갈 때는 [回賜를] 후하게 하고 찾아올 때는 [貢物을] 가볍게 한다. 회제후하는 까닭이다.

인용문의 '조빙'이란 제후가 천자를, 신하가 군주를 뵙는 일(朝)과 사신 보내는 일(聘)을 뜻한다.30) 이때 제후, 신하는 공물(貢物), 예물을 바친다. 그 답례로 천자, 군주는 회사(回賜)를 한다. '후왕박래(厚往薄來)'는 이러한 '외교, 교류' 관계를 규율하는 규범의 하나이다.31) 이것이 일반화하여 손님이나 사람을 접대하는 관례, 습속, 미풍(美風)이 된다.

이렇듯 사대는 규범에 입각한 행위이다. 결코 굴종이나 줏대 없음이 아니다.32) 오히려 줏대 있음이다. 그 줏대를 뒷받침하는 것이 바

---

29) 원문: 送往迎來, 嘉善而矜不能. 所以柔遠人也. 繼絶世, 擧廢國, 治亂持危. 朝聘以時, 厚往而薄來. 所以 懷諸侯也.
30) '빙'은 또한 조정(朝廷)에서 인재를 등용하는 일(=聘用)을 뜻하기도 한다.
31) '후왕박래'의 말뜻은 영어로 'When one receives the gifts of the other, the former must pay more to the latter from afar'라고 번역할 수 있다. 또는 간결히 'offering more and taking less'로 표현할 수 있다.
32) 이용희는 "사대가 비굴하였다면, 사대의 비굴한 것과 강국 정치 체제 아래 발생하는 경제·정치·문화의 식민지적 양상은 과연 사대의 비굴보다는 나은 것일까?"(172)라고 시니

로 규범이요, 사대의 예, 도이다. 사대하는 소국은 대국에게 대국다운 규범을 요구한다. 그리고 이를 어기면 비판하거나 저항한다. 무엇보다 규범은 그 자체로 도덕적 힘/기능(virtue, L: virtus)을 가진다. 그것이 비록 무형일지라도 실질적 힘이 될 수 있다. 특히 소국에게는 대국을 견제하는 현실적 수단으로 활용될 수 있다. 이를테면 규범주의가 곧 현실주의인 셈이다.

규범적 사대는 대소 국가 간 신뢰, 실리의 비율이나 공존, 평화, 안정의 확률을 높일 것이다. 반면 (규범없는) 현실적 사대는 그 비율, 확률을 낮출 것이다. 그런 점에서 전자는 후자보다 슬기로운 사대인 셈이다. 그럼에도 후자가 마치 슬기로운 것처럼 착각하는 경향이 있다. 주로 근대주의적 시각 또는 근대주의의 색안경 탓이라 여겨진다. 그 탓에 선현(先賢)의 슬기와 조상의 지혜를 어리석음으로 바꾸면 안 될 것이다.

3. 주권과 위계, 질서

1) 근대적 주권, 원칙의 허구성

보댕(Jean Bodin, 1530~1596)은 『국가론(Les six livers de la Ré-publique)』(1576)에서 "주권은 최고, 절대적, 영구적 권력(Majesty or sovereignty is the most high, absolute, and perpetual powe

---

컬하게 반문한다.

r)"이라고 정의한다. 주권은 자연법이나 신법에 의해서만 제한을 받는다. 단, 그 제한은 이념에 가깝다. 따라서 주권은 거의 무제한의 권력이다. 그래서 '최고, 절대적, 영구적'이자 '양도불가능(inalienable), 불가분(indivisible)'의 속성을 지닌다는 것이다.

그러나 실제로는 '최고, 절대적, 영구적'이란 것은 주권의 속성이 될 수 없다. 원칙, 이념이 될 수 있을 뿐 현실에는 없는 허구이다. 현실의 주권은 '절대적, 영구적'이 아니기 때문이다. 주권만 아니다. 현실의 어떤 사/물도 절대적이거나 영구적인 것은 없다. 주권은 '대내 최고성(supremacy)'을 지닌다고 여겨져 왔다. 하지만 반드시 그렇다고 볼 수 없다. 현실적으로 그 최고성의 작동은 제약을 받기 때문이다. 따라서 제한적이다. 게다가 주권의 소재가 군주(=통치자), 국민, 인민 등 어느 쪽이냐에 따라 최고성의 자리는 바뀐다. 그 어느 쪽이라 해도 최고성의 작동은 제한적이다.33)

주권의 '양도불가능, 불가분' 역시 원칙, 이념일 뿐 허구이다. 현실에는 양도불가능, 불가분의 사/물은 없다. 주권도 마찬가지다. 주권은 부분이든 전체이든 양도가능하다. 자의적 양도는 물론 타의적 양도(=타국에 의한 주권 침해, 침탈)도 가능하다. 현대에는 주권의 타의적 양도는 원칙상 부정되나 자의적 양도는 긍정된다. 실제로 현대 국가는 타국이나 국제 기관과의 조약, 협약 등을 통해 자국 주권의 일부를 양도하고 있다. 그래서 레이크(David Lake)는 말한다:

"주권은 나눌 수 있고, 나뉜다(Sovereignty can be - and is -

---

33) 예컨대 현대 민주주의 국가는 국민 주권을 원칙으로 삼는다. 그렇지만 그 최고성이 실제로 작동하 는 것은 선거를 통해서만 가능하다. 하긴 그것조차 제대로 작동하지 않는 민주주의 국가도 있다.

divisible.)"(Lake 2009, 7)라고.

주권 '독립'의 허구성

근대 이래 주권 '독립'이라는 원칙이 생겼다. 그러나 그것은 현실에는 없는 허구이다. 주권은 '국가간 관계'를 통해 존재하기 때문이다. 류스미트(Christian Reus-Smit)는 말한다. "주권은 결코 독립적 내지 자기준거적(自己準據的, self-referential) 가치였던 적이 없다."(Reus-Smit 1999, 7) 주권은 독립하여 존재할 수 없다는 뜻이다. 그런데 주권뿐만 아니다. 현실의 모든 사/물은 독립하여 존재할 수 없다. 관계 없이 존재하는 사/물은 없다. 어떤 방식/형태이든 상호의존 관계 속에 존재한다. 독립이란 개념은 그 자체가 허구이다.

하긴 현실의 모든 관계를 끊고 홀로서기 즉 독립 상태를 가정해 볼 수는 있다. 가령 누군가 그런 상태에 돌입했다면 그는 어떻게 될까? 필경 현실적 위험에 빠질 것이다. 그가 강자이든 약자이든 마찬가지다. 특히 약자라면 그 위험은 크다. 이렇듯 독립은 현실적 위험을 수반한다. 그런 점에서 독립은 '위험한' 허구인 셈이다.

여기서 'independence'에 얽힌 번역의 문제를 풀어 보자. 전술했듯 그 번역어인 독립은 화제한어이다. 근대 일본은 번역어의 산실이었다. 그리고 수많은 화제한어가 한국, 중국 등 여러 나라로 퍼져 나갔다. 특기할 것은 화제한어에는 서양 근대와 함께 일본 전통, 근대의 요소가 투영되어 있다는 점이다. 독립은 그 전형적 예라고 볼 수 있다. 그 어감상 근대적 개인주의, 자기중심주의나 자국중심주의의 성향을 강하게 띠고 있기 때문이다. 특히 일본은 인종/지리에 기초한 자국중심주의의 성향이 강한 전통을 가지고 있다. 그 성향은 근대 이래 더욱 강화되어 나갔다.

이와 달리 'independence'를 『공법』은 '자립'이라 한역한다. 주목할 것은 화제한어의 독립과 한어의 자립에 담긴 어감이 다르다는 점이다. 거듭 말하나 전자는 개인주의, 자기/자국중심주의 성향을 강하게 띠고 있다. 반면 후자는 그 성향이 약하다. 또한 전자는 현실의 상호의존 관계를 부정하는 뜻이 강하다. 그러나 후자는 긍정하는 뜻이 강하다. 상호의존과 스스로 서기 즉 자립은 양립가능한 까닭이다. 따라서 자립은 현실과 조화가 능한 개념이다. 그런 뜻에서 자립은 허구가 아니라 현실과의 양립가능한 실상이라고 말해도 좋다. 실은 영어의 'independence'과 'interdependence' 역시 양립가능하다고 볼 수 있다. 그렇다면 자립은 독립보다 더 나은 번역어인 셈이다.

주권 '평등'의 허구성

이유는 다르나 평등이란 개념 역시 원칙이 될 수 있을 뿐 허구이다. 평등은 '같음'을 뜻한다. 그러나 현실의 사/물은 서로 다르다. 이때 다름이란 불평등을 함의한다. 당연히 주권, 국가 평등도 허구이다. 모든 국가는 각각 크기, 인구, 국력 등이 다르다. 각국이 보유하는 무엇이든 다르다. 각국의 주권 역시 다르다. 즉 불평등하거나 위계적이다. 따라서 주권과 위계는 양립가능하다. 레이크의 말을 빌리면 주권과 위계는 '타협 못 할 지위(all-or-nothing status)'에 있지 않다 (Lake 2009, 7). 양립할 수 있거나 실제로 양립하고 있다.

평등 개념은 두 개의 이념형으로 나눌 수 있다. 하나는 적대적 평등이다. '적대'란 상대를 '적 또는 적수(rival)로 여김'을 뜻한다. 거기에는 일정 정도 평등 관념이 담겨 있다. 다만 이때 평등이란 위계질서가 없는 상태를 상징한다. 동아시아 전통에 입각하면 예적 질서가 없는 상태를 상징한다.34) 그 현실은 무질서, 불안정이다. 따라서 타파 극복되어야 할 상태이다. 다른 하나는 우호적 평등이다. 이것을 원칙으로 삼는다면 무질서, 불안정을 회피할 확률은 커질 것이다. 그럴지라도 질서를 세울 수는 없다. 또한 언제 적대적 평등으로 바뀔지도 알 수 없다. 결국 평등만으로는 무질서, 불안정을 막지 못한다. 오히려 그런 현실을 초래하거나 방치할 수 있다. 근대 국제 관계의 현실은 그 전형이다.

주의를 환기하면 평등이란 본디 불교 용어(개념)이다.35) 그것을 'equal, equality'의 번역어로 삼았던 것은 근대 일본이다. 이를테면 평등은 화제한어의 하나로 재발명된 셈이다. 그런데 『공법』은 'equal, equality'를 '평행(平行)'이라고 한역하고 있다(22b, 29a, b). 또는 '균평(均平)'이라고도 한다(29b). 그 어감은 평등의 그것과 다르다. 평행, 균평이란 (평등의 '같음'과 달리) '공평하게 행함, 고르게 함'을 뜻한다. 따라서 실천가능함을 뜻한다. 그런 뜻에서 평행, 균평은 평등과 달리 현실/실상이 될 수 있다.

---

34) 거의 무례(無禮) 상태이긴 하나 거기에도 적례(敵禮, 적대적 평등의 예)가 있을 수는 있다.
35) 불교의 평등은 '오도(悟道)나 해탈(解脫)'의 경지에서 얻어질 뿐이다. 이 역시 현실에 없는 허구이다.

주권 원칙의 위선과 허구성

주권의 원칙들은 허구이거나 허구성을 지닌다. 그래서 국가간 관계의 현실과 어긋나기 일쑤이다. 이런 사실을 밝히고자 크래스너(Stephen Krasner)는 '조직화된 위선(organized hypocrisy)'이라는 개념을 제시한다.36) 그는 주권을 '국제법적 주권, 베스트팔렌 주권, 국내 주권, 상호의존 주권'의 네 종류로 분류한다. 국제법적 주권은 상호 승인과 독립을, 베스트팔렌 주권은 대외 배타성을, 국내 주권은 자국 관할의 정치적 권위를, 상호 의존 주권은 국가간 교류의 통제를 위한 공적 권위를 각각 상징한다(Krasner 1999, Chapter 1). 특히 앞의 두 주권을 이렇게 설명한다.

> 이들 두 주권은 적절성 논리(logics of appropriateness)를 지니고 있기는 하나 그 결과 논리 (logic of consequences)와는 수시로 어긋난다(inconsistent). 권위적 제도가 없는 힘의 비대칭성 속에서 통치자들은 적절성 논리를 거부하고 결과 논리만 따를 수 있기 때문이다. 그래서 원칙은 존속하지만 동시에 파기되어(violated) 왔다.(Krasner 1999, 40)

주권 원칙의 파기는 주로 강제/억압에 의한 타국 주권의 간섭/침해로 이루어진다. 또는 조약, 협약 등 자발적 행위에 의한 상호 제약으로 이루어지기도 한다. 여기서 적절성 논리란 주권 원칙에 근거한다. 한편 결과 논리란 힘이나 국가 이익을 따르는 국제 관계의 현실이나 현실주의를 표상한다고 볼 수 있다. 이들 두 논리는 수시로 어

---

36) Krasner 1999, Acknowledgement 참조.

굿난다. 그 때문에 원칙의 파기를 초래한다.

그래서 주권 원칙은 '조직화된 위선'이라는 것이다. 즉 위선적 성격을 띤다는 것이다. 그 위선적 성격은 주권 원칙의 허구성에서 기인한다. 다만 그 허구성을 크래스너는 명시하고 있지는 않다. 그러나 '조직화된 위선'은 주권 원칙이 허구임을 시사한다. 여기서 주의를 환기할 것이 있다. 주권 원칙만 아니라 실은 모든 원칙이 허구라는 사실이다. 사대, 사소의 예라는 원칙도 마찬가지다. 이용희는 이렇게 말한다.

> 세력 균형이 전제하는 국가 평등만 하여도 그것은 법적인 힘의 평등은 아니고, 따라서 18세기부터 일류국(一流國), 이류·삼류·사류국으로 나누어 생각하고, 그 등급에 따라 외교 사절의 급도 결정하는 것이 통례가 되었어요. 그러니까 힘[=현실]의 입장에서 보면 국가 평등은 허구죠. 마찬가지로 사대의 명분이라고 하여도 과연 신과 인의 자소사대(字小事大)로서 상하의 양극이 서로 대하게 되느냐 하면, 실지에는 강약 관계와 상하의 명분 관계가 어긋나는 수가 있어서 사대의 예와는 다른 [=어긋나는] 경우가 많았습니다. (127)

그리고 국가 주권 평등과 사대 사소의 예는 '원칙이나 가치관'이어서 "그대로 현실인 경우는 오히려 많지 않았을지 모릅니다"(127)라고 지적한다.

물론 허구라고 해서 가치없는 것은 아니다. 오히려 추구할 가치가 있다. 비록 허구일지라도 원칙은 현실을 바로잡는 규범적 '힘, 기능'을 가질 수 있기 때문이다. 이로써 현실적 혜택, 이익을 가져올 수 있기 때문이다. 그럼에도 원칙은 현실과의 어긋남을 크든 작든 피할 수 없다. 그래서 다음과 같은 질문을 던져야 한다: 어떤 원칙인가?

그 원칙이 어떻게 운용되는가? 현실과의 어긋남을 어떻게 극복하고자 하는가?

2) 전통적 주권과 위계

주권 평등의 원칙은 대소 국가간 현실적 불평등을 바로잡는 힘을 가질 수 있다. 비록 현실과의 어긋남이 크긴 하지만 그것을 일정 정도 극복하는 기능을 가질 수 있다. 단, 그 힘과 기능은 본질적 한계를 가질 수 밖에 없다. 그 원칙이 현실에 없는 허구의 평등에 입각하고 있기 때문이다. 그래서 현실을 왜곡한 위선, 기만에 빠질 수 있다. 또는 가상의 비현실을 현실로 착각하게 만들 수 있다.37) 현실을 외면한 채 지배-복종의 '너그럽지 못한, 악한(malign)' 위계를 방치하거나 정당화할 수 있다. 그 결과 국가간 대립, 불안정, 또는 전쟁을 초래할 것이다.

그렇다면 차라리 사대/사소와 같은 불평등 원칙이 낫다고 볼 수 있지 않을까? 현실과의 어긋남이 상대적으로 작기 때문이다. 이로써 현실을 직시하고 국가간 불평등을 공평하게 규율하면 '너그러운' 위계 질서를 세울 수 있기 때문이다. 그리하면 공존 관계의 평화, 안정의 확률을 높일 수 있기 때문이다. 라이드(Anthony Reid)는 이렇게 말한다(Reid and Zheng eds., 2009, 2-3).

> "베스트팔렌" 주권 평등은 결코 평화를 보증하지 않는다. 오히려 그 반대의 경우가 수월할 [평화를 보증할] 듯하다. [대소 국가들] 서로가

---

37) 그렇기 때문에 '현실주의는 때로 비현실적일 수 있다.'

인정했을(accepted) 때 역사적으로 불평등 내지 비대칭 관계가 보다 안정적이었다.

근대적 주권의 평등 원칙은 수시로 파기되었던 탓에 국가간 평화를 보증하지 못했다는 뜻이다. 오히려 불평등 관계를 인정하는 대소 국가간 위계질서가 보다 안정적이었고 평화를 보증했다는 뜻이다. 실례로 사대/사소 원칙에 입각한 조공 체제가 그랬다.

전통적 주권은 전술했듯 대소 국가간 위계질서를 구성하는 조직 원리이다. 대국의 주권은 크고 소국의 주권은 작다. 위계적이다. 현실적 불평등 관계를 서로 인정한다. 그래서 불평등을 주권의 원칙으로 삼는다. 주권은 늘거나 줄기도 한다. 신축적(elastic)이다. 대국이든 소국이든 주권 일부를 타국에게 양도/기탁한다. 물론 조공 체제 하에서는 소국이 대국에게 양도/기탁하는 경우가 대부분이다. 그렇긴 하나 반대 경우도 있다. 예만으로 통제하기 어려운 '강한' 소국이 등장할 경우 대국은 회유나 기미(羈縻) 정책을 펴기도 한다. 또한 그 소국과 화친(和親), 맹약(盟約)을 맺고 인질을 보내거나 조공을 바치기도 한다. 이 경우 대국 주권은 소국에게 양도되거나 기탁되는 셈이다.

전통적 주권의 불평등 원칙과 그 운용 방식

전통적 주권의 불평등 원칙은 어떻게 운용되는가? 앞서 보았듯 그 원칙을 뒷받침하는 규범에 의해 운용된다. 그 대표적인 규범이 사대, 사소의 예(도)이다. 이것은 대국의 '인'과 소국의 '지, 신'이라는 덕목의 차이를 둔다. 대국은 소국보다 '의무가 큼'을 뜻한다. 이로써 대소 불평등을 '균, 평'하게 규율하여 '너그러운, 공평한' 위계질서를 세우려 한 것이다. 여기서 '균, 평' 개념의 뜻을 간결히 해석해 보자. 이와 함께 『공법』이 'equal, equality'를 '평행, 균평'이라고 한역하고 있음을 다시금 음미해 보면 좋을 것이다.

'균, 평'은 유교의 정치 사상에서 중요한 위치를 차지한다. 예컨대 공자는 "적음을 근심하지 않고 고르지 않음을 근심한다(不患寡 而患不均)"면서 "고르면 가난이 없고, 조화로우면 부족함이 없다(均無貧, 和無寡)"고 말한다(『논어』季氏). 한편 『대학』 8조목의 여섯번째는 '제가(齊家),' 여덟번째는 '평천하(平天下)'이다. '균, 평'은 '공(公)=평분(平分)'(『說文解字』)이나 '균분(均分), 제(齊)'라는 개념과 상통한다. 이를 바탕으로 토지/재산 분배를 논할 때는 '균전(均田), 균분'을 언급한다.

유교는 사/물과 각각의 분(分, lot)이 '고르지 않음(不均), 가지런하지 않음(不齊)'을 주목한다. 그러함이 자연이자 현실임을 직시한다. 사/물 사이에 불평등, 위계가 생김을 인정한다.38) 그러나 '그대로 내버려둘 것'을 주장하지 않는다. 작위(作爲)의 규범, 원칙에 의해 '올바로 규율할 것'을 주장한다. 그 목표는 공평/공정한 배분과 인간 '세계, 관계의 조화, 공존'에 있다. 인간과 그 구성체인 가족, 사회, 국가 등과 이들 관계의 '조화, 공존'에 있다. 이들 각각의 '분에 의한, 분을 위한, 분의 공평한 분배'에 있다.

유교의 규범, 원칙은 이렇게 구성된다. 유교는 사/물과 각각의 분이 '고르지 않음, 가지런하지 않음'에도 불구하고 '조화함, 공존함'을

---

38) 도교 역시 마찬가지다. 단, 도교는 '그대로 내버려둘 것' 즉 무위(無爲)나 무위의 위(爲)를 주장한다.

주목한다. 그러함 역시 자연이자 현실임을 직시한다. 이로부터 자연의 원리와 사/물의 법칙을 이끌어낸다. 이를 근거로 현실에 맞도록 구성된 것이 유교의 규범, 원칙이다.[39] 그것은 예, 도, 리 등으로 표상된다. 또는 오상의 덕목으로 표현된다. 이들 규범, 원칙은 인간 '세계, 관계'의 '조화, 공존'과 '공평한 분배'를 추구한다. 또한 현실적 불평등, 위계를 '올바로 규율할 것'을 추구한다. 이런 목표와 실천을 뒷받침하거나 매개하는 개념이 '균, 평'이다.[40]

3) 위계와 질서

 (동아시아) 전통 지역 질서는 위계질서이다. 반면 (서양) 근대 국제 질서는 평등 질서라고 한다. 실제로 평등 질서인가? 아니다. 전술했듯 평등이란 이념, 원칙일 뿐 실은 허구이기 때문이다. 평등 질서 역시 마찬가지다. 근대 국제 질서 역시 현실에서는 위계질서이다. 따라서 '전통=위계 질서 v. 근대=평등 질서'라는 이항대립 도식은 폐기되어야 마땅하다. 거창하게 말하면 문명론적 오류, 편견, 왜곡과 함께 기만, 위선, 모순 등 허물을 담고 있기 때문이다. 그럼에도 이러한 도식이 여전히 지배적이다. 그 허물을 벗기고 비판적으로 성찰해야 마땅하다.

 모든 질서는 필연적으로 위계를 수반한다. '위계 없이 질서 없다.'[41] 현실 어디에도 평등 질서는 없다. 따라서 '위계질서냐 평등 질서냐'를

---

39) 그런 까닭에 유교의 규범/원칙은 자연 또는 현실과의 어긋남이 작다고 말할 수 있다.
40) 이런 점에서 '균, 평'은 '허구적' 평등보다 '구체적, 현실적' 개념이다. 또한 평등을 새로운 형태로 아우를 수 있는 가능성을 지닌 개념이다.
41) 그런 뜻에서 '위계 질서'란 동어반복인 셈이다.

따지면 안된다. 따질 것은 '어떤 위계'의 질서인가이다. 그리고 그것을 '규율하는 원칙, 규범이 무엇'인가 또는 '구성하는 요소나 방식이 무엇' 인가이다. 레이크는 이렇게 서술한다(Lake 2009, x).

국가간 위계는 [베스트팔렌 조약이 체결된] 1648년에도, (중략) 유럽의 해외 제국들이 없어진 제2차 세계대전 이후에도 사라지지 않았다. 근대 이래 국가간 위계의 핵심적인 특색(feature)은 종종 경시되긴 해도 지금껏 남아 있다.

근대 이래 현대까지 국가간 위계는 늘 존재해 왔다는 뜻이다. 또한 "국가간 관계가 무정부상태(anarchy)"임에도 불구하고 세계 어디에든 "국가간 위계들(hierarchies)은 전면적으로 퍼져 있다"(Lake 2009, 1-2)라고 서술하기도 한다. 하지만 레이크의 다음 서술에는 수정해야 할 곳과 검토할 문제가 있다고 본다.

헤들리 불(Hedley Bull)에 따르면 국가들의 사회는 무정부상태 밑에 있음에도 [국가간의] 초보적(rudimentary) 질서를 산출한다.[Bull(1977) 참조] 일련의 연구가 밝혔듯 국가간이든 국가 안이든 형식적으로 (formally) 평등한 행위자 간의 협력은 분명히 가능하다. [따라서] 위계는 정치 질서의 필수조건(prerequisite)은 아니다. 그렇다 해도 일반적으로 위계는 질서를 산출하기 위한 보다 유효한(efficient) 메커니즘이다. (Lake 2009, 29; 밑줄 인용자)

예컨대 위의 '보다 유효한'을 '필수적인'으로, '필수조건은 아니다'를 '필수조건이다'로 수정해야 한다. 그의 말과 달리 '위계 없는 질서가 산출될 가능성'은 없기 때문이다. 거듭 말하나 '위계 없이 질서 없다.'

다음으로 검토할 문제는 두 가지이다.

하나는 '형식적으로 평등한 행위자 간의 협력이 가능'하다는 레이크의 말이다.42) 옳은 말이긴 하나 이를 근거로 '위계는 정치 질서의 필수조건은 아니다'라는 말을 이끌 수는 없다. 왜냐면 '행위자 간의 협력'이 곧 '질서'는 아니기 때문이다. 그 '협력'은 어디까지나 행위자 간에 공유된 어떤 원칙, 규범과 그것으로 구성된 어떤 질서가 이미 주어져 있어야 가능하다. 게다가 그 질서의 위계 내지 권위를 행위자가 함께 인정하고 있어야 비로소 가능하다. 곧 위계질서가 존재하고 있기에 '행위자 간의 협력'이 가능한 것이다.

또 하나는 '무정부상태(=무정부 사회, anarchical society) 하의 초보적 질서의 산출'이라는 불(Bull)의 말이다. 이때 '초보적 질서'란 그것을 규율하는 원칙/규범이 '불충분한, 미발달한 질서'를 뜻하는 듯하다. 어쨌든 '초보적'일지라도 질서라면 곧 위계이다. 그것은 아마도 '느슨한 위계'이겠지만 말이다. 이와 함께 특기할 것은 국가간 무정부상태가 초보적 질서만 산출하는 것은 아니라는 점이다. 무정부상태 밑에서도 얼마든지 위계질서가 산출될 수 있다. 무정부상태의 반대어는 위계가 아닌 까닭이다. 그 반대어는 archy(정부, 통치)이다. 따라서 무정부상태와 위계질서는 병립할 수 있다.43)

---

42) '실질적으로' 평등한 행위자는 현실에는 없음을 레이크는 인지하고 있다고 판단된다.
43) 실제로 근대 국제 체제의 무정부상태 밑에서 다양한 위계 질서는 존재했다.

맺음말: 사대 체제의 실상과 재해석

사대뿐만 아니라 동아시아 전통의 개념을 해석할 때는 오해나 곡해를 피하기 위해서 치밀한 분석과 신중한 주의가 필요하다. 거기에 서양형, 일본형 근대주의나 오리엔탈리즘이 끼어들 수 있기 때문이다. 또한 그 자국형도 끼어들 수 있기 때문이다. 그래서 근대주의적 시점을 지양할 수 있는 '아시아로부터의 시점'을 세워나갈 필요가 있다.44) 그 필요성을 이용희 역시 인지하고 있었던 듯하다.

> 『경국대전(經國大典)』 등에서 보듯이 사대의 절차를 국내법으로 규정합니다.45) 이런 점에서도 사대[-조공] 체제의 국제주의·협조주의가 엿보이지 않아요? (171)

조선 왕조의 기본 법전인 『경국대전』 예전(禮典) 61 조목 중 하나가 〈사대〉이다.46) 즉 사대의 예를 국내법으로 규정(=법제화)한 것이다. 이를 바탕으로 조선은 중국(=명, 청)의 책봉을 받고 조공과 사대를 기본적으로 성실하게 행했다. 그리하여 중국의 조공 체제를 구성하는 최상위의 조공국이자 가장 '국제·협조'적인 나라가 되었다. 조선은 독자적인 사대 체제를 구성하고 있었던 셈이다. 이 체제의 '국

---

44) '아시아로부터의 시점'에 관해서는 金鳳珍(2004), 5-6 참조.
45) 성종16(1485)년 완성된 『경국대전』은 태조 6(1397)년의 『경제육전(經濟六典)』과 여러 속전(續典), 그리고 각종 법령을 종합하여 만든 기본 법전이다. 이것은 이(吏), 호(戶), 예(禮), 병(兵), 형(刑), 공(工)의 6전으로 구성된다. 이후 약 400여년 동안 『속대전(續大典)』(영조 22년, 1746년), 『대전통편(大典通編)』(정조9년, 1785년), 『대전회통(大典會通)』(고종2년, 1865년) 등이 수정, 증보되었다.
46) 〈사대〉의 내용은 '사대 문서' 작성, '예물(禮物)' 준비, '사(使; 正使), 부사(副使), 서장관(書狀官)' 즉 조공 사절의 삼사(三使)와 수행원의 선정, 그리고 '물화(物貨) 매매' 등 절차로 구성된다.

제・협조주의'를 평가한 것이다. 이러한 이용희의 평가는 '아시아로부터의 시점'에 입각해 있다고 볼 수 있다.

덧붙이면 『경국대전』에는 〈사대〉와 대비될 〈사소〉의 조목은 따로 없다. 이어지는 조목은 〈대사객(待使客)〉이다. 그 첫 문단은 중국 사신의 영접, 송별에 관한 '의범(儀範)'을 규정한다. 둘째 문단은 '일본 국왕[=幕府將軍], 유구(琉球) 국왕'을 비롯하여 일본의 '거추(巨酋[=大名])'나 '대마도주(對馬島主),' 그 밖의 '왜인(倭人), 야인(野人[=女眞族])' 등 과의 다양한 '왕래[=외교]'를 위계적으로 구분하여 규정한다. 거기에는 조선이 교린의 도 내지 사소의 예를 바탕으로 '국제・협조'를 이끌고자 하는 의지가 담겨 있다고 본다.

위의 인용문에 이어서 이용희는 이렇게 말한다.

> 세력 균형은 근대 국가의 군사주의와 관련이 있어서 협조보다도 대립・견제주의에 서죠. (중략) 그런데 좀 심각하게 생각하면 이런 문제가 나오지 않을까요? (중략) 우리는 과거의 선인(先人)의 행적을 자주적으로 비판한다 하면서, 과거의 체제와는 물과 불의 관계에 있는 유럽의 가치관과 입장에서 보는 일이 많지 않을까[?] (171)

이렇듯 세력 균형의 대립・견제주의나 서양 국제 체제의 '부'를 지적한다. 이를 통해 '유럽의 가치관과 입장에서 보는' 근대주의적 시점에 대한 비판 의식을 엿볼 수 있다. 또한 '전통'에 대한 그릇된 비판을 삼가라는 뜻을 새길 수도 있다.

사대 체제의 원리/규범과 그 정(正)의 유산

사대 체제의 원리/규범은 정의 측면을 지닌다. 따라서 그 유산은 되살릴 필요가 있다. 오늘날 시대에 걸맞는 '개념화, 이론화, 제도화'를 시도할 필요가 있는 것이다. 이와 관련하여 이용희는 사대(=조공) 체제의 장·단점을 검토하고 있다. 예컨대 "[규범적] 권위가 물리적 힘보다 우세했던 점에서 평화가 오래 유지되었다"라는 각도에서 보면 이것은 장점인 반면, 그 기반에는 "왕조 체제의 현상 유지책이 숨겨 있었다"라고 보면 그것은 '역사 발전을 가로막은' 단점이라는 것이다(175). 이런 단점은 이미 역사적 조건이 달라졌기 때문에 "오늘날 채택할 여지가 없는 것"이라고 말한다(177). 사대 체제 자체는 구 시대의 유물이라는 뜻이다. 단, 그 체제의 국가 관념은 '채택할 여지가 있는' 전통 유산임을 그는 시사(示唆)하고 있다.

> 너·나를 그 개별성에서 초월해서 포섭하면서 국제 질서를 유지하는 국가 관념에는 기본적으로 근대 국가 관념과 유(類)를 달리하는 것이 있는데, 장차 도래할 세계 평화를 지향하는 국제주의 사회를 상정하는 경우에 암시하는 바가 없지 않은 것 같아요. (177)

사대 체제의 전통적 국가 관념은 '근대 국가류의 개별성과 달리 이를 초월해서 포섭하는 국가간 관계성(=상호의존)을 규율함으로써 세계 평화를 지향하는 국제주의의 원리, 규범을 담고 있다'는 뜻이다. 이를테면 개별성을 초월/포섭하는 '관계성'을 중시한 셈이다.47) 거기

---

47) 근년 중국에서는 서양 국제관계 이론의 소비자를 벗어나 생산자가 되고자 하는 일군의 학자가 속속 나타나고 있는 중이다. 이른바 '중국 학파 Chinese school'가 그들이다.

에는 근대 국가의 개별성에 대한 비판 의식이 담겨 있다. 그 개별성이란 '독립, 자국중심주의'나 이에 기초한 '힘, 이익 추구, 현실주의'를 함의한다고 본다.

그리하여 '근대형' 국가 역시 "시대착오적인 요소"와 "모순"을 드러내고 있음을 지적한다(177). 그런 다음 "사대의 예라는 가치관의 의미를 그냥 과거의 것"으로 돌리지 말고 "거기서 건질 것은 건지라"고 제의한다(178).[48] 이로부터 '사대 체제를 구성/규율했던 원리, 규범을 그냥 버리지 말라. 그 속의 정(正)을 건져서 재생시켜라. 나아가 시대에 걸맞게 개념화, 이론화, 제도화하라'는 사상과 실천의 과제를 이끌어낼 수 있다.

이용희는 다음과 같은 말로 대담을 마무리한다.

> 그것[사대 체제]이 지닌 [구]시대적 특징만을 버린다면, 혹은 근대 국가 체제와 그것을 구성 요소로 하는 세력 균형의 국제 정치로부터 소국이 강국 정치에 휘말리지 않고, 따라서 '나라'라는 명목 아래 정권이 대중의 희생 위에 재미를 보는 일이 없는 본래의 정치상을 그리려는 데에 도움이 될지도 모르죠." (187)

그가 그리려는 '본래의 정치상'은 어떤 모습일까? 국제 정치상 국

그들의 이론은 다양하다. 그러나 거의 모두 공유하고 있는 특징은 전통적 내지 유교적 '관계성'을 중시한다는 점이다. 과연 한국에서도 자국 전통 내지 유교의 재해석을 통해 특색있는 국제관계 이론을 생산하는 학자들 즉 '한국 학파'가 나타날 수 있을까? 두고 볼 일이다.

48) '사대의 예'를 비롯한 유교 전통은 근대의 '힘, 이익 추구, 현실주의' 앞에 짓밟혔던 경험이 있다. 그랬던 경험이 망국의 한, 트라우마가 되어 유교와 그 규범/도덕에 대한 시니시즘과 함께 오해를 방치하는 성향을 만들어 왔다. 이에 대한 비판적 성찰이 필요함을 이용희는 인지하고 있었다고 본다.

가의 힘, 이익만 쫓는 모습이 아님은 분명하다. 국내 정치상 정권의 권력, 사익(私益)을 위해 대중(국민)을 억누르는 모습이 아님도 분명하다. 현실주의에 치우친 정치의 모습은 아닌 것이다. 그렇다면 현실을 직시하되 규범/도덕을 아우르는 정치가 그 모습이리라. 거기에는 현실주의적 규범주의, 이상주의가 담겨 있다고 볼 수 있다.

이를 토대로 유교 전통의 정치상을 재구성해 보자. 유교는 법치보다 예치(禮治), 덕치(德治)라는 규범/도덕 정치의 구현을 목표로 삼는다. 하긴 규범/도덕은 때로 힘, 이익 앞에 짓밟힐 수 있다. 그럼에도 그것은 약점일 뿐 결코 '부'일 수는 없다. 오히려 '부'는 규범/도덕을 짓밟는 힘, 이익이나 그 추종자, 추종주의이다. 그렇긴 하나 약점의 자구책, 보완책은 필요하다. 예컨대 규범/도덕의 물신화(物神化), 고착화와 이로 인한 독선/위선을 경계해야 한다. 이때 『논어』 선진(先進) 편의 '과유불급(過猶不及, 지나침은 오히려 미치지 못함)'을 교훈 삼을 필요가 있다. 또한 규범/도덕의 융통성 있는 운용이 필요하다. 나아가 규범/도덕을 짓밟는 힘, 이익에 대항할 수 있는 (또 다른) 힘, 이익을 겸비할 필요가 있다. 이를 위해 현실주의와 규범주의의 조화가 요구된다.

이와 함께 근대주의적 시점을 지양할 수 있는 '아시아로부터의 시점'을 세워나가는 일이 필요하다. 동시에 유교 전통을 시대에 걸맞게 '개념화, 이론화, 제도화'하는 일이 필요하다. 하긴 이러한 일은 의식하든 못하든 수행되어 왔다고 봄이 옳다. 현대 한국 정치의 곳곳에는 어떤 모습이든 유교 전통의 유산이 살아 있고 또 퍼져 있기 때문이다. 다만 그 유산을 '얼마나, 어떻게 개념화, 이론화, 제도화'하고 있는지 분석 검토하는 능력, 노력이 미흡한 상태일 따름이다.

실제로 근년에는 근대주의적 시점을 넘어 보려는 시도가 곳곳에 퍼져 있다. 또한 유교 전통과 유산을 재해석/재평가하려는 시도 역시 진행 중이다.[49] 다만 이를 뒷받침할 '아시아로부터의 시점'을 세우기는 아직 미흡하다. 여전히 전통에 대한 오해, 곡해, 편견은 곳곳에 뿌리깊게 존속한다. 전통의 비판적 성찰을 통한 '정'의 재생, '개념화, 이론화, 제도화'는 갈 길이 멀고 힘든 과제로 남겨져 있다. 그렇다 해도가 볼 만한 가치와 해야 할 필요가 있는 과제임에 틀림없을 것이다.

---

[49] 그 가운데 주목하고 싶은 것은 김상준의 두 저작이다. 김상준(2011)은 '근대성의 역사적 중층 구성론(중층근대성론)'을 제기한다. 이것은 金鳳珍(2004)의 "문명론적 시점"(6)과 상통한다. 단, 그의 '원형 근대성'이란 개념은 보완 수정이 필요하다고 본다. 그리하여 '근대의 정과 부'나 '전통 안의 근대성, 반근대의 근대(성)'을 함께 보는 방법론을 계발할 수 있기 바란다. 김상준(2014)은 '유교의 정치적 무의식'이라는 문제를 제기한다. 또한 '유교의 윤리성과 비판성'이 '21세기 문명 재편의 한 축'이 될 수 있음을 시사한다. 그러자면 그의 말대로 '유교의 전위(轉位)와 변형'이 필요하다. 달리 말해 '유교 전통이 지닌 정의 유산을 시대에 걸맞게 개념화, 이론화, 제도화해 나가는 일'이 필요하다.

〈참고문헌〉

『經國大典』『周禮』『春秋左傳』『孟子』『中庸』『論語』『時事新報』
『萬國公法』京都崇實館存版, 1864年刊 (Elements of International Law, 1886 Edition of Richard Henry Dana, Jr., in *The Classics of International Law*, edited by James Brown Scott, Oxford: The Clarendon Press, 1936.)

김상일 등 공저. 2009. 『한류와 한사상』. 서울: 도서출판 모시는 사람들.
김상준. 2011. 『맹자의 땀 성왕의 피』. 서울: 아카넷.
_____. 2014. 『유교의 정치적 무의식』. 서울: 글항아리.
김한식. 2005. 『天下國家: 전통 시대 동아시아 세계 질서』. 서울: 소나무.
이용희 저/노재봉 편. 1997. 『韓國民族主義』. 서울: 瑞文堂.
이춘식. 1997. 『事大主義』. 고려대학교 출판부.

Bongjin, Kim. June 2017, "Rethinking the Traditional East Asian Regional Order: The Tribute System as a set of Principles, Norms, and Practices," in *Taiwan Journal of East Asian Studies*, Vol. 14, No. 1. pp. 119-170.
Bull, Hedley. 1977. *The Anarchical Society: A Study of Order in World Politics*, New York: Columbia University Press.
Krasner, Stephen. 1999. *Sovereignty: Organized Hypocracy*, Princeton, NJ: Princeton University Press.
Lake, David A. 2009. *Hierarchy in International Relations*, Ithaca and London: Cornell University Press.
Reid A. and Yangwen Zheng eds. 2009. *Negotiating Asymmetry: China's Place in Asia*, Singapore: National University of Singapore Press.
Reus-Smit, Christian. 1999. *The Moral Purpose of the State: Culture, Social Identity, and Institutional Rationality in International Relations*, Princeton, NJ: Princeton University Press.

푸더위엔(傅德元). 2013. 『丁韙良與近代中西文化交流』臺北: 臺灣大學出版中心

金鳳珍. 2009년 4월. '韓日共通の共通課題,' 『翰林日本学』제14집, 한림대학교 일본 연구소
_____. 2004. 『東アジア「開明」知識人の思惟空間: 鄭觀應・福澤諭吉・兪吉濬の比較研究』九州大學出版會

사토 신이치(佐藤愼一). 1996. 『近代中国の知識人と文明』東京: 東京大學出版會.

제3장 퇴계 사단칠정론의 재해석

1. 머리말

다카하시 도루(高橋亨, 1878~1967)는 그의 논문 「이조(李朝) 유학사에 있어서의 주리파(主理派)·주기파(主氣派)의 발달」(1929년 초간)의 머리말에서 이렇게 서술한다.1) "조선 유학의 2대 학파는 주리파와 주기파이다. 두 유파가 흘러나온 원천은 퇴계(退溪)와 고봉(高峰)의 사칠론(四七論)[사단칠정론四端七情論]이다. 이로부터 하나는 동남으로 흘러 영남학파(嶺南學派)의 주리로, 다른 하나는 서남으로 흘러 기호학파(畿湖學派)의 주기로 발달했다."(101) 퇴계 이황(李滉, 1501~1570)의 사칠론은 주리파의 원천이며, 영남학파 주리로 발달했다. 반면 고봉 기대승(奇大升, 1527~1572; 字는 明彦)의 사칠론은 주기파의 원천이며, 율곡(栗谷) 이이(李珥, 1537~1584)에게 계승되어 기호학파 주기로 발달했다는 것이다.

이렇듯 다카하시는 사칠론의 '주리, 주기'라는 용어(=나무)를 발탁하여 이에 '파'라는 글자를 덧붙인 신조어(新造語) '주리파, 주기파'를

---

1) 다카하시 도루 지음·이형성 편역(2001, 한국어판), 가와하라 히데키·김광래 편역(2011, 일본어판) 등에 실려 있다. 그의 논문을 인용할 때 전자의 편역서를 이용하되 그 표현을 적절히 바꾼다. 그리고 인용문 끝에 페이지의 숫자만 표기한다. 다른 책을 인용할 때도 마찬가지다.

발명했다. 이로써 조선 유학(=숲)의 다양한 학파를 두 유파로 분류한 틀을 만들었다.2) ○○파란 그의 말대로 '학설과 당의(黨議)의 결합'(100)을 표상한다. 그의 틀은 학술 논쟁과 정치적 당파, 당쟁을 결부시키는 경향/성향이나 이원 특히 이항대립 사고를 조장하는 촉매로 작용한다.3) 이로 인해 시야를 좁히고 초점을 흐린다. 특히 사칠론이 지향하는 유교의 목표, 이념을 잊거나 놓치게 만든다. 그 목표는 다툼이 아니라 수기치인(修己治人), 그 이념은 대립이 아니라 조화… 이런 엄연한 사실이 사상(捨象)되고 외면되는 것이다.

다카하시의 틀은 비유하면 숲 전체를 두 그루의 나무 안에 나누어 담고 있는 꼴이다. 그렇게 '나누면 안됨, 나눌 수 없음'을 외면한다. 게다가 '퇴계(학파)=주리파 v. 율곡(학파)=주기파'라는 분류의 이항대립 도식에 가둔다. 당연히 무리한 분류, 잘못된 도식이다. 모든 분류, 도식이 그렇듯 유형화, 단순화의 오류라는 문제점도 안고 있다. 이를 그도 어느 정도 알고 있었던 듯하다. 두 유파에 어긋나는 유학자들을 소개했던 까닭이다. 또 '영남 학파임에도 율곡 사칠론이 옳다, 기호학파임에도 퇴계 사칠론이 옳다'라고 했던 유학자들이 있었음도 밝힌 까닭이다.4)

---

2) 그 틀에는 '근대적, 일본적' 요소와 이에 의한 편견, 오해 등이 침투되어 있다. 그럼에도 검증을 제대로 거치지 않은 채 계승되어 왔다. 한·일 양국 학자들에게 어떻게 계승되었고 무슨 영향을 미쳤는지, 그 일부는 이형성 편역(2001)에 실린 이형성의 논문 373-375에 간결히 정리되어 있다.
3) 그 배경에는 식민지 사학의 '당파성론'이 깔려 있다고 본다.
4) 그의 논문 제4장 영남학파의 사칠설, 제5장 기호학파의 사칠설, 제6장 농암문파의 사칠설 참조.

'주리파 vs. 주기파' 프레임의 허구성

그랬어도 다카하시의 틀은 탄생과 함께 혼란의 싹을 키워 왔다. 차라리 폐기할 수도 있었건만… 그 사이에 '절충'이라는 용어를 더했다. 이로써 절충파를 설정하여 세 유파로 늘림으로써 혼란의 싹을 없애고자 했다.5) 하지만 그 싹을 없애기는 커녕 오히려 잘 자랄 수 있는 온실을 마련해 준 셈이다. 이로 인해 각종 돌연변이와 문제점이 발생한다. 그 온실 토양에는 변질된 거름이 덮여 있다. '변질된 거름'이란 '주자학(에 대한) 오해'를 비유한 표현이다.6)

다카하시의 틀 자체가 주자학 오해의 산물이다. 이것은 그 오해를 올바른 이해인 양 착각하게 만들고 또 다른 오해를 산출하는 틀로 기능한다. 동시에 이항대립 사고의 올가미로 기능한다. 이형성은 "주리파와 주기파의 틀은 (중략) 조선 유학사를 왜곡시키는 것"(375)이라며 그 틀을 비판한다. 한편 가와하라 히데키(川原秀樹)와 김광래는 그 용어를 이렇게 비판한다: "퇴계 학통을 주리파, 율곡 학통을 주기파라고 하면 각파의 이론을 제대로 말할 수 없다. 성리학의 리기는 불상리(不相離)"인 까닭이다.7) 이들 비판은 각각 정곡(正鵠) 하나씩 찌른 것으로 옳다.

---

5) 절충파의 대표로서 기호학파이자 노론(老論)이던 농암(農巖) 김창협(金昌協, 1651~1708)을 내세웠다. 제6장 농암문파의 사칠설 참조.
6) 그 오해는 왜곡, 편견 등을 포함한다. 일본에서의 주자학 오해는 오랜 역사를 가지고 있다. 에도(江戶) 시대의 유학은 크든 작든 그 오해를 담고 있다. 나아가 근대 이래 근대주의적 시점과 사고가 가세하면서 그 변태를 낳으며 퍼져 나갔다. 또한 한국, 중국은 물론 서양 각국에도 영향을 미쳤다.
7) 가와하라 히데키·김광래 편역(2011)의 해설, 445. 이어서 "차라리 세력 지역에 따라 영남학파, 기호학파라고 하는 것이 문제는 적을 것이다"(445)라고 지적한다.

무엇보다 '퇴계=주리파 vs. 율곡=주기파'라는 도식은 오해, 혼란의 원흉이다. 이에 주박(呪縛, 홀림과 얽매임)되면 각파의 리기론, 사칠론은 물론 (조선) 주자학을 제대로 담을 수도, 올바로 이해할 수도 없다. 퇴계, 율곡이 리기 불상리를 도외시라도 했단 말인가! '퇴계: 주리 곧 리를 주로 하는 파 v. 율곡: 주기 즉 기를 주로 하는 파'라는 틀이 어찌 성립한단 말인가! 어불성설(語不成說)이다. 물론 퇴계는 사칠을 알기쉽게 설명하고자 리기를 나누어 대비한 경우가 있다.8) 불상잡(不相雜)에 의거한 것이다. 그래도 불상리, 불상잡 어느 쪽이든 떠난 적은 없다. 율곡도 마찬가지다. 그러니 어떤 틀에든, 도식에든 주박되지 말라! 나무만 보지말고 숲을 보라! 손가락만 아니라 달을 보라!

'주리 vs. 주기' 프레임의 모순

비판 대상은 아직 남아 있다. 다카하시가 '주리, 주기를 나누어' 대비했음이 그것이다. 이때 대비란 대립을 함의한다. 그의 주리/주기는 '주리파vs. 주기파'의 도식 안에 갇혀 있기 때문이다. 이로 인한 '주리 vs. 주기' 역시 주자학(에 대한) 오해의 산물이다. 그것은 또 하나의 틀로 기능하면서 이항대립 사고의 올가미가 된다. 이쯤에서 그의 틀 비판은 일단락하기로 하자. 다만 비판을 멈출 수는 없다. 더 엄중한

---

8) 이때 대비란 결코 대립을 뜻하지 않는다. 오히려 정반대로 조화/보완을 뜻한다. 그럼에도 대립으로 이해하거나 해석한다면 주자학 오해에 빠진 셈이다. 또는 어떤 상황/목적, 의도/성향 등 비학술적 요인이 개입되거나 영향을 미쳐서 '대비를 대립으로' 변태시킨 셈이다. 특히 '비학술적 요인'이 정치적 이해 관계와 이에 의한 불화, 다툼, 경쟁 등과 결부되면 그 변태는 심화될 것이다.

비판이 필요한 대상이 남아 있기 때문이다. 그의 틀 속의 '주리, 주기'라는 용어와 그 변질이 그것이다.

다카하시의 '주리, 주기'는 이항대립적 도식 안에 갇혀 있다. 주의할 것은 이로써 그 본뜻이 변질되어 있다는 점이다. 주리, 주기는 본디 리기와 연관된 사상(事象)이나 개념을 서로 대비하여 알기쉽게 설명하기 위한 수단/도구(means/tool) 개념이다. 그런 뜻에서 '객관적, 가치중립적(value-free)' 개념이다. 물론 둘은 대(對)개념이다. 그러나 대립 개념이 아니라 상관 개념이요, 짝개념이다.9) 그럼에도 대립틀에 가둔다면 '주관적, 가치함축적(value-embedded)' 개념으로 변질된다. 당연히 그 본래성(authenticity)은 손상된다.

주리, 주기의 본뜻은 '리, 기를 주로 함'이다.10) 그 주란 '축, 기준, 준거로 함, 삼음'을 뜻한다. 주리는 '리상간(理上看),' 주기는 '기상간(氣上看)'을 뜻한다. 즉 '리나 기에 초점을 두고 봄'을 뜻한다. 이 본뜻을 손상시킨 채 리기의 '한쪽만 존중, 한쪽을 더 중시'라는 식으로 바꾸어 쓰면 오용, 오해에 빠진 것이다.11) 주자학 오해의 일종이다. 또는 전술했듯(주8 참조) 어떤 상황/목적, 의도/성향 등 비학술적 요인이 개입되거나 영향을 미친 것이다. '퇴계는 리만 존중, 율곡은 기를 더 중시'라는 말이 되는가! 혹시 누군가 '한쪽만 존중'한다면 그는 (진정한) 주자학자가 아니다. 또는 학술적 입장을 벗어난 주자학자이다.

물론 주자학은 '리'를 존중한다. 그래서 주자학을 리학이라 부르기도 한다.12) 그렇다고 기를 존중하지 않거나 멸시한다는 것은 아니다.

---

9) 이에 관한 설명은 '여는 글' 참조.
10) 그 '주'는 '주에 둠(主於), 따름(從), 주로 삼음(爲主)' 등으로 바꾸어 표현할 수 있다.
11) 이런 오해, 오용에 빠지는 현상은 과거에도 있었고, 현재에도 여전히 있다.

그런 말도 발상도 주자학에는 없다! 오히려 '리 존중은 기 존중'을 함의한다. 짝개념이요, 불상리인 까닭이다. 따라서 '존리멸기(尊理蔑氣), 리귀기천(理貴氣賤)'이란 잘못된 용어다. 누군가 그런 용어를 썼다면 거기에는 어떤 상황, 의도 등 요인이 개입되었을 가능성이 높다고 봄이 타당하다.13) 아무튼 주자학의 어떤 경전, 서적에도 그런 용어는 없다.

리기론은 리기에 관한 '선후(先後)의 존재(생성14))-현상론, 발미발(發未發)의 발생-운동론, 강약의 세력론, 우열의 가치론' 등으로 나누어 대비해 볼 수 있다. 그러나 주의할 것은 그럴 수 있을 뿐 실제로 나뉘어 있는 것이 아니라는 점이다. 나누어 대비해 봄은 어디까지나 잠정적, 유동적 행위일 뿐이다. 그 나눔, 대비란 비유컨대 나무, 손가락일 따름이다. 그러니까 숲과 달을 함께 봐야 한다. 여기서 '우열의 가치론' 하나만 언급해 보자.

주자학은 리의 '도덕적 가치'를 기의 그것보다 우위에 둔다. 그렇다

---

12) 주자학은 리학과 함께 기학으로 구성된다. 리학이자 기학 곧 겸리기학(兼理氣學)이다. 또한 심학(心學)이자 물학(物學)이다. 김형효(2003) 참조.
13) 실은 퇴계가 '리귀기천'이란 용어를 쓴 적이 있다. "사람의 몸에는 리기가 겸비되어 있다. 리는 귀하고 기는 천하다(人之一身, 理氣兼備. 理貴氣賤)"(『退溪先生文集』권12, 「與朴澤之」)라고. 이렇듯 박운(朴雲, 1493~1562; 자는 택지)에게 보낸 편지에서 쓴 것이다. 단, 오직 이것뿐 다른 용례는 없다. 그런데 왜 썼을까? 앞뒤 문장과 맥락을 보면 어떤 상황, 목적, 의도 등 요인이 개입되어 있을 듯하다. 그 상세한 검토가 필요하다고 보나 '리를 귀하게 여기면서 몸 수양 즉 수기에 힘써야 한다'는 훈계의 뜻을 담고자 했다고 판단된다. 어쨌든 그 하나의 용례로써 퇴계가 마치 '리만 존중=주리, 주리파'인 것처럼 해석함은 '과불급(過不及)의 폐단'일 따름이다.
14) 여기서 '존재(being)'라는 용어를 쓰긴 했으나 그보다는 '생성(becoming or generating)'이 타당하다. 리든 기든 '그냥 있는 존재(자)'가 아니라 끊임없이 '활동하고 생생화화(生生化化)하는 생성(자)'이기 때문이다. 또는 '발(發; 발동, 발현, 발출)하여 움직이는 생성(자)'요, 그런 '과정(process) 속의 생성(자)'인 까닭이다. 그런 뜻에서 주자학의 존재론은 곧 생성론이다.

고 이를 '주리'라고 부르면 이미 본뜻에 어긋난 오해이다. 그래도 억지로 그렇게 부르자면 주자학은 당연히 '주리'가 된다. 다만 '도덕-가치론에 한징된 주리'가 될 뿐이다. 주자학은 도덕-가치론에 입각한다면 '주리'의 학문이요, 주자학자는 주리론자, 주리파인 까닭이다. 반면 도덕-가치론적 주기란 있을 수 없다. 가령 그런 주기론자가 있다면 그는 주자학자의 범주를 벗어난 셈이다. 아무튼 '주리/주기(파, 론)'라는 용어를 함부로 쓰지 말기를 바란다. 그래도 쓴다면 납득할 만한 이유를 밝힐 필요가 있다.

거듭 말하나 주자학은 리의 '도덕적 가치'를 기의 그것보다 우위에 둔다. 그렇지만 무턱대고 우위에 두는 것은 아니다. 주자학은 기의 '현실적 가치'를 멸시하지 않는다. 아니, 멸시할 도리가 없다. 리의 가치는 기의 현상(적 가치)을 통해야 비로소 드러나는 까닭이다. '기 없이는 리(의 가치)도 없기' 때문이다. 따라서 존재-현상론적 관점에서는 기선리후(氣先理後), 기(의 가치)가 앞선다고 봐도 무방하다. 하긴 이것도 나무만 보고 한 말이다. 숲을 보면 리기의 가치는 우열이 없다. 그것이 리기의 묘합(妙合) 아니겠는가!

'삼원 사고'를 통해 본 사칠론

비판 대상은 여전히 남아 있다. 오히려 다카하시에 뒤이어 늘어 있다. 그가 변질시킨 주리, 주기에 '론, 설' 등을 덧붙여 발명된 용어들이 대상이다. 오해의 산물임에도 마치 학술 용어인 듯 자리잡고 있다. 그런 용어들은 주리, 주기의 본래성을 손상함은 물론 오해, 혼란을 재생산한다. 심지어 '유리(唯理), 유기(唯氣)'나 이에 '론, 설'을 덧붙인 용어들도 발명되어 쓰이고 있다. 이형성의 비판을 이끌어 보자: "'유리론'과 '유기론'이라는 용어는 조선의 유학을 더욱 왜곡하는 것"이라며 그 이유를 이렇게 말한다.15)

 '유리론'과 '유기론'에서 '유'는 '오직 그것뿐'이라는 의미로서 이는 주자학의 체계에서 말하는 리와 기 가운데 어느 하나가 존재하지 않는다는 것을 말하기 때문이다. 다시 말하면 주희[朱熹, 1130-1200; 존칭 朱子]가 말한 "리와 기가 하나이면서 둘이고 둘이면서 하나이다"라는 설명 방식과 판이하기 때문이다.

그래서 "유리론과 유기론은 주자학에 적용시킬 수 없다." 옳은 비판이요, 타당한 이유이다. 다만 이것은 '주리/주기(론, 설)'에도 해당함은 전술한 대로이다.

그럼에도 다카하시 논문의 (악)영향은 지금껏 별로 변함없다. 이미 보았듯 여러 비판, 성찰이 있긴 하나 아직 부족하다.16) 그의 틀을 폐기시켜야 하건만 여전히 대안은 없다.17) 용어의 오용, 혼란은 지속되

---

15) 이형성 편역(2001), 375.
16) 한형조(2011)는 주리-주기 도식에 대한 비판을 정리한 다음 이렇게 제안한다: "퇴계학파와 율곡학파를 묶어 주리-주기로 단순 분류하지 않지만, 주리-주기를 퇴계 율곡이 논란한 사단칠정론에 한정하는 것에는 동의하지 않는다"(328). 이 제안의 전반부는 옳다. 하지만 후반부는 그의 말대로 논란이 있을 수 있다. 또한 한형조(2008)는 제9장에서 '조선 유학의 지형도'를 그린 적이 있다. 그 다양한 유형을 주리, 주기 등 여섯 용어로 나누어 설명한 것이다. '부연설명'이 있긴 하나 이 또한 논란이 있을 수 있다. 논란 가능성은 단지 유형화의 오류에만 있지 않다. 이들 용어를 쓰는 이유가 그다지 납득할 만하지 않다는 점에 있다. 거듭 말하나 주리, 주기는 도구 개념이다. 따라서 그 본뜻에 돌아가야, 돌려줘야 마땅하다. 달리 쓰려면 그 납득할 만한 이유를 충분히 밝혀야 한다.
17) 예외적으로 이승환(2012)이 있다. 그는 다카하시의 틀을 "쓸모없는 이론"(276)이라 비판하고 폐기할 것을 주장한다. 그리고 대안으로서 '횡설(橫說), 수설(竪說)'이라는 새로운 틀을 제기한다. 그 의의와 문제점은 맺음말에서 검토하기로 한다.

고 있다. 이런 상황을 극복하자면 (잘못된) 용어의 주박을 자각하고 그 올가미를 풀어 나가야한다. 이를 위해 용어의 타당성 검증, 다의성 분석을 통한 해체 독법이 필요하다. 무엇보다 그 이항대립의 올가미 풀기가 시급하다. 그 방법의 하나로 삼원 사고와 그 활용을 제안한다. 주자학 바탕에 깔린 기본 사고인 까닭이다. 따라서 주자학과 관련 각론이나 논쟁의 바른 이해를 위해 그 활용이 필요하다.18)

  이 글의 주된 목적은 퇴계의 사칠론=퇴계설을 삼원 사고를 통해 재해석하는 일이다. 먼저 사단칠정(론)의 유래와 주자의 사칠론=주자설을 살펴본다. 다음으로 퇴계의 초년설과 이에 반론을 제기한 고봉과의 논쟁 과정에서 생겨난 수정설을 검토한다(제2절). 제3절에서는 퇴계의 만년설을 살펴본 뒤 율곡의 사칠론=율곡설과 비교 고찰한다. 이때 율곡설은 그 문제점에 초점을 두고 비판적으로 검토한다. 맺음말에서는 이승환(2012)의 새로운 틀을 검토한 다음 조선의 사칠 논쟁에 담긴 의의를 추론해 본다.

1. 사단칠정(론)의 유래와 주자설

1) 사단칠정(론)의 유래

  칠정은 『예기(禮記)』 예운(禮運)의 "인정이란 무엇인가? 희・노・애

---

18) 예컨대 이기론, 심성론, 성정론 등 각론이나 사칠론, 인심도심(人心道心)론, 인물성동이론(人物性同 異論)의 호락(湖洛) 논쟁 등 모두가 그렇다. 삼원 사고와 그 논리에 관해서는 '여는 글' 참조.

・구・애・오・욕이다"에서 유래한다. 사단은 『맹자』(公孫丑上)에서 유래한다. 거기서 맹자는 측은(惻隱)・수오(羞惡)・사양(辭讓)・시비(是非)의 마음을 각각 인(仁)・의(義)・예(禮)・지(智)의 단(端) 즉 사단이라고 부른다. 단이란 '첫단(端初), 실마리'를 뜻한다. 그런 뜻에서 '근접해 있음, 바로 곁에 있음'을 함의한다. 그런데 주자학은 '인・의・예・지=성'과 함께 '마음=성+정(心統性情)'이라는 명제를 내건다. 이에 따르면 사단은 (측은・수오・사양・시비의) 마음으로서 정의 일종이자 (인・의・예・지라는) 성의 '첫단, 실마리'가 된다. 이를테면 정과 성의 '사이'에 있으나 '성 곁에 근접해 있는' 셈이다.

인・의・예・지는 본디 유교의 사덕(四德)이다. 신(信)을 더하면 오덕이 된다. 한대(漢代)에 이르러 음양오행설이 유행하자 오덕은 오상(五常), 오성(五性)이라는 설이 생긴다. 전한 초기의 동중서(董仲舒, BC176~BC104?)는 그 선구자이다. 이어서 전한 후기의 익봉(翼奉, 생몰 미상)은 오성과 육정(六情)의 설을 내걸었다고 한다.19) 이를 토대로 반고는 자신이 편집한 『백호통(白虎通)』(권8 情性)에서 다음과 같이 설명한다.20)

---

19) 그의 육정설은 후한의 반고(班固, 32~92)가 지은 『한서(漢書)』익봉전에 기록되어 있다. 단, 오성은 용어만 나온다. 한편 수대(隋代)의 소길(蕭吉)은 『오행대의(五行大義)』(권4, 제18 論情性)에서 이렇게 기술한다: "익봉은 '오행이 사람에게 있으면 성이 되고, 육률이 사람에게 있으면 정이 된다'고 말했다. 성은 인・의・예・지・신이다. 정은 희・노・애・락・호・오이다."("翼奉云, '五行在人爲性, 六律在人爲情. 性者仁・義・禮・智・信也. 情者喜・怒・哀・樂・好・惡也.") 육률이란 중국 고대 음악의 여섯 음률을 가리킨다. 각각 음양으로 나뉘어 12음률이 된다. 이때 양률을 육률, 음률을 육려(六呂)라고 칭하기도 한다.

20) 원문: 性情者何謂也? 性者陽之施, 情者陰之化也. 人稟陰陽氣而生. 故內懷五性六情. 情者靜也. 性者生 也… 五性者何? 仁・義・禮・智・信也… 人生而應八卦之體. 得五氣以爲常. 仁・義・禮・智・信是也. 六情者何謂 也? 喜・怒・哀・樂・愛・惡謂. 六情所以扶成五性.

성과 정은 무엇인가? 성은 양의 베풂(施), 정은 음의 화함(化)을 이른다. 사람은 음양의 기(氣)를 받아 태어난다. 그래서 [마음] 속에 오성과 육정을 품고 있다. 정은 정(靜, 고요함)이다. 성은 생(生, 삶)이다. (중략) 오성은 무엇인가? 인·의·예·지·신이다. (중략) 사람이 태어나면 팔괘의 체(體)에 응한다. 오기(五氣)를 얻어 상(常)이 된다. 인·의·예·지·신이 그것이다. 육정은 무엇인가? 희·노·애·락·애·오이다. 육정은 서로 도와서 오성을 이룬다.

즉 희·노·애·락·애·오가 육정이요, 인·의·예·지·신은 오성이라는 것이다.21) 양쪽 모두 음양의 기에서 생김은 같다. 다만 정은 음기로, 성은 양기로 나뉘어 다르다. 이렇듯 한대의 성정설은 기로만 설명된다. 그러다가 송대(宋代)에 이르면 '정은 기, 성은 리'라는 구별이 생긴다. 그 계기는 정이천(程伊川)의 '성즉리(性卽理)'라는 명제에 있다. 이를 계승한 주자는 리기론, 성정론을 새롭게 구축한다. 이로부터 리기, 성정에 관한 논의가 다양하게 전개된다. 나아가 그 논의에 사칠(론)이 더해진다. 특히 조선에서는 리기, 성정, 사칠에 관한 논의와 함께 사칠을 둘러싼 논쟁이 활발하게 전개된다.

여기서 주의를 환기해 두고 싶은 것이 있다. 주리와 주기가 그렇듯 리기, 성정, 사칠 역시 짝개념이라는 사실이다. 짝개념이란 '같이 있어야 존재할 수 있는 개념'을 뜻한다. 사칠을 예로 들면 '사단이 없으면 칠정도 없고, 칠정이 없으면 사단도 없다.' 그 관계는 '불상잡 불상리'요, '불즉불리(不卽不離)'이다. '하나이면서 둘, 둘이면서 하나'요,

---

21) 반고의 육정설의 영향이리라. 후일 거기에 욕(慾)을 더한 희·노·애·락·애·오·욕의 칠정이 일반화된다.

'불일불이(不一不二)'이다. 사칠은 '다르지만 같이 있음, 같이 있지만 다름' 내지 '따로 있으면서 같이 있음, 같이 있지도 따로 있지도 않음'이라는 관계에 있다. 이때 '같이'란 '선후(先後), 위 아래, 우열 등 구별이 없음'을 함의한다. 또는 '묘합'을 상징한다.

사칠은 (리기도 성정도) 묘합된 채 '함께 동정(動靜)'하면서 복잡다양한 모습으로 드러난다. 이런 모습을 '리기의 움직임(動)'을 통해 간단명료하게 풀이하려는 논의가 사칠론이다. 사칠과 그 묘합된 리기를 어떻게 배열하고, 그 움직임을 무슨 용어로 표현하면 알기 쉬울까? 이런 문제를 풀이하는 방식은 여럿일 수 있다.[22] 또한 어떤 상황/목적이나 의도/성향 등에 따라 사람마다 달라질 수도 있다. 그 방식을 둘러싼 논쟁이 (조선에서) 전개된 것이다. 다만 그 묘합을 풀이하기란 쉽지 않다. 더욱이 간단명료한 풀이는 단순화의 오류를 수반한다. 거기에는 '미처 짜깁지 못한 언어가 있다.' 그런 탓에 어떤 방식도 (누구에게나) 흡족한 풀이가 되기는 어려우리라.

2) 주자설

'주자의 사칠론=주자설'을 검토하기 전에 다져둘 것이 있다. 주자학은 삼원(론/사고)에 바탕을 두고 있다는 사실이다. 따라서 주자학을 이원이나 일원으로 규정함은 오류이다. 주자학은 '리기 이원론'이라는 통설은 오류의 전형이다. '리, 기 일원론' 역시 오류이다. 리기의 한 쪽(=나무)만 보는 셈이다. 따라서 삼원을 '주로 삼고' 이원, 일원을 넘

---

[22] 비유하면 풀이라는 목적지는 하나이나 그 도달 코스는 사람들의 선택에 따라 여럿일 수 있다.

나들면서 '리기와 그 사이'의 전체(=숲)를 봐야 한다. 그래야 리기론의 온전한 모습을 볼 수 있다. 이제 주자의 리기론, 성정론, 사칠론의 일부 모습을 『주자어류』(140권, 1270년 출판)를 중심으로 살펴보고자 한다.23)

주자의 리기론: 리기의 공동(共動), 무선후(無先後)

먼저 주자의 리기론이다. 『주자어류』권1, 리기상(上), 태극천지상(太極天地上)에서 주자는 말한다: "태극은 다만 천지만물의 리(太極只是天地萬物之理)"일 따름이요, (이렇게만 본다면) "필경 리가 먼저[앞서] 있다(畢竟是先有此理)"(1)라고. 이를 강조하듯 "천지가 있기에 앞서 필경 리가 있었다(未有天地之先 畢竟也只是理)"(1)라고도 말한다. 여기서 두 가지 사실을 확인할 수 있다. 하나는 '태극=리'로 본다는 사실. 또 하나는 '리가 먼저, 기는 다음'이라는 '리선기후'를 말했다는 사실이다. 이때 '말했다'고 표현한 이유는 후술하듯 주자가 '그것과 다른 말'도 하기 때문이다.

이렇듯 주자는 '태극=리'로 본다. 다만 '태극'의 출전인 『주역』에는 그것이 리인지 기인지 언명되어 있지는 않다.24) 그런데 『주역』 계사전상에는 "살고 [낳고] 살림을 역이라 한다(生生之謂易)"라면서 "역에 태극이 있으니 이것이 양의(음양의 기)를 낳는다(易有太極 是生兩儀)"

---

23) [송(宋)] 여정덕(黎靖德) 편, 왕성현(王星賢) 점교(點校), 『朱子語類』전8책(북경: 中華書局, 1986)의 제1책을 인용한다. 그 페이지는 숫자만 표기한다.
24) 과연 태극은 리기 어느 쪽일까? 관점에 따라 달라질 것이다. 단, 시공간을 넓혀 보면 '리도 기도 될 수 있음'이 옳을 듯하다. 태극은 리기 양쪽을 포함/포용한다고 봄이 타당할 것이기 때문이다.

는 말이 나온다. 이때 '태극이 양의를 낳음'이란 두 갈래 함의를 지닌 다고 볼 수 있다. 첫째, '태극은 음양의 기보다 먼저 있음'을 함의한 다. 따라서 주자처럼 '태극=리'로 본다면 '리가 기보다 먼저 있다'라고 말할 수 있다.

둘째, '태극은 (음양의 기에 앞서) 스스로 움직임'을 함의한다. '스스로 움직여야 음양의 기를 낳을' 수 있을 것이기 때문이다. 그래서 주자처럼 '태극=리'로 본다면 당연히 '리는 스스로 움직인다'라고 말할 수 있다. 실제로 주자는 "움직여 양을 낳는 것도 리일 따름이요(動而生陽 亦只是理), 고요히 음을 낳는 것도 리일 따름이다(靜而生陰 亦只是理)" (1)라고 말한다. 한 마디로 리의 동정론(動靜論)이다.25) 이처럼 주자는 '리동(理動)'은 물론 '리가 스스로 움직임(理自動)'을 당연시한다.

여기서 두 가지 주의를 환기해 두고 싶다. 먼저 '정=고요함'이란 '부동(不動)=움직이지 않음'일 뿐 '불능동(不能動)=움직이지 못함'을 뜻하지 않는다. 다음으로 (주자의) '태극=리'란 이른바 본연(本然)의 리를 가리킨다고 볼 수 있다. 그렇다면 본연의 리는 '(스스로) 움직인다'라고 말해도 좋으리라. 물론 본연의 리가 움직일 때는 (같이 있는) 기와 함께 움직인다. 그러면 '곧' 유행(流行)의 리가 된다. 달리 말해 본연이든 유행이든 리는 기와 함께 '거의 동시에, 하나인 것처럼' 움직인다.26) 즉 리기는 '공동(共動)'한다. 따라서 리가 '무위(無爲)인가,

---

25) '동정'이라는 대개념 역시 짝개념이요, 그 관계는 '이이일'이다. 삼원 사고와 그 논리에 바탕을 두고 있다. 앞으로 언급할 여러 대개념도 마찬가지다.
26) 여기에 '성즉리'를 대입하면 본연의 성이든 기질(氣質)의 성이든 성은 정과 함께 '거의 동시에, 하나인 것처럼' 움직인다.

유위(有爲)인가'라는 논의는 그다지 의미가 없다. '무위이면서 유위'요, 간결히 말하면 '무위의 위(爲)'인 까닭이다(후술).

덧붙이면 '동(動)'이란 '발(發)'을 함의한다.27) 왜냐면 (스스로) '움직임 없이 발함 없고, 발함 없이 움직임 없다'고 말할 수 있기 때문이다. 따라서 '리동'이란 '리발'을 함의한다. 리발은 기발의 짝개념이요, '리가 발하면 기도 발하고, 기가 발하면 리도 발한다.' 달리 말해 리기는 '다르지만 같이 있으면서' 함께 '발동(發動), 발현(發現/發顯), 발용(發用)'한다.28) 또는 리는 (본연의 리이든 유행의 리이든) 기와 함께 '거의 동시에, 하나인 것처럼' 발한다. 즉 '공발(共發)'한다. 그래서 주자는 '리발, 리가 스스로 발함'을 당연시한다.29)

리기에는 선후가 있을까? 단적으로 말하면 없다. 다만 어떤 관점에 따라 선후를 따져 볼 수는 있다. 그렇다 해도 '잠정적'일 뿐 시공을 넓혀 보면 그 의미는 사라진다. 리기의 선후는 '실은' 없기 때문이다. 예컨대 주자는 앞서 봤듯 "천지가 있기에 앞서 필경 리가 있었다"라고 '말했다.' 그 이유는 '천지만물의 본원'인 태극을 리로 보면, 즉 본원론의 관점에서는 '리선기후'인 까닭이다.30) 그러나 이어서 "리가 있

---

27) 그뿐만 아니라 '수(隨, 따름), 승(乘, 탐)' 등도 함의한다(후술). 이를테면 '발, 수, 승' 등이 넓은 뜻의 '동'의 범주에 속하는 셈이다.
28) 이렇듯 '발'은 다의성을 지닌다. '발동, 발현, 발용' 등은 각각 뉘앙스가 다르긴 하나 모두가 '움직임, 나타남, 작용함'의 유위를 뜻함은 같다.
29) 따라서 리가 '발하는가, 발하지 않는가/못하는가'라는 논의도 그다지 의미 없다. 그럼에도 후술하듯 율곡은 '리=무위'라면서 '사단=리발'은 물론 '리발'을 배제한다. 이에 관해서는 제3절에서 비판적으로 검토할 것이다.
30) 그래서 주자는 말한다(『주자문집(朱子文集)』권59, 「答趙致道」): "본원을 논하면 리가 앞서 있고 기는 뒤에 있다"라고. 그러나 이어서 "품부(稟賦)를 논하면 기가 앞에 있고 리는 뒤에 따라 붙는다(隨具)"고 말한다. 즉 품부론에 입각하면 '기선리후'라는 것이다. 나아가 "기가 있어야 리가 있고, 기가 없으면 리도 없다"고 말한다.

자마자 곧 기가 있으니 [함께] 유행하여 만물이 발육한다(有理便有氣流行發育萬物)"(1)라고 말한다. 현상론의 관점에서는 리기는 선후 없이 유행한다는 뜻이다. 좀 더 확인해 보자.

"[淳이]31) 묻기를 '리가 먼저인가, 아니면 기가 먼저인가?' [주자가] 답하기를 '리는 기와 떨어져 있는게 아니다(理未嘗離乎氣). 단, 리는 형이상자, 기는 형이하자이다. 형이상하로 말하면(自形而上下言) 어찌 선후가 없겠는가.'"(3) 그 선후는 '관점에 따라 따져볼 수 있을 뿐 실은 없다'는 뜻이다. 이어지는 질문에 주자는 이렇게 답한다: "본래 선후를 말할 수 없다. 그래도 꼭 소종래(所從來; 본원)를 따진다면 리가 먼저라고 말할 수 있다. 그렇다 고리가 별도의 일물(一物)은 아니다. 즉 기 안에 있다. 기가 없다면 리도 들어앉을 곳(揭搭處)이 없다."(3) 이처럼 주자의 리기론은 삼원 사고(의 논리)에 바탕을 두고 있다.

주자의 성정론: 성정의 공발(共發)

이와 더불어 주자의 성정론을 살펴보자. 『주자어류』(권5)의 성정심의등명의(性情心意等名義)에서는 "마음[성+정]은 이발-미발의 틈이 없다(心無間於已發未發). 철두철미하게 그렇다. 어찌 이발-미발을 자르겠는가(截做)!"(86)라고 말한다. 이발-미발은 '같이 있다'는 뜻이다. 이렇게도 말한다(87): "성은 태극과 같다(性猶太極也). 마음은 음양과 같다. 태극은 음양 속에 있으니 음양을 떠날 수 없다. 다만 각각 논하면 태극은 스스로 태극이요, 음양은 스스로 음양이다. 생각컨대 성과

---

31) '淳'은 주자의 제자인 진순(陳淳, 호는 北溪, 1159~1223)이다. 그는 주자학의 핵심어들 (命, 性, 心, 情, 道, 理 등 26개)을 풀이한 『북계자의(北溪字義)』(상·하)를 남겼다.

마음 역시 그렇다. 이른바 일이이(一而二), 이이일(二而一)이다."
  그런데 제자인 백풍(伯豊, 吳必大의 자)이 "성에는 이발의 성과 미발의 성이 있다"(90)라고 말한다. 그 속에는 '기질의 성은 이발, 본연의 성은 미발'로 분별해야 하지 않을까요?'라는 질문이 담겨 있다고 볼 수 있다. 이에 주자는 "성이 조금 발하면 곧 정이다(性纔發便是情)"(90)라고 말한다. 그 말뜻은 이렇다: '(본연의) 성이 발하자마자 기질이 섞인 성이 됨과 동시에 정이 된다.' 거기에는 '미발 즉 아직 발하지 않은 본연의 성은 정과 다르니 따로 있음(이원), 이발 즉 이미 발한 기질의 성은 정과 같으니 함께 있음(일원)'이라는 뜻이 담겨 있다. 이는 주자/학의 명제인 '성발위정(性發爲情)'에 담긴 속뜻에 다름 아니다. 이때 '성발'은 곧 '리발'이요, '리는 (스스로) 발함'을 뜻한다.
  하나만 더 확인해 보자. 『주자어류』(권53) 맹자3 공손추상지하(公孫丑上之下)는 '성 [=리]의 발'을 이렇게 말한다(1287).

> 측은·수오는 인·의의 단이다. 측은은 스스로 정이고, 인은 스스로 성이다. 성은 곧 그 도리이다. 인은 본디 설명하기 어렵지만 '속-사이에선 [발하기 전에는] 도리어 애(愛)의 리이며, 발하여 나오면 바야흐로 측은이 있게 된다(中間却是愛之理, 發出來方有惻隱).'

예컨대 (사단의 하나인) 측은은 '정이면서 동시에 인의 단'이요, 인은 '성이자 애의 리'라는 것이다. 달리 말해 인은 '(본연의) 성의 속-사이에 (미발 상태에 있으면) 애(=情, 氣)의 리' 요, 인(=性, 理)이 '발하여 나오면 (곧 측은의 단이 되니) 측은이 있게 된다'라는 것이다. 여기서 다시 확인할 것은 주자가 '사단의 하나인 측은=인의 단'이든

'인=애의 리'이든 '발하여 나옴(發出來)'을 당연시하고 있다는 사실이다. 이로부터 후술할 '사단은 리의 발'이라는 주자설이 도출될 수 있음은 물론이다.

한편 주자는 '앞뒤 모순'인 듯한 말을 잇는다(1287): "인·의·예·지는 아직 발하지 않은(未發底) 도리이며, 측은·수오·사양·시비는 이미 발한(已發底) 단이다." 언뜻 보면 마치 '인·의·예·지(=性, 理)는 발하지 않음'인 듯하다. 그래서 앞서 말한 '리의 발'과 모순인 것처럼 여겨진다. 하지만 그처럼 여김은 오해요, 착각이다. '아직 발하지 않음'이란 '언제나 발하지 않음'도 아니요, '발하지 못함'도 아닌 까닭이다. '아직 발하지 않음'일 뿐 '언제든 발함, 발할 수 있음'이기 때문이다. 그래서 앞서 보았듯 '인=애의 리가 발하여 나오면 (그 단인) 측은이 있게 된다'고 주자는 말한 것이다.

이발-미발의 관계는 '이이일'이다. 둘은 같이 있다. 리기, 성정도 마찬가지다. 따라서 리기, 성정은 – 리가 본연의 리이든 유행의 리이든, 성이 본연의 성이든 기질의 성이든 – 함께 발한다. 즉 공발(共發)한다. 더욱이 그 선후를 따질 수(의미) 없이 '거의 동시에, 하나인 것처럼' 공발한다. 앞서 본 주자의 "유리편유기(有理便有氣)"나 "성재발편시정(性纔發便是情)"의 '편(便, 곧), 재(纔, 조금)'란 선후 없이 '거의 동시에, 하나인 것처럼'을 함의하는 용어라고 보아도 좋다.

주자의 사칠론: 사단=리발과 칠정=기발

주자는 사칠을 리기 배열로 풀이한 적이 있었을까? 있었을지 모르나 남겨진 기록은 거의 없다. 예컨대 그의 『사서집주(四書集注)』, 『주자문집』에는 그런 풀이가 없다. 다만 『주자어류』 공손추상지하에는 주자가 "사단은 리의 발, 칠정은 기의 발(四端是理之發, 七情是氣之發)"(1297)이라고 말했다는 기록이 있을 뿐이다.32) 따라서 이것이 거의 유일한 주자의 사칠론(=주자설)에 해당한다. 다만 이런 말을 하게 된 이유/상황/의도 등이 있었을 것이나 무엇인지는 알 수 없다.

아무튼 주자설은 사/칠의 '다름'을 강조하면서 '리발/기발'로 대비시켜 배열한 셈이다. 그런 만큼 '이원에 치우침, 리기의 공발에 어긋남'이라는 문제점이 있다. 따라서 이런 문제점에 대한 반문/반론이 생길 수 있다. 과연 위의 기록 뒤에는 보광의 다음과 같은 말이 이어진다 (1297): "희·노·애·오·욕[≒칠정]은 도리어 인·의[≒사단의 성]와 가깝다고 볼 수 있을 듯한데요(看得來如喜怒愛惡欲却似近仁義)." 그 속에는 '칠정-사단(의 성)은 가까이 [=같이] 있을진대 그 다름만 강조하면 곤란하지 않겠는가. 리발/기발의 대비는 리기의 공발에 어긋나지 않겠는가'라는 뜻의 반문/반론이 담겨 있다고 볼 수 있다.

보광의 말뜻을 알아챘으리라. 주자는 "본디 서로 가까운 곳에 있다 (固有相似處)"(1297)고 응답한다. '다름만 강조하면 곤란함, 공발에 어긋남'을 인정한 셈이다. 또는 주자설은 '완결된 명제가 될 수 없음, 미처 짜깁지 못한 언어가 있음'을 수긍한 셈이다. 이로부터 '어떻게 수정 보완하면 좋을까'라는 문제가 생긴다. 그러나 이런 문제는 거론되지 않았는지 관련 기록이 없다. 후일 조선에서 퇴계와 고봉 사이에 거론되기에 이르렀으니 그것이 사칠 논쟁의 시작이다.

---

32) 이 기록은 주자(호 회암[晦庵])의 제자인 보광(輔廣, 호 潛庵, 자 漢卿)이 작성한 어록 즉 『회암선생 어록』에서 발췌한 것이리라 추측된다.

2. 퇴계의 사단칠정론

퇴계의 사칠론은 초년설(1554년), 고봉과 논쟁하던 중에 내놓은 수정설(1560년경)의 둘로 나뉜다. 단순화의 오류를 무릅쓰고 정리하면 이렇다: 초년설은 사/칠과 리/기의 '이원=다름, 나눔'을 강조하고 있는 셈이다. 이에 대해 고봉은 사-칠과 리-기의 '일원=같이 있음, 나눌 수 없음'으로 반론한다.33) 이로써 양쪽을 아우르고자 한 셈이다. 결국 고봉의 반론을 수용한 퇴계는 (일원과 이원을 포함/포용하는) 삼원 사고에 입각한 수정설을 지어낸다. 그 수정설을 보완한 것이 『성학십도(聖學十圖)』(1568년)의 제6도에 부친 「심통 성정도설(心統性情圖說)」 속의 만년설이다.

1) 초년설

퇴계의 초년설은 「천명도설후서부도(天命圖說後敍附圖)」의 '천명신도(天命新圖)'에 나오는 "사단은 리의 발, 칠정은 기의 발"이다.34) 이는 퇴계가 53세 때(1554년) 정지운(鄭之雲, 1509~1561)의 '천명도(天命圖)'에 나오는 "사단은 리에서 발하고(發於理) 칠정은 기에서 발한다(發於氣)"라는 설을 그렇게 수정한 것이다.35) 우연인지 퇴계의 초년설은 앞서 본 주자설과 같다. 따라서 전술했듯 주자설의 문제점

---

33) 미리 주의하면 고봉에게는 '일원'이란 '같음(同)'이 아니라 같이 있음(同居)'을 뜻한다.
34) 퇴계의 '천명신도'의 원문은 『퇴계전서 10』, 六에 실려 있다. 앞으로 퇴계의 저술을 인용할 때는 퇴계학총서 편간위원회, 『퇴계전서』 총29책(퇴계학 연구원, 1989~1992)을 사용한다. 이 책의 각각은 앞 부분의 한글역과 뒷 부분의 원문으로 구성되어 있다.
35) 정지운의 '천명도'는 퇴계의 '천명신도'와 구별하여 '천명구도(天命舊圖)'라고 일컫기도 한다.

을 그대로 안고 있다. 아무튼 퇴계는 초년설을 지었을 당시 주자설을 '아직 보지 못했다'고 한다(후술).

고봉의 반론: 퇴계의 이원 사고 비판

그런데 퇴계의 초년설은 후일 고봉의 반론을 받게 된다. 이로부터 두 사람 사이에 사칠 논쟁이 벌어진다. 그 결과 퇴계는 수정설을 내놓게 된다. 그 발단은 퇴계가 기미(己未, 1559)년 초에 고봉에게 보낸 서한 속의 한 구절에 기인한다.36) "사단은 리에서 발하니 불선함이 없고, 칠정은 기에서 발하니 선악이 있다(四端之發純理故無不善, 七情之發兼氣故有善惡)"라는 구절이다. 이에 고봉은 기미년 3월의 서한에서 다음과 같이 반론한다.37)

> [위의 구절은] 리기를 나누어 양물(兩物)로 삼는 것이 된다. [또] 칠정은 성에서 나오지 않고 사단은 기를 타지 않는다는 것이 된다(是七情不出於性而四端不乘於氣也). 그 말뜻(語意)에 병(病; 문제)이 없지 않아서 후학(後學; 고봉)은 의심하지 않을 수 없다.

그의 반론은 두 가지다. 하나는 리기와 사칠을 각각 '둘로 나눔'에 대한 반론Ⅰ. 또 하나는 '사단=무불선 v. 칠정=유선악'에 대한 반론Ⅱ. 여기에는 '사단도 기를 타니까 선악이 있음' 곧 '사단=유선악'이 옳다는 뜻이 담겨 있다. 그의 반론은 이어진다.38)

---

36) 『퇴계전서5』,「與奇明彦大升, 己未」, 136.
37) 『퇴계전서5』,「附奇明彦非四端七情分理氣辯」, 150. 이 서한은 『高峰集』兩先生四七理氣往復書上篇 에는 「高峰上退溪四端七情說」이라는 제목으로 실려 있다(『韓國儒學資料集成』상, 233).

맹자가 말하는 사단은 본디 순전히 천리가 발하는 것이긴 하나 칠정 밖에서 나올 수는 없다. 즉 [사단은] 칠정 가운데 부절(符節; 리의 결에 맞음)의 묘맥(妙脈)일 뿐이다. 그런 데도 사칠을 대거(對擧), 호언(互言)하여 순리(純理)니 겸기(兼氣)니 말할 수 있을까?

이 역시 반론Ⅰ과 반론Ⅱ를 함의한다. 고봉은 '사단은 (천)리의 발'임을 긍정한다. 단, '사단=무불선'마저 긍정하지는 않는다. 왜냐면 사단은 "칠정 밖에서 나올 수는 없다" 곧 '(칠)정의 범주에 속하기' 때문이다. 그리고 칠정 가운데 '리의 결에 맞는' 묘맥일 뿐이기 때문이다.39) 그래서 '사단=순리 v. 칠정=겸기'라는 식의 '대거, 호언'은 곤란하지 않은가라고 반문한 것이다. 여기에는 리기든 사칠이든 '둘이면서 하나, 다르지만 같이 있음'의 양쪽을 봐야 한다는 뜻이 담겨 있다. 즉 삼원 사고를 해야 한다는 것이다.

이어서 "리는 주재(主宰)이고 기는 리의 재료이다. 둘은 '본디 분[=나눔]이 있긴 하나(固有分)' 그 사·물에 있어서는 '본디 혼륜하여 나눌 수 없다(固混淪而不可分開)'"(233; 151)라고 고봉은 말한다.40) 즉 리기의 '다름(=나눔)과 같이 있음(=나눌 수 없음)' 또는 '이이일'을 그렇게 표현한 것이다. 이때 그 초점은 후자의 '같이 있음, 일'에 있다. 사·물의 현실, 현상에서는 리기가 '혼륜함=같이 있음, 나눌 수 없음'

---

38) 『韓國儒學資料集成』상, 233;『퇴계전서5』, 151.
39) 거기에는 이러한 뜻이 담겨 있다: '사단은 무선악의 천리도, 본연의 성(=리)도 아니다. 이미 발한 리 즉 유행의 리요, 기질의 성이다. 리가 발하여 기와 함께 유행하면 곧 사단에는 사기(邪氣)가 따라붙거나 기질로 바뀌어 악이 침투할 수 있다. 따라서 사단은 '유선악'이라고 봄이 옳다.'
40) 이때 고봉의 '혼륜함'이란 '같음'이 아니라 '같이 있음'을 뜻한다(주33 참조).

을 강조한 셈이다.

또한 이렇게도 말한다: 리기가 현실, 현상에서 "유행, 발현(發見[現])할 즈음 과불급의 차는 없을 수 없다. 칠정의 발이 선도 악도 되며, 성의 본체에 '온전하지 못한 바(所不能全)'가 있게 되는 까닭이다"(233; 151)라고. 그 취지는 '리기의 유행, 발현에서의 과불급의 차로 인하여 정의 선악이 나뉜다. 성도 마찬가지다'라는 것이다. 이때 그의 염두에는 두 가지의 성이 있다. '온전하지 못한' 기질의 성과 '온전한' 본연의 성이 그것이다. 후자는 '무불선'이지만 전자는 '유선악'이다. 그래서 "선은 천명(天命)의 본연이고, 악은 곧 기품(氣稟)의과불급이다"라면서도 "사단·칠정은 애초에 두 가지 뜻(義)이 있는 것은 아니다"(233; 151)라고 말한다. 이렇듯 고봉의 반론Ⅰ과 반론Ⅱ는 거듭된다.

고봉은 기미년 3월의 서한을 이렇게 맺는다(233; 151-152: ①②는 인용자).

① 주자는 "희·노·애·락은 정이다. 그 미발은 성이다"라고 말했다. 그리고 성정을 논할 적마다 사덕(四德)과 사단을 말했다. 사람들이 깨닫지도 못한 채 기를 성이라 말할까 우려했기 때문일 것이다(蓋恐人之不曉而以氣言性也).
② 그러나 학자가 반드시 알아야 할 것은 '리는 기를 벗어나지 않음(理之不外於氣)'인 점과 '기가 과불급 없이 자연스럽게 발현됨은 리의 본체가 그러함[그렇게 함](氣之無過不及自然發見者 理之本體然也)'이라는 점이다.

먼저 ①의 주자의 말(주석)은 『중용집주』에 나온다. 또한 주자는

『맹자집주』공손추상에서 "측은·수오·사양·시비는 정이다. 인·의·예·지는 성이다"라고 말한다. '사단=정, 사덕=성'의 다름을 이원적으로 '대거'한 셈이다. 그 이유는 고봉의 말대로 '기를 성이라 말할까' 우려했기 때문일 것이다. 이렇듯 고봉은 이원(론/사고)의 필요성을 인정한다.

그러나 한편 ②에서 고봉은 '리는 기를 벗어나지 않음'을 말한다. 또한 '기의 자연스러운 발현은 리의 본체가 그러함'을 말하기도 한다. 이로써 리기가 '같이 있음'의 일원(론/사고)을 강조한 셈이다. 이에 대해 퇴계는 그의 첫 답서(第一書)에서 고봉이 리기를 '일물(一物)로 삼는' 것이 아닐까 의심하면서 그 잘못을 비판한다(후술). 하지만 이것은 '과도한' 비판이다. 고봉의 말②은 '일물로[=같음으로] 삼음'이 아니라 단지 '같이 있음'을 강조할 뿐이기 때문이다. 또한 '다름, 나눔'을 무시하지도 않는다. 달리 말해 '일원과 이원'의 양쪽을 본다. 다만 퇴계설이 '다름, 이원에 치우쳐 있음'을 비판할 따름이다.

퇴계의 답변: 고봉의 일원 성향 비판

이제 퇴계의 첫 답서(第一書「答奇明彦 非四端七情分理氣辯」)를 검토해 보자. 그 머리말에서 퇴계는 "성과 정의 변(辯; 판별)은 선유(先儒)들이 밝힌 것에 상세하다. [그럼에도] 사단·칠정을 다들(俱) 정이라고만 말한다. [나처럼] 리와 기로 나눠 말한 사람이 있는지 아직 보지 못했다"(123; 145)고 말한다. 여기서 "다들 정이라고만"이란 '사단-칠정이 같은 상위 범주의 정이라고 해서 그 같음만 말하면 안된다'는 뜻을 담고 있다. 달리 말해 '사단/칠정은 정의 하위 범주로서는 엄연히 다름을 말해야 한다'는 뜻을 담고 있다. 한편 "아직 보지 못했다"는 말은 자부심을 담고 있다. 사칠을 '리기로 나눠 말한' 자신의 설(=초년설)은 스스로 생각해 낸 것이라는 자부심이다.

그러나 퇴계가 '아직 보지 못했을' 뿐 '리기로 나눠 말한 사람'은 주자를 비롯해 실은 여럿 있었다. 예컨대 조선의 유숭조(柳崇祖, 1452~1512; 眞一齋)가 있다.41) 그의 『대학삼강 팔목잠(大學三綱八目箴)』「명명덕잠(明明德箴)」에는 "리의 움직임에 기가 끼어든 것이 사단의 정이고, 기의 움직임에 리가 따른 것이 칠정의 싹이다(理動氣挾四端之情, 氣動理隨七情之萌)"라는 사칠설이 나온다.42) 특히 그는 여러 주자학자의 글을 모은 『성리연원촬요(性理淵源撮要)』를 편찬했다. 거기에는 주자의 제자인 황간(黃榦, 1115~1221; 勉齋)과 원대의 학자인 정복심(程復心, 호는 林隱; 생몰 미상)의 사칠설도 포함되어 있다.

황간의 사칠설은 유숭조의 그것과 유사하다. 따라서 정복심의 사칠설만 보자. 『성리연원촬요』「심성정의지기리명(心性情意志氣理命)」에는 "리가 발하여 사단이 되고, 기가 발하여 칠정이 된다(理發爲四端, 氣發爲七情)"라는 글이 실려 있다. 또 「리기설 정복심 찬(撰)」의 일부도 실려 있는데 그 안에는 "사단은 리의 발, 칠정은 기의 발이다(四端者理之發, 七情者氣之發也)"라는 글이 포함되어 있다. 이와 같이 정복심의 사칠설은 (주자설에 따른 것으로) 퇴계의 초기설과 거의 같다.43)

---

41) 유숭조는 도학 정치가이자 사림파인 조광조(趙光祖, 1482~1519)를 길러낸 사람이다. 또한 김종직(金宗直, 1431~1492)이 양성한 사림파(=영남학파)가 정계에 등용되는 것을 도왔다.
42) 한국학 문헌연구소 편, 『大學三綱八目箴・性理淵源撮要・眞一齋先生遺集』(아세아문화사, 1974) 참조.
43) 훗날 퇴계는 정복심의 사칠설을 알게 되어 그의 글을 입수한다. 그리하여 자신의 그림(「심학

퇴계는 "어째서 사칠이라는 이명(異名)이 있는가?"라고 묻고는 각각 "'나아가 말한바 (所就以言之)'가 같지 않은 까닭이다"(123; 145)라고 스스로 답한다. 이어서 "리기는 모름지기(須) 같이 있어야 체가 되고 용이 된다. 본디 기 없는 리가 없고, 리 없는 기도 없다. 그렇다 해도 가리켜 말한 바가 다르면 구별이 없을 수 없다"고 말한다. 이렇듯 퇴계 역시 고봉처럼 '같이 있음과 다름'의 양쪽을 보고 있다. 퇴계는 후자를, 고봉은 전자를 강조함이 다를 뿐이다. 따라서 퇴계든 고봉이든 상대의 말과 논리를 수긍하고 합심하면 삼원(론/사고)에 입각한 사칠설을 지어낼 소지가 있었다.

그러나 첫 답서를 보면 아직은 아니었다. 퇴계는 고봉의 반론을 일부 수긍하면서도 그의 일원 성향을 비판한다. 먼저 반론II를 이렇게 반박한다(124; 145-146): "천명지성(天命之性)"[『중용』제1장]과 맹자의 "성선지성(性善之性)"이란 "리기가 부여된 가운데 리의 원두본연처(原頭本然處)를 가리켜 말한 것이 아니겠는가?" 이때 "성지본연(性之本然)"이 바로 내가 말하는 리를 가리킨다. 그래서 "순선무악(純善無惡)"이라고 말한 것이다. 즉 '사단=무불선이란 본연의 성을 주로 하여 말한 것이니, 그리 알고 반론II를 거두라'는 뜻이다. 그 속에는 '기질의 성을 주로 하면 사단=유선악이니 반론II가 성립하겠지만…' 이라는 언외의 뜻이 담겨 있다고 보아도 좋을 것이다.

다음으로 퇴계는 반론I을 이렇게 반박한다(124; 146): 송대 성리학자들이 "기질지성"을 논하게 된 이유는 사람이 "태어난 후(稟生之

도(心學圖))을 『성학십도』의 여섯째 그림인 「심통성정도(心統性情圖)」 상·중·하의 상도로 편입한다. 그런 다음 이를 다시 수정 보완하여 자신의 만년설을 지어낸 것이다.

後)"의 성을 "본연지성"과 혼칭할 수 없는 까닭이다. 그러니까 "성에 본성[본연], 기품[기질]의 다름"이 있듯 "정에도 사단과 칠정의 나눔"이 있다. 이처럼 "성을 리, 기로 나누어 말할 수 있거늘 어찌 정은 리, 기로 나누어 말할 수 없겠는가?" 여기에는 '다름, 나눔'의 의의를 강조하는 뜻이 담겨 있다. 이를 표명/설명하고자 퇴계가 사용한 (도구) 용어가 '주리, 주기'에 해당하는 그 유사어이다.

> 사단의 발을 맹자는 마음이라 말했다. 마음은 본디 리기의 합이다. 그런데 [맹자가] 가리켜 말한 바가 '리에 주함(主於理)'은 무슨 까닭인가? 인·의·예·지의 성이 순수하게 있는 가운데 '사는 그 단서'인 까닭이다. 칠정의 발을 주자는 '본래 당연한 법칙(當然之則)이 있다'고 말했다. 그러니 [칠정에도] 리가 없는 것이 아니다. 그런데 [주자가] 가리켜 말한 바가 '기에 있음(在乎氣)'은 무슨 까닭인가? 외물(外物)이 오면 곧바로 감[응]하여 먼저 움직이는 것이 형기(形氣)인데 '칠은 그 묘맥(苗脈)'인 까닭이다. (124; 146)

이어서 퇴계는 반문한다. 사칠을 "그 '좇아 나오는 바(所從來)'에 따라 각각 주된 바와 중한 바를 가리켜 말한다면 그 한쪽을 리라하고 다른 한쪽을 기라 한들 무슨 불가함이 있겠는가?"(124; 147)라고. '사단은 리를 주로[=주리로], 칠정은 기를 주로[=주기로]' 하여 나눌 수 있다는 뜻이다.44) 다만 고봉의 반론에도 '옳음(是)'이 있음을 수긍하면서 이렇게 말한다. "의리(義理)의 학"에 이르려면 "같음 속에 다름이 있음과 다름 속에 같음이 있음을 보아야 한다. 둘로 나눠도 미상리(未嘗離)를 해치지 않고, 하나로 합해도 불상잡(不相雜)에 돌아감

---

44) 여기서 확인할 것은 퇴계는 '주리, 주기'를 단지 도구 개념으로 사용할 뿐이라는 사실이다.

으로써 두루 치우침이 없어야 한다"(124-125; 147)라고. '일원, 이원 어느 쪽에도 치우치지 말고 삼원 사고를 하라'는 말인 셈이다.

퇴계의 삼원 사고와 이원 강조의 이유

이렇듯 '삼원 사고를 하라'면서도 퇴계는 '다름, 나눔' 즉 이원의 의의를 강조한다. 거기에는 '삼원 사고를 하되 그 안에 포함/포용되어 있는 이원을 무시하지 말라'는 뜻이 담겨 있다. '고봉은 일원에 치우쳐 있지 않은가'라고 의심하고 이를 비판하기 위함이다. 그러나 퇴계의 이런 의심은 '잘못된' 것이다. 거듭 말하나 고봉 역시 일원과 이원의 양쪽을 보면서 그 어느 쪽에도 치우치지 않고 삼원 사고를 하기 때문이다. 다만 퇴계설에 담긴 이원의 문제점을 지적하고자 일원을 강조할 따름이다.

덧붙이면 퇴계가 이원의 의의를 강조함에는 깊은 이유가 있으리라 여겨진다. 그 단서는 퇴계가 말한 '의리의 학' 속에 감춰져 있다. 주지하듯 퇴계는 '리학, 도학'을 세우고자 힘쓴 분이다. 이때 '리, 도'란 선악, 시비 등을 분별하는 기준을 표상한다. 달리 말해 선악, 시비 등의 '다름, 나눔'을 판단하는 원칙을 표상한다. 따라서 그 '기준, 원칙'을 이끌기 위해서는 이원 사고가 필수불가결하다. 또한 '리학, 도학'을 세우기 위해서도 그렇다. 이런 이유로 퇴계는 그토록 이원의 의의를 강조한 것이라고 이해된다.

아무튼 퇴계는 고봉에게 '엄중한' 비판을 가한다(125; 147-149): "같음(同)을 기뻐하고 떨어짐(離)을 미워하며, 뭉뚱그리기(渾全)를 좋아하고 쪼개기(剖析)를 싫어한다. 그 소종래를 따지지도 않고 대충

(概) '사칠은 리기를 겸하고 선악이 있다'고 여긴다."45) 또한 '기의 자연스러운 발현은 리의 본체가 그러함'(앞서 본 고봉의 말②)이라고 하니 "이는 리기를 일물(一物)로 삼아 나눌 바 없다는 것이 된다"라는 '과도한' 비판도 한다.46) 나아가 "나정암(羅整菴)이 '리기는 이물(二物)이 아니라'는 설을 부르짖어 주자설이 그르다고 했다"면서 그러나 "그와 흡사하다고 말하지는 않겠다"라는 경고적 비판마저 한다.47)

퇴계의 경고적 비판은 이어진다: "학문을 강(講)하면서 나눔을 싫어하고 합하여 하나로 설(說)함에만 힘씀을 옛사람은 골륜탄조(鶻圇吞棗, 대추를 두리뭉실 삼키면 맛을 모름)라고 했으니 그 병이 적지 않다. 이렇게 계속하면 부지불각에 기를 성이라 논하는 폐(蔽)에 빠져 인욕을 천리로 오인하는 환(患)에 떨어지리니 어찌 가(可)하겠는가!"(125; 149) 다만 이 역시 고봉에게는 '과도한' 비판에 다름 아니다. 고봉은 '기를 성이라 논하는 폐에 빠지거나 인욕을 천리로 오인하는 환에 떨어진' 적이 없기 때문이다. 그렇긴 하나 퇴계의 경고적 비판을 보면 '왜 그토록 이원을 강조하는지'를 더욱 이해할 수 있으리라.

---

45) 이는 '엄중한' 만큼 '과도한' 비판인 셈이다. 고봉은 '같음'을 기뻐하거나 '뭉뚱그리기'를 좋아한 적이 없기 때문이다. 주43에서 말했듯 고봉의 '혼륜함'은 '같이 있음'을 뜻하는 까닭이다.
46) 이것이 '과도한' 비판인 이유는 고봉의 말②은 리기를 '일물로 삼는' 것이 아니기 때문이다.
47) 나정암(이름은 欽順, 1465~1547)은 『곤지기(困知記)』를 저술하여 당시 명 나라에서 유행하던 양명학을 비판하고 주자학을 옹호했다. 왕양명(王陽明, 1472~1528)의 '심즉리'설을 배격했던 것이다. 단, 그는 주자학을 벗어난 듯한 주장도 했다. 퇴계는 나정암을 이렇게 비판한 적이 있다: "이단[양명학]을 물리친다 말하나 겉으로는 배척하면서도 속으로는 돕고, 왼쪽을 막으면서도 오른쪽을 끌어내니 실로 정주(程朱)의 죄인이다." (『퇴계선생언행록』권5,「숭정학(崇正學)」, 『퇴계전서17』, 217.)

2) 수정설

퇴계는 첫 답서 끝에서 말한다: "요사이 우연히 『주자어류』 가운데 맹자의 사단을 논한 곳에서 (중략) '사단은 리의 발, 칠정은 기의 발'이라는 [주자]설을 보았다." 그래서 "나의 소견이 크게 잘못되지 않았음을 믿게 되었다."(125; 149) 그즈음 퇴계는 자기설과 똑같은 주자설을 알고 '확신하게' 되었다는 것이다. 이를 근거로 답서를 이렇게 맺는다: 각자 견해에 "차가 있을 경우 선유의 오랜 설을 [채]용함만 못하니 주자설로 이를 대신하고 우리의 설은 버림이 온당할 듯한데 어떠한가?" (125; 149-150)

고봉의 재반론: 삼원 사고에 입각한 퇴계설 수정 요구

그러나 고봉은 수긍하지 않았다. 도리어 자신의 견해를 12개 절에 걸쳐 상론한 「고봉답퇴계론사단칠정서」라는 답서를 보내어 재반론을 펼친다. 그 골자가 거의 망라되어 있는 제1절만 간략히 정리해 보자. 먼저 『주자어류』의 "'사단은 리의 발, 칠정은 기의 발'에는 곡절(曲折)이 없을 수 없다"(『韓國儒學資料集成』상, 235)라고 말한다. 그 취지는 이렇다: '그렇게만 나누면 곤란함에도 주자설이 나왔다면 거기에는 어떤 이유/상황/목적이 있었을 것이다. 따라서 액면 그대로 받아들일 수 없다'는 것이다. 주자설의 '짜깁지 못한 언어'를 보완 수정해야 한다는 견해의 표명인 셈이다.

다음으로 퇴계의 첫 답서에 있는 '정에는 사단과 칠정의 나눔이 있고, 성은 본성과 기품의 다름이 있다'는 말은 "마땅"하며 "나 역시 그렇게 여기지 않은 적이 없다"라고 답변한다. 그런 다음 주자가 "천지의 성을 논할 때만 리를 가리켜 말할 뿐, 기질의 성을 논할 때는 리기를 섞어서 말한다(論天地之性則專指理言, 論氣質之性則以理與氣雜而言之48))"라고 했다면서 이를 근거로 "리의 발은 본디 바꿀 수 없을지라도 기의 발은 오직 기만 가리키지는 않을 것"임을 지적한다(235). 여기에는 '천지의 성=리의 발'은 옳다. 그러나 '기질의 성은 리기가 섞인 것'이니 '기의 발'로만 논하면 안된다는 반론이 담겨 있다.[49]

셋째로 '리기묘합'을 예로 들어 말한다: "맹자는 리기묘합 가운데 오직 리에서 발함만을 가리켜 무불선이라 했으니 사단이 그것이다. [반면] 자사(子思)는 리기묘합 가운데 그 혼륜(混淪)을 말한다. 즉 정은 본디 리기를 겸하고 선악이 있음이니 칠정이 그것이다."(235) 이렇듯 고봉은 '칠정=겸리기, 유선악'에 입각한다. 따라서 '칠정=기의 발'은 불완전한 명제로서 수정이 필요하다. 또한 사단도 정이니 '리의 발, 무불선'만 말할 수 없고 역시 수정이 필요하다. 이렇듯 퇴계설의 수정을 제안한 것이다

끝으로 고봉은 "주자의 말은 명백간약(明白簡約)해서 학자들의 견해에 이동(異同)이 없을 수 없다"(236)는 말을 던진다. 이때 '명백간약'이란 '짜깁지 못한 언어'를 담고 있다는 뜻이다. 그러니까 주자설을 보완 수정할 필요가 있다는 뜻이다. 과연 고봉은 제7절에서 "사단은 기에 타고, 칠정은 성에서 나온다(四端乘於氣, 七情出於性)"라는 견해를 제시한다. 그러면서 "리기는 서로 좇고 떨어지지 않음(理氣之相循

---

48) 『주자어류』권4 「性理一」, 67.
49) 또한 '리의 발'도 오직 리만 논하면 안된다는 언외의 반론도 담겨 있다고 볼 수 있다.

不離)에서 얻은 소견인데 허(許)하실런지요?"(240)라고 퇴계의 의향을 묻는다. 고봉의 견해는 '리기=이이일'에 입각한 만큼 주자설(=퇴계의 초년설)보다 한층 뛰어난 설인 셈이다.

퇴계의 고봉 비판 수용과 수정설의 제시

이러한 고봉의 답서를 받은 퇴계는 「답기명언 론사단칠정 제이서(第二書)」를 보낸다. 그 첫머리에서 "가르침과 깨우침(誨諭)"을 받고서 "나(滉)의 전서[第一書]에는 말이 거칠고 잘못되어 타당치 못한 곳이 있음을 알았다. (중략) 그 개본(改本)을 앞면에 써서 가부를 여쭙고, 그 뒤에 두번째 답서(第二書)를 부쳤으니 밝게 회답하여 가르쳐 주시기 바란다"(129)고 말한다. 고봉의 견해와 수정 제안을 겸허하게 받아들일 뜻을 표명한 말이다.

퇴계는 이렇게도 말한다: 그대의 답서에는 "[나의] 어리석고 망령됨을 버리지 않고 곡진하게 깨우쳐 여는 뜻이 지극히 깊고 간절했다."(131; 162) 그 참뜻을 알고 보니 그대의 설에는 "본디 병이 없는데 내가 잘못 보고 망론(妄論)한 것도 있고, 깨우침을 받고 나서 내 말이 타당치 못한 것도 있음을 스스로 깨달았다. [다만] 깨우쳐 준 것과 내가 들은 것과는 본(本)이 같아서 다름없는 곳도 있고, 본은 같으나 쏠림(趨)이 다른 곳도 있다. [그런 까닭에] 견해가 달라서 끝내 따르지 못할 곳도 있다."(132; 163) 이렇게 분류한 다음 퇴계는 '본은 같으나 향함이 다른 곳'을 중심으로 풀어나간다.

그 '본은 같음'이란 "리기의 불상리와 칠정의 겸리기"(133; 166)와 "사단에 기가 없는 것이 아니고, 칠정에 리가 없는 것이 아님"(134;

167)은 (우리 둘의 견해가) '본디 같음'을 가리킨다. 다만 그 사이에 "본은 같으나 말(末)이 다름"(134; 167)이 있을 뿐인데 그대는 같음에, 나는 다름에 쏠려 있다. 그러니 '다름도 보라'고 당부한 뒤 퇴계는 자신의 뜻을 해명한다. "나 역시 '칠정이 리의 간[섭] 없이 외물(外物)에 감(感)하여 동(動)한다'고 말하지는 않는다. 또한 '사단도 [외]물에 감하여 동함'은 칠정과 다름없다"(135; 167)라고. 즉 사칠의 '다름만 아니라 같음[=같이 있음]도 보면서 리기를 함께 말하겠다'는 뜻이다.

이런 뜻을 딛고 퇴계는 "사는 리가 발하여 기가 따르고, 칠은 기가 발하여 리가 타는 것(四則理發而氣隨之, 七則氣發而理乘之)"(135; 167)이라는 수정설을 제시한다. 이것을 '리=사람, 기=말'의 비유로써 해설한다(135-136; 167). 그리고 "'리발이기수지'란 주리로 말한 것일 뿐이요, 리가 기에서 벗어난다고 말함이 아니니 사단이 그것이다. '기발이리승지'란 주기로 말한 것일 뿐이요, 기가 리에서 벗어난다고 말함이 아니니 칠정이 그것이다"(137; 168)라고 종합한다.50) 퇴계의 수정설은 고봉의 반론을 받아들여 함께 만든 합작품인 셈이다. 거기에는 리기와 사칠이 '이이일, 일이이'의 삼원(론/사고)으로 아우러져 있다.

3. 퇴계의 만년설과 율곡설

퇴계는 훗날 수정설을 보완한다. 그 결과가 만년설이다. 이것을 그

---

50) 여기서도 퇴계는 '주리, 주기'를 단지 도구 개념으로 사용할 뿐이라는 사실을 확인할 수 있다.

는 1568년에 지은 『성학십도(聖学十図)』의 '제6 심통성정도(心統性情圖)'에 삽입한다. 그 내용은 이렇다: "사단의 정은 리가 발하여 기가 따른다(理發而氣隨之). 스스로 순선무악이다. 다만 리가 발하되 미처 이루지 못한 채 기로 덮이면 불선이 될 뿐이다. 칠자(七者)의 정은 기가 발하여 거기에 리가 탄다(氣發而理乘之). 역시 불선은 없으나 만약 기가 발하되 맞지 않아서(不中) 그 리를 없앤다면 [마음이] 방탕하여 악이 된다." 그 요지는 '사단=리발기수(理發氣隨), 칠정=기발리승(氣發理乘)'으로 배열한 명제에 농축되어 있다.

퇴계 만년설의 특징

그 특징을 살펴보자. 먼저 '사단도 칠정도 같은 정'임을 명기한다. '둘로 나눔'에 대한 고봉의 반론Ⅰ이 투영된 셈이다. 다음으로 고봉의 반론Ⅱ에 담긴 뜻인 '사단도 칠정도 유선악'을 새롭게 짜깁기한 명제를 제기한다. '사단은 본디 순선무악=무불선이지만 불선이 되기도 함'과 '칠정 역시 무불선이지만 악=불선이 되기도 함'이다. 이것은 '사칠=유선악의 같음과 그 각각의 다름'을 함의한다. 끝으로 '사단=리발기수, 칠정=기발리승'은 사칠의 '이원=다름'과 함께 리기의 '다름과 일원=같이 있음'의 묘합을 풀이한 것이다. 거기에는 일원과 이원을 아우르는 삼원(론/사고)이 투영되어 있다.

율곡의 비판과 율곡설의 특징

퇴계의 만년설은 치밀하면서도 간단명료하다. 다만 단순화의 오류와 '짜깁지 못한 언어'가 있음을 피할 수는 없다. 따라서 누구든 다른 풀이 방식을 제시할 수 있다. 율곡은 성혼(成渾, 1535~1598; 字는 浩原, 號는 牛溪)에게 보낸 서한(「答成浩原 壬申」)에서 다른 방식을 제시한다.51) 그 첫머리에서 율곡은 리기를 이렇게 묘사한다.52)

리는 기의 주재요, 기는 리가 타는 곳이다. 리가 아니면 기는 뿌리내릴 곳이 없고, 기가 아니면 리는 기대어 드러날 곳이 없다. 이미 이물이 아니요, 또 일물도 아니니 일이이이다. 일물도 이물도 아니니 이이일이다. 일물이 아님이란 무엇이뇨? 리기는 서로 떨어질 수 없을지라도 묘합 가운데 리는 스스로 리요, 기는 스스로 기이다. 서로 섞이지 않으니 일물이 아니다. 이물이 아님이란 무엇이뇨? 리는 스스로 리요, 기는 스스로 기일지라도 서로 섞여 벌어짐이 없다. 선후도 이합도 없으니 이물이 되어 [각자 따로] 나타남이 없다. 그래서 [리기의] 동정에는 단서가 없고, 음양에는 처음이 없다.53) 리에 처음이 없으니 기 역시 처음이 없다.

리기는 '일이이, 이이일'이요, '불상리, 불상잡'임을 강조하여 묘사한 것이다. 이렇듯 율곡은 리기의 속성과 관계를 삼원(론/사고)에 입각하

---

51) 그 이전에 성혼은 퇴계설을 지지하는 서한을 보냈다. 이에 율곡은 1572(壬申)년, 첫 답서(第一書로 표기함)를 보낸다. 거기서 퇴계설을 반박하여 수정한 자신의 설을 제시했던 것이다. 이후 6년 동안 두 사람은 일련의 서한을 교환하면서 '사단칠정과 함께 인심도심' 논쟁을 벌였다.
52) 원문: 理者氣之主宰也, 氣者理之所乘也. 非理則氣無所根柢, 非氣則理無所依著. 旣非二物, 又非一物. 故一而二. 非一物, 非二物 故二而一也. 非一物者 何謂也? 理氣雖相離不得 而妙合之中 理自理, 氣自氣. 不相挾雜 故非一物也. 非二物者 何謂也? 雖曰理自理氣自氣而渾淪無間. 無先後無離合, 不見其爲二物也. 是故動靜無端, 陰陽無始. 理無始 氣亦無始也. (『栗谷全書』, 卷10, 「答成浩原 壬申」[第一書])
53) 여기서 '단서가 없음'이란 '첫마디도 끝마디도 없음'을, '처음이 없음'이란 '또한 끝도 없음'을 함의한다. 달리 말해 '처음과 끝, 선후를 나누거나 따질 수 없음'을 함의한다.

여 명확하게 인식하고 있다.

위의 인용문에서 첫 문장을 주목하고 싶다. 거기에는 '사칠=기발리승'이라는 자신의 설을 내세우려는 의도가 담겨 있기 때문이다. 따라서 첫 문장은 이렇게 의역할 수 있다: '리는 기를 주재할 따름이요, (스스로) 발하지 않는다/못한다. 다만 (스스로) 발하는 기에 탈 뿐이다.' 이런 뜻을 율곡은 다음과 같이 표명한다.54)

대저 발하는 것은 기요, 발하는 소이가 되는 것이 리이다. 기가 아니면 발할 수 없고, 리가 아니면 발할 곳[=뿌리/근본]이 없다. 발 이하의 23자는 성인(聖人)이 다시 일어날지라도 이 말을 바꾸지 않겠다.55) 선후도 이합도 없으니 [퇴계설처럼] 호발(互發)을 말할 수 없다. (중략56) 퇴계는 이로 [주자설로] 인해 '사단=리발이리수지, 칠정=기발이리승지'라는 설을 세워 논한다. 이른바 '기발이리승지'라 함은 가하다. 단지 칠정만 그러함이 아니라 사단 역시 '기발이리승지'이다.

'사칠=정은 기이니 기발만 가능하다. 따라서 기발이리승만 옳다'는 뜻

---

54) 원문: 大抵發之者氣也, 所以發者理也. 非氣則不能發, 非理則無所發. 發之以下二十三字 聖人 復起 不易 斯言. 無先後無離合 不可謂互發也… 退溪因此而立論曰 '四端理發而氣隨之, 七情 氣發而理乘之.' 所謂 '氣發而理乘之'者可也. 非特七情爲然 四端亦是'氣發而理乘之'也. (「答成 浩原 壬申」[第一書]).
55) 이것은 율곡이 부친 주이다. 거기에는 자신이 주장하는 '發之者氣也, 所以發者理也. 非氣則 不能發, 非理則無所發'의 23자에 대한 강한 자부심이 담겨 있다. 단, 강한 만큼 과도한 주장이자 집착이요, 그런 만큼 무리(無理)이자 옳지 않다. '과불급'의 폐를 범한 셈이다.
56) 이 '중략' 부분에서 율곡은 리기를 나누어 배열함을 비판한 다음 이렇게 말한다: 주자의 '리에서 발하고 기에서 발한다'라는 설에는 반드시 어떤 뜻[=그런 설을 내세운 의도/목적/상황]이 있다. 그럼에 도 오늘날에는 그 뜻을 얻지도 못한 채 단지 그런 설을 지키기만 하면서 [그처럼] 나누어 끌어댄다. 어찌 엎치락뒤치락하다가 그 참뜻을 잃지 않겠는가! (원문: 朱子'發於理發於氣'之說 意必有在. 而今者 未得其意 只守其說 分開拖引. 則豈不至於 轉轉失眞乎!) 이로써 주자설을 반박한 셈이다.

이다. 즉 '사칠=기발리승'의 율곡설을 내세운 것이다.57) 그 특징의 하나는 '사칠은 같은 정(=기)임'을 강조함에 있다. 그런 만큼 사칠의 '일원=같음'에 치우친 셈이다. 따라서 사칠의 '이원=다름'은 제외된다. 다만 (퇴계설과 공통되는) '기발리승'은 리기의 '이원=다름과 일원=같이 있음'을 포함/포용하고 있다. 거기에는 삼원(론/사고)이 투영되어 있다.

또 하나의 특징은 '사단=리발'을 배제함에 있다. 더욱이 이를 뒷받침하려는 의도가 강한 탓인지… '리발'마저 배제한다. 전술했듯 '리는 (스스로) 발하지 않는다/못한다. 다만 (스스로) 발하는 기에 탈 뿐이다'라는 것이다. 이와 함께 '호발'이라는 용어를 지어낸다. 이로써 퇴계설을 '호발'설이라 규정하여 부정한 셈이다. 과연 율곡의 '규정, 배제'는 옳은지, 거기에 '과불급'의 폐는 없는지… 사견을 섞어 가면서 그 문제점을 검토해 보기로 하자.

율곡설의 문제점: '리발 배제'의 과도함

먼저 율곡의 '호발'이란 리기가 (마치 선후가 있는 것처럼) '따로/번갈아 발함'을 뜻한다고 볼 수 있다. 그렇다면 이를 배제함이란 리기의 (선후 없는) '공발'이 옳다는 뜻이건만 … 율곡은 앞서 '리발'을 배제하고 있으니 '앞뒤 모순'이 생긴다(후술). 아무튼 퇴계설을 '호발'설이라 규정할 수 있을까? 결론부터 말하면 규정할 수 없다. 하긴 주자

---

57) 거듭 말하나 율곡설을 보고 '율곡=주기(파/론)'라고 한다면 잘못된 시각이다. '기발리승'이 어찌 '주기'란 말인가! 그 말뜻을 설명할 때 율곡도 퇴계처럼 '기를 말, 리를 사람'에 비유한다. 이는 '말을 탄 사람이 끌려만 다님'을 뜻할 리 없다. 당연히 '사람이 말을 다룸, 주도함'을 뜻한다. 그런 뜻에서 '기발리승'은 오히려 '주리'를 담고 있다. 실제로 율곡은 "리는 기의 주재(理者氣之主宰)"(앞의 인용문)라고 말한다. '주리'를 표방한 셈이다. 덧붙이면 율곡 역시 '주리, 주기'를 도구 개념으로 사용한다.

설인 '사단=리발, 칠정=기발'의 경우 이것만 보면 '리기 호발'로 규정할 수 있을 듯하다. 단, 거기에 '짜깁지 못한 언어'나 어떤 의도/목적/상황이 있음을 감안한다면… 또는 주자학의 '숲'을 본다면 그럴 수 없으리라. 특히 퇴계설인 '사단=리발기수, 칠정=기발리승'은 결코 '리기 호발'일 수 없다. '리발기수, 기발리승'이란 (뒤에서 밝히듯) '리기 공발'을 함의하기 때문이다. 그런 뜻에서 퇴계설은 '호발'설이 아니라 '공발'설이다.58)

다음으로 율곡의 '리발 배제'는 주55에서 지적했듯 '과도한' 주장이자 집착이다. 그런 만큼 무리이자 옳지 않다. 그 이유는 주자가 '리가 스스로 발함'을 당연시함에만 있지 않다. 또는 주자설, 퇴계설의 '리발'에만 있지 않다. 이와 함께 (율곡도 말하는) 리기의 '이이일, 불상리'에 입각해도 '리발 배제'는 옳지 않다. 거듭 말하나 리기는 '같이 있으면서' 공발하기 때문이다. 나아가 (율곡설도 퇴계설도 공유한) '기발리승'의 함의를 밝혀 봐도 '리발 배제'는 옳지 않다.

그 '기발리승'의 함의를 밝혀 보자. 주27에서 언급했듯 '발, 승'이란 '동'을 함의한다. 그리고 '승'이란 '발'을 함의한다. 따라서 '리승=리가 (기를) 탐'이란 '리발=리가 (기와 함께) 발함'을 함의한다. 생각해 보라. 리가 발하지 않는다면 (또는 발하지도 않고) 어떻게 기에 탈 수 있겠는가! 기가 발하는데 어찌 '같이 있는' 리가 발하지 않겠는가! 이렇듯 '기발리승'이란 '리기 공발'을 함의한다.59) 그런 뜻에서 율곡설 역시 '리발'을 배제한 것은 아닌 셈이다. 그럼에도 율곡은 '사단=리발

---

58) 따라서 율곡의 '호발 배제'는 '대상을 그르친' 잘못된 것이다.
59) 이는 '리발기수'에도 마찬가지로 적용된다. '수' 역시 '발'을 함의하기 때문이다.

배제를 뒷받침하려는 의도가 강한 나머지 … 그런 탓에 '리발'마저 배제하려는 '과불급'의 폐를 범한 셈이다.

율곡의 '리발 배제' = '본연의 리, 리의 체는 미발': '과불급'의 폐

이런 사실을 율곡은 어느 정도 인식하고 있었으리라 여겨진다. 실제로 율곡은 '리발'을 '완전히 배제'하지는 않는다. 이를 율곡의 '두번째 답서'에서 확인해 보자.60)

> 리는 형이상이요, 기는 형이하이다. 둘은 서로 떨어질 수 없다. 이미 떨어질 수 없으니 그 발용(發用)은 하나요, 따로/번갈아 발용함이 있다고 말할 수 없다. 만약 '따로/번갈아 발용함이 있다'고 말하면 이는 리가 발용할 때 기는 못미침, 기가 발용할 때 리는 못미침이 있기도 하다(는 뜻이 된다). 그렇다면 리기에 이합과 선후가 있고, 동정에 단서가 있고, 음양에 처음이 있다는 것이니 그 어긋남(錯)이 작지 않다.

여기서 주목하고 싶은 것은 (서로 연관된) 두 구절이다. 하나는 "발용은 하나"라는 구절이다. 이로써 리기가 '함께 발용함(공발)'을 인정한 셈이다. 또 하나는 "리가 발용할 때"라는 구절이다. 이것은 곧 '리의 발용'을 인정한 셈이다. 다만 율곡의 '리의 발용'이란 '리의 용은 발하나(=리발 인정), 리의 체는 발하지 않음/못함(=리발 배제)'의 양의성을 지닌다고 볼 수 있다.61) 이로부터 리발의 '인정과 배제'라는

---

60) 원문: 理形而上者也, 氣形而下者也. 二者不能相離. 旣不能相離 則其發用一也, 不可謂互有發用也. 若曰 '互有發用'則是理發用時 氣或有所不及, 氣發用時 理或有所不及也. 如是則理氣有離合有先後, 動靜有端, 陰陽有始矣, 其錯不小矣. (『栗谷全書』, 권10,「答成浩原」[第二書])
61) 단, 이는 율곡의 체/용 '이원론적' 입장에 따른 해석일 따름이다. 체용 역시 짝개념이요, '리의 체와 용은 (같이 있으니) 함께 발한다'고 봄이 옳다.

앞뒤 모순이 생긴다. 그 모순을 해소하려는 듯 율곡은 "기가 아니면 [=없으면] 리는 발하지 못한다(非氣則理不發)"라는 말을 앞세운 뒤 자신이 말한 '리의 발용'의 본뜻을 다음과 같이 밝힌다.62)

> 리의 본연은 본디 순선이지만 기를 타고 발용하니 선악이 나뉜다. 오로지 기를 타고 발용함과 유선유악만 보면 리의 본연을 모름이요, 대본을 인식하지 못함이다. 오로지 리의 본연만 보면 기를 타고 발용함을 모름이니 악으로 흐를 수도 있고, 도둑을 자식으로 오인할 수도 있다.

그 본뜻은 바로 "기를 타고 발용함"을 가리킨다는 것이다. 거기에는 '유행의 리'는 '리의 용으로서 이미 발함(已發)'이요, 그래서 "리의 발용"을 말했을 뿐이라는 뜻이 담겨 있다고 본다. 또한 '본연의 리'는 '리의 체로서 아직 발하지 않음(未發)'이니 "리는 발하지 못한다"고 말했다는 뜻도 담겨 있다고 본다. 이처럼 '체/용, 본연/유행을 (대립적으로) 나눈' 셈이다. 이렇게 보면 율곡은 사칠의 '일원=같음'과 함께 '리발 배제'에 집착한 탓에 역설적으로 이원(론/사고), 이항 대립에 빠져든 측면이 있다.

율곡은 위에서 보듯 '기를 타고 발용함 즉 리의 유행과 리의 본연의 양쪽을 보라'고 말한다. 삼원 사고를 강조한 셈이다. 그렇다 해도 율곡의 집착과 그 '과불급'의 폐를 지적하지 않을 수 없다. 거듭 말하나 주자/학은 '체/용, 본연/유행을 나눌 것 없이 리는 (스스로) 발함'을 당연시하기 때문이다. '아직 발하지 않음'이란 '언제나 발하지 않

---

62) 원문: 理之本然者 固是純善而乘氣發用 善惡斯分. 徒見其乘氣發用有善有惡 而不知理之本然, 則是不識 大本也. 徒見其理之本然 而不知其乘氣發用 或流而爲惡, 則認賊爲子矣. (「答成浩原」[第二書])

음/못함'이 아니요, '언제든 발함, 발할 수 있음'인 까닭이다.

그럼에도 율곡은 ('사단=리발' 배제를 뒷받침하기 위한) '리발 배제'의 집착을 견지한다. 이를 보강할 목적으로 율곡은 '세번째 답서'에서 이렇게 말한다.63)

> 리기는 본디 불상리요, 마치 일물과 같다. 그렇지만 서로 다른 소이가 있다. 리는 무형이요, 기는 유형이다. 리는 무위요, 기는 유위이다. 무형무위이면서 유형유위의 주(=주재, 도[道])가 되는 것이 리이다. 유형유위이면서 무형무위의 기(器)가 되는 것이 기이다.

리기의 '일원=같이 있음'을 전제한 뒤 그 '다름'을 '리=무형, 무위 v. 기=유형, 유위'로 대비한 것이다.64) 다만 이런 대비는 단순화의 오류를 비롯한 문제점이 있다. 특히 그 이항 대립 구도는 리기의 '진정한' 관계를 그르칠 수 있다. 먼저 '리=무형, 기=유형'이란 '리=형이상, 기=형이하'를 뜻하는 한에서 옳을 뿐이다. 그러나 시공간을 넓혀 보면 리기는 각각 '무형일 수도 유형일 수도' 있다고 봄이 옳다. 다음으로 '리=무위, 기=유위'는 이원에 치우친 만큼 옳지 않다. 리기는 각각 '무위일 수도 유위일 수도' 있다고 봄이 옳다. 그리고 무위란 '무위의 위'를 함의한다. 무엇보다 무위와 위는 (무형과 유형도) 짝개념

---

63) 원문: 理氣元不相離, 似是一物. 而其所以異者. 理無形也, 氣有形也. 理無爲也, 氣爲有也. 無形無爲而 爲, 有形有爲之主者理也. 有形有爲而爲無形無爲之器者氣也. (『栗谷全書』 卷10, 「答成浩原」[第三書])
64) 주의를 환기하면 율곡만 이런 대비를 하는 것은 아니다. 퇴계도 주자도 '논의상 필요에 따라' 이런 대비를 한다. 그뿐만 아니라 주자학자 누구든 마찬가지다. 그렇긴 하나 (예외가 있을지라도) 거의 모두가 무형-유형, 무위-유위은 짝개념이요, 그 관계는 '이이일'임을 인식하고 있다.

이요, 그 관계는 '이이일'이기에… 율곡의 대비는 문제점이 있다는 것이다.65)

오해하지 않기를 바란다. 율곡설의 문제점을 지적함은 그 의의를 폄하하려는 뜻이 아님을. 또한 퇴계설은 의의만 있고, 문제점이 없다는 뜻도 아님을. 퇴계설도 율곡설도 단순화의 오류를 안고 있다. 수많은 언어의 짜깁기 과정을 거쳐 나온 것이나 '짜깁지 못한 언어'가 있다. 따라서 그 단순화된 틀만 보면 안된다. 그 일부 용어에 집착하거나 그 올가미에 걸린 채 이해/해석하면 더욱 안된다. 오해, 편견, 혼란 등을 초래할 수 있다. 이를 피하려면 일원에도 이원에도 머물지 말아야 한다. 특히 이항대립을 타파해야 한다.66) 그리하여 나무만이 아니라 숲을 보라! 손가락만 보지 말고 달을 보라! 이를 위해 (주자학의 바탕에 깔린) 삼원 사고와 그 활용이 필요하다.

맺음말

이승환(2012)은 사칠과 그 묘합된 리기의 배열을 설명할 새로운

---

65) 위의 인용문에 이어서 율곡은 말한다: "리는 무형이고 기는 유형이니 리는 통하고 기는 국한된다. 리는 무위이고 기는 유위이니 기가 발하면 리는 그 위에 탄다." (원문: 理無形而氣有形 故理通而氣局. 理無爲而氣爲有 故氣發而理乘.(「答成浩原 第三書」) 이처럼 '리=무위, 기=유위'로써 자신의 '사칠=기발리승'설을 정당화함과 함께 '리=무형, 기=유형'으로 '리통기국(理通氣局)'설을 내세운다. 후자의 '리통기국'설은 리기의 관계나 속성을 밝히기 위한 방식의 하나일 수 있다. 그러나 역시 이원에 치우친 만큼 옳지 않다. 단적으로 말하면 '리가 통이면 기도 통이요, 기가 국이면 리도 국이다.' 따라서 '리통기국'설이 성립한다면 '기통리국'설 역시 성립한다고 볼 수 있기 때문이다.
66) 이와 함께 각종 중심주의, 근대주의, 오리엔탈리즘을 포함한 '근대의 주박'을 극복해야 한다. 그 바탕에는 이원 특히 이항대립 사고가 자리잡은 까닭이다.

틀을 제안한다. 퇴계설은 좌우로 배열한 '횡설'이요, 율곡설은 상하로 배열한 '수설'이라는 것이다. 이로써 '퇴계=주리(파) vs. 율곡=주기(파)'라는 이항대립의 틀을 폐기하고, 그 대안을 제시하고자 한 것이다. 동시에 '주리, 주기'라는 용어의 잘못된 사용을 비판한 것이다. 그의 틀은 물론 사칠론과 리기론을 이해하는데 좋은 길잡이가 될 수 있다. 그렇지만 문제점도 있다. '퇴계설=횡설 vs. 율곡설=수설' 역시 이항대립의 틀에 다름 아니기 때문이다. 미리 말하면 퇴계설은 횡설만이 아니요, 율곡설은 수설만이 아니다.

이승환은 "주자의 성리학은 '횡설'과 '수설' 그리고 '발설'로 이루어져 있다"(57)고 말한다. 주자/학의 삼원(론/사고)을 감지한 셈이요, 옳은 말이다. 단, 퇴계의 성리학도 퇴계설도 마찬가지다. 더욱이 주자설을 보완 수정한 퇴계설이야말로 '그렇다'고 말해야 옳다. 퇴계설은 횡설만이 아니다. 퇴계설의 '사칠 나눔'은 횡설이지만 '사=리발기수, 칠=기발리승'은 양쪽 모두 수설이자 발설이다. '리발기수' 역시 발설이요, 또한 '기가 리를 따름(隨)'이니 일종의 수설이라고 말해도 좋기 때문이다. 따라서 율곡설의 '사칠=기발리승'은 수설만이 아니요, 발설이자 수설이다.

퇴계설과 율곡설의 조화/보완

아무튼 퇴계설과 율곡설은 다르다. 사칠과 리기를 보는 관점의 차이가 투영되어 있는 까닭이다. 단순화의 오류를 무릅쓰고 말하면 이렇다: 퇴계설은 도덕-가치론과 존재-현상론의 두 관점을 함께 담고 있다. 사칠이 같은 정이긴 하나 '사단은 리에 가깝고, 칠정은 기에 가깝다'는 사실을 드러내고자 그 '다름'을 (두 관점으로) 대비하여 풀이한 셈이다. 한편 율곡설은 (도덕-가치론을 접어둔 채) 존재-현상론의 관점만 담고 있다. 사칠이 같은 정이니 그 '같음'을 강조하여 풀이한 셈이다. 따라서 양자의 설 사이에는 '초점 불일치'가 생긴다. 다만 그럴 따름이요, 어느 설이 '옳다, 그르다'를 따짐은 그다지 의미가 없다고 말해도 좋으리라.67)

그렇다면 양자의 설은 대립적일까? 아니면 조화/보완적일까? 거기에는 '미처 짜깁지 못한 언어가 있음'을 무시하면… 그 어떤 관점에만 초점이 쏠린다면 마치 대립적인 듯 보일 수 있으리라. 그러나 넓게 보면 '대립적이면서 조화/보완적임'이 옳으리라. 비유컨대 '나무와 나무의 다름만 보면 대립적일 것이오, 나무의 같음과 아울러 숲을 본다면 조화/보완적일 것이다'라는 뜻이다. 그럼에도 '초점 불일치'를 무시한 채 '옳다, 그르다'를 따지는 논의, 논쟁은 후대로 이어졌다.68)

그런데 이승환은 "조선의 주자학자들이 '횡설'과 '수설' 가운데서 한 가지씩만을 채택하여 서로 자기의 이해 방식이 맞는다고 주장했던 것"(58)이라고 말한다. 일부 사실이긴 하나 조선 유학사의 한 줄기만 본 셈이요, 넓게 보면 옳지 않다. 왜냐면 (다카하시도 밝혔듯) '영남학파임에도 율곡 사칠론이 옳다, 기호학파임에도 퇴계 사칠론이 옳다'라고 했던 유학자들이 있었던 까닭이다. 달리 말해 비학술적 요인이나 정치적 이해 관계를 떠나 퇴계와 율곡의 설을 (열린 시각으로)

---

67) 또는 어느 설을 '선택하느냐'는 각자 기호/시점의 차이일 뿐이라고 볼 수 있다.
68) 그리고 지금껏 이어져 왔다. 그 배경에는 근대 이래에 퍼진 근대주의와 이원/이항대립 사고의 영향이 있다. 게다가 무의식 중에 식민지 사학의 '당파성론'이 깔려 있으니 비판/타파해 나가야 한다.

냉철하게 비평/평가한 유학자들이 헤아릴 수 없을 만큼 많이 있었기 때문이다. 그들은 양자의 설을 조화/보완적으로 본 셈이다.69)

사칠 논쟁과 성정론, 리기론의 의의

각설하고 조선의 사칠 논쟁에 담긴 의의를 추론해 보자. 그 의의는 가늠할 수 없을 만큼 많으리라 여겨진다. 이 가운데 사견을 세 갈래로 정리하면 다음과 같다. 먼저 그 바탕을 이루는 삼원 사고의 의의이다. 일원(론/사고)과 이원(론/사고)을 포함/포용하면서 동시에 지양하여 아우름하는 삼원 사고. 이것이 얼마나 광대무변한 시공간과 사고/력의 지평을 열어 주는지 상상/추측해 보라. 삼원 사고는 무엇보다 '생, 생생(화화)의 사고'요, 거기에는 '나, 너, 우리' 또는 '천지인' 사이의 대립이 아닌 '상통, 상보, 상화'를 지향하는 지혜가 듬뿍 담겨 있다. 이와 더불어 삼원 사고의 전형인 한 사상이 결합할 때 그 사고/력의 지평은 무한한 잠재력과 가능성을 지닌 시공간으로 펼쳐질 것이다.

다음으로 사단과 칠정의 심성론/성정론에 담긴 의의이다. 맹자의 성선설에 바탕을 둔 측은·수오·사양·시비의 마음이 인·의·예·지의 단 즉 사단이다. 이와 묘합된 희·노·애·락·애·오·욕이 칠정이다. 이것들 사이의 상호연관과 복잡다양한 관계를 논하면서 수기치인(修己治人)에 힘쓰던 유학자들. 이로써 도를 추구하고 자기 수

---

69) 그런 유학자는 수없이 많지만 대표적으로 한 사람만 든다면 다산 정약용(丁若鏞, 1762~1836)이 있다. 그 검토는 생략하나 이승환(2012)의 제7장 '성리 논쟁에 대한 다산의 메타비평'을 참조하기 바란다.

양하면서 사람을 다스림=다살림하던 유학자들. 그들이 아니더라도…보통 사람 누구든, 예컨대 사단의 측은지심 하나만 깨우쳐 실천해도 '도리, 인정(人情)'의 덕/힘(virtue, L: virtù)이 알차게 우러나오고, 그 '선한 영향력'은 널리 퍼져 나가리라. 그리하여 사람들 관계와 사회는 '상호 존중, 배려, 신뢰' 등이 풍성한 공동체를 이루어 나가리라.70)

　사칠론은 다양한 학문을 포함/포용하고 있다. 예컨대 도덕-가치론, 존재-현상론, 행동-실천론과 이와 관련된 윤리학, 논리학, 심리학 등이다. 넓게 보면 인간학, 자연-현상학, 철학 등으로 이어진다. 이들 학문의 다채로운 소재가 사칠론에 농축되어 있다고 볼 수 있는 까닭이다. 더욱이 각각 분과(分科)된 과학이 아니라 서로 얽혀 주고받는 종합 학문을 사칠론은 지향한다고 볼 수 있기 때문이다. 그런 뜻에서 사칠론은 '오래된 미래'의 학문이요, 앞으로 새롭게 전개되어야 할 '미완의 계기'로 남아 있다.

　마지막으로 사칠과 묘합된 리기론의 의의이다. 주자학은 리학/도학, 기학/물학, 그리고 심학 삼위일체의 학문이다. 이를테면 '인문, 자연, 사회' 과학을 아우르는 학문 체계인 셈이다. 리기론은 그 체계의 한 축을 이룬다. 여기서 다짐해 두고 싶은 것이 있다. 근대의 색안경을 쓴 채 주자학을 재단(裁斷)하지 말라. 서양형, 일본형, 자국형의 근대주의나 오리엔탈리즘에 빠진 채 주자학의 본래성을 손상하거나 변질시키지 말라는 뜻이다. 그리하여 '주자학 오해'를 극복해야 한다. 이를 전제로 다시금 언급하고 싶은 것은 리와 기가 무엇을 표상/함

---

70) 거기에 한국 전통 사상이 결합/가세한다면 '상통, 상보, 상화'의 지구 공동체를 구성/형성하는 일에 커다란 공헌을 하게 되리라. 한국 전통 사상은 거의 모두가 삼원 사고에 바탕을 두고 있다.

의하는가라는 문제이다.71)

리는 천지인물을 관통하는 '천리자연'의 법칙=자연법, 보편-공공의 (질서) 원리, 도리/ 도덕/규범 등을 표상한다. 그리고 모든 가치 판단의 '공평/공정한' 기준을 표상한다. 당연히 리는 존엄한 것이다. 천지인물은 리를 갖추고 있기에 역시 존엄하다. 특히 사람은 가장 존엄하다. 따라서 리는 '인간 존엄'을 함의한다. 누구나 '인간 존엄'을 마땅히 누릴 권리와 함께 자기와 타자가 '서로, 함께, 더불어' 누려야 할 권리와 의무를 함의한다. 또한 모든 사람의 당위적 '평등'도 함의한다. 리는 현실적 '불평등'을 '올바로=균/평하게' 규율하는 원리/규범 역시 표상하는 까닭이다.72)

---

71) 리의 표상에 관해서는 제1부 제1장이나 제1부 제3장, 제2부 제3장 머리말 등에서 언급한 적이 있다. 한편 기의 표상에 관해서는 제1부 제3장을 음미하기 바란다.
72) 그런데 이에 대한 반박이나 의문이 생길 수 있는 역사적 현실/사실이 있다. 주자학을 통치 이념으로 삼았던 조선의 신분 제도가 그것이다. 사·농·공·상(士·農·工·商), 양반·양인(良人; 평민)·천민(賤民), 공(公)·사(私) 노비(奴婢) 등이 존재했다는 현실/사실이다. 이를 어떻게 해석하는가는 견해/관점에 따라 달라진다. 주의할 것은 이념과 현실은 어디서나 필연적으로 괴리(乖離)를 수반한다는 점이다. 주자학의 이념과 유교 사회의 현실 사이에도 마찬가지다. 현실만 보고, 더욱이 편견으로 해석하면서 함부로 이념을 재단하면 안된다. 신분 제도의 폐단이나 문제를 인정하지만 조선의 그것을 오늘날의 시각에서(만) 해석하면 곤란하다. 세계 모든 국가는 역사적으로 각종 형태의 신분 제도를 유지해 왔다. 그 형태를 바꾸면서 현재에도 유지되고 있다. 이런 현실/사실을 비교역사적 시각으로 해석해야 마땅하다. 단순화의 오류를 무릅쓰고 사견을 말하면 이렇다: 조선의 신분 제도는 '계급 차별이 아니라 계층 구별'에 가깝다. 그 한계가 있을지라도 '계층 이동/변동'은 가능했고 끊임없이 이루어졌다. 특기하면 양반이 (어떤 방식이었든) 꾸준히 증가해 나갔다는 사실이다. 그 결과 오늘날 한국 사람은 거의 100% 양반을 칭한다.
한편 조선의 노비를 어떻게 볼 것인가는 수수께끼에 가까운 난제(aporia)이다. 단, 노예(slave)라고 볼 수 없다. '오해, 편견' 등과 함께 단순화/일반화의 오류를 범한 탓이다. 물론 노비의 '세습, 매매'는 오늘날 시각에서 보면 용납되지 않는 문제점이다. 그런데 실은 주자학 이념에 비추어 보아도 그렇다. 그래서인지 조선 시대를 통해 노비 제도에 대한 비판과 개선은 지속되었다. 게다가 노비 역시 조선의 법적 권리 주체였고, 소유권을 지녔으며 또한 '계층 이동/변동'이 가능했다. 나아가 조선은 결국 공노비를 폐지하고 기는 천지인물과 그 생명력, 활동력, 추진력 등을 표상한다. 기는 (최한기가 말하듯) 활동운화한다. 그리하여 천지인물의 생생화화 내지 상생, 상극, 상화를 이끈다. 사람의 기는 심기(心氣), 신기(身氣)요, 정기(正氣), 신기(神氣), 생기(生氣)' 등을 포함한다. 심기가 드러나면 인정이 된다. 이것과 신기가 결합하면 '기(끼), 멋/맛, 흥(興)' 등을 자아낸다. 나아가 타자를 아우르는 '동정, 공명, 공감' 능력을 키운다. 단, 리를 벗어난 기는 못된 욕정이 되거나 '사기(邪氣), 악기(惡氣), 살기(殺氣)'로 변할 수 있다. 따라서 기는 리의 주재(主宰)/제어(制御)를 받아야 비로소 올바른 정이 된다. 동시에 참된 생명력, 활동력, 추진력을 얻는다. 그런 뜻에서 리는 기를 살리고, 기는 리를 살린다. 리가 살아야 기도 살고, 기가 살아야 리도 산다.

(1801년), 사노비를 해방시켰다(1894년). 사견을 한 가지 제시하면 이렇다: '세습, 매매'라는 문제가 있긴 하나 공노비란 '급사(給仕), 하급 공무원'의 일종이요, 사노비란 사적으로 소유된 '하역인(下役人), 종업원'의 일종이라는 견해이다.

⟨참고문헌⟩

『退溪全書』『聖學十圖』『栗谷全書』『朱子語類』『朱子文集』『朱子大全』
『四書集注』『論語』『孟子』『中庸』『禮記』『周易』『國語』『漢書』『國語』
『白虎通』『五行大義』『大學三綱八目箴』『性理淵源撮要』

가와하라 히데키(川原秀樹)·김광래(金光來) 편역. 2011. 『高橋亨朝鮮儒学論集』. 知泉書館.
김형효. 1993. 『데리다의 해체철학』. 민음사.
김형효. 2003. 『물학 심학 실학』. 청계, 2003.
다카하시 도루 지음, 이형성 편역. 2001. 『다카하시 도루의 조선유학사』. 예문서원.
이승환. 2012. 『횡설과 수설』. 휴머니스트.
최진덕. 2000. 『주자학을 위한 변명 나정암의 理一分殊 철학』. 청계.
한형조. 2011. "'주기' 개념의 딜레마, 그리고 실학과의 불화," 『다산학』18호.
한형조. 2008. 『왜 조선 유학인가』. 문학동네.

인명 찾아보기

간다 코헤이(神田孝平, 1830~1898) ··· 248
건륭제(乾隆帝, 재위 1735~1796) ·· 165, 179, 185
고봉(高峰) 기대승(奇大升, 1527~1572) ········ 359, 367, 378~382, 386~391
고염무(顧炎武, 1613~1682) ·· 45
공친왕(恭親王, 1833~1898) ·· 199
김옥균(金玉均, 1852~1894) ·· 219
김원행(金元行, 1702~1772) ·· 156
김윤식(金允植, 1835~1922) ··· 208, 209, 219
김종후(金鐘厚, 1721~1780) ··· 174, 176
김홍집(金弘集, 1835~1895) ··· 212, 215, 229

나이토 코난(內藤湖南, 1866~1934) ··· 70, 286~289, 291
나정암(羅整菴, 1465~1547; 이름 欽順) ··· 387
나카에 쵸민(中江兆民, 1847~1901) ··· 59, 61~62
네모토 손시(根本遜志, 1699~1764) ··· 179
니시 아마네(西周, 1829~1897) ······· 237, 241, 245~249, 258~263, 274
니토베 이나조(新渡戶稻造, 1862~1933) ··· 308

다산(茶山) 정약용(丁若鏞, 1762~1836) ··············· 73, 77~93, 102~104
다카하시 토오루(高橋亨, 1878~1967) ··· 359~363, 366
담헌(湛軒) 홍대용(洪大容, 1731~1783) ··· 151~187
데니(O.N.Denny, 1838~1900) ··· 219, 222~226
도쿠가와 이에야쓰(德川家康, 1543~1616) ··· 49
동주(東洲) 이용희(李用熙, 1917~1997) · 315~317, 323, 324, 344, 351~354
동중서(董仲舒, BC176~104?) ··· 368

리훙장(李鴻章, 1823~1901) ··················· 204~206, 208~214, 220, 231

마젠충(馬建忠, 1845~1900) ··· 210~218

마루야마 마사오(丸山眞男, 1666~1728) ·· 54
마틴(W. A. P.Martin, 1827~1916) ··················· 196, 243, 244, 246, 247
메릴(H. F. Merrill, 1853~1936) ··································· 220~222, 231
모리 아리노리(森有禮, 1847~1889) ················ 198, 201, 202, 204~207
모스(Hosea Ballou Morse, 1855~1934) ································ 230~233
모토오리 노리나가(本居宣長, 1730~1801) ··· 58
묄렌도르프(P. G. von Möllendorf, 1848~1901) ······················ 219, 231
무로 규소(室鳩巢, 1658~1734) ··· 100
미야자키 이치사다(宮崎市定, 1901~1995) ································· 289, 290
미야케 간란(三宅觀蘭, 1674~1718) ··· 100
민영익(閔泳翊, 1860~1914) ·· 253

박영효(朴泳孝, 1861~1939) ···219, 250
박정양(朴定陽, 1841~1904) ·· 222, 224
박제가(朴齊家, 1750~1805) ·· 175, 185
박지원(朴趾源, 1737~1805) ·· 175, 185
반고(班固, 32~92) ·· 28, 368
보댕(Jean Bodin, 1530~1596) ·· 338
불(Hedly Bull, 1932~1985) ·· 232, 349, 350

사마천(司馬遷, BC145~BC86) ·· 27
사토 나오카타(佐藤直方, 1650~1719) ··· 101
서유구(徐有榘, 1764~1845) ·· 175
성혼(成渾, 1535~1598) ·· 393
슈펠트(Robert W. Shufeldt, 1822~1895) ·········· 208, 210~213, 216, 217
신일철(申一澈, 1931~2006) ······················· 315, 317, 321, 324
신헌(申櫶, 1811~1884) ······································· 212, 214~216

아렌트(H. Arendt, 1906~1975) ·· 68, 69
아사미 게사이(淺見絧齋, 1652~1712) ··· 100
야마가 소코(山鹿素行, 1622~1685) ······································· 56, 57, 122

야마자키 안사이(山﨑闇齋, 1618~1682) ·· 49, 50
어윤중(魚允中, 1848~1896) ·· 250
여곤(呂坤, 1536~1618) ··· 43
여유량(呂留良, 1627~1683) ··· 160~162, 182
영조(英祖, 재위1724~1776) ··· 157
예링(Rudolf von Jhering, 1818~1892) ·· 262
오규 소라이(荻生徂徠, 1666~1728) ·············· 53~56, 101, 122, 179, 305
옹정제(雍正帝, 재위1722~1735) ··························· 155, 182, 183, 185
왕기(王畿, 1472~1528) ··· 37, 38
왕양명(王陽明, 1472~1528) ··················· 34~37, 113, 114, 116, 387
요시다 쇼인(吉田松陰, 1830~1859) ·· 59, 63, 64
요코이 쇼난(橫井小楠, 1809~1869) ·· 59~61
우암(尤庵) 송시열(송시열, 1607~1689) ····································· 156~158
위안 스카이(袁世凱, 1859~1916) ·· 220, 223
웨베르(Karl I, de Weber, 1841~1910) ··· 222
유길준(兪吉濬, 1856~1914) ································· 208, 223, 225~228, 237,
                                                                          241, 249~258, 263, 266~274
유득공(柳得恭, 1749~1807) ··· 175
유숭조(柳崇祖, 1452~1512) ··· 383
육상산(陸象山, 1139~1192; 이름 九淵) ·· 34, 113
윤돈(尹焞, 1071~1142) ··· 181
윤증(尹拯, 1629~1714) ··· 156~158
윤휴(尹鑴, 1617~1680) ··· 157, 158
율곡(栗谷) 이이(李珥, 1537~1584) ······ 359~362, 367, 392~399, 401~403
이노우에 코와시(井上毅, 1843~1895) ··· 61
이덕무(李德懋, 1741~1793) ·· 93, 175
이서구(李書九, 1754~1825) ··· 175
이지(李贄, 1527~1602) ··· 40
이토 진사이(伊藤仁齋, 1627~1705) ······················ 51~53, 113, 120~122
이토 도가이(伊藤東涯, 1670~1736) ··· 100

전덕홍(錢德洪, 1496~1574) ··· 41
전우(田愚, 1841~1922) ·· 113
정이(程頤, 1033~1107; 별칭 伊川) ················ 30, 31, 113, 181, 369
정제두(鄭齊斗, 1649~1736) ·· 41, 157
정조(正祖, 1752~1800; 재위1776~1800) ········ 77, 89~93, 103, 104, 176
정지운(鄭之雲, 1509~1561) ·· 378
정호(程顥, 1032~1085; 별칭 明道) ······················ 29, 36, 113, 181
조준영(趙準永, 1833~1886) ·· 213
주자(朱子, 1130~1200) ························ 30, 31, 33, 115, 116, 119, 121,
180, 181, 281, 366, 370~377, 382, 383
증정(曾靜, 1679~1736) ·· 161, 162

체스터(H. Arendt, 1829~1886, 재임 1881~1885) ··················· 210
츠다 마미치(津田眞道, 1829~1903) ······································ 245

퇴계(退溪) 이황(李滉, 1501~1570) ··············· 359~362, 367, 378, 379,
382~393, 395, 401, 403

페어뱅크(John King Fairbank, 1907~1991) ···························· 232
풍종오(馮從吾, 1556~1627) ··· 41

하나부사 요시모토(花房義質, 1842~1917) ······························ 213
하버머스(Jürgen Habermas) ··· 69
한유(韓愈, 768~824) ··· 180
하안(何晏, 193~249) ··· 178
하야시 라잔(林羅山, 1583~1657) ··· 49
하트(Sir Robert Hart, 1835~1911) ······························ 220~222, 231
한문제(漢文帝, 재위 BC180~BC157) ······································ 27
형병(邢昺, 932~1010) ·· 178, 180
홀콤(Chester Holcombe, 1842~1912) ··································· 217
황간(黃幹, 1115~1221) ·· 383

황간(皇侃, 488~545) ··· 178, 179
황종희(黃宗羲, 1610~1695) ··· 44
혜강(惠岡) 최한기(崔漢綺, 1803~1877) ···················· 107~145, 406
후쿠자와 유키치(福澤諭吉, 1835~1901) ················ 59, 65, 66, 208,
250, 254~258, 263, 267
휘세링(Simon Vissering, 1818~1888) ······················· 245~248

■ 본문 찾아보기

『경국대전(經國大典)』 ··· 351, 352
『경세유표(經世遺表)』 ·· 85
고학(古學, 고가쿠) ·· 47, 48, 55, 122
고유한 근대 ··· 283, 285, 308, 313
『공법회통(公法會通)』 ··· 244
『공양전(公羊傳)』 ·· 86, 88
국학(國學, 고쿠가쿠) ·· 47, 48
균(均), 평(平) ············· 24, 82, 269, 270, 332, 333, 336, 342, 347, 348, 405
근대의 주박(呪縛) ·························· 12, 20, 143, 187, 189, 284, 323
『기측체의(氣測體義)』 ·· 112
『기학(氣學)』 ························· 112, 124~130, 131~133, 135, 137

『논어(論語)』 ································· 155, 177, 255, 347, 355

『대명율(大明律)』 ··· 80, 87, 90
『대의각미록(大義覺迷錄)』 ················· 155, 161, 162, 166, 177, 182~185
『대전통편(大典通編)』 ··· 80, 90
『대학(大學)』 ··· 36, 139, 347
『도덕경(道德經)』 ··· 83

리결(理缺) ································ 47, 57, 122~124, 275, 276, 297

『만국공법(萬國公法)』 ············ 196, 197, 214, 243~246, 328, 329, 341, 347
망국(亡國)의 한(恨) ·· 187, 189
『맹자(孟子)』 ··· 85, 166, 332
미토가쿠(水戶學) ·· 47, 48, 50, 122

『방례초본(邦禮草本)』 ··· 85
번방(藩邦) ··· 196, 197
번속(藩屬) ··· 196, 206, 214, 328, 329
병학적 근대 ·· 282, 285, 286, 298, 303
병학/병학적 사고 ·· 47, 124, 286, 298~300
보편의 특수화 ··· 47, 58, 124
『부케쇼핫도(武家諸法度)』 ··· 96, 98, 304

『사기(史記)』 ·· 27, 28, 75
사대(事大) ················· 315~318, 321~338, 344, 351, 353, 354
사대주의 ··· 315~324, 330
삼원 사고 ··················· 14~20, 153, 171, 172, 189, 240, 331
                           365, 367, 370, 374, 380, 386, 400, 403
『상자(商子)』 ·· 82
상화(相和) ··· 11, 14, 18, 19, 24, 110, 259
『서경(書經)』 ·· 74, 76, 78, 79, 83, 84
『서유견문(西遊見聞)』 ·· 253, 263
『설문해자(說文解字)』 ·· 23, 24, 140, 347
속국(屬國) ··· 191~198, 200~207, 210, 214,
                           221, 223~226, 230~234, 329
『속대전(續大典)』 ··· 87, 90
속방(屬邦) ··· 191, 193, 194, 197, 201~204, 206~213,
                           217~219, 221, 223~227, 230, 329
속번(屬藩) ·· 214, 220
『순자(荀子)』 ·· 84
실심실학(實心實學) ··· 281, 282, 309

아코(赤穗) 사건 ·· 77, 94, 97
『예기(禮記)』 ·· 25, 86, 137, 367
『오사다메가키(御定書)』 ··· 94
『왕양명전집(王陽明全集)』 ·· 34
유교적 근대 ································· 282, 285, 286, 293~298, 308
『이정전서(二程全書)』 ·· 30
이종교배(hybridization) ························· 11, 12, 143, 144, 287
이항대립 사고 ················· 13, 16, 153, 189, 299, 310, 324, 360, 362
『인정(人政)』 ································· 112, 132~136, 138~140, 142
음양론 ··· 17, 18

『전습록(傳習錄)』 ··· 36, 40
전통적 주권 ······································· 192, 327~329, 345, 346
주기(主氣) ············ 111~115, 117, 118, 120, 359, 362~366, 369, 385, 401
주리(主理) ············ 111~115, 117, 118, 122, 359, 362~366, 369, 385, 401
『주례(周禮)』 ································· 75, 79~81, 86, 87, 92, 98, 332, 333
『주역(周易)』 ··· 17, 371
『주자문집(朱子文集)』 ·· 50, 377
『주자어류(朱子語類)』 ······· 31, 39, 50, 56, 128, 129, 181, 371, 375, 377, 388
『중용(中庸)』 ·· 15, 134, 336
『진서(晉書)』 ··· 28
『진율(晉律)』 ··· 74
짝개념(das Begriffspaar, a pair of concepts) ································
 ·· 18, 23, 110, 112, 115, 331, 369

천리자연권(天理自然權) ························ 238, 239, 240, 268, 274
『청한론(清韓論)』 ····································· 222, 224, 225
『춘추좌전(春秋左傳)』 ·································· 332, 333

통(通)논리(trans-logic) ·· 19

하이브리드 근대 ·· 283, 284, 287, 311, 313
『한비자(韓非子)』 ··· 23, 82
『한서(漢書)』 ··· 27, 28
화제한어(和製漢語) ································ 12, 20, 26, 286, 340, 341
『흠정대청회전(欽定大淸會典)』 ·· 195
『흠흠신서(欽欽新書)』 ································· 73, 77, 78, 85, 88

▌저자약력

김봉진(金鳳珍)

・自己紹介
1983년 서울대학교 영문학과 졸업
1985년 서울대학교 사회과학 대학원 외교학과 수료
1991년 동경대학 대학원 총합문화연구과 박사 과정(국제관계론 전공) 수료
1993년 기타큐슈(北九州) 대학 조교수
2001년 기타큐슈 시립대학(대학명 변경) 교수
2021년 기타큐슈 시립대학 명예교수 (현직)

・研究테마・研究歷
동아시아 국제관계사, 비교 사상사
1996년~1997년 다롄(大連) 외어학원(外語學院) 교환 교수
2002년~2003년 하버드 대학 객원 연구원
2012년~2013년 다롄 외국어 대학 교환 교수
1994년~현재   동양문화연구소(동경) 연구원

・研究業績
저서: 『東アジア 「開明」知識人の思惟空間―鄭觀應・福澤諭吉・兪吉濬の比較研究』(九州大学出版会, 2004)
『안중근과 일본, 일본인: 끝나지 않은 역사 전쟁』(지식산업사, 2022)
공저: 『辛亥革命とアジア』(お茶の水書房, 2013)
『国際文化関係史研究』(東京大学出版会, 2013)
『歴史と和解』(東京大学出版会, 2011)
『韓国併合と現代』明石書店, 2008)
『한국 국제정치학, 미래 백년의 설계』(사회평론, 2018)
『3・1독립만세운동과 식민지배체제』(지식산업사, 2019) 등.

다시 보는 옛 미래

2023年 2月 3日 印刷
2023年 2月 10日 發行

編輯 : 社團法人. 嶺南退溪學研究院

　　　42029
　　　대구 수성구 달구벌대로489길 61-26
　　　전화 (053) 422-3618
　　　홈페이지 : www.toegye.or.kr

發行 : (사)영남퇴계학연구원

出版 : 완 락 재
　　　대구 수성구 달구벌대로489길 61-26
　　　電話 : (053) 424-6834
　　　登錄 : 제2021-000035호, 562-91-01581